新时代的思想旗帜研究文库

北京市习近平新时代中国特色社会主义思想研究中心 / 组织编写

现代化经济体系建设的科学指引与实践路径

方凤玲 等◎著

人民出版社

责任编辑:郑海燕
封面设计:林芝玉
责任校对:周晓东

图书在版编目(CIP)数据

现代化经济体系建设的科学指引与实践路径/方凤玲 等 著. —北京:
　人民出版社,2021.12
(新时代的思想旗帜研究文库)
ISBN 978－7－01－023851－7

Ⅰ.①现⋯　Ⅱ.①方⋯　Ⅲ.①中国经济-经济体系-研究　Ⅳ.①F123

中国版本图书馆 CIP 数据核字(2021)第 206655 号

现代化经济体系建设的科学指引与实践路径
XIANDAIHUA JINGJI TIXI JIANSHE DE KEXUE ZHIYIN YU SHIJIAN LUJING

方凤玲 等　著

人民出版社 出版发行
(100706　北京市东城区隆福寺街 99 号)

中煤(北京)印务有限公司印刷　新华书店经销

2021 年 12 月第 1 版　2021 年 12 月北京第 1 次印刷
开本:710 毫米×1000 毫米 1/16　印张:21.25
字数:300 千字

ISBN 978－7－01－023851－7　定价:96.00 元

邮购地址 100706　北京市东城区隆福寺街 99 号
人民东方图书销售中心　电话 (010)65250042　65289539

序　言

党的十九大报告指出："我国经济已由高速增长阶段转向高质量发展阶段,正处在转变发展方式、优化经济结构、转换增长动力的攻关期,建设现代化经济体系是跨越关口的迫切要求和我国发展的战略目标。"建设现代化经济体系,推动经济高质量发展,迫切需要以新发展理念来引领。创新、协调、绿色、开放、共享的发展理念,是以习近平同志为核心的党中央在深刻总结国内外发展经验教训、深入分析国内外发展大势的基础上提出的,集中体现了我们党对我国发展新阶段基本特征的深刻洞察和科学把握,标志着我们党对经济社会发展规律的认识达到了新高度,既是我国经济社会发展必须长期坚持的重要遵循,也是我国经济强起来和建设现代化经济体系的科学指引。"贯彻新发展理念,建设现代化经济体系"深刻反映了我国经济现代化的新要求和经济发展规律,丰富和发展了马克思主义政治经济学理论。

本书是北京市习近平新时代中国特色社会主义思想研究中心、北京市社会科学基金重大项目"贯彻新发展理念,建设现代化经济体系"(18ZDL26)的最终成果。2018 年 10 月,本课题开题论证会在中国石油大学(北京)召开,来自北京师范大学、中国政法大学、中央民族大学等专家为课题的研究提供了可供借鉴的宝贵意见和建议。课题立项以来,课题组开展了富有成效的研究工作,对相关问题进行了深入的探讨。2020 年 11 月 28 日,中国石油大学马克思主义学院举办了"贯彻新发展理念、建设社会主义现代化国家"主题学术研讨会。50 余位来自全国各地高等院校和科研机构的学者出席了会议。与会师生围绕新发展阶段、新发展理念、新发展格局、现代化经济体系建设等话题进行了交流讨论。最终,本课题在《人民日报》《经济日报》和多个高质量学术期刊上发表多篇研究成果,被"人民网""求是网""光明网"等各大网站等媒体广泛转载,相关学术论文被广泛引用,学术观点被内参采用。在此基础上,将课题最终研究成果整理成本书。

本书共分六章。

第一章为"建设现代化经济体系是新时代的战略选择"。现代化包括了学术知识的科学化、政治的民主化、经济的工业化、社会生活的城市化、社会治理的法制化、思想文化的人性化等。经济体系指在某一地区(通常是一个国家)制定和实施经济决策的各种机制的总和。现代化经济体系,是由社会经济活动各个环节、各个层面、各个领域的相互关系和内在联系构成的一个有机整体,新发展理念的指引贯穿了这个有机整体的每一个体系与层面。"贯彻新发展理念,建设现代化经济体系"具有时代发展的世情基础,主要矛盾变化的国情基础,党的历史任务变化的党情基础,以及新中国 70 多年经济发展成功经验的实践基础,是对马克思主义生产力决定生产关系理论、生产力系统理论、生产力价值目标理论的丰富与发展。

第二章为"新发展理念:建设现代化经济体系的科学引领"。新发展理念是关系我国发展全局的一场深刻变革,是建设现代化经济体系的根本指导方针。正确理解新发展理念的科学内涵和精神实质,必须准确把握我国经济进入新常态的大背景,在深刻认识中国特色社会主义发展实践的基础上,准确把握我国经济发展的阶段性特征,创新中国特色社会主义政治经济学理论。要着力实施创新驱动发展战略,准确把握创新是引领发展的第一动力;着力增强发展的整体性协调性,准确把握协调是持续健康平衡发展的内在要求;着力推进人与自然和谐共生,准确把握绿色是永续发展的必要条件;着力形成对外开放新体制,准确把握开放是国家繁荣发展的必由之路;着力践行以人民为中心的发展思想,准确把握共享是逐步实现共同富裕的要求。创新发展理念丰富和发展了马克思主义生产力构成理论,协调发展理念丰富和发展了马克思主义生产力系统理论,绿色发展理念丰富和发展了马克思主义自然生产力理论,开放发展理念丰富和发展了马克思主义生产力发展理论,共享发展理念丰富和发展了马克思主义生产力价值目标理论,新发展理念丰富和发展了生产关系一定要适应生产力发展状况规律。

第三章为"供给侧结构性改革:建设现代化经济体系的贯穿主线"。供给侧与需求侧是辩证统一的,供给侧结构性改革从生产端入手、以提高社会生产力为目的、以调整宏观经济结构为主攻方向、以深化企业改革为根本途径助推现代化经济体系建设。供给侧结构性改革要把技术创新作为改革的核心、将经济发展的着力点放在实体经济上、将提升供给质量作为必然要求、将解决深层次体制机制问题作为保障。正确处理好技术创新与制度创新的关系,为建设现代化经济体系提供科技战略支撑和制度保障;正确处理好政府与市场的关系,从根本上解决生产与交换、供给与需求不平衡的矛盾,完善社会主义市场经济体制机制;正确处理好长期与短期、减法与加法的关系,在推进体制机制建设中激发市场主体内生动力和活力,完善经济体制机制提升国家经济治理能力,构建现代产业体系实现供需动态平衡,发挥人力资源优势强化现代化经济体系人才支撑。

第四章为"现代化经济体系的构成要素"。现代化经济体系是由社会经济活动各个环节、各个层面、各个领域的相互关系和内在联系构成的一个有机整体,其基本构成要素更能直观反映现代化经济体系的基本框架。要建设创新引领、协同发展的产业体系,统筹城乡产业发展和区域产业发展,合理布局现代产业体系的区域经济;要建设统一开放、竞争有序的市场体系,实现市场准入畅通、市场开放有序、市场竞争充分、市场秩序规范;要建设体现效率、促进公平的收入分配体系,实现收入分配合理、社会公平正义、全体人民共同富裕;要建设彰显优势、协调联动的城乡区域发展体系,实现区域良性互动、城乡融合发展、陆海统筹整体优化;要建设资源节约、环境友好的绿色发展体系,实现绿色循环低碳发展、人与自然和谐共生;要建设多元平衡、安全高效的全面开放体系,发展更高层次开放型经济,推动开放朝着优化结构、拓展深度、提高效益方向转变;要建设充分发挥市场作用、更好发挥政府作用的经济体制,实现市场机制有效、微观主体有活力、宏观调控有度。

第五章为"现代化经济体系的建设路径"。建设现代化经济体系必须"一体建设、一体推进",既借鉴发达国家的有益做法,更要符合中国国情、具有中国特色。要大力发展实体经济,实施国家制造业创新中心建设、智能制造、工业强基、绿色制造、高端装备创新五项重大工程,筑牢现代化经济体系的坚实基础;要加快实施创新驱动发展战略,突出创新第一动力的地位和作用,强化现代化经济体系的战略支撑;要实施乡村振兴战略,加快农业农村现代化,提升亿万农民的获得感、幸福感,补齐现代化经济体系中的农业短板;要积极推动城乡区域协调发展,增强区域发展协同性,拓展区域发展新空间,优化现代化经济体系的空间布局;要深化经济体制改革,实现产权有效激励、要素自由流动、价格反应灵活、竞争公平有序、企业优胜劣汰,完善现代化经济体系的制度保障;要推动形成全面开放新格局,坚持"引进来"和"走出去"并重,形成陆海内外联动、东西双向互济的开放格局,实现建设现代化经济体系战略目标。

第六章为"建设现代化经济体系必须处理好的几对关系"。建设现代化经济体系是跨越关口的迫切要求和我国发展的战略目标,必须正确处理实体经济与虚拟经济的关系,充分发挥金融市场优化资源配置的作用,使虚拟经济更好地服务于实体经济,坚持以实为本、虚实并举的原则,以"互联网+"推进实体经济与虚拟经济协调发展。正确处理质量与数量的关系,坚持稳中求进工作总基调,坚持供给侧结构性改革总方向,坚持质量第一、效益优先基本要求,提升经济发展质量水平。正确处理好政府与市场的关系,从中国特色社会主义制度的高度、从以人民为中心的价值取向高度认识政府和市场的辩证关系,使市场在资源配置中起决定性作用,更好发挥政府作用。正确处理传统与创新的关系,既要始终坚持"四个自信",以完善和发展中国特色社会主义制度、推进国家治理体系和治理能力现代化的总目标为根本尺度走自己的路,又不封闭僵化走老路、走西方的路。正确处理建设现代化经济体系与高质量发展的关系,建设现代化动力体系驱动高质量发展,建设现代化产业体系为高质量发展奠定基础,建设现代化绿色发展体系促进高质量发展,建设全面开放发展体系推进开放型经济高质量发展,建设保障体系实现高质量发展目的。

序　言

党的十九大指出了新时代中国特色社会主义的总体任务是实现社会主义现代化和中华民族伟大复兴,分两步走在本世纪中叶建成富强民主文明和谐美丽的社会主义现代化强国。《中华人民共和国国民经济和社会发展第十四个五年规划和2035年远景目标纲要》确定了2035年我国将基本实现"新型工业化、信息化、城镇化、农业现代化,建成现代化经济体系"①的远景目标。国家强,经济体系必须强。现代化经济体系是现代化国家的重要组成部分,建设现代化经济体系是一项长期任务,随着全面改革的深入,特别是适应当前高质量发展阶段经济发展的新要求,从整体上、长远发展上和提升国家治理体系与治理能力现代化水平上,只有在新发展理念引领下加快建成现代化经济体系,充分发挥创新、协调、绿色、开放、共享五大发展理念对建设现代化经济体系的引领作用,逐步建立市场机制有效、微观主体有活力、宏观调控有度的社会主义市场经济体制,才能不断增强我国经济创新力和竞争力,推动经济高质量发展更好地顺应现代化发展的潮流,才能为其他领域社会主义现代化提供有力的支撑,才能确保社会主义现代化强国目标的如期实现,也才能使我国在国际竞争中赢得主动。

---

① 《中华人民共和国国民经济和社会发展第十四个五年规划和2035年远景目标纲要》,《人民日报》2021年3月13日。

目　　录

第一章　建设现代化经济体系是新时代的战略选择

党的十九大报告指出："我国经济已由高速增长阶段转向高质量发展阶段，正处在转变发展方式、优化经济结构、转换增长动力的攻关期，建设现代化经济体系是跨越关口的迫切要求和我国发展的战略目标。"①

第一节　建设现代化经济体系是以新发展理念为核心的有机整体

改革开放以来，在中国共产党的领导下，经过艰苦卓绝的奋斗，中国特色社会主义建设取得了举世瞩目的成就，积累了丰富的实践经验。但是，我们不能陷入盲目自大的状态，必须冷静地面对发展不平衡、不协调、不可持续等现实问题，尤其是面对全面建成小康社会的目标、创新能力不足、发展模式较为简单以及区域城市和农村地区之间发展不平衡、资源日益匮乏、收入差距和贫困等问题。目前我国的经济发展已经从原来的粗放式发展转变为高质量发展，重要战略机遇期的内涵发生深刻而重大的变化，因此，中国迫切需要以新发展理念引领中国经济，推动经济平稳健康发展。习近平总书记在第十八届中央委员会第五次全体会议上强调了创新、协调、绿色、开放、共享的新发展理念，认真贯彻落实"新发展理念"是我国全局规划的创新和全球发展方向再定位的又一个伟大的革命，关

---

① 习近平：《决胜全面建成小康社会　夺取新时代中国特色社会主义伟大胜利——在中国共产党第十九次全国代表大会上的报告》，人民出版社 2017 年版，第 30 页。

1

系到"十三五"乃至更长时间我国发展思路,影响我国发展方式,影响我国发展抓手和动力,是我们党把握发展规律的再深化和新飞跃,丰富发展了中国特色社会主义理论内涵和体系,成为全面建成小康社会的根本指针、实现"两个一百年"奋斗目标的行动指南。建设社会主义现代化强国,必须建设现代化经济体系,而建设现代化经济体系必须首先正确理解现代化、经济体系和现代化经济体系的内涵。

一、现代化

现代化源于18世纪,涵盖范围广泛,经济、政治、文化、社会等各方面的发展进步,都可以纳入现代化的范畴。从历史的角度来看,现代化是人类社会从传统农业社会向现代工业社会转变的过程,是以实现工业化为标志,进而引领政治层面、经济层面及文化层面的全面社会转型。现代化是一个包容性的全球文化和社会变革进程,目的是获得发展中社会发达工业社会的某些特征。1969年,本迪克斯在他的《国际视野下的现代化》中强调:"对于现代化,我明白这是一种社会变革模式,它起源于英国工业革命和法国政治革命。它存在于一些主要发展中社会的经济和政治进步中,也存在于后来者向前者过渡的过程中。"从地理的角度来看,现代化主要指以西欧及北美地区等国家形成的价值为目标,寻求新的出路的过程。一般来讲,现代化包括了学术知识的科学化、政治的民主化、经济的工业化、社会生活的城市化、社会治理的法制化、思想文化的人性化等。

现代化对于中国来说,具有更加重大而深刻的意义,是中国人寻找方向改变国家现状的奋斗目标。西方国家在17—18世纪已经开始进行资本主义现代化的过程,在完成现代化后开始了对全球进行扩张与发展。鸦片战争打开了中国的大门,这是中国沦为半殖民地半封建社会的开端。为了使中国重新走上富强的道路,中国无数仁人志士开始寻求现代化的道路。尽管近代中国历史上的洋务运动、戊戌变法、辛亥革命等试图进行现代化建设,但由于内部原因和外部条件的制约,中国多次失去了现代化建设的重大历史机遇。直到中国共产党领导的新民主主义革命胜利,中华人民共和国成立,中国社会发生了翻天覆地的变化,真正开始了中国现代化的历史进程,逐步走上中国特色的现代化道路。当代中国现代化的本质,不仅不同于近代历史上所尝试的现代化,也不同于西方资本主义的现代化,更不用说西化了。这是社会主义性质的现代化,是以马克思主义现代化理论为指导的现代化,是中国共产党作为核心力量建设社会主义的现代化。旧中国在多次出现的现代化机遇面前失去机会的关键原因正是缺乏统一正确的领导。改革开放后,我们党提出了社会主义现代化建设的"三步走"战略目标,在人民温饱和人民生活总体小康两个目标提前实现的基础上,我们党提出了两个一百年目标并在党的十九大上作出新的顶层设计,从 2020 年到 21 世纪中叶分两步各 15 年,从全面建成小康社会到基本实现现代化再到全面建成富强民主文明和谐美丽的社会主义现代化强国。中国特色社会主义进入新时代,现代化建设必须在不断提高国家治理体系和治理能力现代化水平基础上纳入秩序和规范,稳定、安全、持续地推进。

二、经济体系

经济体系指在某一地区(通常是一个国家)制定和实施经济决策的各种机制的总和,是由社会经济活动各个环节、各个层面、各个领域的相互关系和内在联系构成的一个有机整体,通常是一个国家的国民经济的管理制度和运作模式,以及生产、消费、组织在一定的经济体制下的流通和分布的具体形式,或是国家经济体制的具体形式,或者说就是一个国家经济制度的具体形式,具有经济的整体性和系统性。与此相关的概念包括开放经济、封闭经济、计划经济、市场经济、混合经济、实体经济、虚拟经济、二元经济、地下经济等,这些概念主要从侧面反映某一个区域、某一个阶段的经济运行状况,对于理解什么是经济体系具有辅助作用。与经济体系密切相关的一个概念是经济体制,其直接含义是一定的经济(包括生产、分配、流通)的组织形式、权限划分、管理方式、机构设置的整个体系。而社会的经济关系,即是指参与经济活动的各个主体、各个部门、各个自然人的地位和他们之间的利益关系。经济体制主要包括三个基本要素:所有制关系、经济决策结构、资源配置方式。总体上,中华人民共和国成立以来中国经济体制逐渐从以计划经济为主向社会主义市场经济体制演变。

世界经济体系意味着,世界各国和各地区通过密切的经济交流和国际经济协调,实现了高度的经济相互联系和相互依存、相互渗透和扩张、竞争和克制。全球经济是一个不可分割的有机整体,从资源配置、生产到流通、消费,世界经济多层次、多形式地相互交织、相互融合。第二次世界大战之后,世界经济体系的演变主要分为三个阶段:第一阶段为战后初期的 20 世纪 60 年代末,世界经济体系分割成以美国为代表的资本主义体系和以苏联为代表的社会主义体系。其中,以美国为首的资本主义阵营建立以关税及贸易总协定为核心的世界贸易体系和以布雷顿森林体系为核心的国际金融体系,世界形成了以美国为主导的资本主义世界体系。第二阶段是 20 世纪 70 年代到 90 年代,原来建立在美国超级综合实力基础上的世界经济体系开始出现了瓦解,随着西欧、日本等国家经济实力的增强,世界经济开始出现多极化发展趋势,但就整体而言,世界经济体系仍在美国的可控范围之内。第三阶段是 21 世纪后至今,进入 21 世纪以来,随着包括中国在内的更多发展中国家加入世界贸易组织以及全球分工的进一步深化,各国对世界经济体系提出了新的要求。[1]

可见,无论是一国的经济体系,还是世界经济体系,都是相当复杂的经济运行系统。更重要的是,经济体系总是处于不断地演化过程之中。因此,把握经济体系的概念必须以整体的、动态的眼光来认识。

三、现代化经济体系是以新发展理念为核心的有机整体

与传统经济体系相对应的现代化经济体系,是社会主义市场经济体系,是以新发展理念为前提和根本要求的经济体系,是有更高效益的经济水平和经济增速、更高质量的经济增长方式、更平衡的区域和城乡发展布局、更完善的社会主义市场经济体制、更全面的对外开放格局的经济体

---

① 王维、周睿:《世界经济体系的演化及其对中国的影响分析》,《江苏社会科学》2014 年第 6 期。

系。习近平总书记在 2018 年中共中央政治局第三次集体学习的讲话中强调："现代化经济体系,是由社会经济活动各个环节、各个层面、各个领域的相互关系和内在联系构成的一个有机整体。"①新发展理念的指引贯穿了这个有机整体的每一个体系与层面。

(一)坚持创新发展理念,建立创新引领、协同发展的产业体系,建设创新型国家

习近平总书记指出:"协调发展、绿色发展、开放发展、共享发展都有利于增强发展动力,但核心在创新。"②综合国力的竞争,说到底是创新的竞争。创新,在国家发展层面指的是以科技创新为核心的全面创新。科学技术是第一生产力,创新就是引领发展的第一动力。党的十八大以来,党中央实施创新驱动发展战略,提出坚持创新发展,把创新摆在国家发展全局的核心位置。

建立创新引领、协同发展的产业体系。我国产业发展存在着创新能力缺乏、自主研发能力、核心竞争力缺乏等问题,党的十九大报告指出,必须着力加快建设实体经济、科技创新、现代金融、人力资源协同发展的产业体系。构建现代产业发展新体系,需要坚持创新驱动,不断提升各产业的自主创新能力和核心竞争能力,坚持将创新贯穿于生产制造、供应链管理、运输销售及售后的全流程,才能实现从中国制造到中国创造的根本性转变。

建设创新型国家是建设现代化经济体系的重要任务之一。创新型国家,是指把科技创新作为基本战略,能日益形成强大的科技优势,能在国际社会的竞争中保持强大的竞争力。建设创新型国家要加强国内的基础理论研究和自主创新,加强基础研究的应用并充分转化,突出国家重大科技项目的技术创新,深化科技体制改革及建立技术创新体系;同时需要建设一批高水平的创新基地与基础设施等作为硬件条件保障;软实力方面需要培育一大批创新人才,根据目前存在的短板,调整创新型科技人才培

---

① 《习近平谈治国理政》第三卷,外文出版社 2020 年版,第 240—241 页。
② 《习近平谈治国理政》第二卷,外文出版社 2017 年版,第 201 页。

养结构,突出创新型人才的核心驱动作用,带动企业突围发展、带动学校及国家科研机构等创新能力的提升;在全社会范围内大力弘扬科学精神,增强科学向民众的渗透能力,倡导全社会创新,形成一个广泛、积极、进取的科学创新社会氛围。

(二)坚持协调发展理念,建立彰显优势、协调联动的城乡区域发展体系

协调发展理念在现代化经济建设的新发展理念中处于重要位置,协调发展是平衡发展、补齐短板、统筹兼顾,增强发展后劲、挖掘潜力的发展,它是既包含区域协调发展又包含乡村振兴的城乡协调发展,是现代化经济体系建设在空间布局上的体现,是在国土资源高效利用、要素大程度密集、适度的生态容量、城乡融合发展、区域良性互动、陆海统筹形成的布局结构,塑造城乡区域协调发展新格局。

区域协调发展既要缩小地区间的经济差异,也要充分发挥发达地区的引领作用,拓展区域经济发展空间,实现区域全面协调发展。我国目前逐步发展起来的区域战略体系包含:东部率先发展、西部大开发、中部崛起、东北振兴,以及党的十八大以来进一步实施的"一带一路"倡议、京津冀协同发展、长江经济带发展、珠港澳大湾区发展的战略,除此之外,还包含了边疆地区、民族地区、贫困地区及革命老区的发展战略,以及城市群发展、资源型地区转型发展等内容。

区域协调发展战略,构建了跨区域的市场体系、大中小城市和城镇协调发展的空间组织形式、多层次多样化合作及利益协调体系、互助扶持的调控体系、多平台发展的区域优势互补、互利共赢体系。

而城乡的协调发展则是要大力实施乡村振兴战略,推进农村产权制度改革,促进农村三大产业融合,健全乡村治理,建立健全城乡融合发展体制机制和政策体系,加快推进农业农村现代化,坚决打赢脱贫攻坚战。

(三)坚持绿色发展理念,建立资源节约、环境友好的绿色发展体系

我国经济多年的高速增长带来的负面作用是造成了资源环境承载能力逼近极限,多年来高投入、高消耗、高污染的传统发展方式已使我们生存环境严重恶化,这种发展方式已不可持续,必须精准治污、科学治污、依

法治污,打好蓝天、碧水、净土保卫战。党的十九大报告明确提出"实行最严格的生态环境保护制度,形成绿色发展方式和生活方式"①,"资源型地区经济转型发展"②,"以共抓大保护、不搞大开发为导向推动长江经济带发展"③,"构筑尊崇自然、绿色发展的生态体系"④,充分反映了在现代化经济体系建设中绿色发展的重要地位。

在现代化产业体系建设方面要体现绿色发展理念,要求产业发展理念、发展模式、产业结构等都要与绿色发展相适应,把可持续发展、绿色发展作为重要着力点,加强节能环保技术的推广应用,全面推行清洁生产,发展循环经济,提高资源回收利用效率,促进传统产业转型升级,大力发展绿色经济和绿色产业,构建覆盖产业全链条的绿色发展体系,走生态文明的发展道路。绿色发展是现代化经济体系的生态环境基础,形成人与自然和谐发展现代化建设新格局,必须实现绿色循环低碳发展、人与自然和谐共生。

(四)坚持开放发展理念,建立统一开放、竞争有序的市场体系,多元平衡、安全高效的全面开放体系

统一开放、竞争有序的市场体系是我国内部市场的开放,是现代化经济体系资源配置的主要机制。推进垄断领域开放,大力促进民营企业发展;同时推进混合所有制改革,形成多种所有制企业共存的局面。混合所有制改革本质上是中国经济制度的开放政策,只有建立开放的市场体系,才能给企业提供自主经营、公平竞争的优良环境,才能给消费者创造自由选择、自主消费的空间,才能实现商品和要素自由流动和平等交换,为高质量发展奠定微观基础。

---

① 习近平:《决胜全面建成小康社会　夺取新时代中国特色社会主义伟大胜利——在中国共产党第十九次全国代表大会上的报告》,人民出版社 2017 年版,第 24 页。
② 习近平:《决胜全面建成小康社会　夺取新时代中国特色社会主义伟大胜利——在中国共产党第十九次全国代表大会上的报告》,人民出版社 2017 年版,第 33 页。
③ 习近平:《决胜全面建成小康社会　夺取新时代中国特色社会主义伟大胜利——在中国共产党第十九次全国代表大会上的报告》,人民出版社 2017 年版,第 33 页。
④ 习近平:《决胜全面建成小康社会　夺取新时代中国特色社会主义伟大胜利——在中国共产党第十九次全国代表大会上的报告》,人民出版社 2017 年版,第 25 页。

全面开放体系是我国的对外开放体系,是现代化经济体系与外部世界的联系机制。如今的中国作为全球第一大出口国和第二大进口国,作为世界第一大吸引外资国和第三大对外投资国,中国与世界整体的发展息息相关。党的十九大报告强调"推动形成全面开放新格局",高水平的开放体系是深度融入全球分工体系、与世界经济实现良性循环的经济体系,是提升运用国际国内两个大市场能力的体系,是提高我国国际经济话语权能力的体系。《中共中央国务院关于新时代加快完善社会主义市场经济体制的意见》再次强调,"实行更加积极主动的开放战略,全面对接国际高标准市场规则体系,实施更大范围、更宽领域、更深层次的全面开放"①。

(五)坚持共享发展理念,建立体现效率、促进公平的收入分配体系,逐步实现共同富裕

共享理念是指在现代化经济体系的建设中,坚持发展为了人民,发展依靠人民,发展成果由人民共享,使全体人民在共享共建中收获更多的幸福感,体现的是逐步实现共同富裕的要求,也是中国现代化经济体系有别于其他发达国家经济体系的根本区别。共享发展是现代化经济体系的激励和平衡机制,形成公平合理的收入分配体系充分调动人民群众的劳动积极性、激发创造力,落实按劳分配原则,构建完善的社会保障体系,消除绝对贫困,推进基本公共服务均等化,逐步实现共同富裕,也是现代化经济体系的重要标志。

综上所述,现代化经济体系是以新发展理念为指引的经济发展体系,更是新发展理念的有机整体。在适应把握引领新常态的大逻辑下,我国针对经济社会发展中的突出问题,创建了新发展理念,科学回答了在新形势下一系列的重大理论和实践问题,促进经济社会发展实现历史性变革。只有在现代化经济体系中贯彻新的发展理念,才能激活现代经济体系各要素活力。

---

① 《中共中央国务院关于新时代加快完善社会主义市场经济体制的意见》,人民出版社2020年版,第20页。

第二节　建设现代化经济体系的现实基础

建设现代化经济体系是中国特色社会主义进入新时代的背景下我国经济发展的战略目标,是贯彻习近平新时代中国特色社会主义思想、实现新时代党的历史使命的重大部署,是紧扣新时代中国社会主要矛盾转化解决新时代社会主要矛盾的必要条件,是落实中国特色社会主义经济建设布局的内在要求,是决胜全面建成小康社会、开启全面建设社会主义现代化国家新征程的基本途径,也是适应中国经济由高速增长阶段转向高质量发展阶段、优化经济结构、转变经济发展方式、转换经济增长动力和全面均衡发展的迫切需要,意义深远而重大。

一、建设现代化经济体系的世情基础:时代发展的需要

当前,世界正在大发展大变革大调整,人类社会的现代化是不可阻挡的历史潮流。只有顺应历史发展潮流,才能抓住机遇一直前行。改革开放以来,我国的国际地位不断提高,声望也越来越高,但仍然存在着许多不足、面临着严峻挑战。建设现代经济体系迫切需要致力于改变经济增长的动力、改变经济发展方式、优化经济结构。只有这样,才能在激烈的国际竞争中赢得主动。事实证明,跨越关口,单打独斗走不通、拿来主义行不通、依靠他人更不可能。党的十八大以来的一系列成功经验告诉我们,只有加强顶层设计、统筹规划、统筹推进、有机融合、协调发展,才能真正跨越门槛。而这些新的认知汇聚点就是构建现代经济体系,共同完成历史的飞跃。

中国特色社会主义进入新时代这一重大政治判断,反映了中国特色社会主义在长期建设中取得的历史性成就、党和国家事业经历的历史性变革,准确反映了党的十八大以来取得的全方位、开创性成就和深层次、根本性变革。这些成就和变革的重大意义,主要体现在习近平总书记在党的十九大报告中提出的"三个意味着":意味着近代以来久经磨难的中华民族起来了,从站起来、富起来到强起来的伟大飞跃,迎来了实现中华

民族伟大复兴的光明前景;意味着科学社会主义在 21 世纪的中国焕发出强大生机活力,在世界上高高举起了中国特色社会主义伟大旗帜;意味着中国特色社会主义道路、理论、制度、文化不断发展,拓展了发展中国家走向现代化的途径,给世界上那些既希望加快发展又希望保持自身独立性的国家和民族提供了全新选择,为解决人类问题贡献了中国智慧和中国方案。三个"意味着"分别从中华民族的发展史、世界社会主义发展史和人类社会发展史的维度,阐述了中国特色社会主义已进入新时代。

在国家层面,新时代的内涵是全面建成小康社会,进而全面建设社会主义现代化国家;人民的终极目标是创造美好的生活,为全体人民的共同繁荣而奋斗;中华民族的终极目标是实现中华民族的伟大复兴;中国与世界的关系是中国在世界范围内的话语权上升,并不断为人类贡献中国智慧和中国方案。新时代的内涵和使命都紧紧围绕着国家富强、民族振兴和人民幸福的伟大中国梦展开,说明新时代是通过努力和奋斗能够真正实现中国梦的时代。

二、建设现代化经济体系的国情基础:主要矛盾变化的需要

改革开放以来,中国共产党带领全国各族人民不断努力,使我国经济实力、科技实力、国防实力、综合国力在世界名列前茅,国际地位得到了飞跃提升,党和国家、人民、军队和中华民族的面貌已经出现了大幅变化,中华民族在世界东方再次焕发新彩,令世界瞩目。中国特色社会主义经济进入了新时代,党的十九大报告指出,"我国社会主要矛盾已经转化为人民日益增长的美好生活需要和不平衡不充分的发展之间的矛盾"①。

过去,我国社会的主要矛盾是"人民日益增长的物质文化需要同落后的社会生产之间的矛盾",主要原因是当时我国经济社会发展水平不高、社会生产力相对落后。通过 40 多年的改革开放,我们党带领全国人民告别贫困、跨越温饱,即将实现全面小康,"落后的社会生产"不再符合

---

① 习近平:《决胜全面建成小康社会 夺取新时代中国特色社会主义伟大胜利——在中国共产党第十九次全国代表大会上的报告》,人民出版社 2017 年版,第 11 页。

中国的现实。同样,"人民日益增长的物质文化需要"也转变为了"人民日益增长的美好生活需要"。近些年来,我国人民生活水平不断改善,居民收入增速大幅提升,并且已经超越经济增长速度,中等收入群体数量继续扩大,城乡居民社会保障制度基本建立,人民健康和医疗卫生水平大大提高,住房安全建设稳步推进,脱贫攻坚战取得了决定性的进展,人均GDP 已达到中等收入国家水平。人民的温饱问题解决了,基本的生存需要已不是问题,"美好生活需要"更能准确描述新时代人们的需要,它不仅包括物质文化需要这些客观的"基本需要"的全部内容,还包括其衍生的获得感、幸福感、安全感、尊严和权利等主观的"自我价值实现需要"。人们对既有的"基本需要"有了新的更高的要求,对民主、法治、公平、环境、安全等方面的主观需要不断提升,对共同富裕、人的全面发展和社会全面进步都提出了相应的要求。与此同时,我国社会总体生产力水平有显著进步,社会生产力的许多方面在世界上都名列前茅,主要问题已经是发展不充分和不平衡严重制约人民对美好生活日益增长的需求。

我国社会主要矛盾的变化是关系全局的历史性变化,这一点我们必须牢记,在解决发展不平衡不充分问题时,也要考虑发展需要的不断更新。

三、建设现代化经济体系的党情基础:党的历史任务变化的需要

实现中华民族伟大复兴的中国梦,是新时代中国共产党的历史使命。中国共产党成立以来的最高理想和最终目标是实现共产主义,肩负实现中华民族伟大复兴的历史使命,团结人民进行艰苦奋斗。要实现中华民族伟大复兴不是轻而易举的事,它需要全党必须时刻准备着付出更艰苦的努力,需要凝聚起亿万人民同心共筑中国梦的磅礴力量,需要在新时代中国特色社会主义的伟大实践中时刻谨记着实现中华民族伟大复兴的责任使命。

要实现中华民族的伟大复兴,必须根据我国的实际情况建立先进的社会制度,要顺应人民的意志和时代的潮流,敢于改革开放,保持党和人

民事业的强大动力和活力。实现伟大梦想必须进行伟大斗争,自觉坚持党的领导和社会主义制度,自觉维护我国人民和国家的利益,自觉投身改革创新的新时代潮流,更加自觉维护我国主权与安全,自觉防范各种风险。实现伟大梦想,必须建设伟大工程,首先必须加强党的建设,不断提升党在政治思想的领导和社会群众中的号召力,保证我们党永远不会失去强大的生命力和战斗力。要实现伟大的梦想,就必须推进伟大的事业,自觉地保持和加强道路自信、理论自信、制度自信和文化自信四个方面的自信,既不能走改变旗帜的歪路,也不应该走顽固自封的老路。我们必须坚持和发展中国特色社会主义,时刻谨记新时代党的历史使命,深刻把握新时代实现伟大梦想与进行伟大斗争、建设伟大工程、推动伟大事业之间的内在的固有联系,在伟大奋斗、伟大事业、伟大梦想的实践中推进伟大工程,坚定不移地坚持和维护党作为领导的核心地位,始终坚持把党建设得更强固有力,确保我们党始终成为全国人民的主心骨、始终走在时代前列、始终肩负新时代的历史使命,为中华民族作出新的伟大历史贡献。

四、建设现代化经济体系的实践基础:新中国 70 多年经济发展的成就

新中国成立 70 多年,毛泽东同志带领中国人民推翻帝国主义、封建主义和官僚资本主义,"站起来"的中国开始探索建设社会主义的发展道路;邓小平同志带领中国人民开始进行改革开放,从贫穷落后的计划经济时代驶入了建设中国特色社会主义市场经济"富起来"时代;习近平总书记以巨大的政治勇气和强烈的责任担当带领中国人民进入全面小康、全面建设社会主义现代化国家"强起来"的中国特色社会主义新时代。中国特色社会主义发展理论实现了从"摸着石头过河"到进行国家发展战略顶层设计的新发展理念的飞跃,为现代化经济体系的建立提供了实践经验。

新中国成立 70 多年,中国共产党人主要围绕着社会主义国家如何发展经济问题进行了不懈的探索,形成了一系列不断完善的发展理论和发展战略。从 1949 年新中国成立到 1977 年,以毛泽东同志为主要代表的中国共产党人开始探索"怎样建设社会主义",形成了改造生产资料私有制、建立社会主义公有制的基本经济制度、实行高度集中的计划经济体制的发展模式、社会主义社会发展可能分为不发达的社会主义和比较发达的社会主义两个阶段的发展阶段、社会主义社会"两步走"发展战略、"发展工业必须和发展农业同时并举"等系统发展、科学技术对社会生产力发展有巨大推动作用的发展动力等思想。1978—1996年我国工作重点转移到经济建设上,初步探索了中国特色社会主义经济发展理论,从"摸着石头过河"到"发展是硬道理",以邓小平同志为主要代表的中国共产党人探索了社会商品经济理论、社会主义市场经济发展模式、社会主义初级阶段理论、经济发展"三步走"战略、科学技术是第一生产力、改革开放理论、社会主义本质理论和"两手抓、两手都要硬"的全面发展观等发展理论。在"发展才是硬道理"思想基础上,以江泽民、胡锦涛为代表的党的领导集体提出了"发展是党执政兴国的第一要务"的论断和以人为本、全面协调可持续、统筹兼顾的科学发展观,"三步走"发展战略的进一步展开形成了"新三步走",提出了把我国建成富强民主文明的社会主义国家的发展目标。

中国特色社会主义进入新时代,以习近平同志为核心的党中央提出了"必须坚定不移贯彻创新、协调、绿色、开放、共享的发展理念"[①]。新发展理念是习近平新时代中国特色社会主义经济思想的主要内容;以人民为中心的发展思想是习近平新时代中国特色社会主义思想的出发点和落脚点;"社会主要矛盾已经转化为人民日益增长的美好生活需要和不平衡不充分的发展之间的矛盾"[②]是对我国所处发展阶段的科学判断和关系党与国家工作全局的重大历史性变化;为中国人民谋幸福和为中华民族谋复兴是新时代中国特色社会主义发展总目标,建设社会主义现代化国家是我们要完成的总任务;"五位(经济建设、政治建设、文化建设、社

---

① 习近平:《决胜全面建成小康社会　夺取新时代中国特色社会主义伟大胜利——在中国共产党第十九次全国代表大会上的报告》,人民出版社2017年版,第21页。

② 习近平:《决胜全面建成小康社会　夺取新时代中国特色社会主义伟大胜利——在中国共产党第十九次全国代表大会上的报告》,人民出版社2017年版,第11页。

会建设、生态文明建设)一体"是中国特色社会主义事业发展的总体布局;"四个全面"(全面建成小康社会、全面深化改革、全面依法治国和全面从严治党)是中国特色社会主义发展战略布局,"京津冀协同发展"是中国特色社会主义区域布局理论的具体实践;"坚持党对一切工作的领导"等"十四个坚持"是具体表现总体布局和战略布局内涵和外延的中国特色社会主义事业发展的基本方略,是新时代中国特色社会主义思想的行动纲领。"公有制为主体、多种所有制经济共同发展,按劳分配为主体、多种分配方式并存,社会主义市场经济体制等社会主义基本经济制度"①;政府与市场"两手合力"推进社会主义市场经济体制机制完善;建设中国特色社会主义现代化经济体系,从 2020 年到 21 世纪中叶分两个阶段把我国建成富强民主文明和谐美丽的社会主义现代化强国。

新中国成立 70 多年,中国共产党领导人民进行社会主义建设,不断探索既坚持马克思主义,充分体现时代特点,又发展马克思主义,具有鲜明中国特色的社会主义发展道路,形成了具有强烈时代气息和浓厚中国特色,既一脉相承又与时俱进的发展理论,推动中国经济从快速到高质量发展。新中国成立 70 多年的发展历程告诉我们:什么时候从中国国情出发,中国社会主义建设事业就能发展;什么时候脱离中国实际背离中国国情,社会主义发展就会出问题。因此,中国特色社会主义建设必须立足社会主义初级阶段最大的实际,现代化经济体系建设必须走一条适合中国国情的道路才能成功。新中国成立 70 多年的发展历程告诉我们:符合社会和自然发展规律、符合中国发展阶段要求、尊重经济发展规律,中国特色社会主义就健康、可持续发展;任何违背客观规律按照良好主观愿望的行动,不仅难以取得成功而且必然招致规律的惩罚带来严重的损失。因此,现代化经济体系建设必须要尊重自然规律、尊重社会发展规律、尊重经济活动规律,走科学发展之路。新中国成立 70 多年的发展历程告诉

---

① 《中共中央关于坚持和完善中国特色社会主义制度 推进国家治理体系和治理能力现代化若干重大问题的决定》,人民出版社 2019 年版,第 18 页。

我们:走健康、可持续、高质量的中国特色社会主义发展之路,必须注重创新发展,以解决发展动力问题;注重协调发展,以解决发展不平衡问题;注重绿色发展,以解决人与自然和谐问题;注重开放发展,以解决发展内外联动问题;注重共享发展,以解决社会公平正义问题。任何时候不贯彻新发展理念,我们就无法实施可持续发展战略,无法完成现代化经济体系建设的任务。新中国成立70多年的发展历程告诉我们:无论是战争与革命年代还是和平与发展时期,中国共产党领导集体确定的发展思路必须站在时代发展的高度、反映时代主题、符合时代发展要求,实现历史性与时代性的统一、继承性与创新性的统一,中国特色社会主义发展理论才能不断丰富发展和完善。我们要借鉴发达国家建设现代化经济体系的有益做法,绝不逆历史潮流脱离时代主题,但更要从自身实际出发。

第三节　建设现代化经济体系对马克思主义生产力发展理论的丰富与发展

在党的十九大上,习近平总书记第一次提出"建设现代化经济体系"的概念,给出了深化供给侧结构性改革、加快建设创新型国家、实施乡村振兴战略、实施区域协调发展战略、加快完善社会主义市场经济体制、推动形成全面开放新格局的实现路径。在2018年1月30日中央政治局第三次集体学习时,习近平总书记全面系统地阐述了构建现代化经济体系的思想,提出了要从产业体系、市场体系、收入分配体系、城乡区域发展体系、绿色发展体系、全面开放体系和经济体制七方面建设现代化经济体系。建设现代化经济体系是实现新时代党的历史使命和"两个一百年"奋斗目标的重大战略部署,是落实中国特色社会主义经济建设"五位一体"布局的内在要求,是决胜全面建成小康社会、开启全面建设社会主义现代化国家新征程的基本途径,不但深刻反映了我国经济现代化的新要求和经济发展规律,而且丰富和发展了马克思主义生产力理论。

一、建设现代化经济体系丰富和发展了马克思主义生产力决定生产关系理论

生产力决定生产关系,生产关系对生产力具有反作用,在中国特色社会主义新时代社会主要矛盾发生变化后需要及时调整生产关系,建立现代化经济体系,以适应新时代生产力发展要求。

(一)马克思主义生产力决定生产关系理论

"一定的生产方式或一定的工业阶段始终是与一定的共同活动方式或一定的社会阶段联系着的,而这种共同活动方式本身就是'生产力'",马克思由此得出结论:"人们所达到的生产力的总和决定着社会状况"[1]。正如石器社会生产力决定原始社会形态、铜器社会生产力决定奴隶社会形态、铁器社会生产力决定封建社会形态一样,到了机械、电器、信息时代,社会生产力决定了资本主义社会和社会主义社会形态的出现。马克思认为,"随着新生产力的获得,人们改变自己的生产方式,随着生产方式即谋生的方式的改变,人们也就会改变自己的一切社会关系"[2]。即有什么样的生产力就有什么样的物质生产关系和生活关系,生产力的状况决定着生产关系的性质,生产关系在任何情况下都是以适应生产力状况为前提,都是建立在生产力决定作用基础之上的。而同生产力的一定发展阶段相适应的"生产关系的总和构成社会的经济结构,即有法律的和政治的上层建筑竖立其上并有一定的社会意识形式与之相适应的现实基础"[3]。也就是说,适应生产力发展要求的经济结构和经济体系(生产关系的总和)的变革,既源于生产力的提高,又为生产力进一步发展开创条件。

(二)建设现代化经济体系是我国生产力发展进入新阶段的必然要求

我国经济在改革开放40多年间长期高速增长、总量大幅增加,社会

---

① 《马克思恩格斯选集》第1卷,人民出版社2012年版,第160页。
② 《马克思恩格斯选集》第1卷,人民出版社2012年版,第222页。
③ 《马克思恩格斯选集》第2卷,人民出版社2012年版,第2页。

生产力水平总体显著提高,与之前的落后生产力相比发生了质的变化,已经飞跃到"强"起来的发展阶段。

根据国家统计局网站发布的《中华人民共和国2017年国民经济和社会发展统计公报》显示,改革开放40年我国国内生产总值(GDP)达到827122亿元,全年人均GDP为59660元(8836美元),分别是1978年人均GDP 384.74元的155倍,按世界银行标准,我国已进入典型的上中等收入经济体行列。中国城镇居民家庭的恩格尔系数也从1978年的57.5%(农村居民家庭更是高达67.7%)降至2017年的29.3%(其中城镇为28.6%,农村为31.2%),说明我国已经从"温饱"迈入"富裕"行列①。随着我国综合国力和城乡居民富裕程度的增强,居民的收入和支付能力显著增加,人们不仅对物质文化生活有了更高的期盼和要求,同时还谋求更高的幸福感、获得感和安全感,向往更美好的生活、更精彩的人生。不仅生产力要素中的劳动者、劳动资料、劳动对象的数量和质量明显提高,人民的需求和满足人民需求的能力及条件也发生了深刻变化。因此,在我国社会生产力发展进入新发展阶段后,党的十九大明确提出"我国社会主要矛盾是人民日益增长的美好生活需要和不平衡不充分的发展之间的矛盾"②。社会主要矛盾的变化是建立在生产力发展变化的客观基础之上的、全局的历史性的变化,必须以新发展理念为引领,建立适应生产力发展的现代化经济体系(生产关系)才能最终解决经济社会发展的不平衡不充分问题。

(三)只有建立适应新时代生产力发展要求的现代化经济体系,才能不断完善生产关系

稳步统筹推进"五位一体"总体布局和协调推进"四个全面"战略布局,建立适应新时代生产力发展要求的现代化经济体系,才能促进社会主要矛盾的解决和生产关系的逐步完善。建立适应我国经济已由高速增长阶段转向高质量发展阶段的生产力发展要求的生产关系,必须把建设现

---

① 按照联合国粮农组织提出的标准,恩格尔系数低于30%为最富裕。

② 习近平:《决胜全面建成小康社会　夺取新时代中国特色社会主义伟大胜利》,人民出版社2017年版,第19页。

代化经济体系作为我国经济发展跨越关口的战略目标。只有建立起适应新时代生产力发展要求的现代化经济体系,才能不断解决经济运行中的产品过剩问题、质量问题及产业结构失衡等问题,进而推动经济高质量发展、绿色发展和我国社会主要矛盾的解决;只有建立起适应新时代生产力发展要求的现代化经济体系,才能不断完善社会主义市场经济体制机制,变革整个社会的生产组织方式,形成新的经济秩序和经济运行机制;只有建立现代化经济体系,才能不断提高生产力要素效率,创造推动生产力持续发展的人力资源、科技资源和自然生态资源,进而促进生产力发展所需的劳动者、劳动工具和劳动对象等要素形成运行合力,实现生产力水平的大幅跃升;只有建立现代化经济体系,才能不断改革和完善生产过程中人与人之间的分工协作关系和利益分配关系,最终使我国生产关系为促进生产力发展保驾护航。

(四)建设现代化经济体系对马克思主义生产力决定生产关系理论的丰富和发展

适应我国现阶段生产力变化发展的客观要求,建设现代化经济体系遵循了马克思主义生产力决定生产关系、生产关系对生产力具有反作用的原理,为生产力的进一步发展提供现实载体。习近平总书记在党的十九大上提出的"贯彻新发展理念,建设现代化经济体系"的论述中,"加快完善社会主义市场经济体制"和"推动形成全面开放新格局"两个方面,着重体现了新时代社会主义生产关系、制度环境和经济政策;在中央政治局集体学习时提出的构建市场体系、收入分配体系、城乡区域发展体系、绿色发展体系、全面开放体系和建设经济体制有关的建设现代化经济体系的顶层设计,更是具体提出了生产关系完善的内容。把建设现代化经济体系作为生产力发展"跨越关口"的战略目标和重大举措,建立拥有先进科学技术、居于国际产业链中高端的产业体系和拥有高质量产品和服务供给体系的现代化市场体系,在开放的视野下使生产要素在国内国际两个市场间自由流动进行资源配置,形成面向全球的生产、贸易、投融资和服务网络开放体系,拓宽了发展中国家迈向现代化的渠道;通过全面深化改革,形成全面开放的新格局,使"有效市场"和"有为政府"共同作用、共同发力,形成充分有效的均衡协调、绿色发展体系,为人民日益增长的美好生活需要提供可持续的优质产品,为解放和发展生产力这一社会主义根本任务保驾护航。

习近平总书记关于建设现代化经济体系的重大部署,扎根中国特色社会主义建设发展实践,明确了未来产业体系、市场体系、城乡区域协调发展体系、收入分配体系、绿色发展体系、开放体系和经济体制建设的新目标和总要求,丰富和发展了马克思主义生产力决定生产关系理论。

二、建设现代化经济体系丰富和发展了马克思主义生产力系统理论

生产力的进一步发展,有赖于社会再生产过程的顺利进行,而社会再生产过程顺利进行的条件则是物质生产各环节、生产力各系统都均衡协调按比例发展,这样社会产品才能最终转化为新的生产力。在新发展理念指引下的现代化经济体系建设,强调多方兼顾、补齐短板、力求平衡,丰富和发展了马克思主义生产力系统理论。

（一）马克思主义再生产理论和生产力系统理论

马克思主义认为,对生产力形成和发展起至关重要作用的是劳动过程中的各个要素,各个要素间的"关系"和"结构"在数量和比例上保持平衡,生产力系统才能发挥整体功能和最大效用。

人类社会存在和发展的基本条件是进行物质资料生产。马克思指出,无论哪一种社会形态,人类为了生存和发展,都要进行生产,而"一定的生产决定一定的消费、分配、交换和这些不同要素相互间的一定关系"①,消费则是物质资料生产的总过程和最终的目的和动力。马克思在《资本论》中讨论第Ⅱ部类的蓄积时指出,第Ⅱ部类的生产资料要由商品资本的形态转化为不变生产资本的自然形态,不仅第Ⅰ部类的消费资料必须与第Ⅱ部类在消费资料形态上存在的生产资料的一部分相交换;第

---

① 《马克思恩格斯选集》第 2 卷,人民出版社 2012 年版,第 699 页。

Ⅰ部类的剩余价值也至少须有一部分和第Ⅱ部类的生产资料的一部分相交换。如果第Ⅰ部类有追加的可能的货币资本发生,但第Ⅱ部类却有等额的不变资本被拘束在商品资本的形态上,不能转化为不变生产资本的自然形态。即出现了生产过剩,第Ⅱ部类的商品的一部分,将不能售出。而再生产,甚至是规模不变的再生产也会受到阻碍。第Ⅰ部类有过剩的货币资本;第Ⅱ部类则发生再生产上的缺损。马克思在这里指出了,若要物质资料再生产顺利进行,分配、交换、消费各环节都不能受阻。社会再生产的顺利进行,是以简单再生产和扩大再生产的平衡条件的实现为前提的。马克思认为,扩大再生产的实现形式是剩余价值的资本化,即资本积累。而信贷资本通过参与资本积累总过程和利润率的平均化从剩余价值中分割利息收入。若使金融和信贷资本发挥对经济发展和生产力进步的积极作用,必须推进资本积累服务于物质再生产;如若形成了金融寡头垄断了金融信贷,脱离了物质资料再生产,则金融资本就会损害实体经济破坏社会生产力。社会生产力是一个有机的系统,从生产力构成要素→要素相互作用→新的产品,社会生产力在自己的系统中循环不已、螺旋上升地向前发展,只有两大部类平衡发展,社会再生产的条件得以实现,社会产品才能最终转化为新的生产力,才能成为生产力进一步发展的源泉。

(二)现代化经济体系是一个"有机整体"的思想对马克思主义生产力系统理论的丰富和发展

习近平总书记在中共中央政治局就建设现代化经济体系进行集体学习时指出:"现代化经济体系,是由社会经济活动各个环节、各个层面、各个领域的相互关系和内在联系构成的一个有机整体。"①习近平总书记运用马克思主义辩证观点,科学地揭示了现代化经济体系是由生产、流通、交换、分配、消费、投资等再生产各环节有机衔接起来的经济大系统的本质特征。同时,还具体阐述了建设现代化经济体系的内容:一是要建设以创新为引领的实体经济、科技创新、现代金融、人力资源协同发展的产业

①《习近平谈治国理政》第三卷,外文出版社 2020 年版,第 240—241 页。

体系,这是建设现代化经济体系的基础和核心。二是要建设市场准入畅通、市场开放有序、市场竞争充分、市场秩序规范的市场体系,这是建设现代化经济体系配置资源的决定性机制。三是要建设体现效率、促进公平、人民共同富裕的收入分配体系,这是建设现代化经济体系的基本要求。四是要建设区域良性互动、城乡融合发展、陆海统筹整体优化的城乡区域发展体系,这是建设现代化经济体系的空间布局目标。五是要建设资源节约、环境友好的绿色发展体系,这是建设现代化经济体系的生态环境基础。六是要建设多元平衡、安全高效的全面开放体系,这是建设现代化经济体系与世界经济的联系机制。七是要建设充分发挥市场作用、更好发挥政府作用的市场机制有效、微观主体有活力、宏观调控有度的经济体制,这是建设现代化经济体系的制度基础。习近平总书记强调,这“几个体系是统一整体,要一体建设、一体推进”[1]。既要借鉴发达国家有益的做法,更要符合中国的国情,还要具有中国的特色。把现代化经济体系作为一个有机统一的大系统来一体建设的思想,充分考虑了生产力各系统的有效协调和总体功能的有效实现,丰富和发展了马克思主义生产力系统理论。

(三)现代化经济体系“协同发展”思想对马克思主义生产力系统理论的丰富与发展

生产力的发展是一个系统性的发展,在七大体系中,以“协同发展”为基本特征的产业体系是建设现代化经济体系的基础,而产业体系的基础和核心则是实体经济。“不论经济发展到什么时候,实体经济都是我国经济发展、我们在国际经济竞争中赢得主动的根基。我国经济是靠实体经济起家的,也要靠实体经济走向未来。”[2]如果没有大量的生产劳动投入到实体经济中,再生产各部门之间就会比例失调,造成“产品积压”或“产能过剩”,也就不可能实现平衡协同发展。因此,党的十九大强调,建设现代化经济体系,要通过“深化供给侧结构性改革”“把发展经济的

---

① 《习近平谈治国理政》第三卷,外文出版社 2020 年版,第 241 页。
② 中共中央文献研究室:《习近平关于社会主义经济建设论述摘编》,中央文献出版社 2017 年版,第 116 页。

着力点放在实体经济上,把提高供给体系质量作为主攻方向"①。随着科技水平的发展和生产方式的改进,再生产所要求的平衡条件和部门间的结构比例以及资本有机构成等都应相应改变。也就是说,一个部门的技术进步必须有其他部门相应的技术水平和产量规模配套支持,即实体经济必须与科技协同发展,生产力才能进一步发展。而作为生产力主体的劳动者直接参与再生产过程,其受教育程度和技术水平高低,直接影响着生产劳动产品的数量和质量,因此,只有实现科技创新、人力资源素质提升和物质资料生产的技术进步这三者的协同发展,才能有效提升实体经济的生产力水平。

习近平总书记在中央经济工作会议上指出了我国经济运行面临的突出矛盾和问题的根源是重大结构性失衡,主要表现为实体经济结构性供需失衡、金融和实体经济失衡、房地产和实体经济失衡,"房地产高收益进一步诱使资金脱实向虚,导致经济增长、财政收入、银行利润越来越依赖于'房地产繁荣',并推高实体经济成本,使回报率不高的实体经济雪上加霜"②。习近平总书记严正指出了金融投机、脱实向虚的危害。因此,建设现代化经济体系,必须抓住实体经济、科技创新、现代金融、人力资源"协同发展"的产业体系这个基础和核心,推动资源要素向实体经济聚集、政策措施向实体经济倾斜、工作力量向实体经济加强,在更先进的技术和发展方式基础上全面提升实体经济自主发展能力和国际竞争力,实现我国经济可持续发展,以解决经济运行中的不平衡、不协调、不可持续等问题。

习近平总书记关于建设现代化经济体系的重大部署,是扎根我国社会主义市场经济发展的实践,创造性地从生产要素角度明确了未来产业体系建设的新目标以及协同发展的总要求,既是符合经济发展规律的重大创新,也是对马克思主义生产力系统理论的丰富和发展。

---

① 习近平:《决胜全面建成小康社会　夺取新时代中国特色社会主义伟大胜利——在中国共产党第十九次全国代表大会上的讲话》,人民出版社 2017 年版,第 30 页。
② 中共中央文献研究室:《习近平关于社会主义经济建设论述摘编》,中央文献出版社 2017 年版,第 114 页。

三、建设现代化经济体系丰富与发展了马克思主义生产力价值目标理论

马克思主义生产力价值的终极目标是实现人的全面、自由发展,新发展理念指导下的现代化经济体系建设集中体现了生产力发展的核心目标和基本价值取向,丰富和发展了马克思主义生产力价值目标理论。

（一）马克思主义生产力价值目标理论

生产力是一切社会发展的最终决定力量。马克思指出:未来新社会"生产力的发展将如此迅速……生产将以所有的人富裕为目的"①。马克思认为,在生产劳动过程中参与使用价值创造的劳动者、生产资料、劳动工具及科学技术等诸要素中,只有劳动者的抽象劳动才创造价值。人是整个社会生产活动的主体,社会生产活动是以人为目的,即以保障人的生存和发展为目的。因此,生产力发展是以人为基础又以人为目的的社会生产活动。"由社会全体成员组成的共同联合体来共同地和有计划地利用生产力;把生产发展到能够满足到所有人的需要的规模;结束牺牲一些人的利益来满足另一些人的需要的状况;彻底消灭阶级和阶级对立;通过消除旧的分工,通过产业教育、变换工种、所有人共同享受大家创造出来的福利,通过城乡的融合,使社会全体成员的才能得到全面发展。"②人人都能自由地发展、全面地发展、自由地发挥作用、自由地享受联合体的成果,这是发展生产力要达到的目标,也是马克思和恩格斯终生追求的生产力价值的终极目标。

（二）建设现代化经济体系对马克思主义生产力价值目标理论的丰富与发展

随着我国生产力水平跃进到一个新的发展阶段,社会主要矛盾也转化为人民日益增长的美好生活需要和不平衡不充分的发展之间的矛盾。建设现代化经济体系中的"深化供给侧结构性改革""加快建设创新型国

① 《马克思恩格斯选集》第2卷,人民出版社2012年版,第787页。
② 《马克思恩格斯选集》第1卷,人民出版社2012年版,第308—309页。

家""实施乡村振兴战略"和"实施区域协调发展战略",都是为了"更好满足广大人民日益增长、不断升级和个性化的物质文化和生态环境需要,从而实现社会主义生产目的"①,满足人的自由全面发展需要,实现生产力价值目标。

深化供给侧结构性改革,提高供给体系质量,更大限度满足人民日益增长的美好生活需要,为人的全面自由发展提供丰富的物质资料,实现生产力价值目标。以习近平同志为核心的党中央根据我国经济进入高质量发展阶段的现状,提出了当前和今后一个时期要加大供给侧结构性改革力度。他指出,"供给侧结构性改革,重点是解放和发展社会生产力,用改革的办法推进结构调整,减少无效和低端供给,扩大有效和中高端供给,增强供给结构对需求变化的适应性和灵活性,提高全要素生产率"②。党的十九大报告强调,必须把发展经济的着力点放在实体经济和提质增效上,从生产端入手,提高供给体系质量。产品的供给和需求是市场经济内在关系的两个基本方面,"没有需求,供给就无从实现,新的需求可以催生新的供给;没有供给,需求就无法满足,新的供给可以创造新的需求"③。供给侧是制约我国生产力发展供需因素中的矛盾主要方面,其结构性改革的重点是通过关停并转过剩产能和低效率企业,促进生产要素流动和优化再配置,以实现更高效率、更高水平的供需平衡。只有始终牢牢抓住全面提高产品和服务质量这一提高供给体系质量的中心任务,有效地化解过剩产能,大力破除无效供给,扩大优质增量供给,才能保证再生产各环节都不受阻,实现供需动态平衡,为老百姓提供种类更多、质量更好的物质和精神产品,最大限度地满足人民日益增长的美好生活需要。供给侧结构性改革在注重产品供给的同时还更加注重制度供给,不断健全公平的收入分配制度和社会保障制度,完善公共服务和共享机制,促进人民群众共享改革发展的成果,实现生产力价值目标和生产力水平的整体跃升。

---

① 《习近平谈治国理政》第二卷,外文出版社 2017 年版,第 252 页。
② 《习近平谈治国理政》第二卷,外文出版社 2017 年版,第 252 页。
③ 《习近平谈治国理政》第二卷,外文出版社 2017 年版,第 252 页。

加快建设创新型国家，以创新引领生产力发展，以创新服务于广大人民群众，为人的全面自由发展提供高质量的创新产品和服务，实现生产力价值目标。"创新是引领发展的第一动力，是建设现代化经济体系的战略支撑。"①全面深化改革，无论是制度变革，还是结构优化、要素升级，其核心都是创新。"长期以来主要依靠资源、资本、劳动力等要素投入支撑经济增长和规模扩张的方式已不可持续，我国发展正面临着动力转换、方式转变、结构调整的繁重任务。"②要完成这些任务，必须加快创新驱动发展，通过实现持续性的结构优化调整，不断探索出更高效率的要素组合方式以驱动经济增长。习近平总书记说，我们"需要依靠更多更好的科技创新为经济发展注入新动力""需要依靠更多更好的科技创新实现经济社会协调发展""需要依靠更多更好的科技创新建设天蓝、地绿、水清的美丽中国""需要依靠更多更好的科技创新保障国家安全"。③ 科技创新作为我国发展全局的牛鼻子，不仅服务于经济社会发展，还服务于广大人民群众；不仅提高社会发展水平，还改善人民生活、增强人民素质。创新型国家建设，以创新推进实体经济转型升级，促进发展方式从数量向质量、从速度向效率转型，发展更多适应市场需求的新技术、新业态和新模式，不断提高产业竞争力；创新型国家建设，以创新增加公共科技供给，依靠科技创新建设低成本、广覆盖、高质量的公共服务体系，"让人民享有更宜居的生活环境、更好的医疗卫生服务、更放心的食品药品"④；创新型国家建设，运用大数据、互联网、人工智能等信息网络新型技术和远程技术，改善金融、医疗卫生、教育培训等服务，使不同地区、不同收入人群都能享受到优质的医疗卫生资源和优质文化教育资源。科技创新的声音来自人民的需要和呼唤，科技成果的应用在建设社会主义现代化强国和满足人民美好生活的需要中实现，创新型国家建设在促进生产力价值目标的过程中实现。

---

① 《习近平谈治国理政》第三卷，外文出版社 2020 年版，第 24 页。
② 《习近平谈治国理政》第二卷，外文出版社 2017 年版，第 271 页。
③ 《习近平谈治国理政》第二卷，外文出版社 2017 年版，第 271 页。
④ 《习近平谈治国理政》第二卷，外文出版社 2017 年版，第 273 页。

实施乡村振兴和区域协调发展战略,缩小城乡、区域差距,使城乡居民都能自由全面发展,实现生产力价值目标。作为农业、农村供给侧结构性改革的重要举措的乡村振兴战略是建设现代化经济体系的重要基础,区域协调发展战略是建设现代化经济体系的布局路径。只有坚定实施乡村振兴、区域协调发展战略,大力发展农村生产力,着力解决农业农村短腿短板,缩小城乡差距,才能有效解决城乡和区域之间的不平衡不充分发展问题;只有坚定实施乡村振兴、区域协调发展战略,形成工农互促、城乡互补、全面融合、共同繁荣的新型工农城乡关系,统筹城乡发展空间,建设协调联动的城乡区域发展体系,才能实现城乡融合发展、区域优势互补的良性互动,推进城乡区域协调发展新格局的形成;只有坚定实施乡村振兴、区域协调发展战略,把乡村建设和城镇建设摆在同等重要的位置,坚持工业、农业和城市、农村一起抓,才能在实现新型工业化、信息化、城镇化的进程中同步实现农业农村现代化;只有坚定实施乡村振兴、区域协调发展战略,始终以人民为中心,推动城乡要素自由流动、平等交换,才能为乡村振兴、区域发展注入新的动能、新的资源,推动包容性、普惠性发展的实现,更好地满足城乡人民日益增长的美好生活需要,最终实现共同富裕和城乡居民自由全面发展的生产力发展价值目标。

建设资源节约、环境友好的绿色发展体系,为人民创造更好的生存生活和自身发展的环境,实现生产力价值目标。人们对美好生活的需求和人的全面发展要求是内在统一的。在人民对美好生活的需求中,既有满足生理、生长、生命的必要的物质需求,也有人们对优质的文化教育、稳定的就业保障、和谐的人际关系、优美的生态环境等精神方面促进人的全面发展的追求。习近平总书记指出,建设现代化经济体系,"要建设资源节约、环境友好的绿色发展体系,实现绿色循环低碳发展、人与自然和谐共生"①。现代化经济体系中嵌入绿色发展体系,通过绿色低碳生产发展绿色实体产业、绿色生产性服务业,满足人民对健康、安全、无害的产品和绿色消费方式的需求,让人民在安全放心的产品享受中自由发展;通过节能

---

① 《习近平谈治国理政》第三卷,外文出版社 2020 年版,第 241 页。

减排、循环利用，保护空气、保护耕地、控制噪声、防治污染，让人民在天蓝、地绿、水清的生存环境中健康持续发展；通过传播生态意识、生态哲学、生态艺术、生态旅游、环境美学、生态伦理学等，营造人与人和谐、人与自然和谐的绿色人际关系、绿色网络环境、绿色生态环境等，积极传播正能量，践行社会主义核心价值观，满足人们对和谐诚信公平正义的人与人关系的需求和人与自然和谐关系的需求，让人民在有益身心健康成长发展的绿色文化环境中自由全面发展，实现生产力的价值目标。

习近平总书记关于建设现代化经济体系的思想，立足中国特色社会主义经济发展的阶段性特征，紧扣我国社会主要矛盾变化的主题，进一步提出了推动高质量发展要重视发展实体经济，建设产业、市场、收入分配、城乡区域发展、绿色发展、全面开放体系和经济体制，以及供给侧结构性改革、创新型国家建设、乡村振兴和区域协调发展战略实施、社会主义市场经济体制完善、全面开放新格局形成等重大实践任务，深入分析了实体经济、科技创新、现代金融、人力资源之间的协同发展关系，这既是对我国建设经济现代化经验的深刻总结，也是对马克思主义生产力决定生产关系理论、生产力系统理论、生产力价值目标理论的进一步丰富和发展，是中国特色社会主义政治经济学理论的最新成果之一。

第二章　新发展理念:建设现代化 经济体系的科学引领

创新、协调、绿色、开放、共享的新发展理念,是以习近平同志为核心的党中央在深刻总结国内外发展经验教训、深入分析国内外发展大势的基础上提出的,集中体现了我们党对我国发展新阶段基本特征的深刻洞察和科学把握,标志着我们党对经济社会发展规律的认识达到了新高度,是我国经济社会发展必须长期坚持的重要遵循,是我国经济强起来和建设现代化经济体系的科学指引。

第一节　新发展理念是建设现代化 经济体系的科学指引

中央经济工作会议确定的 2020 年第一项重点工作就是坚定不移贯彻新发展理念。会议指出,"理念是行动的先导。新时代抓发展,必须更加突出发展理念,坚定不移贯彻创新、协调、绿色、开放、共享的新发展理念,推动高质量发展。"①新发展理念是习近平新时代中国特色社会主义思想的重要组成部分,是新时代坚持和发展中国特色社会主义的一条基本方略;是习近平新时代中国特色社会主义经济思想的主要内容,是建设现代化经济体系的战略指引和重要遵循。《习近平谈治国理政》第二卷

---

① 《中央经济工作会议在北京举行　习近平李克强作重要讲话》,《人民日报》2019 年 12 月 13 日。

第六部分集中论述了应树立什么样的发展理念、如何深入理解新发展理念和如何贯彻落实新发展理念等问题。深入学习贯彻习近平总书记关于新发展理念的重要论述,对于牢固树立和深入贯彻新发展理念,建设现代化经济体系,在中国特色社会主义新时代实现更高质量、更有效率、更加公平、更可持续的发展具有重要意义。

一、新发展理念是关系我国发展全局的一场深刻变革

在《以新的发展理念引领发展》一文中,习近平总书记指出,新发展理念"不是凭空得来的,是我们在深刻总结国内外发展经验教训的基础上形成的,也是在深刻分析国内外发展大势的基础上形成的,集中反映了我们党对经济社会发展规律认识的深化,也是针对我国发展中的突出矛盾和问题提出来的"[1]。这深刻表明,新发展理念是对中国特色社会主义发展理论的重大创新,必将带来关系我国发展全局的一场深刻变革。

针对新时代社会主要矛盾,引领科学发展,促进矛盾解决。中国特色社会主义进入新时代,我国社会主要矛盾转化为人民日益增长的美好生活需要和不平衡不充分的发展之间的矛盾。只有解决好发展不平衡不充分的问题,包括解决好社会、民生、法治、生态环境等方面存在的发展不平衡不充分问题,大力提升发展质量和效益,才能更好满足人民在经济、政治、文化、社会、生态等方面日益增长的需要。我国社会主要矛盾的变化是关系全局的历史性变化,迫切需要以新发展理念引领发展,实现更平衡、更充分的科学发展,促进人的全面发展、社会全面进步。

针对发展中的突出问题,引发深刻的发展变革,习近平总书记指出"创新发展注重的是解决发展动力问题",必须把创新作为引领发展的第一动力,不断推进理论、制度、科技、文化等各方面创新;"协调发展注重的是解决发展不平衡问题",必须牢牢把握中国特色社会主义事业总体布局,不断增强发展整体性;"绿色发展注重的是解决人与自然和谐问题",必须坚持节约资源和保护环境的基本国策,推进美丽中国建设;"开

---

[1]　《习近平谈治国理政》第二卷,外文出版社2017年版,第197页。

放发展注重的是解决发展内外联动问题",必须坚持对外开放的基本国策,奉行互利共赢的开放战略,发展更高层次的开放型经济;"共享发展注重的是解决社会公平正义问题",必须坚持发展为了人民、发展依靠人民、发展成果由人民共享,使全体人民朝着共同富裕方向稳步前进。在新发展理念引领下,党的十八大以来,我国社会主义现代化建设取得历史性成就,经济社会发展发生历史性变革。

二、新发展理念是对我国发展理论的又一次重大创新

新发展理念集中反映我们党对经济社会发展规律认识的深化,是对实现中国特色社会主义政治经济学的重大创新。从全面建成小康社会到基本实现现代化,再到全面建成社会主义现代化强国,既是新时代中国特色社会主义发展的战略安排,也是我们面临的新任务。以习近平同志为核心的党中央根据形势和任务变化,适时提出新发展理念,深刻阐释发展的目标、动力、布局、保障等问题。这既体现了对新时代社会主要矛盾的深刻洞悉,又体现了对社会主义本质要求和发展方向的科学把握,是习近平新时代中国特色社会主义思想对实现什么样的发展、怎样实现发展问题的科学回答,标志着我们党对经济社会发展规律的认识达到了新高度,是中国特色社会主义政治经济学的最新成果。

新发展理念将中国特色社会主义经济理论和实践提升到新的高度。党的十九大报告在充分肯定党的十八大以来坚定不移贯彻新发展理念取得巨大成就的基础上,将新发展理念确立为新时代坚持和发展中国特色社会主义的一条基本方略。中央经济工作会议指出,5 年来,我们坚持观大势、谋全局、干实事,成功驾驭了我国经济发展大局,在实践中形成了以新发展理念为主要内容的习近平新时代中国特色社会主义经济思想。这进一步明确了新发展理念的指导地位。我们必须把思想统一到党中央精神上来,结合新时代发展实践,更深入地理解新发展理念的科学内涵和实践要求。

从基本方略深入理解新发展理念。"十四个坚持"的基本方略,是对我们党治国理政重大方针原则的最新概括,是新时代推进各项事业的

"路线图"和"方法论"。作为基本方略之一的新发展理念,是解决我国社会主要矛盾、实现高质量发展的科学指引。当前,中国特色社会主义进入了新时代,我国社会主要矛盾已经转化为人民日益增长的美好生活需要和不平衡不充分的发展之间的矛盾。与此同时,我国经济发展也进入了新时代,推动高质量发展是做好新时代经济工作的根本要求。只有坚定不移贯彻新发展理念,才能解决好经济社会发展不平衡不充分问题,推动我国经济在实现高质量发展上不断取得新进展。创新、协调、绿色、开放、共享的新发展理念,顺应我国经济发展从"有没有"转向"好不好"的大势,集中体现了新时代我国发展思路、发展方向、发展着力点,着眼于解决发展动力问题、增强发展整体性协调性、促进人与自然和谐发展、提高发展内外联动性、维护社会公平正义,全方位、全维度揭示了实现更高质量、更有效率、更加公平、更可持续发展的必由之路。

从思想高度深入理解新发展理念。新发展理念是习近平新时代中国特色社会主义经济思想的主要内容,是对马克思主义政治经济学的丰富和发展。创新发展强调创新是引领发展的第一动力,深化与发展了马克思主义政治经济学关于科学技术是生产力的生产力构成理论。协调发展体现统筹兼顾、持续健康、全面平衡的发展要求,拓展了马克思主义发展观的内涵,提升了发展境界。绿色发展秉持绿水青山就是金山银山的理念,既深化和丰富了生产力的内涵,凸显了生态环境与生产力的密切关系,又升华了可持续发展理念,是对马克思主义自然生产力理论的重大贡献。开放发展揭示了中国与世界息息相关的互利共赢逻辑,丰富和发展了马克思主义全球化理论。共享发展是对人民利益至上原则和人民群众是社会历史发展根本动力唯物史观的坚持,丰富和发展了马克思主义社会再生产与收入分配理论。党的十八大以来,我国经济建设取得历史性成就、发生历史性变革,我们党作出我国经济发展进入了新时代的重大判断,提出稳中求进工作总基调是治国理政的重要原则、推动高质量发展是做好经济工作的根本要求等重大论断,作出把供给侧结构性改革作为经济工作主线的重大决策,部署实施科教兴国战略、人才强国战略、创新驱动发展战略、乡村振兴战略、区域协调发展战略、可持续发展战略、军民融合发展战略等重大战略。这一系列新成就新变革、新论断新战略都体现了新发展理念的要求,新发展理念将中国特色社会主义经济理论和实践提升到新的高度。

三、新发展理念是现代化经济体系建设的根本指导方针

党的十九大报告中明确指出"建设现代化经济体系是跨越关口的迫切要求和我国发展的战略目标",要实现这一战略目标必须走中国特色的道路,用管全局、管根本、管方向、管长远的创新、协调、绿色、开放、共享的新发展理念指导现代化经济体系的建立和发展。

新发展理念为建设现代化经济体系指明方向、绘制蓝图。创新发展、协调发展、绿色发展、开放发展、共享发展是我国现代化经济体系建设的发展方向,直接与现代化经济体系各环节密切相关,现代化经济体系中的各体系都必须遵循新发展理念的要求、受新发展理念的约束,依据新发展理念在创新中前行,在协调中实现人与自然和谐发展,在开放中让人民共享发展成果,并以创新、协调、绿色、开放、共享五个维度勾画建设现代化经济体系的基础轮廓,绘制体现国家意志、社会目标、经济效益、生态美好、人民幸福、全面发展的现代化经济体系蓝图,实现国家在创新中发展、社会在协调中发展、经济在绿色中发展、市场在开放中发展、人民在共享中发展。

新发展理念为建设现代化经济体系提供方法路径。新发展理念作为辩证统一的系统集合体,为现代化经济体系建设提供基本的方法和途径。创新发展与开放发展为建设现代化经济体系提供动力,绿色发展与协调发展为建设现代化经济体系提供根本的约束要求,共享发展为建设现代化经济体系提供终极目标。建设现代化经济体系必须坚持创新发展,加强以企业为主体、市场为导向、产学研深度融合的前沿引领的技术创新体系及战略科技人才、科技领军人才、青年科技人才和高水平创新团队的科技人才创新体系建设;建设现代化经济体系必须坚持协调发展,注重"五位一体"布局的协调、"四个全面"战略间的协调、国家区域城市发展的协调、各部门各行业各领域间的协调、政府与市场等的协调,形成建设现代

化经济体系的合力。建设现代化经济体系必须坚持绿色发展，在"绿水青山就是金山银山"的理念下，建设绿色低碳循环可持续发展的经济体系、清洁高效安全低碳的能源体系、绿色生产和适度消费的法律制度体系、市场为导向的绿色技术创新体系、自然资源资产管理和自然生态监管体系，走生产发展、生活富裕、生态良好的文明发展道路；建设现代化经济体系必须坚持开放发展，以"一带一路"建设为重点构建陆海内外联动、东西双向互济的对外开放新格局，"加快自由贸易试验区、自由贸易港等对外开放高地建设"①，健全高水平开放政策保障机制，积极参与全球经济治理体系变革，建设引进来和走出去并重、共商共建共享包容普惠平衡的开放经济体系；建设现代化经济体系必须坚持共享发展，健全体现效率、促进公平的收入分配制度体系，健全统筹城乡、可持续的基本养老保险制度、基本医疗保险制度的覆盖全民的社会保障体系，"健全劳动、资本、土地、知识、技术、管理、数据等生产要素由市场评价贡献、按贡献决定报酬的机制"②，稳步提高居民收入、消费水平。只有在坚持新发展理念下建设现代化经济体系，整个经济体系的结构才能健康、质量才会提高、动力才可持续。

第二节 新发展理念的科学内涵和精神实质

党的十九大报告指出了中国特色社会主义新时代我国改革开放和社会主义现代化建设取得历史性成就的国内大环境是经济发展进入新常态。深入理解新发展理念的科学内涵和精神实质，必须准确把握我国经济进入新常态的大背景，在深刻认识中国特色社会主义发展实践的基础上，准确把握我国经济发展阶段性特征，创新中国特色社会主义政治经济学理论。

---

① 《中共中央国务院关于新时代加快完善社会主义市场经济体制的意见》，人民出版社2020年版，第21页。

② 《中共中央国务院关于新时代加快完善社会主义市场经济体制的意见》，人民出版社2020年版，第18页。

一、准确把握我国经济发展进入新常态这一重要判断

党的十九大报告指出,党的十八大以来的五年,以习近平同志为核心的党中央"面对世界经济复苏乏力、局部冲突和动荡频发、全球性问题加剧的外部环境,面对我国经济发展进入新常态等一系列深刻变化","取得了改革开放和社会主义现代化建设的历史性成就"①。经济发展进入新常态是习近平新时代中国特色社会主义经济发展的国内大背景,其主要特征是"增长动力实现转换""经济结构实现再平衡"。在发展速度上增速放缓,在结构上不断优化升级,在动力上转向创新驱动,在风险上面临着去产能、去杠杆、去污染等风险。习近平总书记关于经济新常态的理论丰富和发展了马克思主义政治经济学的经济周期、经济增长要素、经济发展方式、供求关系、市场配置资源和宏观运行等理论,既是马克思主义政治经济学原理同我国经济建设实际相结合的重要探索,也是在我国经济建设实践中丰富和发展新时代中国特色社会主义经济发展理论的重大理论成果。

(一)经济新常态的判断是对我国经济发展阶段性特征的准确把握

马克思主义经济周期理论是对经济发展不同阶段变化特征的总结,经济新常态既是对我国经济发展阶段性特征的准确判断,也是对马克思主义经济周期性理论认识的升华和发展。

1. 经济新常态是我国经济不同发展阶段更替变化的结果

经济周期是指经济运行中周期性出现的经济扩张与经济紧缩交替更迭、循环往复的一种现象。马克思、恩格斯通过对资本主义经济再生产过程的分析,认为"市场的扩张赶不上生产的扩张。冲突成为不可避免的了,而且,因为它在把资本主义生产方式本身炸毁以前不能使矛盾得到解决,所以它就成为周期性的了"②。上一个经济周期的结束,又是下一个周期的开始。不同生活资料和生产资料之间恰当的比例关系是再生产能

---

① 《习近平谈治国理政》第三卷,外文出版社 2020 年版,第 2 页。
② 《马克思恩格斯选集》第 3 卷,人民出版社 2012 年版,第 806 页。

够顺利进行的前提条件,市场经济周期性波动的过程实际上就是商品供求双方在市场经济大背景下对立统一的运动过程。

社会主义公有制消除了资本主义的基本矛盾,在某种程度上消除了经济周期波动的可能性。改革开放以来,我国用几十年时间走完了发达国家几百年走过的发展历程,经济总量稳居世界第二,制造业规模跃居世界第一,对世界经济增长贡献率超过 30%,创造了世界经济发展的奇迹。但我国目前的社会主义公有制还不完善,我国还处在社会主义初级阶段,生产力还不发达,社会化生产程度还不高,发展还不平衡不充分,发展质量和效益还不高,创新能力不够强,实体经济水平有待提高,民生领域还有不少短板,生态环境保护还任重道远,经济发展还面临较大下行压力,特别是结构性产能过剩比较严重。因此,基于马克思的经济周期理论,我国经济在发展不同阶段也会存在周期性的变化,但主要不是周期性波动,而是社会主要矛盾转化为"人民日益增长的美好生活需要和不平衡不充分的发展之间的矛盾"引起的发展阶段的转变,经济新常态是这种变化的体现,是我国经济不同发展阶段更替变化的结果。"明确我国经济发展进入新常态,是我们综合分析世界经济长周期和我国发展阶段性特征及其相互作用作出的重大判断。"[1]

2. 新常态是贯穿我国发展全局和全过程的大逻辑

党的十八大以来,以习近平同志为核心的党中央综合世界经济长周期和我国发展阶段性特征及其相互作用,作出了"我国经济发展正处于增长速度换挡期、结构调整阵痛期、前期刺激政策消化期'三期叠加'阶段"[2]的重大战略判断,指出了我国经济正呈现出"从高速增长转为中高速增长"[3]的"新常态"。强调"'十三五'时期,我国经济发展的显著特征就是进入新常态"[4]。这里的"新"首先表现在运行形态上的一种变化和

---

① 《习近平谈治国理政》第二卷,外文出版社 2017 年版,第 239 页。

② 《习近平谈治国理政》第二卷,外文出版社 2017 年版,第 229 页。

③ 中共中央文献研究室编:《习近平关于社会主义经济建设论述摘编》,中央文献出版社 2017 年版,第 24 页。

④ 《习近平谈治国理政》第二卷,外文出版社 2017 年版,第 245 页。

阶段性的转变,即以"中高速"的新阶段取代原来两位数高速增长状态的旧阶段,以质量效率型发展新方式取代规模速度型旧发展方式,以调整存量、做优增量并举的经济新结构取代增量扩能的经济旧结构。而"新"字后面的"常"是中高速、质量效率、做优增量在"新"之后如何成为一个相对稳定的状态,即成为常态。新常态是由我国经济发展客观规律决定的加快经济发展方式转变的主动选择,是化解我国多年来积累的不平衡不充分深层次矛盾、走向更高级经济形态更合理结构的必经阶段。因此,要科学认识我国的经济形势及其未来发展趋势,必须要历史地辩证地看待我国经济发展的阶段性特征,切实准确把握我国经济发展的大逻辑。

如何深入认识适应把握经济发展新常态?我们要清醒地认识,经济新常态是我国经历了一段时间的经济高速增长后出现的增长速度的换挡现象,它不是周期性的外部冲击所致,而是在钢铁、水泥等产业迅猛发展周期逐渐结束后,相关产业出现产能过剩的结果。我国步入工业化中后期后,劳动力、土地、市场等资源禀赋条件发生了重大变化,已难以支撑经济继续高速奔跑;曾经释放出巨大红利的劳动力成本不断攀升,成本优势已逐渐消失,潜在增长能力在下降;传统的低成本、低价格竞争优势也在逐渐削弱,出口呈现出回落的态势……由这些结构性因素造成的增长速度的放缓是长期趋势,是我国经济进入新阶段的必然结果。由粗放高增长转向集约高效率,由更多注重数量到更加注重质量,由增加投资规模转向提升"周转"速度,由要素驱动转向增强高新技术驱动,新常态的这些基本特征是在对马克思的经济周期理论深刻认识的基础上,对我国经济运行和发展各方面、各产业领域、各经济部门发展阶段转变的理性认知和正确判断。经济增长在经历一段较长时间的高速发展阶段后,速度回落,进而结束高速增长期最后转入一个新的增长阶段,这是经济发展的普遍性规律。

(二)经济新常态的实质是实现经济增长动力的转换

资本、人力资源、自然资源、科学技术、制度等要素影响着经济增长,而经济新常态的实质是要实现经济增长动力的转换,这一定会丰富和发展马克思主义经济增长要素理论。

经济增长要素的变化要求必须转换增长动力。经济增长要素主要是指影响经济增长的因素。马克思着重从生产关系角度对影响经济增长的因素进行了分析，主要包括资本、劳动力（人力资源）、土地（自然资源）、科学技术、制度等方面。第一，资本是企业生产的第一推动力。马克思认为，商品生产的整个过程都"要求货币形式的资本或货币资本作为每一个新开办的企业的第一推动力和持续的动力"①。资本是能够带来剩余价值的价值，资本积累是实现扩大再生产的基础，持续稳定的经济增长必须以充足的资本供给为前提。第二，劳动是社会生产的前提条件，人口是增长的基本源泉。社会生产要顺利进行，必须具备生产资料资源和劳动力资源两个最基本的前提。马克思认为，"劳动作为使用价值的创造者，作为有用劳动，是不以一切社会形式为转移的人类生存条件，是人和自然之间的物质变换即人类生活得以实现的永恒的自然必然性"②。社会物质财富的增长以及再生产、消费的增长，在一定时期和一定程度上需要有一定数量的人口增长，"人口在这里是财富的基本源泉"③。第三，自然资源是产生自然生产力的基础和前提。马克思把自然资源分为"生活资料的自然富源，例如土壤的肥力，鱼产丰富的水域等等；劳动资料的自然富源，如奔腾的瀑布、可以航行的河流、森林、金属、煤炭等等"④。这两大类，马克思认为，良好的自然资源是剩余劳动和超额利润赖以产生的自然基础，新的自然资源的发现和利用，对生产的发展起巨大推动作用。第四，科学技术是推动生产力发展的强大动力。在大生产中，"应用机器的大规模协作——第一次使自然力，即风、水、蒸汽、电大规模地从属于直接的生产过程，使自然力变成社会劳动的因素"⑤，引起劳动资料、劳动对象质的升华和劳动者素质的提高，进而改进其他生产要素，有力地促进资本

---

① 《马克思恩格斯选集》第 2 卷，人民出版社 2012 年版，第 384 页。
② 《马克思恩格斯全集》第 42 卷，人民出版社 2016 年版，第 29 页。
③ 《马克思恩格斯全集》第 46 卷下，人民出版社 1980 年版，第 293 页。
④ 《马克思恩格斯全集》第 2 卷，人民出版社 2012 年版，第 239 页。
⑤ 《马克思恩格斯全集》第 37 卷，人民出版社 2019 年版，第 201—202 页。

的扩张能力和经济增长,知识形态的生产力就转化为物质生产力,成为推动经济增长的首要因素,在当代生产力发展中起着决定性作用。第五,制度作用于经济增长。马克思认为,生产力决定生产关系,经济基础决定上层建筑,生产力是生产关系和上层建筑等制度变化的原因,生产关系和上层建筑等制度的变化又会反作用于生产力。符合生产力发展的制度会使生产关系更适合生产力的性质和发展要求,促进技术进步,提高经济效率,刺激经济增长。反之,不合理的制度会牺牲效率,阻碍经济增长与发展。

新常态下我国经济增长要素发生了变化,要素成本提高,客观上要求必须转换增长动力与之相适应。在决定经济增长的要素成本中,人力资源中的劳动者的工资报酬、社会保障、社会福利水平等提高了;自然资源中的土地、矿山、能源、原材料等价格上涨了;环境资源中污染治理成本上升了;企业的生产成本、技术变革和创新中的自主技术研发和创新的成本也越来越高了。随着成本要素的增加,必然引起产品价格的上升、通货膨胀的出现、竞争力的下降和经济发展动力的缺乏。而随着产业结构的调整,我国经济依靠出口、投资要素投入为核心的增长动力在削弱,消费为主的推动力也不足。因此,依据马克思主义经济增长要素理论,必须依靠提高质量和效率来化解成本上升的矛盾和动力不足问题,由过去靠"四大要素""三驾马车"带动经济增长,转变为主要依靠技术进步提高质量和效率的创新驱动上。

保持经济持续增长必须从投资驱动向创新驱动转换。过去40多年,我们的制造业代工、嵌入到跨国公司全球工序分工模式的黄金时代结束了,我们的实体经济必须走向自尊、自信、自立;过去40多年,我们的实体经济靠低成本的劳动力、土地、环境参与国际竞争的黄金时代结束了,我国实体经济必须向中高端水平转变;过去40多年靠简单模仿、抄袭、仿制的黄金时代结束了,我们必须走向理论创新、实践创新、科技创新、制度创新、文化创新,这是经济新常态下生产力发展的必然要求。习近平总书记指出,在新一轮全球经济增长面前,我们要"积极探索适合自身发展需要的新道路新模式,不断寻求新增长点和驱动力"①。社会生产力发展和劳动生产率的提高是决定一个国家发展命运的主导因素，"只有不断推进科技创新，不断解放和发展社会生产力，不断提高劳动生产率，才能实现经济社会持续健康发展"②，"推动经济发展质量变革、效率变革、动力变革，提高全要素生产率"③。习近平总书记强调"科技创新，就像撬动地球的杠杆，总能创造令人意想不到的奇迹"④。随着我国民间投资、制造业投资增速持续下降，市场内生投资增长动力疲弱，投资对经济增长的贡献率明显降低，"全球现有资源都给我们也不够用！老路走不通，新路在哪里？就在科技创新上"⑤。投资是经济增长的基本推动力，是经济增长的必要前提，要保持我国经济的持续增长，必须增强自主创新能力，努力实现从科技创新的"跟随者"变成"引领者"，从"中国制造"变成"中国设计"，从大规模、持续性的固定资产投资，转到依靠创新降低成本、提升资本使用效率上，从而推动经济发展走上科学发展、内生增长的轨道，实现投资驱动向创新驱动转换。

新常态下保持经济持续增长必须由要素驱动向创新驱动转变。新常态下保持经济持续增长必须发展新动能，实现由要素驱动向创新驱动转变。制度和资本、技术是经济增长动力系统转换和新增长点培育的三大关键要素，制度可激励、约束资本投资和技术偏好，引导资本投资倾向和技术革新；反过来，资本投资倾向和技术创新又影响、驱动制度变革。习近平总书记着重指出，实施创新驱动"最根本的是要增强自主创新能力，最紧迫的是要破除体制机制障碍，最大限度解放和激发科技作为第一生产力所蕴藏的巨大潜能"⑥。党的十九大报告指出，要发挥投资对增长的关键作用，必须"深化投融资体制改革，发挥投资对优化供给结构的关

① 习近平：《谋求持久发展　共筑亚太梦想——在亚太经合组织工商领导人峰会开幕式上的演讲》，《人民日报》2014年11月10日。

② 中共中央文献研究室编：《习近平关于科技创新论述摘编》，中央文献出版社2016年版，第30页。

③ 《习近平谈治国理政》第三卷，外文出版社2020年版，第24页。

④ 《习近平谈治国理政》第一卷，外文出版社2018年版，第120页。

⑤ 《习近平谈治国理政》第一卷，外文出版社2018年版，第120页。

⑥ 《习近平谈治国理政》第一卷，外文出版社2018年版，第121页。

键性作用"。"深化金融体制改革,增强金融服务实体经济能力,提高直接融资比重,促进多层次资本市场健康发展。"必须提高产品科技含量,"在中高端消费、创新引领、绿色低碳、共享经济、现代供应链、人力资本服务等领域培育新增长点、形成新动能"①。引导消费朝着智能、绿色、健康、安全方向发展,通过"绿色家庭、绿色学校、绿色社区和绿色出行等行动"②,以扩大服务消费为重点带动消费结构升级,以发挥消费对增长的基础作用;必须积极促进"一带一路"国际合作,培育以技术、标准、品牌、质量、服务为核心的对外经济新优势,"拓展对外贸易,培育贸易新业态新模式""创新对外投资方式,促进国际产能合作,形成面向全球的贸易、投融资、生产、服务网络,加快培育国际经济合作和竞争新优势"。③"打造国际合作新平台,增添共同发展新动力"④。以开放发展战略推动我国由外贸大国向外贸强国跨越,充分发挥出口对经济增长的促进作用。

认识、适应和引领新常态是当前和今后一个时期我国经济发展的大逻辑,也是遵循经济增长要素理论的重要方面。习近平总书记指出,"要把握新工业革命的机遇,以创新促增长、促转型,积极投身智能制造、互联网+、数字经济、共享经济等带来的创新发展浪潮,努力领风气之先,加快新旧动能转换"⑤。只有增加产品的科技含量,提升全要素生产率,提高创新者的存活率和创新产品的转化率,才会有创新引领、绿色低碳、高端高质的产品供给消费者;只有"破除一切制约科技创新的思想障碍和制度藩篱,处理好政府和市场的关系,推动科技和经济社会发展深度融合"⑥,完善并构建多层次资本市场,才能加快资本循环与周转,处理好社会资本再生产中的各种比例关系,实现资本结构优化配置,才能"激发市场和社会活力,实现更高质量、更具韧性、更可持续的增长"⑦,创造一个

---

① 《习近平谈治国理政》第三卷,外文出版社 2020 年版,第 24 页。
② 《习近平谈治国理政》第三卷,外文出版社 2020 年版,第 40 页。
③ 《习近平谈治国理政》第三卷,外文出版社 2020 年版,第 27 页。
④ 《习近平谈治国理政》第三卷,外文出版社 2020 年版,第 47 页。
⑤ 《习近平在出席金砖国家领导人厦门会晤时的讲话》,人民出版社 2017 年版,第 7 页。
⑥ 《习近平谈治国理政》第一卷,外文出版社 2018 年版,第 125 页。
⑦ 《习近平在出席金砖国家领导人厦门会晤时的讲话》,人民出版社 2017 年版,第 7 页。

新的更长的经济增长周期,在中高端消费、共享经济、现代供应链、人力资本服务等领域培育新增长点,从而更好地释放"三驾马车"的新动能,实现发展动力从主要依靠"三驾马车"拉动经济增长转为主要依靠制度变革、结构优化和要素升级"三大发动机"拉动经济增长的转换。从增长不是简单增加生产总值,而是有效益、有质量、可持续的增长,到确定符合经济规律的增长速度、增长动力和增长潜力,彰显了发展的智慧和习近平总书记对我国经济社会发展阶段性特征和经济增长规律的深刻把握,是马克思主义普遍原理与中国具体实际的紧密结合,推动着新时代中国特色社会主义发展实现新的跨越,丰富和发展了马克思主义经济增长要素理论。

(三)经济新常态下实现经济发展方式必须从数量扩张向追求质量转变

经济发展方式是实现经济增长的方法和模式,经济新常态下实现经济发展方式从数量扩张向追求质量转变,进而推动增长动力转换的思想,丰富和发展了马克思主义经济发展方式理论。

1. 经济发展方式从数量扩张转向追求质量

经济发展方式一般是指通过数量增加、结构变化、质量改善等生产要素变化实现经济增长的方法和模式。马克思主义经济发展方式理论是在社会资本扩大再生产的基础上扩展而来的。马克思把资本主义扩大再生产方式分为单纯依靠增加生产资料、劳动力扩大生产规模的外延扩大再生产和依靠提高劳动生产率扩大生产规模的内涵扩大再生产两种方式。认为:"如果生产场所扩大了,就是在外延上扩大;如果生产资料效率提高了,就是在内涵上扩大。"①随着科学技术的发展,扩大再生产方式具有由外延扩大再生产向内涵扩大再生产转化的历史趋向。马克思发现,科学技术在生产中的应用不仅能促进经济发展,而且还能推动经济发展方式由外延式向内涵式转化,市场调节和竞争规律也能促进生产方式向内涵式方向发展,实现生产生产资料部类和生产消费资料部类的两大部类

---

① 《马克思恩格斯选集》第 2 卷,人民出版社 2012 年版,第 352 页。

内部及其之间的平衡,实现自然环境与劳动力的有机结合,有效调节国内市场发展与国际市场开拓,优化生产要素配置,都能促进内涵式发展。

经济新常态始终贯穿着马克思主义经济发展方式理论。习近平总书记指出,推动中国经济保持中高速增长、迈向中高端水平,必须"转方式,着力解决好发展质量和效益问题"①。党的十九大报告强调,我们要"坚定不移贯彻新发展理念,坚决端正发展观念、转变发展方式,发展质量和效益不断提升"②。明确"'十三五'时期是转方式调结构的重要窗口期。如果不注重转方式调结构,只是为短期经济增长实行刺激政策,必然会继续透支未来增长"③。从以速度为中心的外延式经济增长方式转向以质量和效益为中心注重内涵的经济增长方式,体现了扩大再生产方式由外延扩大向内涵扩大转化的历史趋势,贯穿着马克思主义经济发展方式理论的核心理念,并在继续转变经济发展方式的基础上,适时提出了创新、协调、绿色、开放、共享五大新发展理念,创新了从转变经济增长方式到转变经济发展方式再到经济发展新理念的历程,深入推进了习近平新时代中国特色社会主义经济思想的创新,是马克思主义经济发展方式理论在当代中国的新发展。

2. 创新经济发展方式是新常态的必然要求

在面对全球新技术替代旧技术、智能型技术替代劳动密集型技术的发展趋势下,在面临我国新常态经济下行压力的严重态势下,仅仅靠需求侧改革来推动经济发展方式转变已显得心有余而力不足。因此,习近平总书记指出,我国"依靠要素成本优势驱动、大量投入资源和消耗环境的经济发展方式已经难以为继",要解决经济发展下行压力,防止经济发展失速,关键在于创新和发展马克思主义经济发展方式理论,形成加快转变经济发展方式的新路径,从以速度为中心转向以质量和效益为中心,以等量资本投入带来更多的资本回报,以等量的资源投入带来更多的效用、享受、福利和社会进步。习近平总书记强调,"加快转变经济发展方式、调

---

① 《习近平谈治国理政》第二卷,外文出版社 2017 年版,第 75 页。
② 《习近平谈治国理政》第三卷,外文出版社 2020 年版,第 2 页。
③ 《习近平谈治国理政》第二卷,外文出版社 2017 年版,第 76 页。

整经济结构,采取果断措施化解产能过剩,这是唯一正确的选择"①。

习近平总书记强调,新常态下必须"大力推进经济发展方式转变和经济结构调整"②以形成新的增长动力,推动经济健康发展;必须大力推进以科技创新为核心的全面创新,以实现从注重速度、数量往注重长期质量、速度和效益并行的可持续发展转变;必须把需求侧结构性改革和供给侧结构性改革结合起来,坚持需求导向和产业化方向,以转变经济发展方式,推动经济稳定发展;必须充分"发挥市场在资源配置中的决定性作用和社会主义制度优势,增强科技进步对经济增长的贡献度"③,促进经济从数量扩张向追求质量发展;必须尽快解决严重威胁人民群众健康安全的环境污染问题,"更加自觉地推动绿色发展、循环发展、低碳发展,决不以牺牲环境为代价去换取一时的经济增长"④。加快绿色产业发展;必须全面调整投资结构、产业结构、产品结构,建设现代化经济体系,尽快促进生产的规模、速度、效益、质量、品种、环保的有机统一。这些新发展理念为新常态下转变经济发展方式提供了切实可行的转变路径,丰富和发展了在马克思主义经济发展方式理论指导下的、适合中国国情的中国特色社会主义经济发展方式新理论。

(四)经济新常态下供求关系变化要求改革供给侧结构

商品的供给和需求之间保持一定的比例关系是商品经济顺利发展的必然要求,在经济新常态下依据我国供求关系变化的新特点作出加强供给侧结构性改革的决定,丰富和发展了马克思主义供求关系理论。

1. 经济新常态是对马克思主义供求关系理论的遵循

马克思指出:市场上只有"买者和卖者,需求和供给"⑤两个互相对立的范畴,"在商品的供求关系上再现了下列关系:第一,使用价值和交换价值的关系,商品和货币的关系,买者和卖者的关系;第二,生产者和消费

① 《习近平谈治国理政》第二卷,外文出版社 2017 年版,第 76 页。
② 《习近平关于科技创新论述摘编》,中央文献出版社 2016 年版,第 4 页。
③ 《习近平关于科技创新论述摘编》,中央文献出版社 2016 年版,第 17 页。
④ 《习近平谈治国理政》第一卷,外文出版社 2018 年版,第 209 页。
⑤ 《马克思恩格斯全集》第 35 卷,人民出版社 2013 年版,第 315 页。

者的关系"①。马克思认为,市场要求商品的供给和需求之间保持一定的比例关系再生产才能顺利进行。由于各种主客观因素的影响,商品市场的供给和需求往往难以达到绝对平衡,有时甚至会出现较大偏差。当生产某种商品的社会劳动量大于社会的需求量时,部门内部生产商品所耗费的劳动超过社会分配的劳动量,在市场上就表现为商品的供给大于需求。反之,供给则小于需求。只有各生产部门按商品需求量的比例来分配社会总劳动量,商品的供给和需求才能平衡,而供需趋于平衡的动力是商品价格。当商品供给小于需求时,商品价格上涨,较高的价格又会刺激供给、抑制需求,促使商品供需逐渐趋于平衡;反之,商品价格就会下跌,而低价又抑制供给,进而促使生产者技术改造、产品更新、降低成本以打开销路刺激需求,使供需逐渐趋于平衡。因此,由供求关系作用所反映的商品价格的上涨和下跌,既是价值规律在流通领域的反映,也是供求关系变化的基本法则。

中国特色社会主义建设进入新时代,我国社会主要矛盾已经转化为人民日益增长的美好生活需要和不平衡不充分的发展之间的矛盾。随着我国经济的发展,经济结构的优化,老百姓收入水平的提高和产品、服务供给的增加,居民生活消费伴随着生活方式的改变正在发生前所未有的深刻转变。习近平总书记说,"我们要建设的现代化是人与自然和谐共生的现代化,既要创造更多物质财富和精神财富以满足人民日益增长的美好生活需要,也要提供更多优质生态产品以满足人民日益增长的优美生态环境需要"②。从温饱型需求向美好生活需求、从数量型需求向质量型需求、从低端产品需求向中高端产品需求转变,我国居民的消费正在从对物质产品需求比重的下降转变到对各种服务需求增加的过程中。中央经济工作会议认为,在消费需求上,过去"有没有"的"模仿型排浪式消费阶段基本结束",好不好、美不美、帅不帅的"个性化、多样化消费渐成主流"③;人们更加注重产品质量安全,更加注重产品的绿色和健康,更加注

① 《马克思恩格斯文集》第7卷,人民出版社2009年版,第214页。
② 《习近平谈治国理政》第三卷,外文出版社2020年版,第39页。
③ 《习近平谈治国理政》第二卷,外文出版社2017年版,第230页。

重产品消费带来的舒适感、成就感、归属感和身份地位的认同感。我国已经进入品质化的消费阶段,我国社会主要矛盾的变化对发展提出了许多新要求。我们要通过创新供给激活市场需求,创新投融资方式,更多地将资金投入新技术、新产品、新业态、新商业模式上,从而"在继续推动发展的基础上,着力解决好发展不平衡不充分问题,大力提升发展质量和效益,更好满足人民在经济、政治、文化、社会、生态等方面日益增长的需要"①。在马克思主义供求关系理论基础上作出供给侧结构性改革的部署,准确地把握了我国经济运行中供求关系变化的新特点,为认识新时代我国供求关系发展规律奠定了基础。

2. 经济新常态下改革供给侧结构以适应需求结构变化

当前和今后一个时期,我国经济发展面临供给和需求方面的问题都有,但低端供给、无效供给过多,有效供给不足,供给侧是矛盾的主要方面。从生产资料供给结构看,一方面是煤炭、钢铁、水泥、电解铝、平板玻璃等初级产品产能普遍过剩;另一方面是我国制造业自主创新能力弱,核心技术、关键装备与高端产品对外依存度高,依赖进口才能满足市场需求。从消费资料供给结构看,一方面是消费者对产品和服务的多样化、个性化、精致化、品牌化需求在增长;另一方面是相关产业发展还没有及时适应市场的这种变化,致使一些有购买力的消费需求在国内得不到有效供给,而把人民币花在了海外扫货、跨境出游上。供给结构不能满足变化了的需求结构导致了产能过剩与产品短缺并存的结构性问题。因此,要解决这些结构性问题,必须建设现代化经济体系,在适度扩大总需求的同时,"把发展经济的着力点放在实体经济上,把提高供给体系质量作为主攻方向"②,加强供给侧结构性改革,通过去产能、去库存、去杠杆、降成本、补短板,优化存量资源配置,从生产领域扩大优质增量供给以减少无效供给,提高供给体系质量,实现供需动态平衡,使优化后的供给结构和完善的供给体系更好适应需求结构的变化,不断增强我国经济质量优势。

---

① 《习近平谈治国理政》第三卷,外文出版社 2020 年版,第 9 页。
② 《习近平谈治国理政》第三卷,外文出版社 2020 年版,第 24 页。

在产品极其丰富的今天,网上购物、定制消费等方式广泛发生,服务需求、数字需求、健康需求、文化教育需求、绿色需求、共享需求、家政需求、时尚需求、养老需求、旅游需求、安全需求等领域的消费需求升级逐步展开。但社会供给还不能很快适应变化了的社会需求,导致了结构性过剩与结构性短缺并存,影响了经济发展的有效性和可持续性。新常态下,党中央把提质增效升级作为供给侧结构调整的主题词,强调加强供给侧结构性改革,化解过剩产能,"加快发展现代服务业,瞄准国际标准提高水平"①,使金融、教育、文化、旅游、医疗、养老、健康等第三产业消费需求逐步成为消费主体,这是调整生产与消费、供给与需求的重心使之形成良性互动,使生产手段服从于满足人民群众对美好生活的各种需求的生产目的,从而消除影响消费需求增长的供给障碍,形成高品质消费主导的新需求结构升级,从而拉动供给创新,使新需求与新供给有效匹配,真正协调好供给与需求的关系,实现由低水平供需平衡向高水平供需平衡跃升。加强供给侧结构性改革是适应新常态、引领新常态的一项重大政策决策,是对马克思主义供求关系理论认识的深化与升华,也是把马克思主义政治经济学基本原理同中国特色社会主义经济建设实际相结合的积极探索。

(五)经济新常态下市场决定资源配置是市场经济规律作用的结果

价值规律通过市场价格波动优化资源配置,经济新常态理论突出了市场是决定资源配置最有效的形式,遵循和升华了马克思主义市场配置资源理论。

1. 市场决定资源配置是对马克思主义市场配置资源理论的遵循

马克思在《1857—1858年经济学手稿》中指出,"每个个人行使支配别人的活动或支配社会财富的权力,就在于他是交换价值的或货币的所有者"②。在资本主义社会,市场力量主要外化为资本,而资本则接受市场"看不见的手"配置。马克思认为,资本是能够带来剩余价值的价值,

①《习近平谈治国理政》第三卷,外文出版社2020年版,第24页。
②《马克思恩格斯文集》第8卷,人民出版社2009年版,第51页。

资本为了增殖必须不断地运动,通过内在的价值规律以及外在的价格、供求、竞争三大机制,将资本化的资源配置到最有能力进行经济扩张的生产者手中,从而实现资源的优化配置,最大限度地发挥资源对经济增长的促进作用。价值规律是市场经济的基本规律,通过市场价格的波动传递给生产者和经营者信息,从而刺激生产者去改进技术,提高企业的经营管理水平和劳动生产率,使资源在企业内部实现优化配置;通过面向市场组织生产,优化资产结构,形成合理的创新机制,使资源在企业之间实现优化配置;通过市场竞争,使土地等基本生产资料和劳动力资源向优势部门或生产者集中,引导追求利益最大化的经济主体调整其生产与消费行为,从而实现供给与需求在数量与结构上的平衡,最后合理地实现资源在社会生产的各部门优化配置。

习近平总书记在"关于《中共中央关于全面深化改革若干重大问题的决定》的说明"中指出,"市场配置资源是最有效率的形式。市场决定资源配置是市场经济的一般规律,市场经济本质上就是市场决定资源配置的经济"①。在党的十九大报告中重申,"必须坚持和完善我国社会主义基本经济制度和分配制度,毫不动摇巩固和发展公有制经济,毫不动摇鼓励、支持、引导非公有制经济发展,使市场在资源配置中起决定性作用"②;进一步明确了经济新常态下市场在资源配置中的决定性作用,明确了市场配置资源是激发各类市场主体活力最有效率的形式,明确了市场经济基本规律是经过长期实践形成的、人类社会的文明成果,无论在资本主义,还是社会主义都发挥着不可替代的作用。任何违背市场经济基本规律的行为都会受到市场的惩罚,都会使资源错配、使社会生产力发展受阻。在经济新常态下,健全社会主义市场经济体制,建设现代化经济体系,必须坚持新发展理念,遵循市场决定资源配置的基本规律,依据市场规则、市场价格、市场竞争实现效益最大化和效率最优化,这是以习近平同志为核心的党中央对马克思主义市场配置资源理论的遵循,有利于优

---

① 《习近平谈治国理政》第一卷,外文出版社 2018 年版,第 77 页。
② 《习近平谈治国理政》第三卷,外文出版社 2020 年版,第 17 页。

化配置和充分利用各种资源,让企业和个人有更大空间和更多活力去发展经济、创造财富,真正使经济发展成果惠及全体人民。

2. 市场决定资源配置是市场经济规律作用的结果

党的十八届三中全会通过的《中共中央关于全面深化改革若干重大问题的决定》,将过去发挥市场在资源配置中的基础性作用改为"使市场在资源配置中起决定性作用"①。作出这样的决定,是遵循市场经济基本规律、深刻总结我国经济建设经验、适应完善社会主义市场经济体制和建设现代化经济体系新要求的创新和发展,也是经济新常态的机制保障。在我国实行计划经济的年代,政府用行政手段配置资源;在实行社会主义市场经济后,我国实行的是市场在资源配置中起"基础性"作用的经济,经济体制基本上是政府主导的不完善的市场经济,"政府"这只"有形之手"拥有更多的经济职能和管理权限,使价值规律的作用不能完全发挥,甚至存在着资源配置不合理、腐败严重等问题。习近平总书记指出,"新常态下,中国政府大力简政放权,市场活力进一步释放。简言之,就是要放开用好市场这只'看不见的手',政府这只'看得见的手'"②,作出了"使市场在资源配置中起决定性作用"的定位。从行政手段配置资源,到市场起基础性作用,再到市场起决定性作用,市场的作用逐渐增大、政府的作用逐渐缩小,这是由我国现时期经济发展状况和社会主要矛盾变化决定的、符合市场经济基本规律和中国国情的动态改革。

新常态下市场决定资源配置,意味着市场与政府在资源配置中发挥的作用力发生了变化,政府主导转向了市场主导,市场中的生产要素流动更加顺畅,市场中的人、财、物等资源要素直接自发调节市场运行;意味着政府在市场中的作用不再直接用权力涉足,而是在经济结构和经济要素间发挥更有效的统筹作用,在经济运行中发挥服务和监管的职能,推进体制机制创新。习近平总书记说,新常态下市场决定资源配置"有利于在全党全社会树立关于政府和市场关系的正确观念,有利于转变经济发展

---

① 《中共中央关于全面深化改革若干重大问题的决定》,人民出版社 2013 年版,第 3 页。
② 习近平:《谋求持久发展 共筑亚太梦想——在亚太经合组织工商领导人峰会开幕式上的演讲》,《人民日报》2014 年 11 月 10 日。

方式,有利于转变政府职能,有利于抑制消极腐败现象"①,有利于开放市场促进"新常态"下经济发展,有利于维护经济新常态下的体制机制建设,真正"把市场机制能有效调节的经济活动交给市场,把政府不该管的事交给市场,让市场在所有发挥作用的领域都充分发挥作用,推动资源配置实现效益最大化和效率最优化"②,这是对马克思主义市场配置资源理论的认识达到的新高度,是在新常态下基于问题导向动态调整发展政策的一大飞跃,必将对新常态下全面深化改革产生深远影响。

(六)经济新常态下建立现代化经济体系是我国经济发展的战略目标

宏观经济运行是国家对国民经济总量进行调节与控制,"新常态"确定的现代化经济体系的稳中求进工作总基调、结构性改革总方向、质量第一效益优先科学内涵的经济发展战略目标,丰富和发展了马克思主义宏观经济运行理论。

1. 新常态下经济发展目标调整是对马克思主义宏观经济运行理论的遵循

马克思在《资本论》中,把整个社会生产从物质形式上归纳为生产资料生产和消费资料生产,从价值形式上归纳为不变资本、可变资本和剩余价值三个部分,为我们研究宏观经济运行提供了科学方法和理论基础。马克思认为,宏观经济的内在约束条件或均衡条件为:"既要受社会产品的价值组成部分相互之间的比例的制约,又要受它们的使用价值,它们的物质形式的制约"③,宏观调控最根本的要求是必须达到国民经济按比例平衡发展,即生产中消费掉的物质资料得到新的物质资料替换,转移到新产品中的旧价值和耗费劳动所凝结的新价值得到补偿和实现。从社会化大生产来考察,实现扩大再生产的一个重要问题就是处理好积累和消费的关系。宏观经济运行必须遵循这些客观规定,否则就会导致供求不平衡,导致市场"过旺"或"疲软"等运行混乱,国民经济就会出现波动和曲

---

① 《习近平谈治国理政》第一卷,外文出版社2018年版,第77页。
② 《习近平谈治国理政》第一卷,外文出版社2018年版,第117页。
③ 《资本论》第二卷,人民出版社2018年版,第438页。

折。社会化程度愈高,愈要求宏观上得到有效的调控,以纠正违反宏观运行规律的行为。

在我国经济进入新常态阶段后,经济增长速度由高速转为中高速,发展模式更注重内涵发展、绿色发展和技术提升,相应地,我国宏观调控的目标已不再是保持经济高速增长,宏观调控政策不再是高强度刺激有效需求,而是转向创新发展、协调发展、绿色发展、开放发展、共享发展的全面发展新阶段;是转向稳增长、调结构、促改革、惠民生有机结合推进国民经济平稳较快发展的宏观调控阶段;是有针对性地解决经济运行中发展不平衡不充分突出问题,确保经济运行的合理区间,确保向"新常态"顺利过渡、建设现代化经济体系阶段。这些目标的确立,既遵循马克思主义宏观经济运行理论,又是适应"新常态"下经济宏观调控的必然选择。

2. 建设现代化经济体系是我国发展的战略目标

党的十九大报告指出,"建设现代化经济体系是跨越关口的迫切要求和我国发展的战略目标"①,在中共中央政治局就建设现代化经济体系进行第三次集体学习时习近平总书记更加明确地指出,"建设现代化经济体系是我国发展的战略目标,也是转变经济发展方式、优化经济结构、转换经济增长动力的迫切要求"②。意味着我国宏观经济运行的目标是要全面建设现代化经济体系。

建设现代化经济体系必须坚持稳中求进工作总基调。习近平总书记站在决策者的角度提醒我们:"新常态也伴随着新矛盾新问题,一些潜在风险渐渐浮出水面。能不能适应新常态,关键在于全面深化改革的力度。"③在于宏观调控的措施是否到位,在于是否增强经济发展的活力和动力,在于能否促进经济提质增效升级,在于应对经济增速下行压力、应对周期性影响因素防范债务、金融风险,在于能否稳定就业、稳定市

① 《习近平谈治国理政》第三卷,外文出版社 2020 年版,第 23 页。
② 《习近平谈治国理政》第三卷,外文出版社 2020 年版,第 240 页。
③ 习近平:《谋求持久发展 共筑亚太梦想——在亚太经合组织工商领导人峰会开幕式上的演讲》,《人民日报》2014 年 11 月 10 日。

场预期,为稳增长、调结构、促改革创造有利环境。牢固树立和贯彻落实新发展理念,适应把握引领经济发展新常态,建立现代化经济体系,党的十九大报告、中央经济工作会议等都指出了要"坚持稳中求进工作总基调"。习近平总书记强调,面对我国经济发展进入新常态等一系列深刻变化,"不能简单以国内生产总值增长率来论英雄了"①,发展必须保持一定的速度,但又不能单纯追求增长速度;我们不唯 GDP,但也不能不要GDP。我们要追求稳中有进遵循经济增长规律的有质量有效益的科学发展,遵循自然规律的绿色低碳循环的可持续发展和遵循社会规律的开放共享协调包容的发展。稳中求进工作总基调是改革开放和社会主义现代化建设的重要原则,也是建立现代化经济体系的方法论,是对宏观调控方式和思路的重大创新。

建设现代化经济体系必须推进供给侧结构性改革。宏观调控的首要任务是稳增长调结构。在全面建设现代化经济体系的总体战略目标的指引下,供给侧结构性改革是主攻方向和工作主线。"新常态下,中国经济增长更趋平稳"②,过去五年我们是"蹄疾步稳推进全面深化改革,坚决破除各方面体制机制弊端"③。经济新常态的一个显著特征是结构性减速。稳增长强调了适当降低增长速度但速度过低也不行,过低不仅会带来供需失衡、生产消费失衡、发展失速等风险,社会民生问题也难以解决。新常态下既要适度降低经济增长目标,保持宏观政策的连续性、稳定性,不人为拉高增速;又要深化改革,加快产业结构调整和自主创新,切实提高实体部门体系的供给质量,将需求管理与供给管理结合起来,实行积极的财政政策和稳健的货币政策。加快建立现代财政制度,健全货币政策和宏观审慎政策双支柱调控框架,"预算安排要适应推进供给侧结构性改革",货币供应要"调节好货币闸门,努力畅通货币政策传导渠道和机制,

① 《习近平谈治国理政》第一卷,外文出版社 2018 年版,第 419 页。
② 习近平:《谋求持久发展　共筑亚太梦想——在亚太经合组织工商领导人峰会开幕式上的演讲》,《人民日报》2014 年 11 月 10 日。
③ 《习近平谈治国理政》第三卷,外文出版社 2020 年版,第 3 页。

维护流动性基本稳定"①。保持国民经济在合理均衡水平上的基本稳定。"着力加快建设实体经济、科技创新、现代金融、人力资源协同发展的产业体系,着力构建市场机制有效、微观主体有活力、宏观调控有度的经济体制"②,形成稳增长调结构合力。全面贯彻和深入推进供给侧结构性改革的经济体系,深化了宏观调控的目标内涵和方式手段,是我国宏观调控实践对马克思主义宏观运行理论的重大贡献。

建设现代化经济体系必须坚持"质量第一、效益优先"。建立"质量第一、效益优先"的现代化经济体系,强调了我国宏观调控的着力点是提升经济发展质量和效益。党的十八大以来,我们"坚定不移贯彻新发展理念,坚决端正发展观念、转变发展方式,发展质量和效益不断提升"③。2017 年是深化供给侧结构性改革之年,我们一定要在新发展理念指引下,以提高发展质量和效益为中心,准确把握引领经济发展新常态。习近平总书记明确指出,我们的经济"增长必须是实实在在的和没有水分的增长,是有效益、有质量、可持续的增长"④,我们要努力克服高增长低效率的外延式发展模式,要更加注重内涵式扩大再生产,把政策的着力点放在提质增效上,放在转方式调结构上,坚持质量第一、效益优先,围绕转型升级,以供给侧结构性改革为主线,"推动经济发展质量变革、效率变革、动力变革,提高全要素生产率,着力加快建设实体经济、科技创新、现代金融、人力资源协同发展的产业体系"⑤,打造中国经济升级版,培育新的增长动力,不断扩充发展的内涵。主动放缓经济增速,调整、优化、升级产业结构,注重协调发展,不再唯 GDP 是从,而是把发展质量放在第一位,优先注重效益,在客观上突破了只专注短期经济运行问题的传统框架,强调了适应和引领新常态的宏观调控既要利当前,更要惠长远的思路,丰富和发展了马克思主义宏观经济运行理论。

---

① 《中央经济工作会议在北京举行》,《人民日报》2016 年 12 月 17 日。
② 《习近平谈治国理政》第三卷,外文出版社 2020 年版,第 24 页。
③ 《习近平谈治国理政》第三卷,外文出版社 2020 年版,第 2 页。
④ 《习近平谈治国理政》第一卷,外文出版社 2018 年版,第 112 页。
⑤ 《习近平谈治国理政》第三卷,外文出版社 2020 年版,第 24 页。

综上所述，习近平总书记关于经济新常态的论述是新时代中国特色社会主义经济发展速度、方式、结构、动力转变的思想，是社会经济合理化要求在经济运行和发展的各个方面、各个产业领域、各个经济部门的投射和反映；新常态理论丰富和发展了马克思主义经济发展阶段性理论、经济增长要素理论、经济发展方式理论、供求关系理论、市场配置资源理论和宏观经济运行理论，对中国特色社会主义经济建设具有基础性、综合性、全局性的影响，既是我国新时期宏观调控和政策取向的理论依据，也是新时代中国特色社会主义新发展理念的历史基点；既是对经济社会发展规律认识的深化，也是在实践中对中国特色社会主义政治经济学的丰富与发展。

二、准确把握新发展理念的理论内容和实践要求

（一）准确把握新发展理念的科学内涵

在《深入理解新发展理念》一文中，习近平总书记结合历史和现实，结合我们面临的一系列重大问题，深入阐释了创新、协调、绿色、开放、共享新发展理念的科学内涵和精神实质。

着力实施创新驱动发展战略。准确把握创新是引领发展的第一动力，充分认识创新发展是总结我国改革开放成功实践得出的结论，是应对发展环境变化、增强发展动力、把握发展主动权、更好引领经济发展新常态的根本之策。既要坚持全面系统的观点，又要抓住关键带动全局，强化事关发展全局的基础研究和共性关键技术研究，以重大科技创新为引领，加快科技创新成果向现实生产力转化。

着力增强发展的整体性协调性。准确把握协调是持续健康平衡发展的内在要求，充分认识协调既是发展手段又是发展目标，同时还是评价发展的标准和尺度，是发展平衡和不平衡、发展短板和潜力的统一。要着力推动区域、城乡、物质文明和精神文明协调发展，经济建设和国防建设融合发展，发挥各地区比较优势，促进生产力布局优化。

着力推进人与自然和谐共生。准确把握绿色是永续发展的必要条件，充分认识生态环境没有替代品，在生态环境保护上必须有大局观、长远观、整体观。要坚持节约资源和保护环境的基本国策，坚持保护环境就

是保护生产力、改善环境就是发展生产力的思想,推动形成绿色发展方式和生活方式,协同推进人民富裕、国家强盛、中国美丽。

着力形成对外开放新体制。准确把握开放是国家繁荣发展的必由之路,充分认识主动顺应经济全球化潮流才能发展壮大自己,才能引领世界发展潮流。要坚持对外开放,坚持引进来和走出去并重、引资和引技引智并举,提高对外开放质量和水平。

着力践行以人民为中心的发展思想。准确把握共享是逐步实现共同富裕的要求,充分认识共享发展理念的实质就是坚持以人民为中心的发展思想。要坚持全民共享、全面共享、共建共享、渐进共享,充分发挥社会主义制度的优越性,顺应人民对美好生活的向往,让人民群众有更多获得感。

新发展理念是管全局、管根本、管长远的,具有战略性、纲领性和引领性。我们一定要从整体上、从五大发展理念的内在联系中把握新发展理念,树立全面系统思维,掌握科学统筹方法,不断开拓发展新境界。

习近平总书记指出:"新发展理念要落地生根、变成普遍实践,关键在各级领导干部的认识和行动。"实现"两个一百年"奋斗目标、实现中华民族伟大复兴的中国梦,不断提高人民生活水平,必须坚定不移把发展作为党执政兴国的第一要务,在新发展理念引领下推动经济持续健康发展,建设现代化经济体系。

增强贯彻落实新发展理念的本领,加快形成落实新发展理念的体制机制。习近平总书记提出要从四个方面把新发展理念落到实处。首先要深学笃用,从灵魂深处确立对新发展理念的自觉和自信,真正做到崇尚创新、注重协调、倡导绿色、厚植开放、推进共享;其次要用好辩证法,对贯彻落实新发展理念进行科学设计和施工;再次要创新手段,发挥改革的推动作用和法治的保障作用,善于通过改革和法治推动贯彻落实新发展理念;最后要守住底线,在贯彻落实新发展理念中及时化解矛盾风险。通过对新发展理念的深学笃用,把新发展理念转化为谋划发展的具体思路、落实发展任务的工作举措、推动科学发展的实际成效,进一步彰显新发展理念的强大指导作用,努力实现关系我国发展全局的深刻变革。

贯彻新发展理念,建设现代化经济体系。党的十九大报告将"贯彻新发展理念,建设现代化经济体系"作为经济建设部分的主标题,并强调建设现代化经济体系是跨越关口的迫切要求和我国发展的战略目标。只有在新发展理念引领下努力建设现代化经济体系,才能根本改变粗放的经济发展模式,实现更高质量、更有效率、更加公平、更可持续的发展;才能实现市场机制有效、微观主体有活力、宏观调控有度,不断增强我国经济创新力和竞争力。习近平总书记在党的十九大报告中提出了建设现代化经济体系的六大任务:深化供给侧结构性改革,加快建设创新型国家,实施乡村振兴战略,实施区域协调发展战略,加快完善社会主义市场经济体制,推动形成全面开放新格局。这六大任务体现了新发展理念的科学内涵和精神实质,构成了建设现代化经济体系的科学布局。

新发展理念开拓了马克思主义政治经济学的新境界,为人类发展贡献了中国智慧和中国方案。深入学习贯彻习近平总书记关于新发展理念的重要论述,深入贯彻落实新发展理念,必将全面创新我国发展战略、发展模式、发展体制机制,提升我国发展动力、发展质量效益、发展创新力和竞争力,为如期实现"两个一百年"奋斗目标、全面建成社会主义现代化强国布阵筑基,开启新时代中国特色社会主义更为广阔的发展前景。

(二)以新发展理念引领更高质量、更有效率、更加公平、更可持续发展

贯彻新发展理念,是关系我国经济社会发展全局的一场深刻变革。它不仅关系高质量发展的成败,而且关系能否顺利实现"两个一百年"奋斗目标。当前,面对社会主要矛盾的深刻变化,面对推动高质量发展的根本要求,各级领导干部必须提高深入贯彻新发展理念的自觉性和紧迫性,把思想和行动统一到新发展理念上来,努力提高统筹贯彻新发展理念的能力和水平。

坚持创新发展,让创新在全社会蔚然成风。把创新作为引领发展的第一动力,坚持质量第一、效益优先,把发展经济的着力点放在实体经济和提质增效上。以供给侧结构性改革为主线,建设现代化经济体系,大力

培育新产业、新动能、新增长极。以信息化、智能化为杠杆培育新动能，以智能制造为主攻方向推动产业技术变革和优化升级，推动制造业产业模式和企业形态根本性转变，促进我国产业迈向全球价值链中高端，推动中国制造向中国创造转变、中国速度向中国质量转变、制造大国向制造强国转变。

坚持协调发展，不断增强发展整体性协调性。在新时代推动协调发展，必须牢牢把握中国特色社会主义事业总体布局，正确处理发展中的重大关系。深入实施乡村振兴战略，建立健全城乡融合发展体制机制和政策体系，加快推进农业农村现代化，推动城乡协调发展。深入实施区域协调发展战略，建立更加有效的区域协调发展新机制，培育和发挥区域比较优势，加强区域优势互补。发展面向现代化、面向世界、面向未来的，民族的科学的大众的中国特色社会主义文化，推动社会主义精神文明和物质文明协调发展。深入实施军民融合发展战略，推动经济建设和国防建设融合发展，提高军民协同创新能力。

坚持绿色发展，构建人与自然和谐发展现代化建设新格局。践行绿水青山就是金山银山的理念，推进生态文明体制改革，健全自然资源资产产权制度，建立市场化、多元化生态补偿机制，改革生态环境监管体制；实施好生态保护修复重大工程，启动大规模国土绿化行动，培育一批专门从事生态保护修复的专业化企业；调整优化产业结构，建立健全绿色低碳循环发展的经济体系，积极发展生态环境友好型的新动能，形成绿色发展方式和生活方式，坚定走生产发展、生活富裕、生态良好的文明发展道路，实现增效、增绿、增收有机统一，经济效益、社会效益、生态效益有机统一。

坚持开放发展，推动形成全面开放新格局。以"一带一路"建设为重点，进一步拓展开放的范围和层次，形成陆海内外联动、东西双向互济的开放格局。拓展对外贸易，培育贸易新业态新模式，推进贸易强国建设。优化区域开放布局，加快形成法治化、国际化、便利化的营商环境，建设好自由贸易试验区、自由贸易港、国家级开发区、边境经济合作区、跨境经济合作区等开放平台，形成面向全球的贸易、投融资、生产、服务网络，加快培育国际经济合作和竞争新优势。

坚持共享发展，不断满足人民日益增长的美好生活需要。当前的重点是推进教育公平，提高就业质量和人民收入水平，全面建成覆盖全民、城乡统筹、权责清晰、保障适度、可持续的多层次社会保障体系，坚决打赢脱贫攻坚战，实施健康中国战略，打造共建共享共治的社会治理格局，有效维护国家安全，不断为人民创造美好生活，让人民获得感、幸福感、安全感更加充实、更有保障、更可持续。

新发展理念具有高度的科学性、先进性、时代性。只有坚持以新发展理念引领新时代发展实践，才能推动高质量发展不断取得新进展，推动我国经济不断强起来。

第三节　新发展理念对马克思主义发展理论的丰富与发展

生产力理论既是马克思主义经济理论体系的基石，也是马克思主义政治经济学最基本的范畴。围绕着马克思主义生产力理论和解放生产力、发展生产力的社会主义根本任务，以习近平同志为核心的党中央在深化认识我国经济社会发展规律，在坚持中国特色社会主义发展道路的伟大实践中，形成的治国理政创新发展、协调发展、绿色发展、开放发展和共享发展的治国理政新理念和实现现代化目标的根本路径，既是对马克思主义发展理论的进一步具体化，又丰富与发展了马克思主义生产力构成理论、生产力系统理论、自然生产力理论、生产力发展（全球化理论）理论、生产力价值目标理论，以及生产关系一定要适合生产力状况的规律，对生产力理论认识提升到了新高度，为我国"十三五"乃至更长时期生产力的发展指明了道路。

一、创新发展理念丰富和发展了马克思主义生产力构成理论

创新发展是贯穿在解放生产力、发展生产力全过程的核心，科技创新与劳动资料、劳动对象和劳动者相结合，将促使三要素转化为现实的生产

力,丰富劳动资料的内容、提高劳动者的水平、扩大劳动对象的范围和种类,极大地提高劳动生产率,促进生产力发展,是对马克思"科学技术是生产力"、生产力的要素主体"人才是第一资源"的生产力构成理论的深化与发展。

(一)创新是生产力发展的第一动力

马克思曾经指出,在机器生产中使用了自然科学后,生产力中就蕴含着科学,因而发展科学技术就是发展生产力。由于科学技术的发展是靠创新来驱动的,所以,创新就成为生产力发展的动力基础。"创新发展"不仅坚持了马克思主义生产力理论,同时揭示了创新是引领生产力发展的第一推动力的思想,深化和发展了马克思主义"科学技术是生产力"的生产力构成理论。

习近平总书记指出,在人类历史发展的进程中,创新始终以一种不可抗逆的力量推动着一个国家、一个民族向前发展,始终推动着人类社会的进步。习近平总书记将"创新"的位置放在了民族进步的灵魂、国家兴旺发达的源泉、最深沉的民族禀赋的高度,他认为,在当今社会日趋激烈的国际竞争中,只有创新者才能进步,只有创新者才能强盛,也只有创新者才能最后取得胜利。"创新是引领发展的第一动力"①。在习近平总书记的执政思想和国家发展路径中,始终贯穿着"科技兴则民族兴,科技强则国家强"②的理念,他充分认识到,世界各国综合国力的竞争说到底是科技创新的竞争。他把科技创新比喻为撬动地球的"杠杆"和"牛鼻子",认为创新能够创造出令人意想不到的奇迹,能够让人们赢得优势抢占先机,充分肯定了创新的巨大作用。党中央在部署实施创新驱动发展战略时,特别强调了科技创新在提高社会生产力和综合国力中的战略支撑地位、在国家发展全局的核心地位,充分肯定了科技创新不仅可以直接转化为现实的生产力,而且还可以通过科技的渗透作用倍加各生产要素的生产力,从而提高全社会整个生产力发展水平,并将科技创新在生产力诸要素

---

① 《习近平谈治国理政》第二卷,外文出版社 2017 年版,第 480 页。
② 中共中央文献研究室编:《习近平关于科技创新论述摘编》,中央文献出版社 2016 年版,第 23 页。

的排序中放在了第一位,把创新看作是引领我国生产力发展的首要动力。这是对社会主义初级阶段生产力发展的阶段性特征的提炼,也是适应我国经济新常态实践的结晶,是对马克思"科学技术是生产力"的生产力构成理论的深化与发展。

(二)创新人才是第一资源

马克思认为,人是生产力中最活跃、最根本的因素,也是唯一具有能动性的因素。无论是劳动工具还是劳动对象的掌握、利用都取决于人的主体性作用的发挥。创新人才是第一资源的理念,深化和发展了生产力构成中劳动者要素的主体性作用。

改革开放以来尤其是党的十八大以来,党中央制定的各项方针政策都是把提高人的积极性、发挥人的聪明才智作为出发点,把人的全面发展与生产力的发展相互联系起来,突出了生产力中人的主体性作用的发挥。习近平总书记认为,一切科技创新活动都要靠人来完成。要把我国建设成为世界科技强国,最关键最重要的是,必须最大限度地调动广大科技人员的创造精神,充分尊重广大科技人员的价值,激发他们创新的活力和潜力,激励他们争当创新的实践者和推动者;必须建设一支素质优异、结构合理、规模宏大的创新人才队伍,使谋划创新、推进创新和落实创新成为每一位科技人员自觉的行动。习近平总书记指出,"人才是衡量一个国家综合国力的重要指标"[1],如果我们没有一支高素质、强能力的人才队伍,那么,实现中华民族伟大复兴的中国梦就难以顺利实现,全面建成小康社会的奋斗目标也难以顺利完成。人才是创新的根本和基础,创新驱动从本质上讲就是人才的驱动,只有拥有了一流的创新人才,才能拥有科技创新的优势和主导权。因此,习近平总书记强调,我们一定要树立强烈的人才意识,要求贤如渴地寻觅人才,如获至宝地发掘人才,不拘一格地推举人才,各尽其能地使用人才;要以更加开阔的视野引进和汇聚人才,加快把一大批具有国际视野的站在行业科技前沿的领军人才集聚到发展

---

① 中共中央文献研究室编:《习近平关于科技创新论述摘编》,中央文献出版社 2016 年版,第 112 页。

生产力的队伍中,择天下英才而用之;要坚持"科学技术是第一生产力""人才是第一资源"的理念,努力培养数量更多、质量更好的人才,并为人才作用的发挥和才华的施展创造更好的条件、提供更加广阔的发展空间。习近平总书记的论述,充分肯定了科技创新型人才对全社会的技术创新水平、劳动生产率的提高、生产力发展的决定性作用,并且号召在全社会营造一个有利于科技创新型人才施展才华的天地,加快科技创新成果的涌出,从而推进生产力的发展。

二、协调发展理念丰富和发展了马克思主义生产力系统理论

协调发展是通过平衡生产力各要素关系和比例以促进城乡、区域、经济社会和人与自然的发展,是解决生产力发展不平衡、不协调、不可持续问题的有效方法,是建立在马克思社会再生产条件和两大部类关系分析基础上的、反映生产力系统各要素"关系"和"结构"在数量和比例上最佳结合的系统对称要求的理念,丰富和发展了马克思主义生产力系统理论。

（一）生产力系统对称理论

劳动过程中的各个要素对生产力的形成和发展起着至关重要的作用,但更为重要的是要保证生产力系统的对称,即生产力各个要素间的"关系"和"结构"在数量和比例上实现最佳结合,才能发挥生产力最大的整体功能和效用。

马克思认为,社会劳动的生产力或社会的劳动生产力是由协作本身产生的。在工场手工业时期,劳动分工是通过手工业活动的分解、劳动工具的专门化形成的,而局部工人的形成和局部工人在一个总机构中的分组与结合,则导致了社会生产过程的质的划分和量的比例,最终创立了社会劳动的一定组织,促进和发展了新的、社会的劳动生产力。社会生产过程的"质的划分和量的比例"就是生产劳动过程或生产力系统内部的"关系"和"结构",它既包括各种"物的要素"之间的"物质技术关系",也包括作为生产要素的"人与人"之间的"分工"和"协作"的"劳动关系",还包括"物质技术关系"与"劳动关系"之间的决定和被决定的关系。这一理论告诉我们,无论是国家或是企业,如果各种生产要素之间的"关系"

不通畅，"结构"不适合，那么，资源就不能最优配置，效用就不会达到最大化，生产资料或劳动力就会出现闲置状况，从而严重影响生产力的发展水平。在一定程度上说，生产力系统结构的对称程度决定了生产力的发展速度，生产力系统的结构对称，生产力发展速度就快；反之，生产力系统的结构如果不对称，生产力发展速度就慢。生产力系统从不同的层面决定着整个社会的生产。只有充分认识生产力的系统性，才能克服把生产力限定在几个要素或把各要素并列等同看待的认识与做法，进而更加有效地促进生产力的全面协调发展。

（二）协调发展体现了生产力系统内部"关系"和"结构"的合理结合

协调发展主要是指生产力各要素的按比例发展，这是生产活动得以进行的根本，也是社会得以存在的根本。习近平总书记指出，"涉及经济、政治、文化、社会发展各个领域，其根本要求是统筹兼顾"①。我国国民经济和社会发展第十三个五年规划就是在区域协调发展、城乡协调发展、物质文明和精神文明协调发展、经济建设和国防建设融合发展四个方面展开的统筹发展。习近平总书记强调，要在全面把握我国新时期发展的各种重大关系基础上，坚持协调发展；在"四个全面"战略布局下，科学定位城市化和农业发展、生态安全的发展格局；在可持续发展战略下，科学构建劳动者能公平享有基本公共服务、生产力诸要素能有条不紊流动、资源环境系统能承受人类各种社会经济活动的能力的区域协调发展格局；在城乡发展一体化战略下，逐步完善城乡协调发展的体制机制、健全广大农村基础设施投入的长效机制、缩小城乡发展差距的城乡发展格局；在科教兴国战略下，着力加强思想道德建设，提高公民的国家意识、法治意识和社会责任意识，推动物质文明和精神文明协调发展格局；在富国强军和军民融合战略下，坚持经济建设和国防建设相协调，战略发展和国家安全同兼顾，多领域、深层次、高效益地全方位推进军民融合深度发展格局。可以说，我们国家整个"十三五"规划的发展格局，就是生产力系统内部各种关系和结构的合理结合的统筹兼顾的协调发展格局，是马克思

---

① 习近平：《之江新语》，浙江人民出版社 2007 年版，第 45 页。

主义生产力系统理论与我国实际结合的具体运用。

（三）协调发展体现了生产力系统结构的对称要求

习近平总书记指出，要提高我国生产力水平，使经济发展行稳致远，必须增强协调性，解决好发展不平衡、不协调和不可持续的问题，解决好制约经济和社会长期发展"一条腿长、一条腿短"等矛盾。他反复强调，我们决不能用牺牲环境和浪费资源作为代价来换取暂时的 GDP 增长，我们必须要走出一条适合生产力发展的，经济发展和生态文明相互配合、相得益彰的，新型工业化、信息化、城镇化、农业现代化和绿色化协调推进的新的发展道路。党中央把"十三五"的目标明确设定为"坚持协调发展，着力形成平衡发展结构"①。并且指出，协调是生产力发展的手段和目标，是衡量生产力发展的标准。我们不能仅仅满足于保持生产和消费两大部类的平衡，而且还要注重区域之间、城乡之间关系的平衡，要让科技创新和制度创新"两个轮子一起转"，全力下好我国经济社会发展的"全国一盘棋"；要充分运用马克思全面的、辩证的、平衡的观点正确处理好各种各样的关系，把协调发展的理念贯穿到解放生产力、发展生产力的全过程，渗透到政治、经济、文化、社会、生态和百姓生活的方方面面，弥补发展短板，挖掘发展潜力，平衡生产力各要素；要牢记协调发展这一制胜的要诀，全方位实现均衡协调发展，使生产力诸要素协同发挥作用，以突出体现生产力系统对称发展的要求。这些协调发展的思想，提升了生产力发展的境界，是对马克思主义生产力系统理论的丰富与发展。

三、绿色发展理念丰富和发展了马克思主义自然生产力理论

绿色发展是将环境资源作为生产力发展的内在要素以实现经济、社会和环境的可持续发展的一种生产力发展新模式，是注重人与自然的关系、注重自然界与生产力发展的内在联系，注重大自然的承载力的发展模式，促使生产力向着有利于人类社会和有利于大自然生态系统协调发展的方向前进，为马克思主义生产力理论注入了新的时代内涵，丰富和发展

---

① 《十八大以来重要文献选编》中，中央文献出版社 2016 年版，第 800 页。

了马克思主义自然生产力理论。

(一)绿色发展是自然生产力的必然要求

基于马克思主义自然生产力理论,习近平总书记提出了要"牢固树立保护生态环境就是保护生产力、改善生态环境就是发展生产力"①的思想。习近平总书记强调,在生产力发展过程中,我们决不能把人与自然相统一的物质变换关系割裂开来,决不能为了发展生产而破坏蓝天、绿地,决不能为一时的经济增长付出牺牲环境的高额代价;我们必须要像对待生命和保护眼睛一样对待和保护生态环境,处理好发展经济与保护环境的关系,使二者保持最优的动态平衡,为我们的子子孙孙留下可持续发展的"绿色银行";我们要把保护生态环境作为"发展的题中应有之义"②,把社会生产力的发展维持在自然生产力的承载能力和一定范围内,既要生产力发展的"金山银山",也要美好生活的"绿水青山",在二者发生冲突的情况下,要优先保证"绿水青山",而不是"金山银山"。习近平总书记特别强调,要"树立'绿水青山就是金山银山'的强烈意识"③,生态文明建设"关系人民福祉,关乎民族未来"④,因此,在保护生态环境问题上,无论谁超越了一定的范围和界限胆敢越雷池一步,就都会受到严厉的惩罚。习近平总书记充分肯定了生态环境就是自然生产力、就是社会财富,生态环境和经济社会发展要相辅相成、不可偏废、不能忽视任何一方。在中央出台的领导干部自然资源资产离任审计制度中就突出体现了"绿色发展"理念的风向标,明确了损害生态环境要戴上被追责的"紧箍咒",而治理了大气污染、解决了雾霾等问题,把绿色发展搞上去了,就可以当英雄当模范受到表彰。这些思想充分体现了马克思主义自然生产力理论的核心价值,体现了保护生态环境促进绿色发展的责任意识,既是对我国生产力发展经验教训的历史总结,也是引领我国生产力发展的执政理念和战略谋划。

---

① 《习近平谈治国理政》第一卷,外文出版社 2018 年版,第 209 页。
② 《习近平谈治国理政》第二卷,外文出版社 2017 年版,第 392 页。
③ 《习近平谈治国理政》第二卷,外文出版社 2017 年版,第 393 页。
④ 《习近平谈治国理政》第一卷,外文出版社 2018 年版,第 208 页。

(二)生态环境是生产力

"保护生态环境就是保护生产力,改善生态环境就是发展生产力"的论断,将自然资源和生态环境状况一并纳入生产力的范畴,蕴含着改造利用自然获得永续物质资料的力量是生产力,改善保护生态环境的力量同样也是生产力的思想,既秉承了"自然生产力也是生产力"的马克思主义观点,明确了"生态环境"不仅包括人类赖以生存的水资源、土地资源、气候资源、生物资源等生活资源,还包括人们从事生产的各类生态系统,具有与马克思的"自然生产力也是生产力"本质相同的科学含义,同时,又融入了当今社会人类面对全球性生态环境危机的新思考,更具现实指导意义和时代特点,丰富了"生产力"的内涵,强化和提升了人们对生态环境与生产力关系的认识。习近平总书记指出,要发展生产力,必须首先要保证生产力的主体劳动者有清新的空气、洁净的饮用水和健康的食物,如果这些条件不具备,他们的生存生活都成问题,那么,发展生产力就无从谈起。同时,还要使生产力中的劳动资源和劳动对象要素在适宜的条件下充分发挥作用,使不同区域生产力发展的布局、结构、速度和规模限定在自然资源总量和生态系统的总承载力范围内,坚决遏制阻碍生产力发展的水土流失、臭氧层空洞、土地荒漠退化等现象的发生。习近平总书记语重心长地告诫我们,"生态环境没有替代品,用之不觉,失之难存"①,充分肯定了作为人类劳动对象的生态资源是生产力的组成部分,是构成生产力第一要素的劳动者生存生活的前提条件,是作为劳动对象的物质资源的泉源,直接影响和决定并推动着生产力的发展,影响着劳动者和以劳动工具为主的劳动资料作用的发挥。所以说,注重生态环境就是发展生产力。

绿色发展着重强调保护生态环境的观点,不仅将直接进入生产过程作为生产生活资料的自然"资源"纳入生产力的范畴,而且将自然"生态环境"作为潜在的要素和内生的变量整体地纳入生产力的大系统之中,本身就涵盖着自然生产力和社会生产力的复合范畴。从自然资源是生产

---

① 《习近平谈治国理政》第二卷,外文出版社 2017 年版,第 209 页。

力→资源环境是生产力→生态环境是生产力,是生产力理论发展逐步迈向新高度的过程,为马克思主义自然生产力理论注入了新时代的内涵。绿色发展既深化和丰富了"生产力"的内涵,凸显了生态环境与生产力各要素的密切关系,又升华了自然生产力理论,是对马克思主义政治经济学的重大贡献。

四、开放发展理念丰富和发展了马克思主义生产力发展理论

开放发展是准确地把握国内国际发展大势的更高水平、更深层次上的开放型经济发展理念,是我国生产力与生产关系协同发展的必然结果,也是生产从一国范围扩展到全球范围形成世界市场的必然选择,是在经济全球化下以开放促发展、与世界各国互利共赢的先进理念,丰富和发展了马克思主义生产力发展理论,必将推动着世界范围内的生产合作和我国开放型经济的发展。

(一)开放坚定了全球化立场,拓展了发展的时间长度

建立在马克思主义全球化理论基础上,"开放发展"重申了中国永远开放的立场。习近平总书记指出,"中国开放的大门永远不会关上"①。中国的开放大门就像阿里巴巴芝麻开门一样,打开了就关不上了。习近平总书记表示,我国"对外开放的力度将会越来越大"②,"改革开放只有进行时没有完成时"③。中国对外开放的基本国策不会动摇,与世界各国合作共赢的事业没有尽头,封闭、僵化、关起门来搞建设都不可能取得成功。习近平总书记特别强调,我国的对外开放是伴随我们走向现代化全过程的基本国策,而决不是一时的权宜之计。"引进来""走出去",中国已经越来越多地融入世界。这些论述向世界表明:中国对外开放的大门永远不会关上! 这一鲜明立场拓展了开放发展没有止境的时间长度。

---

① 《习近平谈治国理政》第二卷,外文出版社 2017 年版,第 535 页。
② 《中国开放的大门不会关上》,《人民日报》2015 年 9 月 25 日。
③ 《习近平谈治国理政》第一卷,外文出版社 2018 年版,第 69 页。

（二）开放揭示了共赢逻辑，拓宽了发展的无限宽度

"开放发展"揭示了中国与世界息息相关的内在共赢逻辑。国际社会是一个你中有我、我中有你的命运共同体。随着我国对外开放的不断深入，我们既打开大门吸引外资，又走出国门对外投资；既坚持开放发展，又注重合作发展、共赢发展，统筹着国内和国际两个大局。习近平总书记指出，中国和东盟共同体、东亚共同体、欧盟共同体紧密相关，应该在国际社会中突出自身的优势，施展各自的作用，实现多元融合共生，一同为本国人民和世界各国人民造福。我们要坚持从我国实际出发，把国家的发展同世界的发展、国内的发展同对外开放、我国人民的利益与世界各国人民的共同利益联系起来统一思量，寻求共同建设"丝绸之路经济带"等新的合作发展模式，以密切我们与欧亚各国的经济联系和合作的深入，以拓展发展的空间。习近平总书记揭示了我国的发展离不开世界，我国经济的命运与世界经济的命运息息相关、互相作用、互相影响的内在共赢逻辑，发展了马克思主义全球化理论形态，拓宽了开放发展的无限宽度。

（三）开放把握了全球化规律，增大了发展的空间

开放发展是对全球化发展规律的准确把握，顺应了我国经济融入世界经济的趋势，坚定了以全球视野和更加开放的胸怀推行着互利共赢的开放战略。在世界经济日益复杂的形势下，习近平总书记指出，任何一个国家都不可能一花独放、独善其身、自得其乐，因此，各国必须同心协力、同舟共济，在追求本国利益的同时兼顾他国的正当利益，在谋求本国发展的同时促进世界各国的一道发展，在建立国内和谐社会的同时建立平等均衡的新型全球发展伙伴关系。习近平总书记表示，我们愿意同世界各国人民一道，建设和平稳定、繁荣增长、改革进步、文明共荣之桥，把中国和世界的力量、和世界的市场、和世界改革的进程、和世界的文明连接起来，用和平的阳光驱散战争的阴霾，用繁荣的篝火温暖世界经济的春寒，在共同建设"丝绸之路经济带"和"21世纪海上丝绸之路"的过程中，促进全人类步入合作共赢、和平发展的道路。习近平总书记强调，要打造互利共赢的利益共同体，必须加强世界各国间的务实合作，并把各自的优势转化为切切实实的合作优势和发展优势。习近平总书记坚信，不同文化

背景、不同经济发展水平、不同民族种族、不同大小的国家，只要团结互信、平等互利、合作共赢和包容理解，就完全可以和平发展。习近平总书记的论述表明，我们要不断学习、吸收和借鉴世界各国人民创造的优秀成果，不能妄自尊大、唯我独尊，更不能妄自菲薄、自惭形秽，而是要与世界各国相互借鉴，互相取长补短、相得益彰。开放发展既是对我国改革开放历史经验的深刻总结，更是我国通向繁荣富强"中国梦"的必由之路，增大了内外互动经济发展的空间。

（四）开放发展提高了生产力发展水平，提升了生产力发展层次

"开放发展"要求发展更高层次的开放型经济。开放发展由原来侧重于引进吸收和利用，转化为更注重提高"融入"世界发展轨道的实效；由侧重适应现有的国内国际政治经济关系秩序，转化为更重视改善、完善国内国际政治经济关系秩序。习近平总书记表示，中国会积极主动地采取对外开放发展战略，并不断完善开放的经济发展体系，使之达到互惠互利、合作共赢、平衡发展、安全高效的目的；我们会在更大、更广的范围和领域，更深、更高的层次上提高我国开放型经济水平。开放发展虽然要适应国际经济关系和国际发展秩序，但也要加入世界经济的治理中，不断促进各种制度的完善和机制的健全。开放发展的新思路，用实际行动促进了"丝绸之路经济带"和"21世纪海上丝绸之路"的共建共赢。开放发展提升了开放型经济发展水平和发展层次，提升了对外开放的品质，丰富和发展了马克思主义全球化理论。

开放发展使生产力与生产关系的矛盾运动形成了一个全球互动的系统，我们也由原来侧重于吸收和利用国外的资金和技术，转化为更注重利用最先进的生产力、更好地发挥后发优势，内外联动地提高我国生产力发展水平，提升生产力发展层次，丰富和发展了马克思主义生产力发展理论。

五、共享发展理念丰富和发展了马克思主义生产力价值目标理论

共享发展是广大人民群众共同享有公平的教育、公平的就业创业、公

平的收入分配、公平的社会保障、公平的基本公共服务和改革发展的成果，在解放生产力、发展生产力的基础上，使全体社会成员真正成为自由而全面发展的人、最终实现共同富裕的发展理念，是实现国家长治久安和全心全意为人民服务宗旨的目标要求，是对马克思主义生产力价值目标理论的丰富和发展。

（一）共享发展体现了生产力发展的终极价值目标

马克思认为，生产力价值的终极目标是人的全面、自由发展。新发展理念的价值取向和终极目标正是这一目标的体现，而共享发展则直接围绕这一价值目标来展开，我国为促进生产力发展的战略布局也是围绕这一目标来进行。

习近平总书记指出：人民期望更好的教育、更美丽的环境、更稳定的工作、更称心的收入、更优质的医疗、更牢靠的社保，这些向往就是我们发展生产力奋斗的目标。在社会主义中国，我们要让每一个人都"享有人生出彩的机会"，"享有梦想成真的机会"。"小康不小康，关键看老乡"①，这句透彻、深刻而又生动活泼的话语表明，在实现全面小康的进程中，农村不能掉队，困难地区和困难群众也不能掉队，我们发展生产力的目的就是要让每一个孩子都能有公平受教育的机会，让每一个人都能"获得发展自身、奉献社会、造福人民的能力"②。习近平总书记站在最广大人民的立场上，指出了国家会为每个人实现自身价值提供客观条件，让每个人的全面自由发展建立在坚实的社会基础上。

共享发展强调了每个人都能得到发展的机会，每个人都能获得发展的能力，每个人都能自由规划自己的发展道路，反映了马克思主义生产力价值目标理论的内在要求。

（二）共享发展更加关注社会主义生产力发展目标

共享发展在马克思主义生产力理论和全面发展理论基础上，科学概括了社会主义的本质和任务。中央在制定"十三五"规划的建议中明确

---

① 《习近平谈治国理政》第二卷，外文出版社 2017 年版，第 23 页。
② 《习近平谈治国理政》第一卷，外文出版社 2018 年版，第 191 页。

指出:"共享是中国特色社会主义的本质要求"①。人民群众是先进生产力的创造主体,同时又是享有生产力发展成果的利益主体。因此,我们必须以生产力发展的主体——人民的发展、人民共享发展成果为出发点和落脚点,以公平有效为依据进行制度安排,让每一个人在生产力的发展中有更多幸福感、满足感、收获感,一起朝着共同富裕的目标稳步向前。

习近平总书记指出,我们的责任,就是要"不断解放和发展社会生产力,努力解决群众的生产生活困难,坚定不移走共同富裕的道路"②。并表示,我们要"完善城乡劳动者平等就业制度",要"维护好农民工合法权益",要建立"合理有序的收入分配机制"和"更加公平更可持续的社会保障制度",让全体人民共享改革开放和生产力发展的成果。他强调,共享是每一个中国人共享,是全体人民共享,是同步推进经济社会发展和促进人的全面发展的执政目的的共享,是把促进人的全面发展作为社会主义初级阶段迈向中级阶段生产力发展价值目标追求的共享。

共享发展强调了社会主义发展生产力的目的,体现的是全体人民共同富裕的原则,既传承与发展了马克思主义生产力发展价值目标,又体现了中国特色社会主义生产力发展的新要求,为马克思主义生产力理论注入了中国特色社会主义内涵。

六、新发展理念丰富和发展了生产关系一定要适应生产力发展状况规律

新发展理念是党中央在深刻认识我国社会主义初级阶段生产力和生产关系矛盾运动基础上,在马克思生产力决定生产关系、生产关系对生产力又具有反作用的"生产关系一定要适应生产力状况"的规律指导下,提出的破解生产力发展难题、厚植生产力发展优势的新理念,是解放生产力发展生产力、全面建成小康社会的理论指导和行动指南,丰富和发展了马克思主义"生产关系一定要适应生产力发展"状况的规律。

---

① 《十八大以来重要文献选编》中,中央文献出版社2016年版,第793页。
② 《习近平谈治国理政》第一卷,外文出版社2018年版,第4页。

（一）新发展理念是现阶段生产力与生产关系矛盾运动的必然要求

习近平总书记说，我国经济发展形势从总的方面看，长期趋好的基本状况没有变，支撑经济持续增长的基础和条件没有变，优化调整经济结构的行进态势没有变，经济发展韧性佳、回旋空间大、潜在力量强的基本特征也没有变。但随着我国生产力的不断发展，社会主义生产关系中尤其是经济体制中出现了一些不适合生产力发展的方面和环节，习近平总书记将其归纳为：我国经济"规模很大、但依然大而不强"，"增速很快、但依然快而不优"①，还存在靠扩大规模的粗放型不可持续的发展方式、依靠资源等要素投入推动经济增长的状况。我国科技创新成果很多，但科技创新的"基础还不牢""原创力还不强"②，在一些关键领域和核心技术上还受制于人。随着我国经济进入新常态，过去依靠增加投入、扩大规模的传统粗放型增长方式实现的经济高速增长的旧模式，随着劳动力和资本投入的减少，以及资源环境约束的加强，已很难维持原有的发展方式和增长速度。因此，必须根据我国生产力发展状况科学地调整生产关系，实施创新发展以解决生产力发展根本动力问题，实施协调发展以解决生产力要素、关系平衡问题，实施绿色发展以解决生产力可持续发展问题，实施开放发展以解决生产力发展充分利用国内国外两个市场、两种资源问题，实施共享发展以解决生产力主体发展、创造、享有的价值目标问题。

（二）新发展理念是对生产关系一定要适合生产力发展状况规律的丰富和发展

改革开放以来，我国经济飞速发展取得了举世瞩目的成就，已经成为超过日本仅次于美国的第二大世界经济体，但我国的 GDP 只有美国的1/3，人均产出约为日本的1/10，仍然是世界上最大的发展中国家。解放生产力、发展生产力依然是社会主义的根本任务。如何解放生产力、发展生产力，弥补发展的短板、增强发展的后劲、培育发展的优势，使生产关系更适合生产力发展呢？用"创新、协调、绿色、开放、共享"的新发展理念

① 《习近平谈治国理政》第一卷，外文出版社 2018 年版，第 120 页。
② 《习近平谈治国理政》第一卷，外文出版社 2018 年版，第 122 页。

引领我国经济运行渡过增速换挡期、进而转入中高速增长期的战略布局,反映了我们党在新的历史时期对于生产关系一定要适合生产力状况规律认识的不断深入,必将推动中国特色社会主义生产力发展向更高境界、更深层次迈进。

2014 年 12 月召开的中央经济工作会议分析了我国经济在消费需求、投资需求、出口和国际收支、生产能力和产业组织方式、生产要素相对优势、市场竞争特点、资源环境约束、经济风险积累和化解、资源配置模式和宏观调控方式九个方面的趋势性变化,指出我国经济正在朝着转换发展模式、优化产业结构、创新驱动、稳健投资、稳步发展等经济新常态阶段演进。这一论断,是相对于我国历史上拉动经济的投资拉动型增长模式和出口导向型增长模式的"非常态"和"旧常态"来说的一个客观状态的论断,是对我国生产力发展现状的正确诊断,也是调整我国当前生产关系的依据。习近平总书记明确指出,能不能适应生产力发展变化的新常态,"关键在于全面深化改革的力度"[1],在于协同推进新型工业化、信息化、城镇化和农业现代化,在于改革生产关系中制约新型城镇化发展、制约产业升级和消费升级的换代,以及制约科技创新的体制机制;在于创新和完善宏观调控的思路和方式,在于科学构建规范、高效、给力的宏观调控体系,以及实施稳定的宏观政策、灵活的微观政策和托底的社会政策,以应对生产力发展过程中可能出现的各种各样风险,"化解各种'成长的烦恼'"[2],加快推进我国生产力发展水平的升级。以习近平同志为核心的党中央主动调整发展思路、变革生产关系以适应我国生产力发展的新变化,这是对马克思主义生产关系一定要适合生产力发展状况规律与我国经济发展实际相结合的深刻认识,把马克思主义生产力理论提高到新的水平。

综上所述,新发展理念是党中央在深化认识我国现阶段生产力发展

---

[1] 习近平:《谋求持久发展 共筑亚太梦想——在亚太经合组织工商领导人峰会开幕式上的演讲》,《人民日报》2014 年 11 月 10 日。

[2] 习近平:《谋求持久发展 共筑亚太梦想——在亚太经合组织工商领导人峰会开幕式上的演讲》,《人民日报》2014 年 11 月 10 日。

规律基础上,注重生产力协调性、系统性、平衡性、可持续性的发展,是以全体人民都过上小康生活为生产力价值目标的发展,是以更高的质量、更好的效益、更优的结构的生产力创新发展,是把生产力与生产关系、当前利益与长远利益、发展速度与发展质量、人类社会与自然环境、发展目的与发展手段统一起来的生产力发展新理念,也是实现中华民族伟大复兴中国梦和全面建成小康社会的基本路径。新发展理念既为马克思主义生产力理论增添了时代新内涵,又丰富和发展了马克思主义生产力构成理论、生产力系统理论、自然生产力理论、生产力发展理论、生产力价值目标理论和生产关系一定要适合生产力状况规律,开辟了马克思主义生产力发展理论和中国特色社会主义政治经济学理论的新境界。

第三章　供给侧结构性改革:建设现代化经济体系的贯穿主线

随着中国特色社会主义进入新时代,我国经济发展也进入新常态,宏观经济运行以新发展理念为指导、以供给侧结构性改革为主线、以稳中求进为工作总基调,建设现代化经济体系。

第一节　供给侧与需求侧的辩证统一

推进供给侧结构性改革,是以习近平同志为核心的党中央深刻分析新时代我国社会主要矛盾作出的重大决策,是对马克思主义政治经济学理论的重大创新。

一、马克思供求关系理论

马克思认为,供给"就是处在市场上的产品或者能提供给市场的产品。""它们不仅是满足人类需要的使用价值,而且这种使用价值还以一定的量出现在市场上。其次,这个商品量还有一定的市场价值,这个市场价值可以表现为单位商品的或单位商品量的市场价值的倍数"[1]。

供求关系首先和直接影响着价格的形成。作为每一种商品的生产,都是整个经济的一部分,所有种类的商品的集合,作为经济的总供给,致使在总供给中形成一定的比例关系。如果所有商品的价格都等于价值,那么,这时的供给关系的均衡就不仅在总量上而且在每一种类商品的构

---

[1] 《资本论》第三卷,人民出版社 2018 年版,第207 页。

成上都是均衡的。而这时的均衡才是真正达到了一般均衡。因此,总供给和总需求在总量上的一般均衡并不是真正的均衡。如果生产的该商品数量多于社会的需要,其单位价格就低于价值;反之,如果生产的该商品数量少于社会的需要,其单位价格就高于价值。在马克思那里,均衡是用价格围绕价值上下波动和两大生产部类的形式加以说明的。随着第三产业和第四产业的发展,市场通过不断的由不均衡向均衡的发展运行过程,可使经济迅速发展起来。

只有在供求完全平衡的前提下,价格的量才等于其内在的价值量。而当供给大于需求时,即所谓买方市场时,价格一般低于价值;当供给小于需求时,即所谓卖方市场时,价格一般高于价值。这时的价格,就是商品和劳务的提供者调节自己的供给的一个信号,价格高于价值很多,商品和劳务的供给者有利可图,于是就增加投资,扩大该商品和劳务的供给。价格低于价值,商品和劳务的供给者无利可图,就转移投资,缩减该种商品和劳务的供给。然而,市场上商品和劳务的提供者并不是用商品和劳务市场价格与价值相比,而是以商品和劳务的市场价格与生产成本相比,来调节自己向市场提供的商品和劳务的供给量的,他们并不费心去计算商品和劳务中的价值含量。这样,由于供求法则的作用,社会的资源就在社会经济的各个部门流动,最终趋于一个比较均衡的供求状况。整个社会经济,就由于供求规律的作用,使市场价格趋于其内含的价值量,从而使所有资源的配置趋于一个比较合理的状态。然而,我们仍然不能准确确定具体商品和劳务的价值含量,因为我们最终不可能知道在供求法则的作用下,哪一个时段是真正的供求均衡点。

当生产在某一个生产部门过剩,导致商品价格下降从而导致该生产部门的利润率下降的时候,平均利润率规律的作用使资本向其他生产部门转移,当所有的生产部门都资本过剩时,全社会的平均利润率就呈下降的趋势。然而这种下降,其实质是市场供求关系的作用造成的,并不是社会总产品价值的实际反映。价值得不到充分实现,意味着商品和服务的社会平均价格长期低于价值。反映在市场上,就是买方市场,需求不旺,销售不畅,生产能力大量过剩而不能得到发挥。

二、供给侧结构性改革

供给侧结构性改革,就是从提高供给质量出发,用改革的办法从供给、生产端入手,通过产业升级推进结构调整,从而矫正要素配置扭曲,提升全要素生产率,扩大有效供给,提高供给结构对需求变化的适应性和灵活性,更好满足人民群众的需求,提升竞争力,促进经济高质量发展。具体说,就是要求清理"僵尸"企业,淘汰落后产能,将发展方向锁定在新兴领域、创新领域,创造新的经济增长点。其核心在于提高全要素生产率;重点是创新体制机制,扶持实体经济,增加有效供给;基本要求是提高供给质量和效率,使供给体系更好适应需求结构变化;根本目的是解放和发展社会生产力。

供给侧结构性改革实质上就是改革政府公共政策的供给方式,也就是改革公共政策的产生、输出、执行以及修正和调整方式,更好地与市场导向相协调,充分发挥市场在配置资源中的决定性作用。说到底,供给侧结构性改革,就是按照市场导向的要求来规范政府的权力。离开市场在配置资源中的决定性作用谈供给侧结构性改革,以有形之手抑制无形之手,不仅不会有助于经济结构调整和产业结构调整,也会损害已有的市场化改革成果。

供给侧结构性改革的根本目的是提高社会生产力水平,落实好以人民为中心的发展思想。要在适度扩大总需求的同时,去产能、去库存、去杠杆、降成本、补短板,从生产领域加强优质供给,减少无效供给,扩大有效供给,提高供给结构适应性和灵活性,提高全要素生产率,使供给体系更好适应需求结构变化。"去产能"即化解产能过剩,是指为了解决产品供过于求而引起产品恶性竞争的不利局面,寻求对生产设备及产品进行转型和升级的方法。狭义"去库存"仅指降低产品库存水平,除了房地产有去库存压力,还有传统制造业,如汽车制造业、家用电器制造业等同样存在去库存的压力。"去杠杆"就是一个公司或个人减少使用金融杠杆的过程,以较少的本金获取高收益。"降成本"是通过技术、提高效率、减少人员投入、降低人员工资或提高设备性能或批量生产等方法,将成本降低。"补短板"被称作管理上的"木桶效应"或者"短板效应",即一只木桶到底能储多少水,不是由其最长的那块木板决定而是由其最短的那块木板决定。

"着力加强供给侧结构性改革,着力提高供给体系质量和效率,增强经济持续增长动力,推动我国社会生产力水平实现整体跃升。"①

三、供给侧与需求侧的辩证统一

马克思认为,"要给需求和供给这两个概念下一般的定义,真正的困难在于,它们好像只是同义反复"②。供给和需求就像一枚硬币的两面,既对立又相互依存,二者是辩证统一关系。

生产和消费"每一方都为对方提供对象,生产为消费提供外在的对象,消费为生产提供想象的对象;两者的每一方不仅直接就是对方,不仅中介着对方,而且,两者的每一方由于自己的实现时才创造对方,每一方是把自己当做对方创造出来"③。生产是商品或者服务的供给,消费则是商品或者服务的需求,因而供给和需求是同一且相辅相成、缺一不可的。需求决定供给,一方面消费使生产顺利进行,商品的价值和使用价值得以实现;另一方面消费能创造新的生产需求,促进生产持续进行。在国民经济发展中,供给侧与需求侧是一对矛盾的同一体,一方出问题必然影响另一方,只有两者相辅相成协调发展,才能共同推进生产力发展。

在对立关系上,供给侧通过生产能力提高促进经济增长,而需求侧通过刺激总需求促进经济增长;供给侧是在经济基础上通过经济主体的生产来实现,需求侧则是在基本经济制度不变情况下通过政府调控来实现;供给侧结构性改革主要通过生产领域结构性调整、优化要素配置、提高生产要素效率推动经济增长,需求侧则主要通过财政政策和货币政策刺激需求推动经济增长。在相互依存关系上,政府根据一定时期国家宏观经

---

① 中共中央文献研究室编:《习近平关于社会主义经济建设论述摘编》,中央文献出版社2017年版,第87页。

② 《资本论》第三卷,人民出版社2018年版,第207页。

③ 《马克思恩格斯选集》第2卷,人民出版社2012年版,第693页。

济形势抉择以供给侧还是需求侧管理为主,不是放弃供给侧谈需求侧或放弃需求侧谈供给侧,不是非此即彼、一去一存,而是相互配合、协调推进供给侧和需求侧管理。

习近平总书记指出,"当前和今后一个时期,我国经济发展面临的问题,供给和需求两侧都有,但矛盾的主要方面在供给侧"[①],因此,我国的经济改革主要采用供给侧结构性改革政策。以深化供给侧结构改革为主线,推动新技术、新产业、新业态蓬勃发展,促进经济发展质量、效率、动力的变革,建设现代化经济体系,是我国经济宏观调控的着力点和贯穿的主线。

第二节 供给侧结构性改革贯穿整个
现代化经济体系建设

以习近平同志为核心的党中央,根据我国经济新常态发展的实际状况,提出了一系列的政策措施,构建了从生产端入手,以提高社会生产力为目的,以调整宏观经济结构为主攻方向,以深化企业改革为根本途径的供给侧结构性改革政策体系,这一政策体系贯穿于整个现代化经济体系建设,推动我国经济走向更高质量、更有效率、更加公平、更可持续的发展。

一、供给侧结构性改革从生产端入手、以提高社会生产力为目的助推现代化经济体系建设

以习近平同志为核心的党中央根据我国经济新常态的发展现状,提出了供给侧结构性改革政策的着眼点、根本目的和主要任务。首先,供给侧结构性改革的着眼点在于生产,因此"推进供给侧结构性改革,要从生产端入手"[②],这里的生产端改革不仅在于生产领域通过优化要素配置和

---

① 《习近平谈治国理政》第二卷,外文出版社 2017 年版,第 253 页。
② 《习近平谈治国理政》第二卷,外文出版社 2017 年版,第 254 页。

调整产业结构提高供给体系质量和效率,而且在于生产领域通过产权、企业劳动关系、内部治理关系以及竞争关系等方面改革来提高供给体系的质量和效率,助推现代化经济政策体系建设。其次,供给侧结构性改革的根本目的在于提高劳动生产力、满足人民需求。习近平总书记指出:"供给侧结构性改革的根本目的是提高社会生产力水平,落实好以人民为中心的发展思想"①,所以,我国供给侧结构性改革的根本目的在于通过解放和发展生产力,推动生产领域社会生产力的不断提高。而社会生产力发展的最终目的在于落实"以人民为中心"的思想,满足人民不断提高的需要。对此,习近平总书记指出:"从政治经济学的角度看,供给侧结构性改革的根本,是使我国供给能力更好满足广大人民日益增长、不断升级和个性化的物质文化和生态环境需要,从而实现社会主义生产目的。"②因此,概而言之,我国供给侧结构性改革的目的就是要通过对生产领域的改革,不断解放和提高社会生产力,增加有效供给,减少无效供给、增强优质供给,从而满足人民日益增长的物质、文化生活需要。对此,党的中央经济工作会议进一步明确指出,供给侧结构性改革"最终目的是满足需求,就是要深入研究市场变化,理解现实需求和潜在需求,在解放和发展社会生产力中更好满足人民日益增长的物质文化需要"③,践行共享发展的理念。再次,供给侧结构性改革的主要任务是长期推进创新驱动战略和近期实现"三去一降一补"。从长期来看,实现创新驱动战略是推动供给侧结构性改革的根本动力,我国"要大力推进经济结构性战略调整,把创新放在更加突出的位置,继续深化改革开放,为经济持续健康发展提供强大动力"④。因此,要将推进创新驱动战略作为供给侧结构性改革的长

① 中共中央文献研究室编:《习近平关于社会主义经济建设论述摘编》,中央文献出版社2017年版,第102页。
② 中共中央文献研究室编:《习近平关于社会主义经济建设论述摘编》,中央文献出版社2017年版,第98页。
③ 中共中央文献研究室编:《习近平关于社会主义经济建设论述摘编》,中央文献出版社2017年版,第115页。
④ 中共中央文献研究室编:《习近平关于科技创新论述摘编》,中央文献出版社2016年版,第8页。

期任务,助推现代化经济动力体系建设。同时,从短期看,"三去一降一补"及其深化是供给侧结构性改革的重点任务。习近平总书记指出,供给侧结构性改革的重点任务在于"促进产能过剩有效化解,促进产业优化重组,降低企业成本,发展战略性新兴产业和现代服务业,增加公共产品和服务供给,提高供给结构对需求变化的适应性和灵活性。简言之,就是去产能、去库存、去杠杆、降成本、补短板。"[1]虽然我们已经取得一定成效,但是,"三去一降一补"任务仍然很繁重,因此,我国继续深入推进"三去一降一补",把深入推进农业供给侧结构性改革、着力振兴实体经济、促进房地产市场平稳健康发展等作为我国经济新常态下深化供给侧结构性改革的主要任务。

二、供给侧结构性改革以调整宏观经济结构为主攻方向,助推现代化经济供给体系建设

以习近平同志为核心的党中央准确把握了我国供给侧结构性改革解决的核心问题,并据此确定政策主攻方向。对于供给侧结构性改革所要解决的核心问题,习近平总书记认为,供给侧结构性改革既涉及"供给"问题,又包含"结构"的问题,实质上是宏观供给结构问题。他说"我们提的供给侧改革,完整地说是'供给侧结构性改革',我在中央经济工作会议上就是这样说的。'结构性'3个字十分重要,简称'供给侧改革'也可以,但不能忘了'结构性'3个字"[2],因此,我国当前在国内外经济调整的大背景下出现的产品过剩,经济增速下降等问题,不是需求不足,而是供给不足,是供给结构问题。正是基于对当前供给侧结构性改革的核心问题是结构性经济问题的认识,以习近平同志为核心的党中央确定了供给侧结构性改革主攻方向是调整宏观经济结构。对此,习近平总书记指出:"要解决我国经济深层次问题,必须下决心在推进经济结构性改革方面

---

① 《习近平谈治国理政》第二卷,外文出版社 2017 年版,第 254 页。
② 《习近平谈治国理政》第二卷,外文出版社 2017 年版,第 252 页。

作更大努力"①,供给侧结构性改革的"主攻方向是提高供给质量,就是要减少无效供给、扩大有效供给,着力提升整个供给体系质量,提高供给结构对需求结构的适应性"②。那么我们如何提升整个供给体系的质量呢?习近平总书记指出,我们需要"通过优化要素配置和调整产业结构提高供给体系质量和效率,激发市场活力,促进协调发展"③。具体地说,主要通过两个方面来推进供给结构调整,一方面是通过生产要素优化配置而提高供给体制质量和效率;另一方面是通过技术水平提高,产业结构升级来优化供给结构,提高供给质量和效率。前者主要是通过政府简政放权,激发市场主体活力,推动劳动力、资本、土地、技术、管理等要素优化配置来实现;后者主要是通过自主创新,实现优势领域、关键技术的重大突破,尽快形成一批带动产业发展的核心技术,从而逐步建立新产业、发展新业态、生产新产品,推动产业结构和供给结构优化、升级来实现。

建设现代化经济体系,必须把发展经济的着力点放在实体经济特别是提升制造业水平上,在中高端消费、创新引领、绿色低碳、共享经济、现代供应链、人力资本服务等领域培育新增长点、形成新动能,建设知识型、技能型、创新型劳动者大军,培育世界级先进制造业集群。加强基础设施网络建设,坚持去产能、去库存、去杠杆、降成本、补短板,提升供给体系质量,在更高水平上实现供需动态平衡。

三、供给侧结构性改革的根本途径是深化企业改革,助推现代化经济制度体系建设

供给侧结构性改革的"本质属性是深化改革。供给侧结构性矛盾的原因是要素配置扭曲,是体制机制障碍。要推进国有企业改革,加快政府

---

① 习近平:《发挥亚太引领作用 应对世界经济挑战——在亚太经合组织工商领导人峰会上的主旨演讲》,《人民日报》2015 年 11 月 19 日。

② 中共中央文献研究室编:《习近平关于社会主义经济建设论述摘编》,中央文献出版社2017 年版,第 115 页。

③ 习近平:《中国发展新起点 全球增长新蓝图——在二十国集团工商峰会开幕式上的主旨演讲》,《人民日报》2016 年 9 月 4 日。

职能转变,深化价格、财税、金融、社保等领域基础性改革"①。推动企业兼并重组,化解过剩产能,淘汰"僵尸"企业,提高国有资本运行效率;推动技术革新,促进创新链与产业链和市场需求有机衔接;建立现代企业制度,发挥各类人才积极性、主动性、创造性,激发各类要素活力;形成有效制衡的公司法人治理结构、灵活高效的市场化经营机制,提升企业竞争力。

　　供给侧结构性改革主要通过供给结构调整来提高社会劳动生产力,而这最终要通过供给主体,即企业来落实。因此,企业的创新和改革是提高供给质量体系的关键,所以,深化企业改革是供给侧结构性改革的根本途径。对此,习近平总书记在主持召开中央财经领导小组第十三次会时指出,供给侧结构性改革的本质属性是深化改革,推进国有企业改革,加快政府职能转变。概括地说,就是要深化企业改革和完善市场体制机制两个方面来推进供给侧结构性改革,其中微观经济主体或企业、特别是国有企业通过深化改革可以"加强激励、鼓励创新,增强微观主体内生动力,提高盈利能力,提高劳动生产率,提高全要素生产率,提高潜在增长率"②。因此,企业改革是提高劳动生产力,提高供给质量体系的根本途径。

　　供给侧结构性改革的微观主体是企业,其中国有企业是重要的微观主体。企业适应供给侧结构性改革的要求,首先,要积极采取多种改革措施,化解过剩产能,淘汰"僵尸"企业。各类企业特别是国有企业要积极采取措施,推动企业兼并重组,抓紧处置"僵尸"企业和长期亏损企业,提高国有资本运行效率,增强国有企业活力、竞争力,确保国有资产保值增值。其次,要积极进行技术创新,使企业成为技术创新的主体。对此,习近平总书记指出:"企业持续发展之基、市场制胜之道在于创新,各类企业都要把创新牢牢抓住,不断增加创新研发投入,加强创新平台建设,培养创新人才队伍,促进创新链、产业链、市场需求有机衔接,争当创新驱动

---

　　①　中共中央文献研究室编:《习近平关于社会主义经济建设论述摘编》,中央文献出版社2017年版,第106页。

　　②　中共中央文献研究室编:《习近平关于社会主义经济建设论述摘编》,中央文献出版社2017年版,第115—116页。

发展先行军。"①特别是国有企业,要在创新驱动发展战略中发挥主导作用。再次,国有企业积极推进制度创新。国有企业要按照创新、协调、绿色、开放、共享的新发展理念,在供给侧结构性改革中发挥带动作用,为此,"要坚定不移深化国有企业改革,着力创新体制机制,加快建立现代企业制度,发挥国有企业各类人才积极性、主动性、创造性,激发各类要素活力"②。当前深化国企国资改革尤其要"形成有效制衡的公司法人治理结构、灵活高效的市场化经营机制"③。混合所有制改革是国企改革的重要突破口,按照完善治理、强化激励、突出主业、提高效率的要求,在电力、石油、天然气、铁路、民航、电信、军工等领域迈出实质性步伐。加快推动国有资本投资、运营公司改革试点。总之,国有企业只有进行了多方面的制度创新,才能充分激发活力,提升企业竞争力,成为供给侧结构性改革的强大动力。

第三节　以供给侧结构性改革为主线
促进现代化经济体系建设

中国特色社会主义进入新时代,社会主要矛盾转化为人民日益增长的美好生活需要和不平衡不充分的发展之间的矛盾,这一主要矛盾的变化从根本上决定了必须以供给侧结构性改革为主线建设现代化经济体系,这也是党的十九届四中全会提出的我国未来供给侧结构性改革的重要内容。

一、建设现代化经济体系对供给侧结构性改革的新要求

随着中国特色社会主义进行新时代,我国社会主要矛盾发生变化,经

---

① 中共中央文献研究室编:《习近平关于科技创新论述摘编》,中央文献出版社 2016 年版,第 101 页。

② 《理直气壮做强做优做大国有企业尽快在国企改革重要领域和关键环节取得新成效》,《人民日报》2016 年 7 月 5 日。

③ 中共中央文献研究室编:《十八大以来重要文献选编》(下),中央文献出版社 2018 年版,第 634 页。

济发展已由高速增长阶段转向高质量发展阶段，"建设现代化经济体系"的战略任务对供给侧结构性改革也提出了新要求。

要求一：将技术创新作为供给侧结构性改革的核心。建设现代化经济体系的目的是实现经济高质量发展，而高质量发展的核心要素是创新。只有提升我国自主技术创新能力，才能在全球产业分工体系中实现我国产业向高端环节的转移，才能完成由低成本竞争力向核心竞争力模式转变，才能实现对发达国家的赶超。因此，供给侧结构性改革的重点必须转向促进技术创新水平的提高和推动战略性产业发展上，把创新作为发展的第一动力，为建立现代化经济体系提供战略支撑。

要求二：将经济发展的着力点放在实体经济上作为供给侧结构性改革的重要任务。"建设现代化经济体系，必须把发展经济的着力点放在实体经济上"①，实体经济、科技创新、现代金融、人力资源协同发展的产业体系是现代化经济体系的重要组成部分，供给侧结构性改革的主要任务正是振兴实体经济加快建设制造强国。增强实体经济发展的后劲和持续发展能力，将是供给侧结构性改革未来的重要任务。

要求三：将提升供给质量作为供给侧结构性改革的必然要求。解决社会主要矛盾以满足人们日益增长的对美好生活的需要，要求改善消费结构，升级消费方式、消费理念和消费层次，这就必然要有供给的匹配。现代化经济体系是供给质量不断提升的体系，而供给质量的提升表现为对人们日益升级的消费需求的满足程度的不断提高，因此，供给侧结构性改革必须不断增加产品和服务的种类及质量，以消除供需结构性矛盾推动需求和消费间的动态均衡。

要求四：将解决深层次体制机制问题作为供给侧结构性改革的保障。建设现代化经济体系，必须逐步解决阻碍充分发挥市场决定性作用和更好发挥政府作用的深层次体制机制问题。通过供给侧结构性改革，解决好"市场缺位""政府错位""政府缺位"、政府干预经济手段的选择等问题，不断完善社会主义市场经济体制机制，建立公平公正的市场竞争秩

① 《习近平谈治国理政》第三卷，外文出版社 2020 年版，第 24 页。

序,提高供给效率。

二、以供给侧结构性改革为主线建设现代化经济体系应处理好的关系

以供给侧结构性改革为主线建设现代化济体系,要加强党对经济工作的集中统一领导,推动经济高质量发展,需正确处理好以下关系。

(一)正确处理好技术创新与制度创新的关系

马克思认为,生产力及其发展变化决定着社会生产关系的性质及其发展变化,也就是说,技术的发展变化决定着制度的变迁。

生产力构成要素中的劳动者必须掌握和利用科学技术,才能不断解决矛盾推动生产力的发展;生产工具的发明创造、劳动对象的革新利用也都离不开科学技术创新。因此,生产力诸要素都是与一定的科学技术紧密结合着的,在很大程度上可以认为,生产力的发展就是技术创新的结果,技术创新属于生产力范畴。而生产关系是人们在物质资料的生产过程中形成的社会关系,这种关系是不以人的意志为转移的,包括生产、交换、分配、交换、消费等诸多关系在内的各种制度安排。生产关系的变革实际上是制度创新的过程,因此可以认为,制度属于生产关系范畴。马克思认为,生产力的发展变化决定着生产关系的发展变化,生产关系又对生产力具有反作用,生产力和生产关系相互依存、相互作用,具有既对立又统一不可分割的内在联系。

马克思关于生产力和生产关系的辩证关系告诉我们,技术创新引起生产力的变化,生产力内在变化引起原有生产关系的外在不适应,从而引起生产关系的变革;而生产关系的变革即制度反过来对技术创新具有巨大推动或阻碍作用,只有进行制度创新使生产关系适应生产力的性质和状况,才能促进生产力的发展和技术的创新。因此,技术创新推动和决定制度的变革和创新,而制度的创新也越来越成为决定技术创新的推动力量,技术创新与制度创新是相互影响、相互促进,在演进和发展中交互决定的关系。

以供给侧结构性改革为主线建设现代化经济体系,实现质量变革、效

率变革、动力变革,必须加快实施创新驱动发展战略,使科技创新在与经济社会发展深度融合中提高经济发展的科技含量和质量,为经济发展提供新动能、为建设现代化经济体系提供科技战略支撑。以供给侧结构性改革为主线建设现代化经济体系,必须坚持社会主义基本经济制度,充分发挥市场在资源配置中的决定性作用,更好发挥政府政策调控、产业引导、法治规范等作用,在新发展理念指导下,全面深化改革破除体制机制障碍,为现代化经济体系建设提供制度保障。在社会主义制度下发展市场经济,通过科学的宏观调控方式实现顶层设计,实施创新驱动发展战略,全面深化改革,制定出台与生产力发展相适应的经济政策与经济发展规划,进而保证经济持续稳定高质量发展。

(二)正确处理好政府与市场的关系

生产关系与交换关系是经济关系中最根本的关系,社会主义生产关系与交换关系集中体现于政府与市场的关系中。以供给侧结构性改革为主线建设现代化经济体系,必须正确处理好政府与市场的关系,从根本上解决生产与交换、供给与需求不平衡的矛盾,完善社会主义市场经济体制机制。

首先,正确处理好"去产能、去库存、去杠杆、降成本、补短板"中的政府与市场关系。要尊重市场经济规律,明确政府与市场各自的社会职能,更多地运用市场手段、法治手段推动产品和企业优胜劣汰。既要充分利用市场在资源配置中灵活性、效率性、有效性的决定性作用,让市场倒逼僵尸企业有序退出,又不能忽视市场调节功能的滞后性、自发性所带来的短缺与过剩交替出现供需不均衡的现象。既要发挥政府宏观调控避免严重产能过剩、企业破产、工人失业及严重社会问题出现的作用,又不能政府直接使用行政命令手段搞"一刀切"或进行不当干预,以确保资源有效配置、供需平衡和交易成本的降低。

其次,正确处理好农业供给侧结构性改革中的政府与市场关系。在严格用途和规划管制的前提下,充分发挥市场机制在农产品价格形成、农村土地资源配置中的决定性作用,使农产品价格由供求关系决定并反映供求变化,以市场化倒逼农产品标准化、规模化、品牌化发展,使农产品供给向更加注重满足质的需求转变,提高农业效益和竞争力。政府通过不断深化改革和创新,建立优质优价机制,调整完善农业支持保护政策;建立健全符合市场化要求的农业发展制度环境,促进城乡生产要素自由流动,财政资金更多投向农业科研、技术推广和基础设施等领域,为农业供给侧结构性改革提供一个宽松的政策和生态环境。

最后,正确处理好企业深化改革中的政府与市场关系。以供给侧结构性改革为主线建设现代化经济体系,必须建立现代企业制度。企业作为市场主体要准确把握市场需求,按照市场经济规律和自身发展规律,以市场为中心调整生产经营策略,根据市场需求安排生产、流通、销售、分配等全部经营活动,不断改革创新提高企业制度运行效率和质量。同时,要健全和完善政府的宏观调控机制,监督市场运行弥补市场缺陷,保障企业公平竞争;加快建立政府由"管企业"为主转向"管资本"为主的管理新体制,改革国有资本的投资、运营,推进重点领域和关键环节的混合所有制改革有实质性进展。

(三)正确处理好长期与短期、减法与加法的关系

我国经济运行中虽然有周期性、总量性的因素,但出现问题的根源是重大结构性失衡。因此,调整优化结构是供给侧结构性改革的重要途径。

以供给侧结构性改革为主线建设现代化经济体系,不是一蹴而就的突击战,必须正确处理好长期与短期的关系。由于去产能、去库存、去杠杆会使经济增长产生顺周期调控效应,因此,必须立足当前、着眼长远,从构建长效体制机制、重塑中长期经济增长动力着眼,在战略上坚持稳中求进做好顶层设计。既要有战略眼光,更要有责任担当;既要在战略上坚持持久战,又要在战术上打好歼灭战;既要把握好节奏和力度,又要久久为功步步为营,从化解突出矛盾入手解决装置结构、产品结构、生产结构不合理的问题,在结构调整的阵痛中奋力实现提质增效、转型升级的目的,重塑我国经济中长期增长动力。同时,做好社会和谐稳定维护工作,合理引导社会预期,尽量控制和减少阵痛,妥善处置企业债务,做好人员安置工作,做好社会托底工作,在推进体制机制建设中激发市场主体内生动力和活力。

　　以供给侧结构性改革为主线建设现代化经济体系,解决制约社会发展的瓶颈问题,必须要处理好减法和加法的关系。"做减法,就是减少低端供给和无效供给,去产能、去库存、去杠杆,为经济发展留出新空间。做加法,就是扩大有效供给和中高端供给,补短板、惠民生,加快发展新技术、新产业、新产品,为经济增长培育新动力。无论做减法还是做加法,都要把握症结、用力得当,突出定向、精准、有度。做减法不能'一刀切',要减得准、不误伤。做加法不要一拥而上,避免强刺激和撒胡椒面,避免形成新的重复建设。要增加社会急需的公共产品和公共服务供给,缩小城乡、地区公共服务水平差距,加大脱贫攻坚力度。要把调存量同优增量、推动传统产业改造升级同培育新兴产业有机统一起来,振兴实体经济。要紧紧围绕经济竞争力的关键、消费升级的方向、供给侧的短板、社会发展瓶颈制约等问题,统筹部署创新链和产业链,全面提高创新能力,提高科技进步对经济增长贡献率。"[①]

　　以供给侧结构性改革为主线建设现代化经济体系,以正确处理好各种关系为重点,释放经济增长潜力,促进经济转型升级进程,提升结构性改革成效,实现我国经济持续稳定健康高质量发展。

三、以供给侧结构性改革为主线促进现代化经济体系建设的路径

　　习近平总书记在青海考察时指出,我们"要把推进供给侧结构性改革作为当前和今后一个时期经济发展和经济工作的主线,着力优化现有生产要素配置和组合,着力优化现有供给结构,着力优化现有产品和服务功能,切实提高供给体系质量和效率,为经济持续健康发展打造新引擎、构建新支撑"[②]。建设现代化经济体系主要包含现代产业体系和现代市场经济体制两方面。无论是建设协同发展的产业体系,还是"构建市场

---

　　①　中共中央文献研究室编:《习近平关于社会主义经济建设论述摘编》,中央文献出版社2017年版,第121页。

　　②　《习近平在青海考察时强调　尊重自然顺应自然保护自然坚决筑牢国家生态安全屏障》,《人民日报》2016年8月25日。

机制有效、微观主体有活力、宏观调控有度的经济体制"①,都必须以供给侧结构性改革为主线,加快建设与我国当前社会主义市场经济发展相适应的体制以及供给体系制度,为充分释放供给侧要素活力奠定基石。

（一）完善经济体制机制,提升国家经济治理能力

建设现代化经济体系是建设社会主义市场经济基本制度的重要内容。党的十九届四中全会明确指出,必须坚持"公有制为主体、多种所有制经济共同发展,按劳分配为主体、多种分配方式并存,社会主义市场经济体制等社会主义基本经济制度","充分发挥市场在资源配置中的决定性作用,更好发挥政府作用,全面贯彻新发展理念,坚持以供给侧结构性改革为主线,加快建设现代化经济体系。"②

加大政府职能改革,提升市场机制效率。以简化政府审批程序为主,健全和完善行政审批服务机制,撤销和调整行政审批项目,简化审批步骤,缩短办理时限,提升行政程序运行效率,降低政府行政成本,弱化政府行政审批职能,提高行政审批服务水平和能力,形成高效的市场机制。

实施市场准入负面清单制度,完善监管有度的宏观调控机制。负面清单作为市场准入制度的核心,代表着我国开放经济中的制度供给趋势。完善负面清单法律法规、完善外资审批制向备案制改变,在适度行使监督管理职责并维护市场竞争机制中使外资能够和国内资本在相对公平透明的投资环境下自由竞争,在贸易投资领域中充分合理地分配资源。

构建市场产权制度,促进资源充分配置。构建以产权平等保护为前提的市场产权制度,从法律地位上明确保护私有产权平等地位、平等交换、维护契约、公平竞争,建立健全产权相关的法律法规和充满活力的要素流动机制、高效完备的产权保护机制,使各所有制经济主体充分竞争、社会创新源泉竞相迸发、市场资源优化配置。

---

① 《习近平谈治国理政》第三卷,外文出版社 2020 年版,第 239 页。
② 《中共中央关于坚持和完善中国特色社会主义制度　推进国家治理体系和治理能力现代化若干重大问题的决定》,人民出版社 2019 年版,第 18—19 页。

全面贯彻新发展理念,以供给侧结构性改革为主线建设现代化经济体系,蕴含着丰富的国家治理逻辑。国家治理体系与治理能力涵盖经济建设、政治建设、文化建设、社会建设和生态文明建设方方面面,但经济是基础,经济治理是国家治理最重要的方面,体现着国家治理体系和治理能力现代化水平。以供给侧结构性改革为主线建设现代化经济体系既有自身的经济逻辑,也蕴含着丰富的国家治理逻辑;不仅要求健全与完善经济制度,也要求不断提高运用各种经济制度管理经济事务的水平与能力。建设现代化经济体系正是国家治理体系和治理能力现代化的重要体现。

(二)构建现代产业体系,实现供需动态平衡

驱动新兴产业部门崛起和传统产业部门转型升级,解决实体经济结构性供需失衡、金融和实体经济的失衡、房地产和实体经济的失衡问题,必须实现投入要素与实体经济的协同发展,激发实体经济活力,实现更高层次的供需动态平衡。

科技创新与实体经济协同发展,提高制造业供给体系质量,努力实现实体经济结构性供需平衡。通过科技创新、人力资源优化配置,以及产品贸易、技术转让、文献发表等途径提升全要素生产率水平。科技创新与实体经济协同,创新技术专利和生产工艺、生产设备、生活流程,培育新兴产业链并抢占产业链高端环节,提升节能环保和安全质量水平,打造培育自主创新品牌和世界一流制造业品牌,建设全球化、信息化、服务化的制造业,提升我国实体经济的竞争力,以满足人民日益增长的美好生活需求,逐步实现实体经济结构性供需平衡。

金融创新与实体经济协同发展,强化金融市场监管,努力实现金融和实体经济的平衡。建立以大数据为基础、互联网科技为核心的金融市场监管系统,推动金融监管体系法制建设,中央银行定期向证监会、银保监会报告市场违规案例、风险评估报告等。实施以投资实体经济为核心的金融企业战略,优化调整金融结构、金融效率、金融杠杆,通过贷款资产证券化、小微企业金融债券、不良资产证券化等方式,拓宽在实体经济中占主体地位的中小企业资金供给渠道,发展普惠金融、科技金融、绿色金融支持实体经济发展和传统产业改造升级,推进实体经济与金融机构合作

以减少金融错配,实现金融和实体经济的动态平衡。

构建长效机制,实现房地产和实体经济的平衡。建立健全房地产金融行业的逆周期宏观审慎机制,控制房地产贷款增长速度,以房地产价格上涨增强企业抵押品价值进而提升其外部融资能力,在微观上缓解经济主体的融资约束从而提高实体经济投资积极性并增加创新研发项目投入。建立房地产行业贷款风险控制机制,控制房地产市场投机融资比例,使房地产投资占比小于房地产资本产出份额与正外部性的溢出份额之和,以促进金融支持实体经济发展效率,在房地产经济发展的繁荣周期适当上调商业银行贷款利率,增强实体经济效益,实现房地产和实体经济的动态平衡。

(三)发挥人力资源优势,强化现代化经济体系人才支撑

人力资源是现代化经济体系的核心要素,供给侧结构性改革为强化我国经济体系人才支撑提供了新的主线和视角。供给侧结构性改革中的一个核心问题就是造就高效率的生产者,提供优质人力资源。劳动者、企业、产业是生产者的三个层次,发挥劳动者的人力资源优势提高生产者的效率和创造力,有利于提高劳动生产率、提高企业效率、打造世界级先进产业集群,增强经济持续增长动力,为解决我国现阶段结构性问题提供人力基础。

人力资源的数量、质量、结构、配置是影响科技创新的主要因素,人力资本存量积累越多,国家对新技术的吸收、消化能力就越加速科技创新进程。而通过教育积累的技能型人力资本是影响科技创新的最主要因素。推动职业技能培养与高等教育共同发展,通过在职教育、岗位培训等形式促进职业技能培养与劳动岗位的有效链接,提升先进技术在基础性技术工人中的使用效率,满足企业生产对高级技术工人的需求。优化配置人力资源,建立跨区域人才引进、开发和共享机制,完善社会化中介机构,构建开放市场化的人力资本市场体系,让各类人力资本更好地集聚、组合产生集聚溢出效应,从而获得较高的就业匹配,带动整体人力资本升级和技术扩散,为实体经济部门、金融部门、服务业等产业注入更强的发展活力。建立和完善劳动力的合理流动机制,促进高技能劳动力积累和流向前景

更好、薪资更高的优质岗位以填补优质劳动力缺口,让中低技能劳动力流向普通岗位以减少劳动力配置扭曲,为建设现代化经济体系提供人才支撑。

第四章　现代化经济体系的构成要素

现代化经济体系是由社会经济活动各个环节、各个层面、各个领域的相互关系和内在联系构成的一个有机整体,其基本构成要素与内涵特征有共同之处,都是现代化经济体系的主要内容,但基本构成要素更能直观反映现代化经济体系的基本框架。习近平总书记指出,现代化经济体系是由创新引领、协同发展的产业体系,统一开放、竞争有序的市场体系,体现效率、促进公平的收入分配体系,彰显优势、协调联动的城乡区域发展体系,资源节约、环境友好的绿色发展体系,多元平衡、安全高效的全面开放体系,充分发挥市场作用、更好发挥政府作用的经济体制构成的有机整体。

第一节　创新引领、协同发展的产业体系

在产业体系建设上,习近平总书记指出,"要建设创新引领、协同发展的产业体系,实现实体经济、科技创新、现代金融、人力资源协同发展,使科技创新在实体经济发展中的贡献份额不断提高,现代金融服务实体经济的能力不断增强,人力资源支撑实体经济发展的作用不断优化"①。

一、马克思主义产业体系理论

现代产业体系的重要内容之一就是产业结构必须保持一定的比例,各方必须协调发展。由平均利润率理论、产业结构比例协调理论、产业技

---

① 《习近平谈治国理政》第三卷,外文出版社 2020 年版,第 241 页。

术创新理论、产业组织理论和产业布局理论构成的马克思主义比较完整的产业体系发展理论,为加快构建创新引领、协同发展的现代产业体系提供了理论基础和思想支撑。

(一)马克思主义平均利润率理论

马克思认为,获取剩余价值、追求利润是资本主义生产的唯一目的和决定性动机。在资本总量一定时,资本家获利的多少取决于利润率的高低,而利润率的高低受剩余价值率的高低、资本有机构成的高低、资本周转速度快慢等因素的影响。在剩余价值率不变时,资本有机构成越高,说明在预付资本中不变资本所占比例越大,可变资本所占比例越小,等量预付资本带来的剩余价值就越少,利润率就越低。反之,则资本有机构成低的部门利润率就越高。但是,资本主义生产关系决定了等量资本应获等量利润的分配原则,因此,资本会在利润率引导下在不同生产部门之间转移,一直持续到不同部门利润率趋于平均,即形成平均利润率为止。

资本有机构成高的部门,由于利润率低,资本家会把资本从本部门撤出,转移到利润率高的部门。资本家或是原有企业实行转产,生产利润率高的产品;或者把新的资本投向利润率高的部门。资本在各部门转移的结果,导致不同生产部门的利润率趋于平均化。原来利润率高的部门,由于资本数量增加,生产规模扩大,产品供给增加,产品价格下跌,使其利润率下降;原来利润率低的部门,由于资本数量减少,生产规模缩小,产品供给减少,价格上涨,使其利润率提高。资本从利润率较低部门流向利润率较高部门并最终获得平均利润率的过程,实际上就是产业结构调整的过程。

(二)马克思主义产业比例协调理论

产业按比例协调发展是马克思主义经济发展理论的核心观点。马克思认为,人类为了生存和发展,无论处在哪一种社会形态都要进行生产,人类社会生产的一般要求都应当以一定的方式把社会总劳动量按照一定比例分配到各个生产部门中去。而"一定的生产决定一定的消费、分配、交换和这些不同要素相互间的一定关系"①,消费则是物质资料生产的总

---

① 《马克思恩格斯选集》第 2 卷,人民出版社 2012 年版,第 699 页。

过程和最终的目的和动力。对生产力形成和发展起着至关重要作用的是劳动过程中的各个要素,各个要素间的"关系"和"结构"在数量和比例上保持平衡,生产力系统才能发挥整体功能和最大效用。由生产生产资料的部类Ⅰ和生产生活资料的部类Ⅱ构成的物质生产总产品,无论是在简单再生产条件下还是在扩大再生产条件下,要顺利进行社会再生产,每个部类的社会资本都需要在物质方面和价值方面得到补偿,因此,"Ⅱc所以能够由商品资本的形式转化为不变生产资本的实物形式,只是因为不仅Ⅰv,而且至少Ⅰm的一部分,和以消费资料形式存在的Ⅱc的一部分相交换"①;如果第Ⅱ部类的一部分商品卖不出去,就不能把不变资本全部再转化为生产形式,这部分商品就发生了过剩,就会阻碍这部分商品的再生产。马克思在这里指出了,若要物质资料再生产顺利进行,分配、交换、消费各环节都不能受阻。社会再生产的顺利进行,是以简单再生产和扩大再生产的平衡条件的实现为前提的。即必须满足Ⅰ(v+m)=Ⅱc、Ⅰ(c+v+m)=Ⅰc+Ⅱc和Ⅱ(c+v+m)=Ⅰ(v+m/x+△v)+Ⅱ(v+m/x+△v)。不同产业部门间必须保持一定的比例关系,生产和消费之间必须互相适应,物质资料再生产才能顺利进行。

(三)马克思主义产业技术创新理论

提升产业发展的科技创新水平是现代产业体系的重要内容之一。马克思认为,产业技术是产业体系发展的重要驱动力,在生产中使用新机器、新方法和新材料等科学技术,使过去复杂劳动变成了简单劳动,科技成为推动经济发展的"内生"动力和生产要素升级的决定因素,直接导致了资本有机构成的提高。

科技进步与产业经济发展内在关联、双向互动。一方面,科技进步推动产业经济发展,进而影响生产要素间的替代关系。马克思在《1844年经济学哲学手稿》中指出,资本家利用"制造业秘密"(科技创新)减少生产费用,获得较多利润。在《共产党宣言》中强调"机器引起了工业生产的革命"(生产力)等,真正财富的创造不再依赖劳动时间和劳动力,而是

---

① 《马克思恩格斯选集》第2卷,人民出版社2012年版,第420页。

更多地决定于科技的应用和发展水平,劳动生产力随着科学技术的不断进步而不断发展。另一方面,技术创新推动了新兴产业部门的增长。社会分工造成了不同的产业部门,不同产业部门为了榨取更多剩余价值和在激烈的市场竞争中生存和发展,想方设法采用新科学、新技术、新机器、新方法,而产业技术的创新与扩散影响了不同部门内部及部门间的资本有机构成,资本在垄断利润的驱使下不断流向创新产业,促使产业结构升级进而推动新兴产业部门的增长。

科技进步水平决定现代产业体系发展水平,现代产业体系对于高新技术的内在需求又促进科学技术的产生和发展。同时,科学技术的创新必然存在于高度重视科学技术的社会制度、价值观念之下,因此现代产业体系的技术水平的提升必然要推进相关产业体制机制的创新,建立与产业体系技术创新相匹配的制度体系。

(四)马克思主义的产业组织理论

产业组织创新是现代产业体系的重要内容之一,产业组织演化的过程其实质是产业组织向一个效率更高、竞争力更强的组织形式优化的过程。

从工厂手工业步入机器大工业,社会化大生产程度越来越高,生产过程中各个组成部分要求按照一定的比例来进行,在客观上要求商品生产的组织形式由原来的简单协作形式向以社会分工为基础的协作形式转变。马克思认为,专业化协作是社会化大生产的重要组织形式,"较大量的生产资料积聚在单个资本家手中,是雇佣工人进行协作的物质条件,而且协作的范围或生产的规模取决于这种积聚的程度"[1]。一些领域的企业还会通过各种卡特尔、辛迪加、托拉斯等组织形式进行联结从而形成各种网络组织形式。如福特制的流水线作业组织形式在世界范围内不断扩大,最大限度地发挥了分工对劳动生产的作用,极大地提升了劳动生产率。在一定程度上说,各种企业集团、企业网络等现代组织的发展不断地推进着产业体系的现代化。马克思认为,新的技术在生产中变革了原有

---

[1] 《马克思恩格斯选集》第 2 卷,人民出版社 2012 年版,第 208 页。

不适应新技术的生产要素,破坏了原有的产业组织模式,改变了资本有机构成和已有的分工形式,商品中价值的形态与产业组织形态共同发展。因此,必须重新建立产业组织形式以适应新的技术水平。

(五)马克思主义产业布局理论

产业布局是产业各部门、各要素、各链环在一国或一地区范围内的空间分布态势和地域组合的经济现象。

马克思主义劳动地域分工理论是产业布局的基本理论,产业划分源于分工,劳动分工导致社会分工、产业分工和区域分工。分工体现着作为生产力要素的劳动者之间的关系、劳动者和生产资料之间的关系、生产资料相互之间的关系,可以形成社会生产力和自然力之间的合力,促进劳动生产力发展、社会财富增长。马克思认为,"一切发达的、以商品交换为中介的分工的基础,都是城乡的分离"①,农业集中布局于农村,工业集中布局于城镇,而当生产力发展到一定水平,产业会向原材料市场附近转移,以实现比较优势基础上的成本降低和效率提高,而城乡产业的分离阻碍着这一目标的实现,因此,产业的分离与融合必须与一定的生产力发展水平相适应。马克思认识到,"由协作和分工产生的生产力,不费资本分文"②。因此,不同区域分工与协作有利于生产要素配置成本的降低,有利于推进资本和劳动不断向最有力的区域集中,有利于发挥各自区域产业优势,从而扩大经济空间效应,实现不同区域空间产业的合理布局和经济增长。

二、马克思主义产业体系理论对构建现代产业体系的启示

马克思主义平均利润率理论对建设现代产业体系的启示。资本从利润率较低部门流向利润率较高部门并最终获得平均利润率,这一过程实际上就是产业结构调整的过程。当工业化进程发展到一定阶段,主导产业从劳动密集型产业转向资本密集型产业,大量的劳动力转向非物质生

---

① 《马克思恩格斯选集》第 2 卷,人民出版社 2012 年版,第 215 页。
② 《马克思恩格斯全集》第 43 卷,人民出版社 2016 年版,第 402 页。

产领域,资本将绕过产业资本的形式获得利润,第三产业服务业将取代制造业在产业结构中占主导地位。因此,建设现代化经济体系,必须形成完全自由公平竞争的市场环境,改革户籍制度、劳动用工制度、住房制度等束缚,促使各种生产要素在各部门之间自由流动,从而促进我国产业结构调整和优化升级。

马克思主义产业比例协调理论对建设现代产业体系的启示。不同产业间必须保持一定的比例关系再生产才能顺利进行,这一马克思主义产业比例协调理论的核心观点要求建设现代产业体系各个产业之间必须按比例协调发展,在我国工业化迅速发展的情况下,必须合理利用计划和市场两种调整机制大力发展生产性服务业,推动现代化服务业和制造业的融合,利用信息化推动工业化;必须在技术、产品、服务、市场等方面促进农业与第二、第三产业融合发展,构建各环节融会贯通以及各主体和谐共生的现代农业产业体系,加快转变农业发展方式,探索中国特色农业与加工制造、与旅游、与电商等产业融合的现代化道路,推进农业产业体系结构的转型升级。

马克思主义产业技术理论对建设现代产业体系的启示。马克思认为科学技术是生产力,无论是企业家、工人、专业技术人员还是国家都是技术创新的主体。习近平总书记更进一步指出了创新是发展的第一动力,人才是第一资源。建设现代化经济体系,必须通过技术创新提高资本有机构成,提高产业技术进步贡献率,建立以市场为导向,以骨干企业、科研院所、社会机构以及技术人才、经营管理人才、技能人才等为主体,以提高全产业链整体竞争力为目标,构建以产业化为导向的政产学研用相结合的研发、生产、应用的产业科技创新体系,为科技成果产业化、传统产业体系向现代产业体系演进和产业转型升级提供强大的支撑和保障。

马克思主义产业组织理论对建设现代产业体系的启示。马克思认为,专业化分工与协作是社会生产力发展的结果,是社会化大生产的重要组织形式,也是优化产业组织的必要前提,现代产业体系的演进是组织规模不断扩大、组织形式不断创新的过程。建设现代产业体系,必须克服产业内无序竞争、过度竞争现象,大力推进产业分工协作的产业组织创新,通过深化改革打破行业壁垒,真正让市场配置资源,分工协作延长产业链,调整产业结构提升专业化程度和核心竞争力,建立企业集团化、集群化和网络化的产业组织模式,形成集团优势和规模效益,提高产业组织的国际竞争力和市场竞争力。

马克思产业布局理论对建设现代产业体系的启示。马克思的劳动地域分工理论从交换、市场规模、协作等方面指出了城市与乡村以及不同区域在经济发展中的不同作用和相互关系,蕴含的城乡融合发展、区域分工协作等思想启示我们,建设现代产业体系必须统筹城乡产业发展和区域产业发展,深化城乡区域统一的公共服务制度改革、劳动力市场制度改革、流通体制改革,在充分发挥各地域比较优势基础上推进产业的合理布局和转移,加强区域分工、强化区域协作、优化资源配置,以实现城市与乡村、不同区域产业的良性互动和健康发展,最终合理布局现代产业体系的区域经济。

三、建设创新引领、协同发展的产业体系对马克思主义政治经济学的丰富和发展

产业体系是现代化经济体系的基础,建设创新引领、协同发展的产业体系丰富和发展了马克思关于科学技术是生产力、社会劳动总量在社会各部门之间按比例分配实现有平衡成比例的生产力协同发展系统理论。

(一)建设现代产业体系丰富和发展了马克思主义科学技术是生产力的理论

社会发展的根本动力是生产力,而创新是生产力发展的最强推动力。建设创新引领的产业体系是建设现代化经济体系的必然抉择。

马克思主义政治经济学认为,生产力发展的前提是劳动生产率的提高。利用先进的技术和设备,提高劳动者的技术水平和企业的科学管理水平,企业的劳动生产率就会提高。劳动生产率提高了,客观上就会促进整个社会生产力的发展。因此,马克思说"科学技术是生产力"。恩格斯也认为,恰恰因为蒸汽机和新工具的普遍使用,才使旧的工场手工业迅速变成了机器大工业,才使资本主义社会的生产力以前所未有的速度和规

模迅速发展起来了。大工业把科技革命引领的创新力量并入生产过程，极大地提高了劳动生产率，加速了社会变革进程，成为生产力发展的最强推动力。当今社会生产和社会需求的高度复杂化，已使传统的"生产→技术→科学"转化模式变成了"科学→技术→生产"模式，使得科学研究成果能够迅速地转换为生产技术，进而应用于生产过程，即科学研究先行。生产中的科技含量越大，科学技术对于经济和社会发展的贡献就越高，科学技术强大的杠杆推动着社会的向前发展。科技创新也冲击着旧的社会生产关系及发展模式，已成为最高意义上的变革力量。

创新是引领产业发展的第一动力。"创新引领"理念既坚持了马克思主义生产力发展动力理论，同时又发展了马克思主义生产力发展动力理论，揭示了创新是产业发展第一动力的思想。习近平总书记指出，在人类社会发展的历史上，创新始终是一个国家和民族发展、始终是人类社会进步的重要推动力量。一直以来，科学技术就以一种不可抗逆的力量推动着人类社会的向前发展。在剧烈的国际竞争中，唯有创新者取胜，唯有创新者进步，唯有创新者强大。"创新是引领发展的第一动力。"习近平总书记把创新提到了民族进步、国家兴旺发达的灵魂、源泉的高度，充分肯定了创新的巨大作用。在习近平总书记的执政思路中，始终贯穿着"科技兴则民族兴，科技强则国家强"的理念，认为综合国力的竞争说到底是创新的竞争。谁能够抓住科技创新的关键点，就能抢先一步赢得优势，获得发展的先机。他始终强调创新在国家战略中的核心位置和发展的动力作用，将创新视为经济增长最重要的动力，超越了以往靠投资、消费、出口"三驾马车"拉动经济增长的发展动力理论，寻找到了"创新"这一产业发展动力源泉，是对马克思"科学技术是生产力"的深化与发展。

创新引领为发展动力提供了目标方向。"创新引领"体现了"坚持目标导向和问题导向相统一"[1]的思想。在我国社会已经进入到新型工业化、信息化、城镇化、农业现代化并联发展、叠加发展和同步发展的关键时期，自主创新获得了前所未有的强劲动力和辽阔的发展空间。习总书记

---

[1]　《十八大以来重要文献选编》中，中央文献出版社2016年版，第775页。

指出,在实现中华民族复兴的伟大征程上,"创新正当其时,圆梦适得其势"①,创新发展是适应我国"十三五"经济社会发展的客观需要的必然选择。要突破制约我国经济发展的瓶颈,要解决产业发展中深层次的矛盾和问题,最紧迫的任务就是破除体制机制的障碍以激发科学技术作为第一生产力所蕴藏的巨大引领潜能,最根本的出路就是创新、创新、不停地创新。揭示了创新力量加速社会变革进程、冲击旧的社会生产关系与发展模式的功能,明确了我国现代产业发展的方向就是创新引领。在创新引领下建设现代产业体系要当仁不让地敢为天下先,敢走别人没走过的路,在攻坚克难中追求卓越,创造出能引领世界潮流、占领世界高峰的产业发展成果。习近平总书记将创新聚焦在了解决突出"问题"和明显"短板"上,指明了产业发展的目标和方向,具有超强的针对性、可操作性和实用性。

全面创新是发展动力的战略抉择。"创新引领"体现了全面创新的思想。习近平总书记认为,"实施创新驱动发展战略是一个系统工程",只有实现从科学设计到实验研究,再到成果推广应用的全过程,才能使创新的价值真正得以实现,才能真正完成创新的引领驱动作用。要解决科技成果不能很好地向现实生产力转化等问题,必须打破所有制约科技创新的思想障碍和制度屏障,在科技、文化、理论、思想、体制机制和制度等方面不断地进行创新,使所有的工作都贯通创新的理念,全社会都形成创新的风气;必须推动经济社会发展和科技创新的深层融合,用强大的科技促进产业的强大,进而促进经济的强盛,使科技体制的改革和经济社会领域的改革同步发展,避免创新过程中的"孤岛"现象;国家的产业链和资金链必须围绕创新链来布局、来完善,以科技创新为核心,推进产品、品牌、组织和模式的全方位创新,使科技创新成为引领现代产业体系建设的新引擎。全方位地实施创新发展战略是我国产业发展的必然抉择,也是新时期建设现代化经济体系的新突破和新高度。

① 《习近平谈治国理政》,外文出版社2018年版,第58页。

（二）建设现代产业体系丰富和发展了马克思主义产业协同发展理论

产业的进一步发展有赖于社会再生产过程的顺利进行,而社会再生产过程顺利进行的条件则是物质生产各环节、生产力各系统都均衡协调按比例发展,这样社会产品才能最终转化为新的生产力。在新发展理念指引下的现代产业体系建设,强调多方兼顾、补齐短板、力求平衡,丰富和发展了马克思主义产业协同发展理论。

现代产业体系是一个"有机整体"。习近平总书记在中共中央政治局就建设现代化经济体系进行第三次集体学习时指出:"现代化经济体系,是由社会经济活动各个环节、各个层面、各个领域的相互关系和内在联系构成的一个有机整体。"①习近平总书记运用马克思主义辩证观点,科学地提示了现代化经济体系是由生产、流通、交换、分配、消费、投资等再生产各环节有机衔接起来的经济大系统的本质特征。同时,还具体阐述了现代化经济体系的七大体系内涵:一是要建设以创新为引领的实体经济、科技创新、现代金融、人力资源协同发展的产业体系,这是建设现代化经济体系的基础和核心。二是要建设市场准入畅通、市场开放有序、市场竞争充分、市场秩序规范的市场体系,这是建设现代化经济体系配置资源的决定性机制。三是要建设体现效率、促进公平、人民共同富裕的收入分配体系,这是建设现代化经济体系的基本要求。四是要建设区域良性互动、城乡融合发展、陆海统筹整体优化的城乡区域发展体系,这是建设现代化经济体系的空间布局目标。五是要建设资源节约、环境友好的绿色发展体系,这是建设现代化经济体系的生态环境基础。六是要建设多元平衡、安全高效的全面开放体系,这是建设现代化经济体系与世界经济的联系机制。七是要建设充分发挥市场作用、更好发挥政府作用的市场机制有效、微观主体有活力、宏观调控有度的经济体制,这是建设现代化经济体系的制度基础。习近平总书记强调,这"几个体系是统一整体,要

---

① 《习近平谈治国理政》第三卷,外文出版社 2020 年版,第 240—241 页。

一体建设、一体推进"①。既要借鉴发达国家有益的做法,更要符合中国的国情,要具有中国的特色。把现代化经济体系作为一个有机统一的大系统来一体建设的思想,充分考虑了生产力各系统的有效协调和总体功能的有效实现,丰富和发展了马克思主义生产力系统理论。

大力发展实体经济。生产力的发展是一个系统性的发展,在七大体系中,以"协同发展"为基本特征的产业体系是建设现代化经济体系的基础,而产业体系的基础和核心则是实体经济。"不论经济发展到什么时候,实体经济都是我国经济发展、我们在国际经济竞争中赢得主动的根基。我国经济是靠实体经济起家的,也要靠实体经济走向未来。"②如果没有大量的生产劳动投入实体经济中,再生产各部门之间就会比例失调,就会造成"产品积压"或"产能过剩",也就不可能实现平衡协同发展。因此,党的十九大强调,建设现代化经济体系,要通过"深化供给侧结构性改革""把发展经济的着力点放在实体经济上,把提高供给体系质量作为主攻方向"③。随着科技水平的发展和生产方式的改进,再生产所要求的平衡条件和部门间的结构比例以及资本有机构成等都应相应改变。也就是说,一个部门的技术进步必须有其他部门相应的技术水平和产量规模配套支持,即实体经济必须与科技协同发展,生产力才能进一步发展。而作为生产力主体的劳动者直接参与再生产过程,其受教育程度和技术水平高低,直接影响着生产劳动产品的数量和质量,因此,只有实现科技创新、人力资源素质提升和物质资料生产的技术进步这三者的协同发展,才能有效提升实体经济的生产力水平。在2016年12月召开的中央经济工作会议上,习近平总书记曾指出了我国经济运行面临的突出矛盾和问题的根源是重大结构性失衡,主要表现为实体经济结构性供需失衡、金融和实体经济失衡、房地产和实体经济失衡,"房地产高收益进一步诱使资金脱实向虚,导致经济增长、财政收入、银行利润越来越依赖于'房地产繁

① 《习近平谈治国理政》第三卷,外文出版社2020年版,第241页。
② 中共中央文献研究室编:《习近平关于社会主义经济建设论述摘编》,中央文献出版社2017年版,第116页。
③ 《习近平谈治国理政》第三卷,外文出版社2020年版,第24页。

荣',并推高实体经济成本,使回报率不高的实体经济雪上加霜。"①习近平总书记严正指出了金融投机、脱实向虚的危害。因此,建设现代化经济体系,必须抓住实体经济、科技创新、现代金融、人力资源"协同发展"的产业体系这个基础和核心,推动资源要素向实体经济聚集、政策措施向实体经济倾斜、工作力量向实体经济加强,在更先进的技术和发展方式基础上全面提升实体经济自主发展能力和国际竞争力,实现我国经济可持续发展,以解决经济运行中的不平衡、不协调、不可持续等问题。

习近平总书记关于建设现代化经济体系的重大部署,是扎根我国社会主义市场经济发展的实践,创造性地从生产要素角度明确了未来产业体系建设的新目标以及协同发展的总要求,既是符合经济发展规律的重大创新,也是对马克思主义生产力系统理论的丰富和发展。

四、建设创新引领、协同发展的产业体系的实践——粤港澳大湾区现代产业体系的构建

由香港、澳门两个特别行政区和广东省广州、深圳、珠海、佛山、惠州、东莞、中山、江门、肇庆(珠三角)九个地市组成的粤港澳大湾区是我国经济活力最强、开放程度最高的区域之一,是建设现代产业体系区域经济社会协同发展的具体实践。

2017年7月1日在香港签署的《深化粤港澳合作　推进大湾区建设框架协议》中明确提出了构建协同发展现代产业体系的重点合作领域,提出要充分发挥大湾区不同城市产业优势,推进产业协同发展,完善产业发展格局,加快向全球价值链高端迈进。在《粤港澳大弯区发展规划纲要》中提出,要着力培育发展新产业、新业态、新模式,瞄准国际先进标准提高产业发展水平。

发挥各自优势,构建功能互补、具有国际竞争力的大湾区现代产业体系。广东省有优越的毗邻港澳的地理区位优势和充沛的劳动力、土地、资

---

① 中共中央文献研究室编:《习近平关于社会主义经济建设论述摘编》,中央文献出版社2017年版,第114页。

本等要素供给,以及较为完善的科研体系、产业体系,曾经利用港澳产业向内地转移之机"前店后厂"的产业分工模式取得了举世瞩目的成就。香港有涵盖高等教育、法律、会计、医疗,以及集资、风险管理和资产管理等先进金融服务和高端科研力量、科研合作国际化水平高的优势,能利用金融方面的优势满足本地、内地和海外公司的需求,有潜力为大湾区发展国际科技创新中心作出贡献,并从中受惠。澳门作为世界旅游休闲中心、中国对葡语系国家的商贸服务平台,可以发挥制度和定位优势,把葡语系国家跟大湾区联系起来。三地互利合作共同建设一批粤港澳联合实验室和重大科技基础设施,迅速打造广深港澳科技创新走廊,推动珠三角先进制造业与港澳现代服务业融合发展,全面对接国际高标准市场规则体系,加快构建大湾区现代产业体系。

打造世界级城市群,构建开放型大湾区现代产业体系。深圳市、广州市等珠三角城市在科技创新和现代服务业领域崛起,迫切需要转变原有的粤港澳三地产业分工模式和合作范式。依托港澳作为自由开放经济体、科技研发与产业创新的优势,发挥其在对外开放中的功能和作用;依托广东省作为改革开放排头兵的优势,发挥其在构建经济高质量发展的体制机制方面示范引领作用。打造世界级城市群,瞄准世界科技和产业发展前沿,大力发展新技术、新产业、新业态和新模式,加快形成以创新为主要动力和支撑的经济体系,有利于促进国际国内两个市场、两种资源的有效对接,在更高层次参与国际经济合作和竞争,构建粤港澳开放型大湾区现代产业体系。打造世界级城市群,深化改革加快制度创新,破除影响创新要素自由流动的瓶颈制约,先行先试建设现代化经济体系以激发各类创新主体活力,实现产业体系的合理化与高度化,建成具有全球影响力的科技创新高地和新兴产业重要策源地,建成世界新兴产业、先进制造业和现代服务业基地,建成具有重要影响力的国际交通物流枢纽和国际文化交往中心,促进供应链产业高质量发展,推动粤港澳大湾区跻身国际一流湾区和世界级城市群。

推进产业协同发展,构建开放型、创新型现代产业体系。构建高端引领、协同发展、特色突出、绿色低碳的开放型、创新型产业体系,必须推动功能互补,完善要素协同配合机制。粤港澳有良好的合作基础,全面实现三地务实合作,须打破区域间资源要素配置"各自为政、相互分割"的格局建立要素协同配合机制,促进人员、物资、资金、信息便捷有序流动和资源的合理配置;须加强三地在科技前沿和基础研究领域的合作,整合配置科技创新资源,推动创新资源共建共享;须促进价值链与创新链融合发展,用资本链条链接产业和创新,助力科技创新与金融创新深度融合,推动三地知识创新、技术创新、管理创新和业态创新协同发展;须增强产业融合互促能力,将服务创新纳入创新支持体系,促进生产性服务业与制造业深度融合,在产业价值链中嵌入市场调查、金融支持、研发设计、物流服务、市场营销、维修和支持等服务环节,提升大湾区服务型制造的核心竞争力;须促进"创新链、产业链、资本链"融合,以产业化推动创新、推动科技成果转化,不断拓展产业链以推动战略性新兴产业发展,部署资本链以发挥科技金融优势,强化创新链以推动产业价值链创新,打造创新创业生态系统,构建分工合理、协同发展的现代产业体系。

第二节　统一开放、竞争有序的市场体系

在市场体系建设上,习近平总书记指出,"要建设统一开放、竞争有序的市场体系,实现市场准入畅通、市场开放有序、市场竞争充分、市场秩序规范,加快形成企业自主经营公平竞争、消费者自由选择自主消费、商品和要素自由流动平等交换的现代市场体系。"①

一、马克思主义市场体系理论

市场体系是在社会化大生产充分发展的基础上,由各类市场组成的有机联系的整体。包括由生活资料、生产资料、房地产市场组成的商品市场体系,和由金融、技术、信息、咨询、交通运输、邮电通信、保险、生活服务、娱乐、旅游、教育、文艺、劳动力等市场组成的服务市场两大子体系。

---

① 《习近平谈治国理政》第三卷,外文出版社2020年版,第241页。

市场是相互联系的统一体。马克思认为,市场不是一种单独的市场,"市场,它最初在经济学上作为抽象的规定出现,采取总体的形态。"①"市场既包括使资本作为商品资本出售的市场,也包括使资本作为货币资本进行购买的市场"②,即市场是由许多不同种类的相互联系和相互制约的市场组成的一个完整的体系。因为资本的本性是力求超越一切空间界限获取利润,因此,市场在空间上也由单个市场、地区市场、国内市场向区域市场、世界市场扩展,逐步形成互相依赖、密切联系的国内统一市场和世界市场。完善的现代市场体系首先要求具有统一的总体的形态。

市场是个开放的体系。市场体系不是封闭的,而是一个开放的体系。马克思在《共产党宣言》和《德意志意识形态》中阐述了世界市场理论。认为,随着资本主义工场手工业向机器大工业的转化,以交换为媒介的社会分工日趋成熟,商品流通越出国界而成为世界性贸易,产品"已经不仅仅供本国内部消费,而且供世界各地消费了"③。世界贸易的扩大和发展又促进国际分工向更深更广发展、促进交通业大发展和世界市场建立,一切国家的生产和消费都成为世界性的了,生产能够在更大规模上经营,资本通过集中和垄断增强实力,实现了大规模跨国经营。马克思指出,大工业"把世界各国人民互相联系起来,把所有地方性的小市场联合成为一个世界市场"④,"过去那种地方的民族的闭关自守和自给自足状态已经消逝,现在代之而起的已经是各个民族各个方面互相往来和各方面互相依赖了。物质的生产是如此,精神的生产也是如此。"⑤世界市场是开放的体系。

市场体系的竞争性。竞争是市场的伴生物和主导因素,有市场经济就有竞争存在。马克思认为,生产者之间、需求者之间以及供需双方之间持续着一种经济实力的较量和物质利益的冲突,即市场竞争。由于私人

---

① 《马克思恩格斯全集》第 30 卷,人民出版社 1995 年版,第 239 页。
② 《马克思恩格斯全集》第 49 卷,人民出版社 1982 年版,第 309 页。
③ 《马克思恩格斯全集》第 4 卷,人民出版社 1958 年版,第 470 页。
④ 《马克思恩格斯选集》第 1 卷,人民出版社 2012 年版,第 299 页。
⑤ 《马克思恩格斯全集》第 4 卷,人民出版社 1958 年版,第 470 页。

生产者为市场生产提供产品,完全是以能否获得最大利益为前提,"所以,内在规律只有通过他们之间的竞争,他们互相施加压力来实现,正是通过这种竞争和压力,各种偏离得以互相抵消"①,从而维持着生产的社会平衡。马克思指出,商品市场的竞争"是建立在商品价值和商品成本之间的这种差别之上的,建立在由此引起的商品低于价值出售也能获得利润这样一种可能性之上的"②,价格竞争是商品经济竞争的基本手段,市场经济发展到一定阶段的基本特征就是自由竞争。

市场体系的有序性。市场经济必须在市场机制和社会规范的约束下有序地运行,才能避免过度竞争,才不会损害整个社会经济运行的效率。马克思认为,市场行为是个人过程和一般社会过程的统一,它要求一方只有符合另一方的意志"才能让渡自己的商品,占有别人的商品。可见,他们必须彼此承认对方是私有者"③。马克思明确指出了尊重商品所有权是市场运行的首要规则,有意识的意志行为必须要接受一定规则的约束,遵循一定的规律来行事。其次是平等原则,"作为交换的主体,他们的关系是平等的关系"④,每一个商品生产者都是作为平等的主体相互并存相互对立。最后是自由原则,每个人都是自愿地出让财产,谁都不用暴力去占有他人的财产,交换价值的交换是一切平等和自由的生产的、现实的基础。因此,市场上任何一个商品所有者都不可能拥有特权,不能用较少的价值量去交换别人较多的价值量。

二、建设统一开放、竞争有序的市场体系对马克思主义政治经济学的丰富和发展

随着社会主义市场经济体系的建立和改革开放的深入发展,产品市场、货币金融市场、旅游市场等地方、区域及全国性的市场逐渐建立起来,但市场还存在着不规范不透明等问题,因此,党的十八届三中全会通过的

---

① 《资本论》第三卷,人民出版社 2018 年版,第 996 页。
② 《资本论》第三卷,人民出版社 2018 年版,第 45 页。
③ 《资本论》第一卷,人民出版社 2018 年版,第 103 页。
④ 《马克思恩格斯全集》第 46 卷上,人民出版社 1979 年版,第 193 页。

《中共中央关于全面深化改革若干重大问题的决定》指出,要"改革市场监管体系,实行统一的市场监管,清理和废除妨碍全国统一市场和公平竞争的各种规定和做法"①;2017 年颁布的《"十三五"市场监管规划》提出,要克服相互分割、多头执法、标准不一等痼疾,建立综合监管体系;2018年国家专门成立了市场监督管理总局,整合了工商、质检、食药监等部门,形成了县市中央监管统一化、监管职能综合化的新监管体系,在全国范围内不断完善资本市场、土地市场等机制和财税体制、企业等改革,以消除各种市场壁垒和障碍。发展多层次资本市场,建立城乡统一的建设用地市场,加快建设全国统一的大市场。在全国范围内建立畅通的大市场,形成各市场体系构成要素和空间范围的统一发展,丰富和发展了马克思关于市场不是一种单独市场而是互相联系的统一市场的思想,有利于生产力高质量发展。

习近平总书记说,"人类的历史就是在开放中发展的。任何一个民族的发展都不能只靠本民族的力量"②。随着改革开放的推进,我国的大门越开越大,加入世界贸易组织,建设"一带一路",坚持"引进来"和"走出去"并重,逐渐"形成陆海内外联动、东西双向互济的开放格局"。作为一个开放的市场体系,各类市场不仅对国内开放,取消歧视性、限制性政策,对各种市场主体一视同仁,公平对待;同时,也对国外开放,"实行高水平的贸易和投资自由化便利化政策,全面实行准入前国民待遇加负面清单管理制度",赋予自由贸易区更大改革自主权,扩大内陆沿边开放,把国内市场与国外市场结合起来,相互融合,实现内外经济对接,形成面向全球的贸易、投融资、生产、服务网络。按照市场体系开放性要求推动形成全面对外开放新格局,是对马克思市场开放性认识的深化和具体实践,是对市场经济理论和规律认识的历史性飞跃,有利于贸易强国的建设。

党的十九大提出,要完善产权制度和要素市场化配置,"实现产权有

---

① 中共中央文献研究室编:《十八大以来重要文献选编》上,中央文献出版社 2014 年版,第 517 页。

② 习近平:《摆脱贫困》,福建人民出版社 1992 年版,第 81 页。

效激励、要素自由流动、价格反应灵活、竞争公平有序、企业优胜劣汰。"①
开放的市场对资源配置效率的提高起重要作用的基本条件就是具有竞争
性,有效的竞争能促进市场机制作用的发挥,因此,必须为公平竞争创造
一个良好的市场环境,转变政府职能,尽可能减少和规范政府对市场活动
的直接干预,允许各种市场主体参与竞争。《中共中央关于全面深化改
革若干重大问题的决定》指出,要完善主要由市场决定价格的机制,完善
农产品价格形成机制,凡是能由市场形成价格的都交给市场,放开竞争性
环节价格,注重发挥市场形成价格的作用。《中共中央国务院关于新时
代加快完善社会主义市场经济体制的意见》更是强调了要"最大限度减
少政府对价格形成的不当干预"②,全面落实公平竞争审查制度,进一步
营造公平竞争的社会环境。完善与发展现代市场体系需要有竞争性的市
场,需要有合格的市场竞争主体,有充分的和公平的竞争环境,丰富了马
克思关于市场竞争的内涵,健全公平竞争的机制有利于促进生产要素的
优化配置,提高经济效率。

　　由市场供求形成价格进而引导资源在各个部门和企业之间自由流
动,使社会资源得到合理配置的市场经济,虽然经济行为主体的权、责、利
界定分明,能够在市场竞争基础上运行,但也存在自发性、滞后性、盲目性
与欺诈性等缺陷,存在为最大限度追求自身利益而损害他人甚至社会利
益的无序竞争现象。不讲信誉的假冒伪劣、缺斤少两,不守规则的偷税漏
税、虚假广告等扰乱正常的市场秩序,损害企业和群众的利益。因此,统
一、开放、竞争的市场还必须是一个市场机制健全、有序的市场,是一个保
证资源最优配置和维护市场主体利益的市场。为保证市场的有序发展,
《中共中央关于全面深化改革若干重大问题的决定》指出,要建立公平开
放透明的市场规则,实行统一的市场准入制度;要改革市场监管体系,实
行统一的市场监管;要建立健全社会征信体系,褒扬诚信,惩戒失信;要健
全优胜劣汰市场化退出机制,完善企业破产制度。加强制度改革和宏观

---

①　《习近平谈治国理政》第三卷,外文出版社 2020 年版,第 26 页。
②　《中共中央国务院关于新时代加快完善社会主义市场经济体制的意见》,人民出版社
2020 年版,第 11 页。

调控,有法可依、有章可循地规范市场治理,为市场体系的建设与发展提供制度保障,丰富和发展了马克思市场有序性的思想,使社会主义市场经济在市场机制和社会规范的约束下进入有序发展的新境界。

三、推动统一、开放、竞争、有序的现代市场体系建设

建设现代化经济体系,是完善我国社会主义市场经济体制的重要环节,而完善社会主义市场经济体制的核心则是建立统一、开放、竞争、有序的市场体系,让要素在全国自由流动、资源优化合理配置、价格灵活反映供需、竞争公平有序、企业优胜劣汰,使经济保持活力和效率。

市场统一是经济发展的基础,适应社会主义市场经济发展的现代市场体系,必须是全国统一的市场体系。要形成全国性的统一市场,必须提高我国市场发育的程度,规范市场空间结构,在充分发展专业化分工和协作基础上,在全国地域空间范围内遵循从小区域分工到大区域分工的社会分工发展规律,在市场经济发展程度较高的、区位条件较好的经济区域,建立若干个跨行政区的、开放性的区域市场,在此基础上,随着生产的市场化、社会化的发展,沿着市场经济的自然联系,扩大为区域共同市场。在全国范围内统一市场法规和政策,在若干个大的区域共同市场打破各种市场壁垒和障碍,是形成国内统一市场的前提;经济上的必然联系是形成国内统一市场的基础;商品能够按价值规律进行等价交换、交易比较利益的竞争性和发达的流通网络,是形成国内统一市场的物质保证。只有逐步形成全国性统一的大市场,才能建立起全国畅通的大流通、大市场的格局。

市场开放是经济充满活力的前提,适应社会主义市场经济发展的现代市场体系,必须是开放的市场体系。市场经济离不开交换,离开了交换,市场经济活动就失去活力成为一潭死水。市场交换不仅仅是一个经济体系内的交换,而是包括经济体系之外的交换,即市场经济是开放式经济,既包括对内开放也包括对外开放。对内开放市场,就是国内各大、中、小经济性区域市场相互开放,省地(市)县乡都通过市场发生经济联系;对外开放就是对国际开放,实现国内市场与世界市场的对接,遵循国际价

值规律进行商品生产和贸易往来。习近平总书记指出，我们"要坚持引进来和走出去相结合，完善对外投资体制和政策，激发企业对外投资潜力，勇于并善于在全球范围内配置资源、开拓市场"①。我们要站在国内国际两个大局相互联系的高度，利用好两个市场、两种资源，积极参与国际经济大交换、大循环，拓展外贸发展空间，培育竞争新优势，从贸易大国走向贸易强国。

市场公平竞争是实现经济效率的源泉，适应社会主义市场经济发展的现代市场体系，必须是公平竞争的市场体系。公平竞争是指非垄断性而是竞争性的市场体系，要求有合格的市场竞争主体、有充分和公平的竞争环境，能有效地防止和消除垄断特别是行政性垄断，同时也要避免不正当竞争。十二届全国人大三十次会议审议通过的《中华人民共和国反不正当竞争法》修订案充分体现了维护公平竞争市场秩序的要求，成为完善社会主义市场经济体制的有力抓手。我国经济已由高速增长阶段转向高质量发展阶段，市场发展也应由过去追求优惠政策转为打造公平营商环境。只有创造公平竞争的市场环境，各类市场主体才能在公平、透明的法律环境下进行质量、价格、服务、品牌的竞争；才能更好地保护知识产权，减少"搭便车"行为；才能破除无效和低端供给以扩大有效和中高端供给，增强优势企业的品牌影响力；才能形成合理的价格信号有效引导商品流通和要素流动，促进国家发展动力由主要依靠资源和低成本劳动力等要素投入转向创新驱动，强化现代化经济体系的战略支撑；才能充分竞争、优胜劣汰，实现经济高质量发展。

市场规则是经济秩序的保证，适应社会主义市场经济发展的现代市场体系，必须是规范有序的市场体系。市场经济实行等价交换原则要求公平竞争，而公平竞争的实现需要市场运行的有序性，市场运行的有序性则主要表现为市场主体经济行为的规范化、合理化、公平化。因此，建立健全规范、合理、公平的市场秩序的市场体系是市场经济的客观要求。由市场信号秩序、市场行为秩序和市场维系秩序所构成的市场秩序，是通过

---

① 《习近平谈治国理政》第二卷，外文出版社 2017 年版，第 101 页。

法律、经济和行政手段建立起来的市场运行和市场管理的基本规则,这些规则将所有的市场活动都纳入规范化、法制化的轨道,为市场经济运行扫清阻力和障碍,使市场主体公开交易、公平买卖,使商业、企业进出市场行为、市场竞争行为,以及市场选择行为、盈利行为、风险行为等有法可依、有章可循,真正使市场信号形成过程客观化、市场信号变动灵敏准确化,进一步健全优胜劣汰市场化退出机制,完善企业破产制度等市场管理制度,以市场规则制度维系市场活动调节各种经济关系和经济行为,以法律法规维持市场运行的正常秩序。现代市场体系的健全过程就是市场规则形成过程,只有在市场规则约束下,才能实现市场活动和市场行为的有序高效。

总之,全国统一、内外开放、公平竞争、规范有序是社会主义现代化市场体系的主要特征。建设高标准市场体系,做到统一、开放、竞争、有序,现代化经济体系才能完善发展。

第三节 体现效率、促进公平的收入分配体系

在收入分配体系建设上,习近平总书记指出,"要建设体现效率、促进公平的收入分配体系,实现收入分配合理、社会公平正义、全体人民共同富裕,推进基本公共服务均等化,逐步缩小收入分配差距"①。以按劳分配为主体、多种分配方式并存的分配制度是由我国公有制为主体、多种所有制经济并存的所有制结构决定的。收入分配既是生产资料所有制的直接反映,又是决定社会经济发展效率的终极因素。社会主义收入分配是民生之本,民生之源,是社会主义优越性的集中体现。建设体现效率、促进公平的收入分配体系,必须在初次分配时坚持按劳分配原则,完善按要素分配的体制机制;在再分配环节,加快推进基本公共服务均等化,缩小收入分配差距,促进收入分配更合理、更有序。

---

① 《习近平谈治国理政》第三卷,外文出版社2020年版,第241页。

一、马克思主义收入分配理论

马克思在《哥达纲领批判》中首先提出了按劳分配原则,列宁在《国家与革命》中进一步阐发了这一原则。

按劳分配的原则是等量劳动领取等量报酬。马克思认为,生产、分配、交换和消费四个环节构成了社会的生产与再生产,"分配关系和分配方式只是表现为生产要素的背面。个人以雇佣劳动的形式参与生产,就以工资形式参与产品、生产成果的分配。分配的结构完全决定于生产的结构"①,否定了"按资分配"的剥削制度。马克思指出,在以生产资料公有为基础的社会中,"每一个生产者,在作了各项扣除以后,从社会领回的,正好是他给予社会的。他给予社会的,就是他个人的劳动量"②,即等量劳动领取等量报酬。以劳动为尺度进行收入分配,体现了劳动面前人人平等。

所有制关系决定产品分配关系。马克思指出,资本主义社会里,工资以雇佣劳动为前提,利润以资本为前提,地租以土地所有权和农业实行资本主义经营方式为前提。资本主义的所有制关系决定了资本、劳动力和土地等生产要素以私人所有权的形式参与产品分配,并取得各种收入的形式。社会主义社会的分配关系当然也是以所有制关系为基础的,脱离了所有制关系和生产方式,"公平的"分配"平等的"权利就是空话。一定社会的生产资料所有制及与之相适应的社会生产关系的性质和特征决定着一定社会的收入分配的制度特征,决定着生产结构,进而决定产品的分配结构、规定着收入分配的社会状态,是决定一个社会基本分配制度的根本前提和基础。

二、体现效率、促进公平的收入分配体系对马克思主义收入分配理论的丰富和发展

随着改革开放的不断推进,我国的收入分配制度也在不断地完善,逐

---

① 《马克思恩格斯选集》第 2 卷,人民出版社 2012 年版,第 695 页。
② 《马克思恩格斯选集》第 3 卷,人民出版社 2012 年版,第 363 页。

渐摆脱计划经济体制下的弊端,转变成符合社会主义市场经济体制的按劳分配为主体、多种分配方式并存的收入分配制度。

《中共中央关于坚持和完善中国特色社会主义制度　推进国家治理体系和治理能力现代化若干重大问题的决定》指出了我国国家制度和国家治理体系具有 13 个显著优势。其中经济建设领域最大的制度优势就是"坚持公有制为主体、多种所有制经济共同发展和按劳分配为主体、多种分配方式并存,把社会主义制度和市场经济有机结合起来,不断解放和发展社会生产力的显著优势"①。这一优势把马克思主义原理同我国的经济发展实际相结合,探索出了一条崭新的社会主义经济建设和现代化经济收入分配体系之路。

所有制结构决定收入分配制度,收入分配制度是所有制结构的利益实现。马克思认为,有什么样的所有制结构就会有什么样的分配关系,一定所有制结构下一定有与之相联系的分配结构。我国实行的是以社会主义生产资料公有制为主体、多种所有制经济共同发展的所有制结构,与此相对应,我国的收入分配制度采取了以按劳分配为主体、多种分配方式并存的分配制度。中国特色社会主义进入新时代,我国社会的主要矛盾已经转变为人民日益增长的美好生活需要和不平衡不充分的发展之间矛盾,如何促进生产力发展,创造更多更丰富的物质、精神和生态财富来满足人民不断增长的美好生活需要,必须探索更加灵活有效的分配制度以激发劳动者的潜能和创造力。按劳分配是社会主义公有制经济的消费品分配形式,是公有制在分配关系上的实现。《中共中央关于坚持和完善中国特色社会主义制度　推进国家治理体系和治理能力现代化若干重大问题的决定》把"坚持按劳分配为主体,多种分配方式并存"上升为中国特色社会主义基本经济制度,标志着我国社会主义市场经济条件下分配制度的日益成熟定型,体现了中国共产党对马克思主义政治经济学科学原理的坚持和发展。

---

① 《中共中央关于坚持和完善中国特色社会主义制度　推进国家治理体系和治理能力现代化若干重大问题的决定》,人民出版社 2019 年版,第 3 页。

　　按劳分配为主体、多种分配方式并存是马克思主义劳动价值理论在中国的实践。劳动是创造商品价值的唯一源泉,按劳分配理论以马克思的"劳动价值论"为理论基础,只有劳动才能真正创造价值,只有劳动才能参与分配。按照多劳多得、少劳少得的原则,按劳分配的社会主义基本分配原则保护劳动所得,增加劳动者特别是一线劳动者的劳动报酬,体现了尊重劳动、劳动光荣的思想,践行了劳动创造价值的马克思主义理论。但在我国发展的具体实践过程中,单纯实行"按劳分配"却无法调动生产要素拥有者的积极性,因此,要变革妨碍解放和发展生产力的生产关系,完善中国特色社会主义经济制度,必须在实行"按劳分配"的同时,"健全劳动、资本、土地、知识、技术、管理、数据等生产要素由市场评价贡献、按贡献决定报酬的机制"[1],建立劳动和各生产要素共同参与分配的分配体系,这样才能充分调动所有生产要素拥有者共同为社会主义市场经济作贡献的劳动积极性。当然,社会主义生产资料公有制决定了"按劳分配"占主导地位始终是主体,在整个社会的初次分配中劳动者的报酬始终是分配格局中的"大头"。社会主义市场经济体制将按劳分配和按要素分配等多种分配方式有机地结合起来,既体现了中国特色社会主义独特的制度优势,又践行和发展了马克思主义劳动价值理论。

　　体现效率、公平正义,促进公共服务均等化。随着我国生产力的快速发展,可供分配的"蛋糕"不断变大,如何分好"蛋糕",持续缩小城乡、区域、居民之间收入的差距,必须建立体现效率、促进公平的收入分配体系。在初次分配环节,按照效率原则"鼓励勤劳致富,保护合法收入,增加低收入者收入",在坚持经济增长的同时实现居民收入同步增长,在劳动生产率提高的同时实现劳动报酬同步提高。在再次分配环节,利用税收、社会保障、转移支付等主要手段调节城乡之间、区域之间、不同群体之间的分配关系,"扩大中等收入群体,调节过高收入,清理规范隐性收入,取缔非法收入",把收入分配制度建立在法治基础之上,以促进社会公平正

----

　　① 《中共中央关于坚持和完善中国特色社会主义制度　推进国家治理体系和治理能力现代化若干重大问题的决定》,人民出版社 2019 年版,第 19—20 页。

义。在"第三次分配"环节,"重视发挥第三次分配作用,发展慈善等社会公益事业"①,发挥第三次分配在社会救助、扶弱济困方面的重要作用,促进基本公共服务均等化,在坚决打赢脱贫攻坚战的基础上建立保障民生的长效机制,实现发展成果由全体人民共享的目标。

在基本经济制度中增加按劳分配为主体、多种分配方式并存的内容,统一了所有制与分配之间的内在联系,从观念上实现了基本经济制度认识的软约束,落实了对制度构建和政策制定硬约束的飞跃,更加突出了按劳分配在收入分配中的主体地位和公平正义效率,彰显了对马克思主义分配理论认识的提升,推动了中国特色社会主义收入分配制度的发展,有利于促进现代化经济的收入分配体系的形成。

三、建立体现效率、促进公平的现代化收入分配体系的实践——人民共享

人民主体是习近平新时代中国特色社会主义经济思想的核心要义。习近平总书记指出,"坚持以人民为中心的发展思想。发展为了人民,这是马克思主义政治经济学的根本立场……把增进人民福祉、促进人的全面发展、朝着共同富裕方向稳步前进作为经济发展的出发点和落脚点。这一点,我们任何时候都不能忘记,部署经济工作、制定经济政策、推动经济发展都要牢牢坚持这个根本立场"②。建设现代化经济收入分配体系,必须全面奉行人民为主体的立场,将一切为了人民作为根本出发点和落脚点,把最广大人民根本利益作为最高标准,把体现效率、促进公平正义作为准则。

(一)人民共享是现代化收入分配体系的具体化

"以人民为中心的发展思想,不是一个抽象的、玄奥的概念,不能只停留在口头上、止步于思想环节,而要体现在经济社会发展各个环节。要

---

① 《中共中央关于坚持和完善中国特色社会主义制度 推进国家治理体系和治理能力现代化若干重大问题的决定》,人民出版社2019年版,第20页。
② 中共中央研究室编:《习近平关于社会主义经济建设论述摘编》,中央文献出版社2017年版,第30—31页。

坚持人民主体地位,顺应人民群众对美好生活的向往,不断实现好、维护好、发展好最广大人民根本利益,做到发展为了人民、发展依靠人民、发展成果由人民共享。"①坚持人民主体和全心全意为人民服务思想,在收入分配领域具体表现为人民共享。人民共享统领收入分配体系各个环节和所有内容。

现代化收入分配体系包含的主体是全体人民。既包括各种类型的市场主体,又包括广大的农民、妇女儿童、优抚安置对象、残疾人、老年人等各类群体,是最广泛意义上的全体人民的共享。"促进社会公平正义,就要从最广大人民根本利益出发,多从社会发展水平、从社会大局、从全体人民的角度看待和处理这个问题。"②建设现代化收入分配体系以全体人民共享为灵魂,做到"幼有所育、学有所教、劳有所得、病有所医、老有所养、住有所居、弱有所扶"③,促进劳动者全面发展、全体人民共同富裕。

现代化收入分配体系体现的是全面共享。为了实现人民对美好生活的向往,让人民"有更好的教育、更稳定的工作、更满意的收入、更可靠的社会保障、更高水平的医疗服务、更舒适的居住条件、更优美的环境"④,建设现代化收入分配体系不仅要解决企业分配和个人消费品分配问题,还要关注社会公共服务问题;不仅要关注货币分配问题,还要关注老百姓住房、医疗、教育、养老等更广阔范围的问题;不仅要关注人民生活水平、福利公平正义等问题,还要关注地区均衡、自然生态等问题,是真正体现人民全面共享的收入分配体系。

现代化收入分配体系践行的是共建共享。收入分配是社会生产的重要一环,人民作为社会财富的创造者和所有者参与社会物质财富和公共产品的分配。"共建才能共享,共建的过程也是共享的过程。要充分发扬民主,广泛汇聚民智,最大激发民力,形成人人参与、人人尽力、人人都

---

① 中共中央研究室编:《习近平关于社会主义经济建设论述摘编》,中央文献出版社 2017 年版,第 13 页。

② 《习近平谈治国理政》第一卷,外文出版社 2018 年版,第 96 页。

③ 《习近平谈治国理政》第三卷,外文出版社 2020 年版,第 18 页。

④ 《习近平谈治国理政》第一卷,外文出版社 2018 年版,第 4 页。

有成就感的生动局面。"①收入分配体系建设在重视分配的社会公平公正义外,还十分重视效率的共享,按照贡献越多分配越多的标准,以效率催动共建共享;还十分重视全体人民在社会生产中的合作,注重营造和谐、高效的共建氛围,实现更高层次的共享。

现代化收入分配体系建设过程是渐进共享。建设现代化收入分配体系实现人民共享不是一蹴而就的,而是一个漫长的历史进程。改革开放40多年中国特色社会主义取得了伟大成就,"解决人民温饱问题、人民生活总体上达到小康水平这两个目标已提前实现"②,但我国仍将长期处于社会主义初级阶段,共同富裕的目标仍在努力奋进中。要建设体现效率、促进公平的现代化收入分配体系,必须在建成经济更加发展、民主更加健全、科教更加进步、文化更加繁荣、社会更加和谐、人民生活更加殷实的小康社会后,不断追求共同富裕。

(二)人民共享是建设现代化收入分配体系的制度基础

社会主义制度决定了现代化收入分配体系的核心是人民共享。"中国特色社会主义是社会主义而不是其他什么主义,科学社会主义基本原则不能丢,丢了就不是社会主义。"③马克思主义认为,社会主义是"自由人的联合体",社会主义制度代表的是广大劳动人民的利益,代表着人本质发展的方向。共同富裕是中国特色社会主义的根本原则,"公平正义是中国特色社会主义的内在要求,所以必须在全体人民共同奋斗、经济社会发展的基础上,加紧建设对保障社会公平正义具有重大作用的制度,逐步建立社会公平保障体系。所以必须使发展成果更多更公平惠及全体人民,朝着共同富裕方向稳步前进"④。现代化收入分配体系只有体现合理、有序、公平、公正,才能更好地保障和改善民生,才能提高人民的生活水平和生活质量,朝着共同富裕的社会主义价值目标前进。

社会主义市场经济要求现代化收入分配体系建设必须体现人民共

① 《习近平谈治国理政》第二卷,外文出版社 2017 年版,第 215—216 页。
② 《习近平谈治国理政》第三卷,外文出版社 2020 年版,第 21 页。
③ 《习近平谈治国理政》第一卷,外文出版社 2018 年版,第 22 页。
④ 《习近平谈治国理政》第一卷,外文出版社 2018 年版,第 13 页。

享。马克思在《〈政治经济学批判〉序言》中提出，"人们在自己生活的社会生产中发生一定的、必然的、不以他们的意志为转移的关系，即同他们的物质生产力的一定发展阶段相适合的生产关系。这些生产关系的总和构成社会的经济结构，即有法律的和政治的上层建筑竖立其上并有一定的社会意识形式与之相适应的现实基础。物质生活的生产方式制约着整个社会生活、政治生活和精神生活的过程。不是人们的意识决定人们的存在，相反，是人们的社会存在决定人们的意识。"①生产力发展水平决定了生产关系形态，决定了具体的生产资料所有制结构和分配制度。社会主义市场经济体制的建立促进我国生产力飞速发展，经济实力日益增强，但社会生产方式还远未达到马克思所设想的社会主义标准。这一社会存在决定了我国现阶段的社会主义市场经济发展道路，决定了以按劳分配为主体、多种分配方式并存的分配制度，进而也决定了现代化收入分配体系的建设必须在人民共享原则基础上，实现"产权有效激励、要素自由流动、价格反应灵活、竞争公平有序、企业优胜劣汰"②，不断提升公共服务水平，不断推动生产力发展和中国特色社会主义市场经济建设。

（三）人民共享的现实基础

改革开放以来，全体人民在中国共产党的领导下，经济建设取得巨大成就，全面深化改革取得重大突破。"我国稳定解决了十几亿人的温饱问题，总体上实现小康，不久将全面建成小康社会，人民美好生活需要日益广泛，不仅对物质文化生活提出了更高要求，而且在民主、法治、公平、正义、安全、环境等方面的要求日益增长。"③进入中国特色社会主义新时代，我国社会发展呈现了新的主要矛盾，人民日益增长的美好生活需要与不平衡不充分的发展间的矛盾要求新时代中国特色社会主义收入分配在人民共享精神的统领下，合理有序安排初次分配，积极推进公共服务建设，缩小收入差距，完善再分配，实现社会公平和共同富裕，建设体现效率、促进公平的收入分配体系。

---

①　《马克思恩格斯选集》第2卷，人民出版社2012年版，第2页。
②　《习近平谈治国理政》第三卷，外文出版社2020年版，第26页。
③　《习近平谈治国理政》第三卷，外文出版社2020年版，第9页。

为满足人民日益增长的美好生活需要,只有在初次分配中坚持按劳分配原则,完善按要素分配的体制机制,才能更加有效地调动全要素的积极性、主动性、创造性,增强社会主义市场经济活力,提升经济发展质量,生产出更多更好的物质、精神产品,以满足人民对美好生活的向往;只有在再分配中积极发挥政府的主导作用,"调整收入分配格局,完善以税收、社会保障、转移支付等为主要手段的再分配调节机制,维护社会公平正义,解决好收入差距问题,使发展成果更多更公平惠及全体人民"①,才能更好地解决当前社会主要矛盾,朝着实现全体人民共同富裕不断迈进,建设体现效率、促进公平的现代化收入分配体系。

四、坚持按劳分配制度,建设体现公平效率的收入分配体系

建设体现公平效率的收入分配体系,必须结合新时代我国社会主义初级阶段的发展特点,在共享思想的统领下,在社会初次分配环节"坚持按劳分配原则,完善按要素分配的体制机制,促进收入分配更合理、更有序"②。

(一)坚持按劳分配原则

按劳分配原则是新时代中国特色社会主义收入初次分配的重要原则,是对马克思劳动价值理论的坚持与发展,是对社会主义基本经济制度的坚持,是社会主义公有制下个人消费品分配的基本原则。

按劳分配原则是收入分配制度的理论基础。按劳分配是马克思主义分配理论中的一个重要思想,是我国建立社会主义个人收入分配制度的理论基础。马克思以劳动量为尺度进行分配的思想在我国发展为"多劳多得,少劳少得,不劳不得"的按劳分配原则。马克思按劳分配思想建立在生产资料公有制基础上,真正做到了以劳动者实际劳动量为依据进行分配,是人类收入分配史上极为艰难的一步。按劳分配原则是人类迄今为止最公平的个人收入分配方式。它确保了人人参与分配的机会是公平

---

① 《习近平谈治国理政》第二卷,外文出版社 2017 年版,第 214 页。
② 《习近平谈治国理政》第三卷,外文出版社 2020 年版,第 36 页。

的,人人平等参加社会劳动,并享受按其所付出的劳动数量和质量分配个人消费品的平等权利和机遇。它以劳动量进行分配体现了公平,等量劳动获得等量报酬,虽然由于人力资本因素导致了部分收入差距,却是可以接受的合理差距。坚持与完善按劳分配原则是实现社会分配公平的基础和保证,也是实现社会主义共同富裕的前提条件。

坚持和完善按劳分配原则,提高劳动收入在分配中的比重。只有切实提高劳动者的劳动收入,提高劳动收入在分配中的比重,才能真正做到最广泛的藏富于民。只有坚持按劳分配的主体地位不动摇、才能从根本上实现合理、公平的分配,保障劳动者主人翁地位和权益。要在全社会积极营造劳动创造价值、尊重劳动的良好社会风尚,真正让广大劳动者体面生活,有尊严地劳动;要多管齐下保障劳动者的分配权,提高劳动要素价格以及劳动收入在分配中的比重,建立健全职工工资正常增长机制,增强工资福利性水平;要监管垄断收入,努力做到各行业、企业同等劳动贡献获得同等收入,完善对行业工资总额和工资水平的"双重调控";要在按生产要素分配中逐步提高劳动尤其是知识型劳动相对于资本的分享比重,激发全社会创新创业的热情;要积极探索国有经济的发展模式,厘清产权责任、完善国有资产管理,不断增强国有经济活力、控制力、影响力,推动按劳分配的公平、效率。只有坚持以按劳分配为主体,才能既在微观层面充分发挥由按生产要素分配所激发的价值规律的公平调节功能,促进社会生产效率的提高,又在宏观层面确保实现共同富裕和社会总体公平,防止因产生两极分化而妨碍社会生产效率的进一步提高,从而真正实现公平与效率的有机统一。

（二）完善按要素分配的体制机制

新时代中国特色社会主义收入分配理论提出了完善按要素分配的体制机制,丰富和发展了社会主义收入分配理论,为建设体现效率、促进公平的收入分配体系提供了遵循。

按要素分配的制度基础是社会主义基本经济制度,按要素分配是指在当前生产力水平相对落后的社会主义初级阶段,与多种所有制形式相适应的收入分配方式。社会主义初级阶段,生产力的现实基础决定了社会主义基本经济制度是以公有制为主体,多种所有制形式共同发展。新时代中国特色社会主义在毫不动摇巩固和发展公有制经济的同时,毫不动摇鼓励、支持、引导非公有制经济发展。现阶段,"社会主义基本制度和市场经济有机结合、公有制经济和非公有制经济共同发展,是我们党推动解放和发展社会生产力的伟大创举。目前,非公有制经济组织数量已经占到市场主体的百分之九十左右,创造的国内生产总值超过百分之六十"①。非公有制经济丰富了生产资料的供给,繁荣了社会主义生产要素市场,增强了社会主义市场经济活力,为社会主义发展作出了巨大贡献。

非公有制经济对应的分配方式是按要素分配,即按照要素所有权进行分配。按生产要素分配是生产要素私人所有权在经济上的实现。马克思认为,劳动、劳动对象和劳动资料共同构成生产的三要素。"正是由于生产的三要素构成使用价值(物质财富)的源泉,而使用价值是价值的物质载体,正是由于非劳动生产要素是生产过程不可缺少的条件,因此,在有生产要素所有权存在的经济制度中,各种生产要素的所有者都有权参与社会财富的分配"②。以公有制为主体,多种所有制并存的社会主义基本经济制度,决定了我国非公有制经济仍有存在的必要性和必然性,这就决定了按要素分配是社会主义初级阶段的一种分配方式。

按要素分配与劳动价值理论并行不悖。按要素分配的理论依据是马克思劳动价值理论。劳动价值理论说明分配的"是什么";"按要素分配"说明"怎么分"。劳动价值理论说明的是"价值源泉";按要素分配说明的则是"价值分配的方式和标准"。价值源泉和分配标准是由不同的因素决定的。劳动价值理论认为,商品的使用价值和价值因生产劳动的二重性而产生。商品的使用价值是价值的物质承担者,商品生产者为了实现商品的价值必须让渡商品的使用价值,商品的购买者为了获取商品的使用价值必须补偿生产者以价值。换言之,劳动价值理论认为,生产要素的

---

① 中共中央文献研究室:《十八大以来重要文献选编》,中央文献出版社 2016 年版,第 559 页。

② 白暴力、胡红安:《"按要素分配"的自然基础、社会原因和量的边界》,《福建论坛(人文社会科学版)》2004 年第 9 期。

所有者让渡自己拥有的使用价值必须要得到等价值的补偿,需要使用
"价格",需要支付报酬,生产要素作用及其所有权决定社会财富实体、内
容的分配。非劳动生产要素是劳动形成价值的必要条件,社会主义市场
经济条件下非公有制经济中的生产要素的私人所有决定了生产要素的排
他性,按要素分配是对马克思劳动价值理论的坚守,是中国特色社会主义
的必然产物,是具有社会主义属性的分配方式,有利于社会的公平、公正,
有利于实现人民利益和满足人民日益增长的美好生活需要,发挥社会主
义制度优越性。

完善要素市场,健全市场机制,促进公平正义。按要素分配要求生产
要素能够在市场上进行自由流动、交换。因此,应尊重要素所有者的权
利,"保证各种所有制经济依法平等使用生产要素、公平参与市场竞争、
同等受到法律保护……国家保护各种所有制经济产权和合法利益,坚持
权利平等、机会平等、规则平等,废除对非公有制经济各种形式的不合理
规定,消除各种隐性壁垒,激发非公有制经济活力和创造力。"①在社会主
义市场经济中,引导各种生产要素在价格机制下实现所有权的转移,进而
弥补社会主义初级阶段生产要素的相对不足,增强市场活力,推动生产力
水平提升。按要素分配的实现机制是市场机制,市场机制借助于价格机
制、竞争机制和供求机制传递市场信号,进行生产要素的合理有效配置。
真实有效的市场价格、优质的市场信号能准确反映供求关系和生产关系,
进而能最有效配置劳动及其他生产要素资源,发挥社会主义市场经济的
优势。健全的市场机制是收入分配公平、合理、有序的制度前提,也是建
设体现效率、促进公平的收入分配体系的保障。

(三)缩小收入差距,加强公共服务,建设公平的收入分配体系

收入分配除了生产领域的初次分配外,还有政府主导的再分配,以及
发展社会公益事业的第三次分配。再分配和第三次分配是更加突出社会
主义本质的环节,更加重视公平、公正。党的十八大以来,习近平总书记
在讲话中多次提到民生、提到政府再分配调节问题,强调社会公共服务均

① 《习近平谈治国理政》第二卷,外文出版社 2017 年版,第 258—259 页。

等化问题,为建设体现效率、促进公平的收入分配体系提供了遵循。

坚持新发展理念,全面深化改革。新时代中国特色社会主义分配理论的一个突出特点就是更加重视政府在再分配领域中的主导作用,更加强调分配的公平、公正。政府在社会主义分配中应积极发挥主导作用,"一是充分调动人民群众的积极性、主动性、创造性,举全民之力推进中国特色社会主义事业,不断把'蛋糕'做大。二是把不断做大的'蛋糕'分好,让社会主义制度的优越性得到更充分体现,让人民群众有更多获得感"①,推动实现共同富裕,决胜全面建成小康社会。"发展是解决我国一切问题的基础和关键。"②发展对于收入分配来说就是"把蛋糕做大",既是提升人民生活质量的前提,也是缩小收入差距的前提。"把做大的蛋糕分好"需要政府坚持新发展理念,全面深化改革,"注重从体制机制创新上推进供给侧结构性改革,着力解决制约经济社会发展的体制机制问题,把以人民为中心的发展思想体现在经济社会发展各个环节,做到老百姓关心什么、期盼什么,改革就要抓住什么、推进什么,通过改革给人民群众带来更多获得感"③。不断提升发展质量和效益,增强经济社会发展活力,积累更多的物质财富;不断提升国家治理能力,完善中国特色社会主义基本经济制度,使社会主义收入分配更加有序、合理、公平、公正。

缩小收入分配差距,促进社会公平。"收入分配制度改革是一项十分艰巨复杂的系统工程,各地区各部门要充分认识深化收入分配制度改革的重大意义,把落实收入分配制度、增加城乡居民收入、缩小收入分配差距、规范收入分配秩序作为重要任务,着力解决人民群众反映突出的问题。"④通过税收、财政政策促进形成橄榄型分配格局规范和矫正收入差距,调节过高收入,增加低收入者收入;实施精准扶贫精准脱贫基本方略缩小城乡差距,"确保我国现行标准下农村贫困人口实现脱贫、贫困县全

---

① 《习近平谈治国理政》第二卷,外文出版社 2017 年版,第 216 页。
② 《习近平谈治国理政》第三卷,外文出版社 2020 年版,第 17 页。
③ 《习近平谈治国理政》第二卷,外文出版社 2017 年版,第 103 页。
④ 中共中央文献研究室:《习近平关于社会主义社会建设论述摘编》,中央文献出版社 2017 年版,第 25 页。

部摘帽、解决区域性整体贫困"①,健全城乡融合发展体制机制,深化粮食收储制度改革,增加农民收入,缩小城乡差距,推进共同富裕;推进区域协同发展战略缩小地区差距,"深化改革加快东北等老工业基地振兴,发挥优势推动中部地区崛起,创新引领率先实现东部地区优化发展"②,强化举措推进西部大开发形成新格局,建立更加有效的区域协调发展新机制。加强地区间的经济合作与共赢,缩小地区差距,促进区域协调发展,实现社会公平、公正。

　　加强社会保障体系建设,促进公共服务均等化。政府履行好收入分配调节职能的一个重要方面就是在公共服务方面下足功夫,"把促进社会公平正义作为核心价值追求,把保障人民安居乐业作为根本目标"③,"按照兜底线、织密网、建机制的要求,全面建成覆盖全民、城乡统筹、权责清晰、保障适度、可持续的多层次社会保障体系"④,"完善城镇职工基本养老保险和城乡居民基本养老保险制度,尽快实现养老保险全国统筹"⑤,"完善失业、工伤保险制度。建立全国统一的社会保险公共服务平台"⑥,"统筹城乡社会救助体系,完善最低生活保障制度。完善社会救助、社会福利、慈善事业、优抚安置等制度"⑦,积极推进基本公共服务均等化,完善公共服务体系,积极保障和发展民生,保障群众基本生活,为人民解除后顾之忧,满足人民对美好生活的需要。

　　建设体现效率、促进公平的收入分配体系,必须以人民共享为核心,坚持按劳分配原则,完善按要素分配的体制机制,为社会主义市场经济提供充足的发展动力和广阔空间;必须以政府为主导进行再分配,保障社会公平正义,完善以人民为中心的社会保障体系建设,促进公共服务均等化,致力于满足人民的美好生活需要和共同富裕。

---

　① 《习近平谈治国理政》第二卷,外文出版社 2017 年版,第 80 页。
　② 《习近平谈治国理政》第三卷,外文出版社 2020 年版,第 26 页。
　③ 《习近平谈治国理政》第一卷,外文出版社 2018 年版,第 147 页。
　④ 《习近平谈治国理政》第三卷,外文出版社 2020 年版,第 37 页。
　⑤ 《习近平谈治国理政》第三卷,外文出版社 2020 年版,第 37 页。
　⑥ 《习近平谈治国理政》第三卷,外文出版社 2020 年版,第 37 页。
　⑦ 《习近平谈治国理政》第三卷,外文出版社 2020 年版,第 37 页。

第四节　彰显优势、协调联动的
城乡区域发展体系

在区域发展体系建设上，习近平总书记指出，"要建设彰显优势、协调联动的城乡区域发展体系，实现区域良性互动、城乡融合发展、陆海统筹整体优化，培育和发挥区域比较优势，加强区域优势互补，塑造区域协调发展新格局"①。

习近平总书记站在党和国家事业发展全局高度，以大历史观谋划区域未来发展，创新性地提出了京津冀协同发展战略，努力推动长江上中下游地区协调发展和沿江地区高质量发展，不断探索建设彰显优势、协调联动的城乡区域发展体系。

一、马克思主义区域经济发展理论

区域经济具有自然属性和社会属性。人类社会早期地域分工是区域经济形成的主要内容。马克思认为，"自然条件"的差别是制约区域差异性的主要因素。不同的自然环境找到不同的生产资料和生活资料，导致了不同的氏族公社各不相同的生产方式、生活方式和产品。不同区域是否能够实现生产力空间合理布局，马克思和恩格斯认为，以生产资料私有制为基础的资本主义社会，由于私人企业和区域利益主体以追求利润为目的，国民经济被分割成彼此利益相互对立的个体，整个社会生产处于无政府和对立状态，国家无法实现整个社会空间上的合理布局，而只能实现企业内部生产的组织性。以生产资料公有制为基础的社会主义社会，能够"按照总的计划"将整个社会生产联结成一个统一的整体，因而使生产力的空间合理布局有了实现的可能。

商品经济的发展促使城乡分工和区域经济发展。马克思认为，"城市本身表明了人口、生产工具、资本、享乐和需求的集中；而在乡村里所看

---

① 《习近平谈治国理政》第三卷，外文出版社 2020 年版，第 241 页。

到的却是完全相反的情况:孤立和分散"①。城市是人口的聚集与产业的聚集,聚集力使城市规模越来越大,云集的市场和交易所越来越多,工厂的规模也越来越大,大城市成为工业和商业发达的地区,而农村的土地日益贫瘠。随着生产力的发展、市场经济的发育和城市功能的日益增强,工业需要越来越多的劳动力,在工人成群结队地从农业地区涌入城市后,人口以令人难以相信的速度增长起来,而人口的增多反过来又增加了对商品的需求,城市的经济开始繁荣起来,城乡分工与城乡关系开始明显,商品经济的发展促进了区域经济发展。

平衡布局生产力能减少地区差异。不同区域经济发展水平不平衡会造成发展速度不平衡,而发展速度不平衡反过来又会造成发展水平不平衡。针对资本主义制度下工业过分集中于大城市以及城乡对立所带来的弊端,恩格斯在《反杜林论》中提出解决的办法是"大工业在全国的尽可能平衡的分布"。生产力尽可能平衡布局是消灭城市和乡村对立的重要条件。同时,恩格斯也指出了"在国和国、省和省甚至地方和地方之间总会有生活条件方面的某种不平等存在,这种不平等可以减少到最低限度,但是永远不可能完全消除"②。在承认地区差异前提下均衡布局生产力,不同地区的产业在共同发展的基础上才能将地区间的差别减少到最低限度。

二、实施区域协调发展战略,促进城乡发展体系建设

党的十九大报告指出,实施区域协调发展战略,要"加大力度支持革命老区、民族地区、边疆地区、贫困地区加快发展,强化举措推进西部大开发形成新格局,深化改革加快东北等老工业基地振兴,发挥优势推动中部地区崛起,创新引领率先实现东部地区优化发展,建立更加有效的区域协调发展新机制"③,为建设彰显制度优势、协调联动的城乡区域发展体系提供了遵循。

---

①　《马克思恩格斯全集》第3卷,人民出版社1960年版,第57页。
②　《马克思恩格斯选集》第3卷,人民出版社2012年版,第349页。
③　《习近平谈治国理政》第三卷,外文出版社2020年版,第26页。

加大力度支持革命老区、民族地区、边疆地区、贫困地区加快发展。老少边穷地区是我国特殊类型的困难地区。党的十八大以来,以习近平同志为核心的党中央采取一系列举措,推动贫困地区脱贫攻坚,支持革命老区开发建设,促进民族地区健康发展,推进边疆地区开发开放,老少边穷地区面貌发生前所未有的变化。党的十九大报告进一步将老少边穷地区放在区域协调发展战略的优先位置,体现了党中央加快老少边穷地区发展的决心。要加大力度支持老少边穷地区改善基础设施条件,提高基本公共服务能力,培育发展优势产业和特色经济,加强生态环境建设,真正为老少边穷地区加快发展创造条件。需要指出的是,我国陆地边境线长2.2万千米,与14个国家接壤。随着"一带一路"建设加快推进,边疆地区在区域发展格局中的重要性日益凸显。要加快边疆发展,提升沿边开发开放水平,加强边境地区基层治理能力建设,巩固和发展民族团结进步事业,确保边疆巩固、边境安全。

"强化举措推进西部大开发形成新格局,是党中央、国务院从全局出发,顺应中国特色社会主义进入新时代、区域协调发展进入新阶段的新要求,统筹国内国际两个大局作出的重大决策部署。"①加快形成西部大开发新格局,必须推动西部地区高质量发展,解决西部地区发展不平衡不充分问题,维护民族团结、社会稳定、国家安全,补齐全面建成小康社会、实现社会主义现代化的短板,防范化解各类风险,促进西部地区经济发展与人口、资源、环境相协调;充分发挥"一带一路"建设的引领带动作用,加大西部开放力度,加快建设内外通道和区域性枢纽,以提高对外开放和外向型经济发展水平;加快培育发展符合西部地区比较优势的特色产业和新兴产业,增强产业竞争力,以实现更高质量、更有效率、更加公平、更可持续发展,形成大保护、大开放、高质量发展的新格局。

深化改革加快东北等老工业基地振兴。实施东北等老工业基地振兴

---

① 《中共中央国务院关于新时代推进西部大开发形成新格局的指导意见》,人民出版社2020年版,第1页。

战略以来,东北地区经济发展迈上新台阶。近年来,受深层次体制性因素影响,东北地区发展面临新的困难和挑战。加快东北等老工业基地振兴,必须从深化改革上找出路,加快转变政府职能,减少政府对市场主体的不合理干预。深化国有企业改革,真正确立国有企业的市场主体地位,增强市场竞争力。积极改善营商环境,促进民营经济发展。进一步扩大开放,以开放推动改革不断深化,加快形成有活力的体制机制,促进东北振兴取得新突破。

发挥优势推动中部地区崛起。中部地区具有连接东西、贯通南北的区位条件和产业体系较为完整的优势。推动中部地区崛起,要进一步发挥优势,加强综合立体交通枢纽和物流设施建设,发展多式联运,构建现代综合交通体系和物流体系。加快建设现代产业体系,依托功能平台承接产业转移,发展现代农业、先进制造业和战略性新兴产业,培育一批有国际竞争力的产业集群。加快发展内陆开放型经济,全面融入"一带一路"建设,积极开展国际产能和装备制造合作。

创新引领率先实现东部地区优化发展。东部地区是我国经济发展的先行区,对全国经济发挥着重要的增长引擎和辐射带动作用。东部地区率先实现优化发展,必须加快在创新引领上实现突破,充分利用和拓展创新要素集聚的特殊优势,打造具有国际影响力的创新高地。率先实现产业升级,引领新兴产业和现代服务业发展,打造全球先进制造业基地。率先建立全方位开放型经济体系,更高层次参与国际经济合作和竞争,增创扩大开放新优势。

以疏解北京非首都功能为"牛鼻子",推动京津冀协同发展。推动京津冀协同发展,核心是疏解北京非首都功能,根本是要健全区域协调发展新机制,重点是继续疏解一般性产业,走出一条中国特色解决"大城市病"的路子。要加快北京城市副中心建设,优化空间格局和功能定位。推进交通、生态、产业三个重点领域率先突破,形成区域发展主体功能区和定位清晰、分工合理、功能完善、生态宜居的现代城镇体系。构建轨道交通、公路交通、空中交通、海上交通一体化现代交通网络,建立一体化环境准入和退出机制,扩大区域环境容量和生态空间;优化产业布局,建设京津冀协同创新共同体,打造立足区域、服务全国、辐射全球的优势产业集聚区。规划建设雄安新区,是以习近平同志为核心的党中央深入推进实施京津冀协同发展战略、积极稳妥有序疏解北京非首都功能的一项重大决策部署,要坚持"世界眼光、国际标准、中国特色、高点定位"的理念,高起点规划、高标准建设,努力将雄安新区打造成为贯彻新发展理念的创新发展示范区。

以共抓大保护、不搞大开发为导向推动长江经济带发展。长江经济带横贯东西、辐射南北、通江达海,是我国人口、经济、产业最为密集的经济轴带。近年来,随着开发强度增大,长江经济带生态环境形势日趋严峻,必须把修复长江生态环境摆到压倒性位置,共抓大保护,不搞大开发,坚持生态优先、绿色发展、统筹发展的总体要求,实施好长江防护林体系建设等生态保护修复工程,建设沿江绿色生态廊道。在此基础上,以畅通黄金水道为依托,建设高质量综合立体交通走廊、建设沿江绿色生态廊道,推进产业转型升级和新型城镇化建设,优化沿江产业和城镇布局,实现长江上中下游互动合作和协同发展,实现更高质量、更有效率、更加公平、更可持续的发展。

坚持陆海统筹,加快建设海洋强国。我国是海洋大国,海洋在国家发展全局和对外开放中具有十分重要的地位,必须坚持陆海统筹,加快建设海洋强国。要加快发展海洋经济,优化海洋产业结构,促进海洋产业成为支柱产业,统筹陆海间相互支援、相互促进,实现陆海资源互补、陆海发展并举、陆海安全并重的目标,推进陆海全面协调可持续发展和陆地大国向陆海强国转变。充分利用海洋资源,增加资源供给,破解我国可持续发展的资源瓶颈,深入实施以海洋生态系统为基础的综合管理,加大对海岸带、沿海滩涂保护和开发管理力度,提高海洋开发、控制、综合管理能力。统筹运用各种手段维护和拓展国家海洋权益,维护好我国管辖海域的海上航行自由和海洋通道安全,统筹陆地、海洋开发开放布局,建设海洋生态文明。加快建设海洋强国,完善和创新陆地发展战略,促进陆海在经济、军事、科技等领域的一体化建设。

三、以京津冀协同发展为代表的区域发展体系建设实践

(一)京津冀协同发展是重大国家战略

习近平总书记非常关心京津冀区域的发展问题,多次深入三省市考察调研,多次主持召开会议研究部署。2013 年 5 月,习近平总书记在天津市调研时提出,要谱写新时期社会主义现代化的京津"双城记"。2013 年 8 月,习近平总书记在北戴河主持研究河北省发展问题时,明确提出了要推动京津冀协同发展。2014 年 2 月 26 日,习近平总书记视察北京市并发表重要讲话,强调京津冀协同发展是一个重大国家战略,并全面系统阐述了其重大意义、推进思路和重点任务。2015 年 2 月和 4 月,习近平总书记先后主持召开中央财经领导小组会议、中央政治局常委会会议和中央政治局会议,研究审议《京津冀协同发展规划纲要》(以下简称《规划纲要》)并发表重要讲话,进一步明确了有序疏解北京非首都功能、推动京津冀协同发展的目标、思路和方法。2017 年 2 月 23 日至 24 日,习近平总书记视察河北省、北京市并发表重要讲话,分别就河北省雄安新区规划建设和北京城市规划建设、北京冬奥会筹办等作出重要指示。显而易见,京津冀协同发展从战略构想到顶层设计,再到基本思路、方式方法和重大举措,都是习近平总书记亲自决策推动的。习近平总书记站在党和国家事业发展全局高度,以大历史观来谋划这一区域未来发展,果断提出京津冀协同发展战略,充分体现出了强烈的使命担当、深邃的战略眼光和高超的政治智慧,是习近平新时代中国特色社会主义思想的重要内容。

京津冀地域面积 21.6 万平方千米,人口 1.1 亿,是我国经济最具活力、开放程度最高、创新能力最强、吸纳人口最多的区域之一。2016 年,京津冀以全国 2.3% 的国土面积,承载了全国 8% 的人口,贡献了全国 10% 的国内生产总值。全国有 25% 的外商直接投资落地这一区域,研发经费支出也占全国的 15%。当然,京津冀也面临诸多困难和问题,尤其是北京"大城市病"突出,水资源匮乏,人口规模已近天花板,京津两极过于"肥胖",周边中小城市过于"瘦弱",区域发展差距悬殊,发展不平衡问题严重。推动京津冀协同发展,有利于破解首都发展长期积累的深层次

矛盾和问题,优化提升首都功能,探索人口经济密集地区优化开发模式;有利于破除隐形壁垒、打破行政分割,实现优势互补、一体化发展,为全国区域协调发展体制机制创新提供经验;有利于优化生产力布局和空间结构,打造具有较强竞争力的世界级城市群;有利于引领经济发展新常态,增强对环渤海地区和北方腹地的辐射带动能力,为全国转型发展和全方位对外开放作出更大贡献。进而言之,深入实施京津冀协同发展战略,对于统筹推进"五位一体"总体布局、协调推进"四个全面"战略布局,实现"新两步走"的战略目标,实现中华民族伟大复兴的中国梦,具有重大现实意义和深远历史意义。

在京津冀协同发展领导小组有力领导和专家咨询委员会精心指导下,京津冀三省市和有关部门认真落实《规划纲要》,扎实推进各项工作,京津冀协同发展实现了良好的开局,编制实施了全国首个跨省级行政区"十三五"规划,出台了产业、交通、科技、生态环保等 12 个专项规划和一系列政策,落实《规划纲要》的"四梁八柱"基本建立。北京市认真对接落实疏解非首都功能控增量、疏存量两个政策意见,严格实施新增产业禁止和限制目录,大力开展疏解整治促提升专项行动,推动一批区域性批发市场、一般性制造业企业、学校、医院等有序疏解,带动常住人口连续两年增量、增速"双降"。重点领域率先突破取得重要进展,河北省积极对接京津、服务京津,率先打通一批瓶颈路、断头路,深入实施"6643"(即到 2017 年削减 6000 万吨钢铁、6100 万吨水泥、4000 万吨标准煤、3600 万重量箱玻璃产能)工程、禁煤区建设及各种环境专项整治行动。以北京为中心、"半小时通勤圈"逐步扩大,京津冀 $PM_{2.5}$ 平均浓度 2016 年比 2013 年下降 33%,"4+N"产业合作格局加快构建。同时,全面创新改革试验深入开展,北京市向津冀输出技术合同成交额年增长超过 30%,公共服务共建共享初见成效,京津两市助力河北省张承保地区脱贫攻坚扎实推进。

京津冀地缘相接、人缘相亲,地域一体、文化一脉,历史渊源深厚、交往半径相宜,完全能够相互融合、协同发展。京津冀协同发展战略,是以习近平同志为核心的党中央对我国区域经济协同发展的重要举措,既是社会主义初级阶段发展的客观要求,又丰富与发展马克思主义政治经济学。

（二）构建京津冀协同发展的现代产业体系

今后一个时期,京津冀要着力建设以首都为核心的世界级城市群、区域整体协同发展改革引领区、全国创新驱动经济增长新引擎、生态修复环境改善示范区。到2035年,北京市初步建成国际一流的和谐宜居之都,"大城市病"治理取得显著成效,首都功能更加优化,城市综合竞争力进入世界前列;京津冀世界级城市群的架构和区域一体化格局基本形成,区域经济结构更加合理,生态环境质量总体良好,公共服务水平趋于均衡,成为具有较强国际竞争力和影响力的重要区域,在引领和支撑全国经济社会发展中发挥更大作用。

坚定不移疏解北京市非首都功能。这是推动京津冀协同发展的"牛鼻子"。重点是继续疏解一般性产业特别是高消耗产业,区域性物流基地、区域性专业市场等部分第三产业,推动部分教育、医疗、培训机构等社会公共服务功能,部分行政性、事业性服务机构等有序迁出,提升区域公共服务促进产业疏解。高水平规划建设北京城市副中心,打造国际一流的和谐宜居之都示范区、新型城镇化示范区和京津冀区域协同发展示范区,到2035年承接北京市中心城区40万—50万常住人口疏解。北京市要把疏解功能与改善环境、控制人口、提升功能有机结合起来,深入开展疏解整治促提升,统筹腾退空间利用,推动老城重组,优化提升首都功能。

着力优化京津冀城市群空间格局。按照《规划纲要》确定的"一核、双城、三轴、四区、多节点"骨架,打造以首都为核心的世界级城市群。重点是充分发挥北京"一核"作用,强化京津"双城"联动和同城化发展,共同发挥高端引领和辐射带动作用;沿京津、京雄(保)石、京唐秦等主要交通廊道建设产业发展带和城镇聚集轴,形成区域发展主体框架;提高区域性中心城市和节点城市综合承载能力,有序推动产业和人口聚集,形成定位清晰、分工合理、功能完善、生态宜居的现代城镇体系,走出一条绿色低碳智能的新型城镇化道路。

加快形成竞争力强的产业体系。共建"轨道上的京津冀",完善便捷畅通公路交通网,打造"一小时通勤圈",构建现代化机场群、港口群,提升交通运输组织和服务现代化水平。建立一体化环境准入和退出机制，强化大气、水等环境污染联防联控联治，推动能源生产和消费革命，推进燕山—太行山生态安全屏障、京津保湿地生态过渡带、环首都国家公园等建设，扩大区域环境容量和生态空间。按照建设现代化经济体系的要求，深入推进供给侧结构性改革，理顺三省市产业发展链条。深度开展跨区域园区共建，形成中心城市与中小城市创新合作关系；依托北京市科技资源优势和津冀先进制造业基础打造产业集群，建设曹妃甸协同发展示范区、新机场临空经济区、张承生态功能区、滨海新区等战略合作和功能承接平台，打造立足区域、服务全国、辐射全球的优势产业集聚区。深化京津冀全面创新改革试验，推进北京市建设具有全球影响力的全国科技创新中心，做好北京市原始创新、天津市研发转化、河北省推广应用的衔接，集中力量支持河北省雄安新区建设创新驱动发展引领区，形成协同创新共同体。推动金融、土地、技术和信息等要素市场一体化改革，完善行政管理协同、基础设施互联互通、生态环境保护联动、产业协同发展、科技创新协同等机制，打造区域体制机制高地。建立交界地区协同管理长效机制，统一规划、统一政策、统一管控。完善共建共享、协调集约的能源、水资源等基础设施体系，营造京畿特色、多元活力的文化体系，建设设施均好、覆盖城乡的公共服务体系。落实京津两市对口帮扶河北省张承保环京津相关地区任务。

高起点规划、高标准建设雄安新区。设立河北省雄安新区，是以习近平同志为核心的党中央深入推进京津冀协同发展作出的一项重大决策部署。习近平总书记在审议《规划纲要》时就提出，推动京津冀协同发展要把握"多点一城、老城重组"的思路；要深入研究论证新城问题，可考虑在河北省合适的地方进行规划，建设一座以新发展理念引领的现代化新城。2016 年 3 月和 5 月，习近平总书记先后主持召开中央政治局常委会会议和中央政治局会议，听取北京城市副中心和设立北京非首都功能集中承载地有关情况汇报，强调这是历史性的战略选择，要坚持用大历史观看待这件事情。2017 年 2 月 23 日，习近平总书记实地考察河北省安新县和白洋淀生态保护区，就雄安新区规划建设工作发表重要讲话，强调雄安新区定位首先是疏解北京非首都功能集中承载地,要用最先进的理念和国际一流的水准设计建设。2017 年 3 月,党中央、国务院印发通知,决定设立河北省雄安新区,规划范围涉及河北省雄县、容城、安新 3 个县及周边部分区域。这是综合考虑区位、交通、土地、水资源和能源保障、环境能力、人口及经济社会发展状况等因素,经过多地多方案比选、科学研究论证后所作的决策,凝聚了各方共识。

雄安新区是继深圳经济特区、上海浦东新区之后又一具有全国意义的新区,是千年大计、国家大事。规划建设要坚持世界眼光、国际标准、中国特色、高点定位,坚持生态优先、绿色发展,坚持以人民为中心、注重保障和改善民生,坚持保护弘扬中华优秀传统文化、延续历史文脉,使之成为深入贯彻习近平新时代中国特色社会主义思想的重大实践。按照中央部署,雄安新区要抓好建设绿色智慧新城、打造优美生态环境、发展高端高新产业、提供优质公共服务、构建快捷高效交通网、推进体制机制改革、扩大全方位对外开放七大重点任务,建设绿色生态宜居新城区、创新驱动发展引领区、协调发展示范区、开放发展先行区,努力打造贯彻落实新发展理念的创新发展示范区。党中央明确雄安新区规划建设目标,到 2020 年,雄安新区对外骨干交通路网基本建成,起步区基础设施建设和产业布局框架基本形成,白洋淀环境综合治理和生态修复取得明显进展,新区雏形初步显现;到 2030 年,一座绿色低碳、信息智能、宜居宜业,具有较强竞争力和影响力,人与自然和谐共处的现代化新城将绽放光芒。

四、京津冀协同发展对马克思主义区域发展理论的丰富与发展

(一)京津冀协同发展丰富和发展了马克思主义生产力理论

生产力理论是马克思政治经济学中的重要内容,京津冀协同发展充分体现了马克思主义生产力理论的内涵,并结合新常态下我国经济发展的实际情况,注重三地生产力的合理布局和协同发展,丰富和发展了马克思主义的生产力理论。

京津冀协同发展植根于马克思主义生产力理论。马克思主义认为,

生产力是人类"全部历史的基础"。马克思和恩格斯在《德意志意识形态》中写道:"人们所达到的生产力的总和决定着社会状况"。① 列宁说:"人类社会的发展也是由物质力量即生产力的发展所决定的,人们在生产人类必须的产品时彼此所发生的关系,是以生产力的发展为转移的。所以,社会生活的一切现象,人类的意向、观念和法律,都是由这种关系来解释的。"②生产力作为人的劳动能力的表现,其发展的方向是始终向前的,与人本质发展是一致的,这是一个连续的、不可逆的过程。生产力水平的高低标志着社会的进步程度以及人类解放的程度。社会主义的本质就是解放和发展生产力。这决定了社会主义制度的优越性在于能最大限度调动劳动者的积极性。改革开放中,我们始终把是否有利于解放和发展生产力作为判断发展路线、方针、政策正确与否的根本标准,作为判断我们工作是非得失的根本标准,作为判断社会制度是否优越和进步的根本标准。

京津冀协同发展是经济新常态下党中央经济改革的重要举措,以进一步解放和发展生产力为使命。在京津冀协同发展进程中,"以京津冀城市群建设为载体、以优化区域分工和产业布局为重点、以资源要素空间统筹规划利用为主线、以构建长效体制机制为抓手,从广度和深度上加快发展。推进京津双城联动发展,要加快破解双城联动发展存在的体制机制障碍,按照优势互补、互利共赢、区域一体原则,以区域基础设施一体化和大气污染联防联控作为优先领域,以产业结构优化升级和实现创新驱动发展作为合作重点,把合作发展的功夫主要下在联动上,努力实现优势互补、良性互动、共赢发展"③。京津冀协同发展战略着力加快推进产业对接协作、优化三地社会分工发展链条,以形成区域间生产资源的合理分布和有效配置,对于京津冀区域进一步解放和发展社会生产力势必起到积极的推动作用。可见,京津冀协同发展战略的实施,可以全方位地、有

---

① 《马克思恩格斯选集》第一卷,人民出版社2012年版,第160页。
② 《列宁选集》第一卷,人民出版社1972年版,第88—89页。
③ 《优势互补互利共赢扎实推进　努力实现京津冀一体化发展》,《人民日报》2014年2月28日。

效地推动社会生产力的发展,符合解放和发展生产力这一标准,是马克思主义生产力理论的具体化。

以内涵集约发展为主要方向。"疏解北京非首都功能、推进京津冀协同发展,是一个巨大的系统工程。目标要明确,通过疏解北京非首都功能,调整经济结构和空间结构,走出一条内涵集约发展的新路子,探索出一种人口经济密集地区优化开发的模式,促进区域协调发展,形成新增长极。"①京津冀协同发展追求内涵集约式发展,通过转变经济增长方式,增强资源利用的效率;通过产业结构的转移,实现区域内现有经济资源和生产要素最大限度发挥作用;通过深入改革,实现资源的最佳配置,减少生产要素的重叠与浪费。内涵集约式发展,既不是靠铺摊子,也不是靠追加投资,而是充分发挥创造性,积极培育新的增长极,实现区域内资源的最有效配置和最有效率使用,实现区域经济发展的良好局面。习近平总书记认为,"过去,我国生产能力滞后,因而把工作重点放在扩大投资、提高生产能力上。现在,产能总体过剩,仍一味靠扩大规模投资提高速度,作用有限且边际效用递减。虽然短期内投资可以成为拉动经济增长的重要动力,但最终消费才是经济增长的持久动力。在扩大有效投资、发挥投资关键作用的同时,必须更加有效地发挥消费对增长的基础作用。'一带一路'建设、京津冀协同发展、长江经济带建设三大战略,是今后一个时期要重点拓展的发展新空间,要有力有序推进"②。

以创新驱动为依托。京津冀一体化"以产业结构优化升级和实现创新驱动发展作为合作重点,把合作发展的功夫主要下在联动上,努力实现优势互补、良性互动、共赢发展。"③实施创新驱动,最主要的是培养和增强自主创新的能力。"最紧迫的是要破除体制机制障碍,最大限度解放和激发科技作为第一生产力所蕴藏的巨大潜能。面向未来,增强自主创新能力,最重要的就是要坚定不移走中国特色自主创新道路,坚持自主创

---

① 《习近平关于社会主义经济建设论述摘编》,中央文献出版社2017年版,第216页。
② 《习近平谈治国理政》第二卷,外文出版社2017年版,第76页。
③ 《优势互补互利共赢扎实推进　努力实现京津冀一体化发展》,《人民日报》2014年2月28日。

新、重点跨越、支撑发展、引领未来的方针,加快创新型国家建设步伐。"①
在京津冀协同发展进程中,应积极培育科技创新制度,"要让市场在资源
配置中起决定性作用,同时要更好发挥政府作用,加强统筹协调,大力开
展协同创新,集中力量办大事,抓重大、抓尖端、抓基本,形成推进自主创
新的强大合力"②。

以绿色生态低碳发展理念为导引。"绿色发展注重的是解决人与自
然和谐问题。绿色循环低碳发展,是当今时代科技革命和产业变革的方
向,是最有前途的发展领域,我国在这方面的潜力相当大,可以形成很多
新的经济增长点。我国资源约束趋紧、环境污染严重、生态系统退化的问
题十分严峻,人民群众对清新空气、干净饮水、安全食品、优美环境的要求
越来越强烈。为此,我们必须坚持节约资源和保护环境的基本国策,坚定
走生产发展、生活富裕、生态良好的文明发展道路,加快建设资源节约型、
环境友好型社会,推进美丽中国建设,为全球生态安全作出新贡献。"③京
津冀协同发展强调绿色发展理念,"加强生态环境保护和治理,扩大区
域生态空间。重点是联防联控环境污染,建立一体化的环境准入和退
出机制,加强环境污染治理,实施清洁水行动,大力发展循环经济,推进
生态保护与建设,谋划建设一批环首都国家公园和森林公园,积极应对
气候变化"④。

以开放、共享为原则为指导。京津冀协同发展在促进生产力发展方
面,除了以市场资源、生产要素等传统经济因素进行开放、共享外,还对很
多非经济因素实行开放和共享。一是数据共享。信息时代,数据已经成
为新型的经济因素,对经济增长、生产力发展起到极其重要的作用。区域
内数据资源开放,打破以往的数据壁垒和信息孤岛,实现数据的互联互
通。京津冀大数据平台有助于区域内三地更好地实现资源共享和创新发

---

① 《习近平谈治国理政》第一卷,外文出版社 2018 年版,第 121 页。
② 《习近平谈治国理政》第一卷,外文出版社 2018 年版,第 126—127 页。
③ 《习近平谈治国理政》第二卷,外文出版社 2017 年版,第 198—199 页。
④ 国家发展改革委员会编写:《〈中华人民共和国国民经济和社会发展第十三个五年规
划纲要〉辅导读本》,人民出版社 2016 年版,第 208 页。

展。二是民生资源共享。"让广大人民群众共享改革发展成果,是社会主义的本质要求,是社会主义制度优越性的集中体现,是我们党坚持全心全意为人民服务根本宗旨的重要体现。这方面问题解决好了,全体人民推动发展的积极性、主动性、创造性就能充分调动起来,国家发展也才能具有最深厚的伟力。"①此外,民生资源共享还可以平衡区域内的社会公共服务水平,为劳动力资源的流动提供前提和保障,对于京津冀协同发展还具有特殊的意义。通过医疗资源、养老资源的共享,缩小区域内部的社会公共服务水平的差距,有利于人员从北京市这样的大城市中疏解出来,进而推动京津冀协同发展、全面开展。三是人才共享。人才是最重要的生产力因素。积极促进人才的交流与共享,实现人才一体化,才能从本质上实现京津冀协同发展目标的实现。为此,应加强人才交流的顶层设计、搭建人才合作的交流平台,建立健全人才引进和培养机制,真正实现人才共享。

京津冀协同发展以马克思主义生产力理论为基础,但未拘泥于理论的要求,而是充分发挥创造性,探索出以内涵集约式发展为发展方向、以创新驱动为发展动力、以开放共享为发展原则的新型生产力发展之路,丰富和发展了马克思主义生产力理论。

(二)京津冀协同发展对马克思主义社会分工理论的丰富与发展

京津冀协同发展以马克思主义社会分工理论为基础,在注重京、津、冀三地协同发展的基础上,充分尊重各地的地缘优势互补和资源共享,着力发挥三地各自特长,开创基于各地特色与特长的区域协同发展新模式,是对马克思主义社会分工理论的丰富与发展。

京津冀协同发展植根于马克思主义社会分工理论。马克思认为:"各种使用价值或商品体的总和,表现了同样多种的、按照属、种、科、亚种、变种分类的有用劳动的总和,即表现了社会分工。……也就是在商品生产者的社会里,作为独立生产者的私事而各自独立进行的各种有用劳

---

① 《习近平谈治国理政》第二卷,外文出版社 2017 年版,第 200 页。

动的这种质的区别,发展成一个多支的体系,发展成社会分工。"①马克思在对社会分工的深入研究中,分析了交换分工的必然性,并解释了地域分工的原因与动力。京津冀协同发展充分体现了马克思的社会分工理论。

京津冀协同发展植根于马克思主义交换分工理论。马克思认为,由于社会分工和商品交换的出现,导致了生产劳动中包含了私人劳动与社会劳动的矛盾。这对矛盾推动商品交换不断向前发展,不断完成从私人劳动向社会劳动的转化。"使用物品成为商品,只是因为它们是彼此独立进行的私人劳动的产品。这种私人劳动的总和形成社会总劳动。因为生产者只有通过交换他们的劳动产品才发生社会接触,所以,他们的私人劳动的独特的社会性质也只有在这种交换中才表现出来。"②可以说,正是由于商品交换的存在,有用物品才能成为商品,私人劳动才能真正转化成为社会劳动。私人劳动通过交换实现向社会劳动转换的前提是,"生产者的私人劳动必须作为一定的有用劳动来满足一定的社会需要,从而证明它们是总劳动的一部分,是自然形成的社会分工体系的一部分。"③马克思在论述商品的使用价值时,也曾明确地指出:"要生产商品,他不仅要生产使用价值,而且要为别人生产使用价值,即生产社会的使用价值。"④京、津、冀三地在地理区位上的特殊性,决定了三地的生产必然会发生诸多联系。随着生产社会化程度逐步加深,京津冀协同发展使三地经济间的经济交往日益密切,经济合作是发展的必然趋势,这是马克思交换分工理论的具体化应用。京津冀协同发展通过优化区域分工、重新调整产业布局、实现协同发展,推进三地的市场一体化进程。京津冀协同发展有利于三地的商品交换和资源共享,是马克思主义交换分工理论的具体应用。

京津冀协同发展植根于马克思主义地域分工理论。马克思主义地域分工理论以劳动为契入点。马克思认为"在家庭内部,随后在氏族内部,

---

① 《马克思恩格斯文集》第 5 卷,人民出版社 2009 年版,第 55—56 页。
② 《资本论》第一卷,人民出版社 2018 年版,第 90 页。
③ 《资本论》第一卷,人民出版社 2018 年版,第 90 页。
④ 《资本论》第一卷,人民出版社 2018 年版,第 54 页。

由于性别和年龄的差别,也就是在纯生理的基础上产生了一种自然的分工。随着共同体的扩大,人口的增长,特别是各氏族间的冲突,一个氏族之征服另一个氏族,这种分工的材料也扩大了。……不同的共同体在各自的自然环境中,找到不同的生产资料和不同的生活资料。因此,它们的生产方式、生活方式和产品,也就各不相同。这种自然的差别,在共同体互相接触时引起了产品的互相交换,从而使这些产品逐渐转化为商品。交换没有造成生产领域之间的差别,而是使不同的生产领域发生关系,从而使它们转化为社会总生产的多少互相依赖的部门。在这里,社会分工是由原来不同而又互不依赖的生产领域之间的交换产生的。"①换句话说,马克思认为,不同地域的自然差别,促进了交换和分工的发展。随着交换和分工的发展,原本"不同而又互不依赖"的地域间存在了日益紧密的"互相依赖"。这既是马克思对于社会地域分工原因的解读,也是京津冀协同发展的理论基础。京、津、冀三地共处于华北平原,在地域上联结在一起,由于区位以及历史和政治原因,导致三地在经济发展、福利水平、分工定位等方面存在诸多差异。北京市是祖国的首都,被誉为"首善之区",在经济发展、科技创新、人才培养等方面拥有绝对优势;天津市是北方重要的海港城市,拥有丰厚的工业基础以及便利的交通条件;河北省幅员辽阔,具有环京津的独特地理优势,虽然经济实力较京津差距较大,但市场容量巨大,发展潜力无限。京、津、冀三地在社会分工方面各具优势,这些差异的存在恰好是进行社会分工协作的基础。"推进京津冀协同发展,要立足各自比较优势、立足现代产业分工要求、立足区域优势互补原则、立足合作共赢理念。"②

京津冀协同发展以马克思主义社会分工理论为基础,并结合中国现阶段的现实情况,丰富和发展了马克思主义社会分工理论,主要体现在以下几个方面:

第一,京津冀协同发展是系统化思维下的分工合作。京津冀协同发

---

① 《资本论》第一卷,人民出版社2018年版,第407—408页。
② 《习近平关于社会主义经济建设论述摘编》,中央文献出版社2017年版,第248页。

展注重的是系统化思维。"改革开放是一个系统工程,必须坚持全面改革,在各项改革协同配合中推进。改革开放是一场深刻而全面的社会变革,每一项改革都会对其他改革产生重要影响,每一项改革又都需要其他改革协同配合。要更加注重各项改革的相互促进、良性互动,整体推进,重点突破,形成推进改革开放的强大合力。"①在京津冀协同发展进程中,始终贯彻系统化思维方式,具体表现为:一是注重区域间的共同发展。京津冀协同发展是三个地区的共同发展,"解决好北京发展问题,必须纳入京津冀和环渤海经济区的战略空间加以考量,以打通发展的大动脉,更有力地彰显北京优势,更广泛地激活北京要素资源,同时天津、河北要实现更好发展也需要连同北京发展一起来考虑"②。二是注重立体化发展。京津冀协同发展战略除了注重以往社会分工领域中的经济上的互通有无、产业梯度的有机转移对接、生产要素的有效流动等经济因素外,还特别强调京、津、冀三地的协同发展要以立体化方式展开,具体表现为交通一体化、人口流动一体化、社会公共服务共享等方面。三是注重经济增长与生态环境的和谐发展。由于地理位置的原因,北京市、天津市、河北省共同面临着空气污染、环境恶化等社会生态问题。为此,京津冀协同发展战略强调注重三地间的生态环境保护、积极推进生态环境的联防联治,将经济增长与生态环境治理有机统一在京津冀协同发展战略中。

第二,京津冀协同发展是更深层次的分工合作。京津冀协同发展追求京、津、冀三地经济、社会同步发展,是更加深层次的社会分工合作模式。一是京津冀协同发展注重功能互补。北京市、天津市、河北省在全国一盘棋中所扮演的角色使不同的。北京作为首都,承担了很多非首都的经济功能,这些非首都经济功能使北京"大城市病"问题突出。为此,京津冀整体定位是"以首都为核心的世界级城市群、区域整体协同发展改革引领区、全国创新驱动经济增长新引擎、生态修复环境改善示范区"③。三

---

① 《习近平谈治国理政》第一卷,外文出版社 2018 年版,第 68 页。
② 《优势互补互利共赢扎实推进　努力实现京津冀一体化发展》,《人民日报》2014 年 2 月 28 日。
③ 《党的十九大报告辅导读本》,人民出版社 2017 年版,第 225 页。

地的功能地位是:北京市——"全国政治中心、文化中心、国际交往中心、科技创新中心";天津市——"全国先进制造研发基地、北方国际航运核心区、金融创新运营示范区、改革开放先行区";河北省——"全国现代商贸物流重要基地、产业转型升级试验区、新型城镇化与城乡统筹示范区、京津冀生态环境支撑区"。① 二是京津冀协同发展注重错位发展。北京市、天津市、河北省三地由于历史、区位等原因,在生产力发展水平、优势产业及优势资源等方面存在着诸多差异。各地的经济发展阶段以及产业分工中所处的地位不尽相同。京、津两地,特别是北京市相对河北省而言,经济发展较好,居于产业结构的上游位置。河北省经济相对落后,科技水平、资金储备等方面都显薄弱。在京津冀协同发展中,顺利推进产业转移对接,将北京市的一般性产业向河北省转移,积极打造立足区域、服务全国的优势产业聚集区。在疏解北京市非首都经济功能的基础上,打造河北省的坚实经济基础和新的经济增长极。

　　第三,京津冀协同发展是更广范围的分工合作。京津冀协同发展将社会分工的范畴由传统的经济合作、产业分工拓展到更广阔的领域。京津冀协同发展注重全要素流通。所谓的全要素流通包括环保、交通、生产要素的一体化。也就是说,京津冀协同发展开创的新型社会分工中,除了注重生产要素的有效配置外,还强调生态环保以及交通网络等方面。在生态环保方面,"要着力扩大环境容量生态空间,加强生态环境保护合作,在已经启动大气污染防治协作机制的基础上,完善防护林建设、水资源保护、水环境治理、清洁能源使用等领域合作机制"②。在交通网络建设方面,《京津冀城际铁路网规划修编方案(2015—2030 年)》于 2016 年11 月获国家发展改革委批复,明确"以京津、京保石、京唐秦三大通道为主轴,到 2030 年基本形成'四纵四横一环'城际铁路网"③。

---

　　① 张占斌等:《中国经济体制改革探索与实践》,人民出版社 2018 年版,第 221—222 页。
　　② 国务院研究室编写组:《十二届全国人大三次会议〈政府工作报告〉辅导读本》,人民出版社、中国言实出版社 2015 年版,第 312 页。
　　③ 《站在时代的潮头,筑造历史性工程——以习近平同志为核心的党中央谋划指导京津冀协同发展三周年纪实》,《人民日报》2017 年 2 月 27 日。

京津冀协同发展以马克思主义社会分工理论为基础,并结合三地的具体情况以及我国经济新常态的特殊要求,丰富和发展了社会分工理论,开拓了一条新型社会分工之路。

(三)京津冀协同发展丰富和发展了马克思主义社会再生产理论

京津冀协同发展以马克思主义社会再生产理论为基础,坚持有计划、按比例的经济发展模式,并在马克思主义中国化的进程中对马克思主义社会再生产理论进行了丰富与发展。

京津冀协同发展植根于马克思主义社会资本再生产理论。马克思在《资本论》第二卷第三篇"社会总资本的再生产和流通"中,提出了社会资本再生产理论。社会资本再生产理论的核心内容是社会总产品的实现。一个经济社会正常运转的前提就是能够完成社会总产品的实现。社会总产品的实现"不仅是价值补偿,而且是物质补偿,因而既要受社会产品的价值组成部分相互之间的比例的制约,又要受它们的使用价值,它们的物质形态的制约"[1]。马克思从简单再生产和扩大再生产两种情况入手,分析了社会总产品的实现条件,并得出结论:社会生产需要均衡、按比例发展。理想的社会再生产状态具体表现为:总量均衡。社会生产中的总供给与总需求在价值量上和使用价值量上处于均衡状态,包括:生产资料供给与需求的总量均衡;消费资料的总量均衡;第Ⅰ部类为第Ⅱ部类生产的生产资料与第Ⅱ部类为第Ⅰ部类生产的消费资料的总量均衡。结构均衡。社会生产的顺利进行有赖于生产的结构均衡,包括两大部类之间结构均衡;同一部类内部不变资本、可变资本以及剩余价值三部分的结构均衡;第Ⅰ部类中为第Ⅱ部类生产的生产资料与第Ⅱ部类为第Ⅰ部类生产的消费资料间的结构均衡。换言之,社会再生产得以继续的实现条件就是社会生产的有计划、按比例发展。社会资本再生产理论阐明了社会化大生产按比例发展的客观规律。根据马克思主义社会再生产理论,京、津、冀虽然是三个不同的区域,但在社会再生产大范畴内,都应属于其中的组成部分,三地有必要也有能力通过协调合作机制实现区域性社会生

---

[1] 《马克思恩格斯文集》第6卷,人民出版社2009年版,第438页。

产的按比例、有计划发展。马克思主义社会资本再生产理论构成了京津冀协同发展的理论基础。

京津冀协同发展充实了马克思主义社会资本再生产理论。京津冀协同发展十分注重有计划、按比例发展,尽量做到三地经济、社会、生态的协同发展,是对马克思主义社会资本再生产理论的丰富与发展。首先是规划在前。京津冀协同发展发展十分注重有计划、按比例发展,强调科学合理进行规划。京津冀一体化要"着力加强顶层设计"①,各地应与中央政府积极配合按照生产力发展的需要以及京津冀一体化目标要求制定发展规划,"抓紧编制首都经济圈一体化发展的相关规划,明确三地功能地位、产业分工、城市布局、设施配套、综合交通体系等重大问题,并从财政政策、投资政策、项目安排等方面形成具体措施。……着力加大对协同发展的推动,自觉打破自家'一亩三分地'的思维定式,抱成团朝着顶层设计的目标一起做,充分发挥环渤海地区经济合作发展协调机制的作用。……着力加快推进产业对接协作,理顺三地产业发展链条,形成区域间产业合理分布和上下游联动机制,对接产业规划,不搞同构性、同质化发展"……着力调整优化城市布局和空间结构,促进城市分工协作,提高城市群一体化水平,提高其综合承载能力和内涵发展水平②。先规划后发展,从而保证了京津冀协同发展的有计划、按比例发展,避免盲目发展造成的资源浪费和福利损失。其次是有序推进。京津冀协同发展是一个系统工程,不能一股脑地将所有工作齐头并进开展,而是需要分步骤、分阶段有序推进实施。京津冀协同发展是一项十分浩大的工程,涉及的领域和问题十分繁杂。解决问题应该抓事物的主要矛盾的主要方面,因此应将京津冀协同发展的发展问题进行分解,按照需要分阶段落实和解决最亟须解决的关键问题。当前发展的重点就是环保、交通、要素市场的一体化。产业梯度转移、优化分工结构、人口疏解等问题也随之逐渐展开。

---

① 《优势互补互利共赢扎实推进 努力实现京津冀一体化发展》,《人民日报》2014年2月28日。

② 《优势互补互利共赢扎实推进 努力实现京津冀一体化发展》,《人民日报》2014年2月28日。

此外,有序推进还表现为京津冀协同发展工作的逐级目标落实上。"领导小组还给出了京津冀协同发展的近、中、远三期目标。根据目标,到2017年,在符合协同发展目标且现实急需、具备条件、取得共识的交通一体化、生态环境保护、产业升级转移等重点领域率先取得突破;到2020年,北京'大城市病'等突出问题将得到缓解;到2030年,京津冀区域一体化格局基本形成。"①

无论是规划在前,还是逐步推进,都有助于京津冀协同发展战略的有计划、按比例发展,是对马克思主义社会资本再生产理论的具体应用和发展。

(四)京津冀协同发展丰富和发展了社会主义市场经济理论

京津冀协同发展战略是我国经济进入新常态下的一个重要发展理念,既是对解放和发展生产力的内在需要,也是进一步发展、壮大中国特色社会主义市场经济的有益探索。

京津冀协同发展推动社会主义市场体系的完善。京津冀协同发展,注重的是共同进步,而不是一致化发展。京津冀协同发展不是要消除竞争,而是要建立统一的市场、鼓励竞争,以市场竞争的原则来使经济资源得到最有效配置。市场竞争仍旧是资源配置的决定性因素。而市场竞争的有效开展,依托于优质的市场环境。因此,京津冀协同发展战略,"着力加快推进市场一体化进程,下决心破除限制资本、技术、产权、人才、劳动力等生产要素自由流动和优化配置的各种体制机制障碍,推动各种要素按照市场规律在区域内自由流动和优化配置"②。京津冀协同发展强调全要素一体化发展,其中包括环保、交通、要素市场的一体化。在交通一体化方面,"构建以轨道交通为骨干的多节点、网格状、全覆盖的交通网络"③。大力发展公交优先的城市交通,提升交通智能化管理水平,提升区域一体

---

① 《京津冀协同发展线路图明晰　布局一核、双城、多节点》,《经济参考报》2015年8月24日。

② 《优势互补互利共赢扎实推进　努力实现京津冀一体化发展》,《人民日报》2014年2月28日。

③ 国家发展和改革委员会编写:《〈中华人民共和国国民经济和社会发展第十三个五年规划纲要〉辅导读本》,人民出版社2016年版,第208页。

化运输服务水平,发展安全绿色可持续交通。在生态环境保护方面,"打破行政区域限制,推动能源生产和消费革命,促进绿色循环低碳发展,加强生态环境保护和治理,扩大区域生态空间"①。重点是联防联控环境污染,建立一体化的环境准入和退出机制,加强环境污染治理,实施清洁水行动,大力发展循环经济,推进生态保护与建设。

京津冀协同发展革新了政府与市场关系。在京津冀协同发展进程中,充分发挥市场在资源配置中的决定性作用,更好发挥政府作用。首先,政府应在京津冀协同发展进程中更好发挥引导和协调作用。一方面,京津冀协同发展是有计划、有设计的一体化发展。从宏观层次对三地的协同发展制定科学规划,必须摆脱一切地方保护主义和本位主义,这就需要中央政府以引导者的身份进行京津冀协同发展的顶层设计,才能真正做到协同发展,才能实现公平、共享的发展模式。此外,"三地功能定位、产业分工、城市布局、设施配套、综合交通体系等重大问题"的解决,除了中央政府通过顶层设计进行科学的系统规划外,还需要地方政府的积极配合。另一方面,"要加快破解双城联动发展存在的体制机制障碍"②,必须由中央政府引导,必须由地方政府进行及时沟通、疏解,通过制定相应的财政政策、投资政策、项目安排等具体措施才能真正得到解决。其次,市场在资源配置中的决定性作用。京津冀协同发展中涉及的产业转移、生产要素流动、人才交往等问题的解决必须通过市场来实现。在中国特色社会主义市场经济下,市场是经济资源配置最有效的方式,市场"决定性"作用可以"让一切劳动、知识、技术、管理、资本等要素的活力竞相迸发,让一切创造社会财富的源泉充分涌流"③。在京津冀协同发展进程中积极发挥市场作用,可以激发经济发展活力、增强经济实力,有效增进社会财富、推进京津冀协同发展进程顺利开展。京津冀协同发展是政府与

---

① 国家发展和改革委员会编写:《〈中华人民共和国国民经济和社会发展第十三个五年规划纲要〉辅导读本》,人民出版社2016年版,第208页。
② 《优势互补互利共赢扎实推进 努力实现京津冀一体化发展》,《人民日报》2014年2月28日。
③ 《习近平谈治国理政》第一卷,外文出版社2018年版,第93页。

市场崭新关系的有益探索。充分发挥市场在资源配置方面的决定性作用的同时更好发挥政府作用,能推动京津冀协同发展在有计划、按比例发展的同时保持旺盛的活力和积极性、创造性。

京津冀协同发展创新了区域协同发展模式。2017年4月1日,中共中央、国务院印发通知,决定设立河北省雄安新区,这是"千年大计、国家大事"。"设立雄安新区,是以习近平同志为核心的党中央深入推进京津冀协同发展作出的一项重大决策部署,对于集中疏解北京非首都功能,探索人口经济密集地区优化开发新模式,调整优化京津冀城市布局和空间结构,培育创新驱动发展新引擎,具有重大现实意义和深远历史意义。"①雄安新区要突出七个方面的重点任务:"一是建设绿色智慧新城,建成国际一流、绿色、现代、智慧城市。二是打造优美生态环境,构建蓝绿交织、清新明亮、水城共融的生态城市。三是发展高端高新产业,积极吸纳和集聚创新要素资源,培育新动能。四是提供优质公共服务,建设优质公共设施,创建城市管理新样板。五是构建快捷高效交通网,打造绿色交通体系。六是推进体制机制改革,发挥市场在资源配置中的决定性作用和更好发挥政府作用,激发市场活力。七是扩大全方位对外开放,打造扩大开放新高地和对外合作新平台。"②"雄安新区绝非传统工业和房地产主导的集聚区,创新驱动将是雄安新区发展基点,进行制度、科技、创业环境的改革创新,吸引高端高新技术企业集聚,建设集技术研发和转移交易、成果孵化转化、产城融合的创新发展示范区。"③雄安新区的设立是探索人口密集地区优化开发的新模式,是打造经济社会发展新增长极的新道路,是推进京津冀协同发展的历史性工程。

我国幅员辽阔,区域经济发展不平衡现象严重,京津冀协同发展战略是我国和谐发展、实现经济公平、可持续发展的有益探索。"实现京津冀协同发展,是面向未来打造新的首都经济圈、推进区域发展体制机制创新

---

① 《河北雄安新区设立》,《人民日报》2017年4月2日。
② 《河北雄安新区设立》,《人民日报》2017年4月2日。
③ 《千年大计、国家大事——以习近平同志为核心的党中央决策河北雄安新区规划建设纪实》,《人民日报》2017年4月14日。

的需要,是探索完善城市群布局和形态、为优化开发区域发展提供示范和样板的需要,是探索生态文明建设有效路径、促进人口经济资源环境相协调的需要,是实现京津冀优势互补、促进环渤海经济区发展、带动北方腹地发展的需要,是一个重大国家战略,要坚持优势互补、互利共赢、扎实推进,加快走出一条科学持续的协同发展路子来。"①京津冀协同发展战略有助于优化城市空间布局和产业结构,是对人口经济密集地区优化开发的有益探索,也是我国推动区域协调发展的有益探索,对于西部大开发、东北老工业基地改造、长江经济带等区域经济发展提供了宝贵经验。

　　总之,京津冀协同发展战略,是以习近平同志为核心的党中央提出的一项重大举措,符合我国当前生产力布局的需要,是建设中国特色社会主义的必然要求;京津冀协同发展战略,以我国经济新常态为背景,充分尊重三地的具体实际,以增进人民福祉为目标,丰富和发展了马克思主义的社会生产力理论、地域分工理论、社会再生产理论,更是对社会主义共同富裕理论的新发展,丰富与发展了马克思主义政治经济学。

第五节　资源节约、环境友好的绿色发展体系

　　在建设绿色发展体系上,习近平总书记指出,"要建设资源节约、环境友好的绿色发展体系,实现绿色循环低碳发展、人与自然和谐共生,牢固树立和践行绿水青山就是金山银山理念,形成人与自然和谐发展现代化建设新格局"②。绿色发展体系是现代化经济体系的重要组成部分,其核心目标是形成人与自然和谐发展的现代化建设新格局。

---

　　①　《优势互补互利共赢扎实推进　努力实现京津冀一体化发展》,《人民日报》2014年2月28日。
　　②　习近平:《深刻认识建设现代化经济体系重要性　推动我国经济发展焕发新活力迈上新台阶》,《人民日报》2018年2月1日。

一、马克思主义生态自然观

坚持绿色发展,建设资源节约、环境友好的绿色发展体系,必须坚持马克思主义生态自然观,协调处理好人与自然、社会的关系,达到人与自然和谐共生。

人与自然关系的辩证统一。人与自然和谐共生是马克思主义生态自然观的核心。马克思在他的博士论文中就开始重视人和自然界内在的有机联系,在《1844年经济学哲学手稿》中摒弃了"抽象的自然界",阐述了人与自然的对象性关系,在《关于费尔巴哈的提纲》中则超越了人与自然界截然相分的理论思维前提,在《德意志意识形态》中更为深刻地阐述了人和自然以及人与人之间在历史中形成的关系,并在《资本论》中寻找到了消除人与自然对立、摆脱生存环境危机的根本出路。马克思认为,自然界"是人的无机的身体。人靠自然界生活。这也就是说,自然界是人为了不致死亡而必须与之不断交往的、人的身体"[1],揭示了自然界是人类生存和发展的基础,人类本身是自然界的一部分,人对自然具有依赖关系。恩格斯在《自然辩证法》中指出,人之所以能与动物区分开来,关键在于人能够认识自然和支配自然,"比其他一切生物强,能够认识和正确运用自然规律"[2],可以"通过他所作出的改变来使自然界为自己的目的服务"[3],提高改造自然的水平,并在这一过程中实现人与自然的和谐统一。

社会是人与自然的本质的统一。马克思在《1844年经济学哲学手稿》指出,"人是特殊的个体,并且正是人的特殊性使人成为个体,成为现实的、单个的社会存在物,同样,人也是总体,是观念的总体,是被思考和被感知的社会的自为的主体存在,正如人在现实中既作为对社会存在的直观和现实享受而存在,又作为人的生命表现的总体而存在一样。"[4]马

---

① 《马克思恩格斯全集》第42卷,人民出版社1979年版,第95页。

② 恩格斯:《自然辩证法》,人民出版社2018年版,第314页。

③ 恩格斯:《自然辩证法》,人民出版社2018年版,第313页。

④ 马克思:《1844年经济学哲学手稿》,人民出版社2018年版,第81页。

克思在探讨人与自然关系时认为的人是现实的人、是社会中的人、是具有一定社会关系的人,也"只有在社会中,自然界对人来说才是人与人联系的纽带,才是他为别人的存在和别人为他的存在,只有在社会中,自然界才是人自己的合乎人性的存在的基础,才是人的现实的生活要素。只有在社会中,人的自然的存在对他来说才是人的合乎人性的存在,并且自然界对他来说才成为人。因此,社会是人同自然界的完成了的本质的统一"①,人的本质是一切社会关系的总和,人与自然相互作用、相互影响的实践活动不仅是在社会中进行,还受到社会历史条件的制约,社会历史条件的变化影响着人与自然的实践关系的变化发展,社会是人与自然的本质的统一。

　　生态危机是人与自然冲突的必然结果。随着科学技术的迅猛发展,人们改造和利用自然的能力不断增强,利益的驱使使人与自然的矛盾日益凸显。马克思认为,在资本主义社会里,资本家为了占有剩余价值通常是通过追求利益而盲目地进行生产,而生产所需的原材料来自大自然,资本家为了满足自身对物质的需要,肆无忌惮地向自然进行索取,造成人与人之间关系的紧张,人为破坏人与自然之间以及人与社会之间的物质循环而阻碍人类实践活动的正常开展,进而造成生态危机。马克思在《资本论》中分析了资本主义的逐利本质与环境保护之间的矛盾,恩格斯多次描述工业废弃物排放造成污染问题和工人恶劣的生活和工作环境,马克思和恩格斯强烈地批判了资本主义生产中浪费资源、破坏自然和污染环境的现象,提出只有进入共产主义社会,实现人与自然、人与人之间的和解,实现人、社会和自然的共同发展,才能解决生态危机问题。

　　马克思、恩格斯的生态自然观虽然没有对绿色发展体系作出系统化的分析,但他们关注人与自然的关系、与社会的关系,注重环境污染问题、生态危机问题,追求人与自然和解等思想却都饱含着绿色发展的意蕴,体现着资源节约、环境友好的绿色发展体系的思维。

---

① 马克思:《1844 年经济学哲学手稿》,人民出版社 2018 年版,第 79 页。

二、绿色发展观为建设资源节约、环境友好绿色发展体系提供理论基础

党的十八大以来，以习近平同志为核心的党中央遵循马克思主义生态自然观，顺应中国人民对美好生活的期盼，不断探索什么是绿色发展、为什么要走绿色发展之路、怎样建设绿色发展体系等问题，提出了"生态兴则文明兴，生态衰则文明衰"的历史观、"坚持人与自然和谐共生"的自然观、"绿水青山就是金山银山""保护环境就是保护生产力"的发展观、"良好生态环境是最普惠的民生福祉"的民生观、"山水林田湖草是生命共同体"的系统观、"用最严格制度最严密法治保护生态环境""取之有度，用之有节"的法治观、"建设美丽中国全民行动"的共治观、"要维持地球生态整体平衡""共谋全球生态文明建设"的全球观等一系列创新性、战略性的重大思想，为建设资源节约、环境友好绿色发展体系提供了理论基础。

"两山论"是建设资源节约、环境友好绿色发展体系的出发点，是绿色自然观、系统观、财富观。"我们既要绿水青山，也要金山银山。宁要绿水青山，不要金山银山，而且绿水青山就是金山银山。"①习近平总书记提出的"两山论"，阐明了经济与生态的辩证统一关系，说明了绿水青山和金山银山、经济发展与生态保护不是对立的，而是不可分割的有机整体。保护生态环境就是保护自然价值和增值自然资本，可以说，保护生态环境的过程就是保护经济社会发展潜力和后劲的过程。如果我们能够把生态环境优势转化为经济社会发展优势，那么绿水青山也就变成了金山银山。在发展中保护，在保护中发展，绿水青山就是绿色财富，我们绝不能走用绿水青山去换金山银山的老路，绝不能以牺牲环境为代价去换取一时的经济增长，而是要"保护绿水青山、做大金山银山"，走环保与发展协调并进的道路。

---

① 中央文献研究室编：《习近平关于社会主义生态文明建设论述摘编》，中央文献出版社2017年版，第21页。

绿色生产力理论是建设资源节约、环境友好绿色发展体系的理论基础,是绿色发展观、自然观。"保护生态环境就是保护生产力、改善生态环境就是发展生产力"[1],深刻地阐释了绿色生产力的内涵,从生产力因素的构成角度指出了保护环境意味着保护劳动对象资料和劳动力,因此保护环境就是保护生产力;改善生态环境可以直接提高自然生产力,治理环境让生产力发展不受资源和环境的制约就是解放生产力,因此改善生态环境意味着发展生产力。实现发展和保护内在统一、相互促进和协调共生,突破了"先发展后治理"的生产力发展旧模式的窠臼,开辟了人口、资源、环境相协调的科学发展、可持续发展、包容性发展的绿色生产力发展新途径,是马克思主义生态自然观和生产力理论在中国的进一步丰富和发展。

绿色技术创新与绿色产业体系理论是建设资源节约、环境友好绿色发展体系的实现路径,是绿色发展观、系统观。"生态环境保护的成败归根到底取决于经济结构和经济发展方式。"[2]"构建市场导向的绿色技术创新体系,发展绿色金融,壮大节能环保产业、清洁生产产业、清洁能源产业。"[3]促进传统产业向绿色产业转化。建设绿色产业体系需要大力创新绿色技术,从资源要素投入转向创新要素投入,需要建立以市场为导向的绿色技术创新体系,通过绿色技术创新解决发展中面临的资源和环境问题以减少环境污染、开发新能源和回收资源,实现绿色环保,加速生产过程的绿色化、智能化和可再生循环进程,为经济发展注入新动力;通过绿色技术创新建设绿色低碳循环绿色产业体系,转变产业结构和经济发展方式,不断壮大节能环保、新能源等绿色新兴产业规模以培育形成新动能,促进经济高质量发展。

绿色发展制度体系理论是建设资源节约、环境友好绿色发展体系的保

---

①　中共中央文献研究室编:《习近平关于社会主义生态文明建设论述摘编》,中央文献出版社 2017 年版,第 23 页。

②　习近平:《在深入推动长江经济带发展座谈会上的讲话》,人民出版社 2018 年版,第 10 页。

③　习近平:《决胜全面建成小康社会　夺取新时代中国特色社会主义伟大胜利——在中国共产党第十九次全国代表大会上的报告》,人民出版社 2017 年版,第 51 页。

障,是绿色法治观。"生态环境保护是功在当代、利在千秋的事业"①,必须以对人民群众、对子孙后代高度负责的态度和责任把环境污染治理好。"只有实行最严格的制度、最严密的法治,才能为生态文明建设提供可靠保障。"②要建立有偿使用资源制度和市场化多元化生态补偿制度,完成生态保护红线、永久基本农田、城镇开发边界三条控制线划定工作③,建立自然资源产权和使用制度,建立污染排放的系统指标和管理制度,构建国土空间开发保护制度,完善环境保护监督体系和公众参与制度,建立党政领导干部生态环境评估机制,形成多元化的自然资源管理系统,使制度成为刚性的约束和不可触碰的高压线,坚决制止和惩处破坏生态环境的行为。

三、建设资源节约、环境友好的绿色发展体系对马克思主义政治经济学的丰富和发展

党的十九大报告强调,要"加快生态文明体制改革,建设美丽中国"④,生态文明建设是关系到人民福祉、关乎民族未来的长远大计。马克思主义生态理论强调人与自然和谐相处,对生态文明建设意义重大。在中国特色社会主义进入新时代的关键时期,建设资源节约、环境友好的绿色发展体系是贯彻新发展理念中的重要环节,体现了中国特色社会主义理论体系立足于人类社会发展思想的理论视野,是马克思主义理论与当代中国现实相结合的创新成果。这一思想表明,以习近平同志为核心的党中央对中国特色社会主义发展理念、发展道路、发展模式等伟大实践的理论概括上到达了一个全新的高度。在理论层面、社会层面、政治层面、文化层面和外交层面等不同维度,建设资源节约、环境友好的绿色发展体系继承和发展了马克思主义生态理论。实现人与自然环境协调发展,实现绿色发展,是中国特色社

---

① 《习近平谈治国理政》第一卷,外文出版社 2018 年版,第 208 页。
② 《习近平谈治国理政》第一卷,外文出版社 2018 年版,第 210 页。
③ 习近平:《决胜全面建成小康社会　夺取新时代中国特色社会主义伟大胜利——在中国共产党第十九次全国代表大会上的报告》,人民出版社 2017 年版,第 52 页。
④ 习近平:《决胜全面建成小康社会　夺取新时代中国特色社会主义伟大胜利——在中国共产党第十九次全国代表大会上的报告》,人民出版社 2017 年版,第 50 页。

会主义理论体系对马克思主义生态自然观的重大理论贡献,也是对世界如何发展提出的中国方案。建设资源节约、环境友好的绿色发展体系是对马克思主义政治经济学的重大理论创新,丰富和发展了马克思主义政治经济学。

（一）发展内在要求上的理论创新

建设资源节约、环境友好的绿色发展体系以新的发展观来审视中国乃至人类社会整体的命运。它深化了马克思经典生态文明思想的理论内涵,在外延上不断扩展,从而实现了马克思主义生态理论的创新。在马克思主义理论体系中,人与自然是和谐的关系。人可以在改造自然的实践活动中实现自我目的,但人的实践活动必须遵循其面对自然的必然规律,自然可以为人类实践进行能动性改造,但人类在改造自然,发展社会和经济的同时仍然必须服从自然的限制。建设资源节约、环境友好的绿色发展体系对马克思主义生态理论实现了创新和发展,不仅强调对自然的热爱和保护,而且更加注重生态文明建设与经济建设的协调发展和相互转化,重视解决我国的环境污染问题,强调"绝不容许长江生态环境在我们这一代人手上继续恶化下去,一定要给子孙后代留下一条清洁美丽的万里长江!"①在建设现代化经济体系过程中,要不断改善生产力关系,加强环境保护,践行尊重自然、热爱自然、保护自然的绿色发展理念,让绿水青山不仅造福子孙后代,更要推动当前我国的经济实现高质量的发展。建设资源节约、环境友好的绿色发展体系的核心就在于摒弃传统发展模式中对环境"竭泽而渔"的破坏式开发,绝不以牺牲环境换取经济增长,要牢固树立生态红线的观念,实施重大生态修复工程,推进重点流域、区域水污染治理和重点行业、重点区域大气污染治理,探索自然环境与经济和谐发展的新路径。建设资源节约、环境友好的绿色发展体系的保障是实行最严格的制度、最严密的法治,把资源消耗、环境损害、生态效益等指标纳入经济社会发展考评体系,追究盲目决策造成生态环境破坏者的责任,通过完善生态保护法律制度提高治理环境的能力。建设资源节约、环境友好的绿色发展体系不仅变革生产方式,而且深入影响社会生活的方方

———————

① 《坚定不移走生态优先绿色发展之路》,《人民日报》2020 年 5 月 14 日。

面面,甚至影响人民大众的生态价值观念。

(二)发展价值上的理论创新

马克思主义历史唯物史观始终坚持人民群众是推动历史和社会发展的主体力量。马克思对人的自由全面发展的终极发展目标的思考和探索,始终与马克思的生态文明观人本思想密切相关。辩证地看待人与自然的关系,马克思认为人必须在自然面前保持谦逊,人类发展活动必须尊重自然、顺应自然、保护自然。与此同时,自然环境也应该适应人的需要,不仅要把作为劳动对象的自然解放出来,也要把作为劳动力的人解放出来,人类解放的过程就是人们逐渐将自己从自然中解放出来的过程,人类需通过对自然的积极改造而创造出适合人类居住的自然环境。造福全人类是改善人与自然关系的最终目标,工业社会克服了农业社会的诸多局限所创造的物质文明,使人的本质力量获得全面释放,人类享受着由于改造自然实践水平的提高而带来的福祉,这一福祉不应该为少数人所享受,而应该由全人类共享。所有环境的保护和发展都应围绕人类进行,以是否符合人类的利益为最终标准。

建设资源节约、环境友好的绿色发展体系是对马克思财富价值理论的重大创新。马克思把人类和自然要素都视为财富的来源,认为资本主义对财富的贪婪不仅导致了资产阶级和无产阶级的两极分化,而且资本无限制地索取自然资源严重地破坏了生态环境,只有在未来的社会中,财富创造才可以促进人的充分自由发展。"绿水青山就是金山银山",破坏生态环境,人类就无法从自然中获得所需的资源,也无法创造物质财富,因此,生态环境就是人类财富。良好的生产生活环境,让劳动者舒心、放心地干事创业,一切创造财富的源泉就会充分涌流;良好的发展环境,让资金、项目等生产要素聚集,就会产生经济效益促进经济增长从而增加财富。"对人的生存来说,金山银山固然重要,但绿水青山是人民幸福生活的重要内容,是金钱不能代替的。"①绿色发展思想阐释了人与自然的相

---

① 中共中央文献研究室编:《习近平关于社会主义生态文明建设论述摘编》,中央文献出版社 2017 年版,第 4 页。

互依存,肯定了财富创造和人类发展是互补的过程。建设资源节约、环境友好的绿色发展体系是把人民利益作为出发点,把经济建设与环境保护相结合,为人民创造美好的生活环境,增进民生福祉的价值取向,丰富和发展了马克思的财富价值理论。

(三)发展目标上的理论创新

马克思从唯物主义的角度看待人与自然的关系。认为人是自然界的一部分,"没有自然界,没有感性的外部世界,工人什么也不能创造","自然界一方面在这样的意义上给劳动提供生活资料,即没有劳动加工的对象,劳动就不能存在,另一方面,也在更狭隘的意义上提供生活资料,即维持工人本身的肉体生存的手段"①。肯定了劳动者和自然界因为彼此的存在才具有现实的意义,人与自然是辩证统一的关系。马克思、恩格斯将生产力与生产关系的辩证统一与生态理论有机地结合起来,高度重视人的社会实践在自然和社会发展中的重要地位,肯定社会实践不仅促进自然和社会的发展,还会促进人的发展,人类解放的根本途径需要通过对自然的全面理解和转化来实现,劳动实践作用的发挥不完全取决于劳动实践本身,而应该以自然的存在和发展作为前提条件和物质基础。人与自然因实践而相互作用从而具有存在的意义,才能探索和发现规律,才能实现"自在自然"向"人化自然"转化,只有通过生产力的不断发展、人类社会的持续进步,才能实现人类解放的最终目标。

建设资源节约、环境友好的绿色发展体系将绿色发展观与社会主义相结合,使"美丽中国"成为社会主义发展的新目标。党的十九大报告提出,"我们要建设的现代化是人与自然和谐共生的现代化,既要创造更多物质财富和精神财富以满足人民日益增长的美好生活需要,也要提供更多优质生态产品以满足人民日益增长的优美生态环境需要"②。绿色发展是实现经济发展与环境保护和谐统一的理性发展方式,是实现"美丽中国"的重要途径。建设资源节约、环境友好的绿色发展体系,大力发展

---

① 王磊选编:《马克思恩格斯论道德》,人民出版社2011年版,第30页。

② 习近平:《决胜全面建成小康社会　夺取新时代中国特色社会主义伟大胜利——在中国共产党第十九次全国代表大会上的报告》,人民出版社2017年版,第50页。

绿色技术,开发新能源,补齐生态短板,实现绿色经济发展和绿色福利共享,是中华民族永续发展的坚定抉择,不仅丰富和发展了马克思主义生态理论将经济与环境的辩证关系置于历史唯物主义的高度,更是"形成节约资源和保护环境的空间格局、产业结构、生产方式、生活方式,还自然以宁静、和谐、美丽"①。

(四)发展动力上的理论创新

自然本身就是生产力,人与自然的和谐是发展的前提条件。绿色发展是人与自然和谐发展的必由之路,生态环境生产力也是生产力,深化和丰富了马克思主义生产力理论。② 在生产力理论中,马克思提出自然力量也是生产力,认为瀑布是自然力,矿山的矿藏量的丰富程度、土地的肥沃程度等也是自然力,这些自然力的大小程度,皆能成为地租大小的依据,从而形成级差地租。"因此,利用瀑布而产生的超额利润,不是产生于资本,而是产生于资本对一种能够被人垄断并且已经被人垄断的自然力的利用。"③自然力"是超额利润的一种自然基础"④。劳动的自然生产力是自然本身有助于物质财富生产的能力,自然是构成生产力的基本要素,生态环境与生产力是相互促进、协调发展,社会生产力和自然生产力的结合驱动着社会生存和再生产,破坏自然忽视环境保护导致的生态退化和环境恶化将阻碍生产力的发展。

新时代中国特色绿色生产力理论认为,保护治理环境是解放生产力,损害破坏生态环境是限制生产力发展,扩展了马克思主义的生产力理论,指明了在当前我国社会生产力水平稳步提高和国内主要矛盾发生深刻变化的背景下,改善和保护环境的必要性和重要性。正确处理经济发展同生态环境保护的关系,要"牢固树立保护生态环境就是保护生产力、改善生态环境就是发展生产力的理念,更加自觉地推动绿色发展、循环发展、

① 习近平:《决胜全面建成小康社会 夺取新时代中国特色社会主义伟大胜利——在中国共产党第十九次全国代表大会上的报告》,人民出版社2017年版,第50页。
② 方凤玲、白暴力:《五大发展理念对马克思主义发展观的丰富和发展》,《福建论坛(人文社会科学版)》2017年第5期。
③ 《资本论》第三卷,人民出版社2018年版,第727页。
④ 《资本论》第三卷,人民出版社2018年版,第728页。

低碳发展,决不以牺牲环境为代价去换取一时的经济增长"①。在经济新常态下,不以牺牲环境去换取一时的经济增长的绿色发展理念,将环境资源作为生产力发展的内在要素,坚持绿水青山就是金山银山,将推动自然环境的保护与发展作为我国经济社会可持续发展的动力,为新时代中国特色社会主义市场经济发展增添新动能。

节约资源是保护生态环境的根本之策。由于我国自然资源相对不足,各种资源尤其是不可再生资源的人均拥有量远远低于世界平均水平,各种资源的数量、品种、品质和分布也不均衡,再加上粗放式管理能源生产和消费,造成了资源的严重浪费和低利用效率,基于此状况,习近平总书记指出,传统依靠资源消耗的经济发展模式将难以为继,我们要坚持节约资源和保护环境的基本国策,"要大力节约集约利用资源,推动资源利用方式根本转变,加强全过程节约管理,大幅降低能源、水、土地消耗强度,大力发展循环经济,促进生产、流通、消费过程的减量化、再利用、资源化"②。强调节约资源是保护环境的根本之策,要改变环境污染末端治理的思路而从源头入手治理污染,大力推进资源循环利用,节约资源开发、节约资源产品、稀缺资源替代、废弃资源再生,走资源节约之路,促进绿色发展、循环发展、低碳发展。为建设资源节约、环境友好的绿色发展体系赋予了新的内涵,丰富和发展了马克思生产力理论。

(五)发展方式理论的重大创新

绿色发展既是一种发展的模式,也是一种发展追求的目标。马克思通过分析资本主义生产方式对自然的作用机制和对生态系统的影响,指出了社会生态系统会因人类个体的自身发展而产生变化,相应地发展模式也要变化。生态环境保护的成败归根到底取决于经济结构和经济发展方式。习近平总书记指出,"推动形成绿色发展方式和生活方式,是发展观的一场深刻革命"③。强调要"像保护眼睛一样保护生态环境,像对待

---

① 《习近平谈治国理政》第一卷,外文出版社2018年版,第209页。
② 《习近平谈治国理政》第一卷,外文出版社2018年版,第209页。
③ 《习近平谈治国理政》第二卷,外文出版社2017年版,第395页。

生命一样对待生态环境,坚决摒弃损害甚至破坏生态环境的发展模式"①,要充分认识形成绿色发展方式和生活方式的重要性、紧迫性、艰巨性,加快转变经济发展方式,"改变过多依赖增加物质资源消耗、过多依赖规模粗放扩张、过多依赖高能耗高排放产业的发展模式"②,更多依靠创新驱动、更多发挥先发优势的引领型发展。通过加大环境污染综合治理,推进生态保护修复,促进资源节约集约利用,倡导推广绿色消费,完善生态文明制度体系,建立绿色发展方式和节约适度、绿色低碳、文明健康的生活方式。

建设资源节约、环境友好的绿色发展体系是发展模式理论的重大创新。马克思认为,生产方式除物质生活资料的生产和再生产外,还有精神生产和再生产、社会关系的生产与再生产、人口自身的生产和再生产以及生态环境的生产与再生产等紧密联系着的丰富内容。注重生态环境的生产与再生产的绿色生产方式是绿色发展的基础,只有从源头上着手建立绿色生产方式才能在全社会生产方式构建和生活方式养成中树立"绿色化"的价值取向。中国特色社会主义进入新时代,以习近平同志为核心的党中央,坚持科技创新战略和节约资源和保护环境的基本国策,在马克思主义生产方式理论的基础上,不断推进生态文明建设注重生态环境的生产与再生产,在坚持绿色发展理念下将一切生产生活活动都放在自然界良性运行的大格局中考量,以经济社会全面协调可持续发展为目标,发展源于积累绿色财富和增加人类生态福祉的、人与人之间与自然之间和谐的绿色生产方式,大力推进绿色产品设计、绿色材料、绿色工艺、绿色设备、绿色回收处理、绿色包装等技术的绿色科技创新,创造绿色财富,促进绿色生产与生态环境系统相协调。绿色生产方式超越了单纯的经济增长范畴,"努力建设美丽中国,实现中华民族永续发展"③,丰富和发展了马克思主义生产方式理论。

---

① 《习近平谈治国理政》第二卷,外文出版社 2017 年版,第 395 页。
② 《习近平谈治国理政》第二卷,外文出版社 2017 年版,第 395 页。
③ 《习近平谈治国理政》第一卷,外文出版社 2018 年版,第 208 页。

四、建设资源节约、环境友好的绿色发展体系的路径

围绕建设资源节约、环境友好的绿色发展体系开展了多样化的实践探索，取得了一系列的成就。建设绿色发展体系，是社会主义生态文明和现代化经济体系建设的必然要求。党的十九大报告指出，"加快建立绿色生产和消费的法律制度和政策导向，建立健全绿色低碳循环发展的经济体系"。习近平同志在主持中共中央政治局第三次集体学习时强调："要建设资源节约、环境友好的绿色发展体系，实现绿色循环低碳发展、人与自然和谐共生，牢固树立和践行绿水青山就是金山银山理念，形成人与自然和谐发展现代化建设新格局。"①充分认识绿色发展体系在建设现代化经济体系中的重要地位和作用，我们必须增强贯彻绿色发展理念、建设美丽中国的自觉性和坚定性。

（一）以正确的思想观念为指导，建设绿色发展体系

人与自然是生命共同体，人类必须尊重自然、适应自然、保护自然。中国特色社会主义进入新时代，在建设绿色发展体系的过程中，要"清醒认识保护生态环境、治理环境污染的紧迫性和艰巨性，清醒认识加强生态文明建设的重要性和必要性"②，牢固树立社会主义生态文明观，践行正确的自然观念、发展理念与消费理念，开展全方位的绿色发展理念教育理论和实践活动。

牢固树立科学的自然观念。马克思、恩格斯认为，"人靠自然界生活"③，是自然界的一部分，人类在同自然的相处中生产、生活，如果人类善待自然，那么自然也会馈赠人类，如果人类破坏自然、浪费自然资源，那么自然也会报复人类，威胁人类的生存与发展。因此，我们必须在全社会树立科学的自然观念，充分认识自然资源的有限性，尊重自然、爱护自然、按自然规律办事，公平、高效、有节制地开发和利用自然，形成生态环境保

---

① 习近平：《深刻认识建设现代化经济体系重要性　推动我国经济发展焕发新活力迈上新台阶》，《人民日报》2018 年 2 月 1 日。

② 《习近平谈治国理政》第一卷，外文出版社 2018 年版，第 208 页。

③ 《马克思恩格斯文集》第 1 卷，人民出版社 2009 年版，第 161 页。

护的氛围,承担保护生态环境的责任,以科学的自然观念引领和指导绿色发展实践。

积极践行绿色发展理念。"绿水青山就是金山银山";"保护生态环境就是保护生产力,改善生态环境就是发展生产力"。习近平总书记鲜明地指出了践行绿色发展理念的价值和作用,绿水青山虽然本身不是生产力,但是作为自然资源融入生产过程之中就会展现和凸显对生产力发展的巨大作用,良好的生态环境为经济发展提供优质高效的生产资料,有助于推动经济社会的可持续发展;而经济发展则又有助于环境得到更好地保护与发展,进而实现人与自然的双赢。在全社会积极倡导和践行绿色发展理念,坚定走生产发展、生活富裕、生态良好的文明发展道路,有利于构建绿色经济、绿色生活等绿色循环低碳发展体系,加快形成人与自然和谐发展的现代化建设新格局。

倡导践行绿色消费理念。党的十九大报告指出,"倡导简约适度、绿色低碳的生活方式,反对奢侈浪费和不合理消费,开展创建节约型机关、绿色家庭、绿色学校、绿色社区和绿色出行等行动"[①]。在日常生活中坚持节约在先、集约意识相辅的节约集约原则,选择集约节约、绿色低碳、健康向上的生活方式和低碳环保、对自然友好的消费模式,避免盲目高消费,坚持适度消费。在居住、饮食、旅游等倡导绿色化与集约化,抵制奢侈浪费的非理性消费行为,减少对一次性产品的使用,以不对自然环境造成负担作为消费前提。在使用耐用消费品的情况下,尽可能选择汽车、电器等绿色新能源产品,培养绿色低碳的生活方式;在使用非耐用消费品的情况下,尽可能选择绿色产品,开展绿色节能行动,减少使用塑料产品,并拒绝过多的包装废弃物,节约水和能源,为绿色发展作出贡献。

(二)综合运用多种方法手段,建设绿色发展体系

构建绿色发展体系需要多方发力,多种方式手段共同发挥作用。

一是要推进融入绿色发展理念的供给方面的结构性改革,从产品生

---

① 习近平:《决胜全面建成小康社会 夺取新时代中国特色社会主义伟大胜利——在中国共产党第十九次全国代表大会上的报告》,人民出版社 2017 年版,第 51 页。

产的始端源头构建绿色发展模式,为绿色发展体系建立提供基础。供给侧结构性改革是绿色发展的必要前提和基础,通过改革的物质构成来实现经济结构的调整,使生产资料和生活资料的供给有效而且高端,从而提高生产要素与生活要素的生产效率,提升供给的质量与效益,推进与绿色发展直接相关的去产能、降成本、补短板等方面落到实处。实施供给侧结构性改革推动绿色发展,需要着眼于人们物质文化和生态需要的满足确定生产,以提高人的可持续生存和发展能力;需要以人类健康和环境保护为前提促进人与自然的和谐共生,实现人与自然和谐统一、生态与经济协调发展;需要优先发展绿色经济,优化服务社会的供给侧,发展绿色金融、绿色交通、绿色餐饮等新业态;需要补齐供给侧结构性改革生态环境短板,以科技创新打通绿色科技发展通道增强绿色供给,促进绿色生产。

二是建立高质量发展的现代化生态产业体系,大力发展低碳循环经济,降低生产领域、流通领域、消费领域中的资源能源消耗量,为广大人民群众提供更多的资源节约型、环境友好型生态产品,实现生产资料的循环再利用。按照社会化、市场化理念和智能化、信息化、数字化为核心的新技术革命以及消费需求的新变化建设现代化生态产业体系,通过技术创新、流程创新对传统产业进行生态化改造,以绿色发展模式替代高投入、高排放的旧有发展模式,通过多次循环使用提高资源利用率来发展循环经济,减少资源浪费和因生产而产生的废弃物,大力开发可重新利用的资源进入生产领域,增加可再生能源和清洁能源的使用,减少能源消耗和碳排放量,实现自然资源到生态产品的转化、生产到消费的低碳循环,生态修复和环境保护的节能减排,最终实现绿水青山向金山银山道路的转化。

三是大力开展减少污染、降低消耗和改善生态的绿色技术创新,发挥科技在促进经济社会发展"第一生产力"中的作用,推动经济高质量发展。建设绿色发展体系,需要在生产和消费过程中降低对生态环境的损害以利于经济发展和生态保护,从技术创新维度提升驱动环境经济社会复合系统功能。从关注产品数量向注重产品生态安全转变,强化清洁生产技术研发,增加绿色产品供给,消化吸收绿色技术外溢红利,加速绿色技术追赶步伐,提升绿色生产能力。在绿色科技发展中注重人力资源的作用,加强绿色技术产学研合作及国际领域的交流与合作,努力形成绿色核心技术,尽快实现科学技术从概念理论设计到探索发展再到材料最终完成向生产实践的转变和绩效转型,开拓更广阔的绿色产品市场。

(三)完善生态环境立法,强化体制机制保障,建设绿色发展体系

党的十八届三中全会通过的《中共中央关于全面深化改革若干重大问题的决定》指出,"建设生态文明,必须建立系统完整的生态文明制度体系,实行最严格的源头保护制度、损害赔偿制度、责任追究制度,完善环境治理和生态修复制度,用制度保护生态环境"①。党的十九届四中全会通过的《中共中央关于坚持和完善中国特色社会主义制度 推进国家治理体系和治理能力现代化若干重大问题的决定》提出的坚持和完善中国特色社会主义制度、推进国家治理体系和治理能力现代化的13条路径中的一条路径就是,"坚持和完善生态文明制度体系,促进人与自然和谐共生"②只有坚持和完善生态文明制度体系,破除阻碍绿色发展的体制弊端,形成社会主义生态文明发展的长效机制,才能为绿色发展体系建设提供体制机制保障。

实行最严格的生态环境保护制度。"坚持人与自然和谐共生,坚守尊重自然、顺应自然、保护自然,健全源头预防、过程控制、损害赔偿、责任追究的生态环境保护体系"③。生态环境保护体系的健全、生态文明制度的完善是对中国特色社会主义制度的补充和完善,是国家治理能力完善的重要体现。我们要加快建立健全国土空间规划和用途统筹协调的管控制度,完善主体功能区制度;建立健全绿色生产和消费的法律制度,构建以排污许可制为核心的固定污染源监管制度体系;完善污染防治区域联动机制和陆海统筹的生态环境治理体系,加大对生态破坏和环境污染的

---

① 《中共中央关于全面深化改革若干重大问题的决定》,人民出版社 2013 年版,第52 页。

② 《中共中央关于坚持和完善中国特色社会主义制度 推进国家治理体系和治理能力现代化若干重大问题的决定》,人民出版社 2019 年版,第 31 页。

③ 《中共中央关于坚持和完善中国特色社会主义制度 推进国家治理体系和治理能力现代化若干重大问题的决定》,人民出版社 2019 年版,第 31 页。

处罚力度；落实最严格的环境准入标准和保护措施，建立体现生态文明要求的目标体系、考核办法、奖惩机制；完善生态环境保护法律体系和执法司法制度，严格依法行政，推动绿色低碳循环发展。

全面建立资源高效利用制度。节约资源是保护生态环境的根本之策，践行节约集约循环利用的资源观，要"推进自然资源统一确权登记法治化、规范化、标准化、信息化，健全自然资源产权制度"①，明确各类自然资源产权主体权利。建立和落实全面覆盖各类全民所有自然资源的有偿出让制度、有偿使用制度，建立草原、天然林、湿地保护制度和沙化土地封禁保护修复制度，健全海洋资源开发保护制度和矿产资源开发利用制度，完善最严格的耕地保护制度、土地节约集约利用制度和水资源管理制度，禁止资源无偿出让或低价转让，实行资源总量管理和全面节约制度。健全资源节约集约循环利用政策体系，依据污染者使用者付费、保护者节约者受益原则，加快建立健全充分反映市场供求和资源稀缺程度、体现生态价值和环境损害成本的资源环境价格机制，实行资源消耗目标责任制，促进资源节约和生态环境保护。实行垃圾分类和资源化利用制度，建立有利于垃圾分类和减量化、资源化、无害化处理的激励约束机制，完善再生资源回收体系，落实生产者废弃产品回收处理等责任，构建覆盖全社会的资源循环利用体系。加快建立用能权、排污权和碳排放权交易市场，开展能源节约、资源循环利用、新能源开发、污染治理、生态修复等领域关键技术攻关，推进能源革命，构建清洁低碳、安全高效的能源体系。健全海洋资源开发保护、海洋主体功能区、围填海总量控制和自然岸线保有率控制等制度，健全海洋督察制度，完善海洋渔业资源总量管理制度，严格执行休渔禁渔制度，引导、控制和规范各类用海用岛行为。加快建立自然资源统一调查、评价、监测制度，有效对接地方与部委监督职能，健全自然资源监管体制，有效行使所有国土空间用途管制和生态修复保护职责。

健全生态保护和修复制度。树立和践行绿水青山就是金山银山的理

---

① 《中共中央关于坚持和完善中国特色社会主义制度　推进国家治理体系和治理能力现代化若干重大问题的决定》，人民出版社 2019 年版，第 32 页。

念,建设绿色发展体系,必须实施重要生态系统保护和修复重大工程,"统筹山水林田湖草一体化保护和修复,加强森林、草原、河流、湖泊、湿地、海洋等自然生态保护"①。必须优化生态安全屏障体系,加强对重要生态系统的保护和永续利用,制定规范的山水林田湖草一体化保护和修复制度行为准则,"构建以国家公园为主体的自然保护地体系,健全国家公园保护制度"②。加强长江、黄河等大江大河生态保护和系统治理,确保长江黄河清水东流。开展大规模国土绿化行动,使植树造林与爱树护林统一起来,封山育林与人工造林并举,"加快水土流失和荒漠化、石漠化综合治理,保护生物多样性,筑牢生态安全屏障"③。

严明生态环境保护责任制度。"建立生态文明建设目标评价考核制度,强化环境保护、自然资源管控、节能减排等约束性指标管理,严格落实企业主体责任和政府监管责任。"④落实环境保护主体责任,加大政绩考核体系中绿色发展相关系数的权重,建立绿色 GDP 考评体系,对领导干部实行自然资源资产离任审计,规范领导干部在任期内的合理经济行为,实行生态环境损害责任终身追究制,确保绿色发展的可持续性。高度重视生产、生活、生态三方立体的源头防控,推进生态环境保护综合行政执法,使中央生态环境保护督察制度落地生根,杜绝在发展决策中牺牲生态环境换取经济效益现象的发生。健全生态环境监测和评价制度,完善生态环境公益诉讼制度,构建以检察机关、社会公益组织和群众共同参与的制度实施体系,执行生态补偿和生态环境损害赔偿制度,实行以具体减排指标、资源利用和环境质量改善等具体任务为导向的目标考核,全面地衡量发展的绿色化水平,完善提升国家生态治理能力现代化水平。

---

① 《中国共产党第十九届中央委员会第四次全体会议文件汇编》,人民出版社 2019 年版,第 54 页。

② 《中国共产党第十九届中央委员会第四次全体会议文件汇编》,人民出版社 2019 年版,第 54 页。

③ 《中国共产党第十九届中央委员会第四次全体会议文件汇编》,人民出版社 2019 年版,第 54 页。

④ 《中国共产党第十九届中央委员会第四次全体会议文件汇编》,人民出版社 2019 年版,第 54 页。

（四）建设资源节约、环境友好的绿色发展体系的实践：推进绿色低碳清洁能源体系建设

2014年6月，习近平总书记在中央财经领导小组会上提出了促进中国能源转型发展的战略思想，要推动能源消费革命、能源供给革命、能源技术革命、能源体制革命和全方位加强国际合作，即能源行业"四个革命、一个合作"改革总体要求。

建设绿色低碳清洁能源体系的必要性。改革开放以来，中国经历了工业化和城市化的高速发展，化石能源在保障我国经济建设方面发挥着重要作用。40多年来，我国石油勘探开发取得了丰硕成果，初步形成了西北、东北、西南以及海上四大油气进口战略通道，LNG（液化天然气）接收站、地下储气库、国家石油储备库等基础设施的建设提高了我国采暖季油气调峰保供能力和全国管网应急能力；通过国际技术的引进和消化吸收，增强了自主创新能力，打破国外公司的技术垄断，油气开采生产技术国产化水平日益提高；能源消费能力和消费结构持续改善，天然气消费在我国能源消费中扮演着越来越关键的角色，为我国大气环境治理作出了突出贡献；油气体制逐步打破高度集中的计划经济体制，在引入竞争机制、培育市场主体、完善市场体系、转换国有企业经营机制等方面取得了重要进展；油气国际合作从最初的"引进来"到"走出去"，促进了资金、技术、资源在全球范围内的优化配置，为保障我国油气供应、推动能源转型、加快能源革命提供了重要保障，促进了国内经济社会发展，对稳定国际油气市场与全球能源发展作出了重要贡献。但是，不可否认，长期以来，重化工业优先的发展战略和粗放的发展模式使能源生产与消费高度依赖煤炭、石油等化石能源，影响了能源的使用效率，碳排放问题日益突出，环境问题日趋尖锐。党的十九大进一步明确，我国社会主要矛盾已经发生根本性变化，能源行业的不平衡不充分主要体现在化石能源为主的能源体系以及高污染、高排放、高能耗的生产生活方式与生态文明之间的不协调。因此，突破传统能源发展路径，建设绿色低碳清洁能源体系就显得尤为必要和关键。

推进能源革命，建设绿色低碳清洁能源体系。推进能源革命及绿色

低碳清洁能源体系发展,是我国新时代能源发展的重要突破点。党的十九大明确提出,我国经济已由高速增长转向高质量发展阶段,正处在转变发展方式、优化经济结构、转换增长动力的攻关期。实现高质量发展,要由规模扩张向质量效益型发展转变、由依靠投资拉动向创新驱动转变、由高耗能高排放向绿色低碳转变、由行政化管控向市场化运营转变、由主要依靠国内向提高全球竞争力转变。

一是新时代能源发展要由要素驱动转变为创新驱动。大力加强技术、管理和商业模式等创新,大力推动工业化和信息化深度融合,加快提高自主创新能力和行业技术标准引领能力,让创新成为发展的第一动力,以降低可再生能源投资和运维成本,因此,要深入研究和突破一批关键核心技术。世界主要发达国家都在实施以技术为支撑的能源转型政策。总体上看,未来能源行业将逐步与大数据、虚拟发电厂、智能电网、物联网、共享经济和区块链技术、数字技术融合,能源的发电成本将不断下降、能源投资重心向绿色清洁化能源转移,产业结构和能源消费结构进一步优化。中国在《能源技术革命创新计划(2016—2030)》中对可再生能源、先进储能、智能电网等技术都制定了发展路线图,技术创新已经成为未来能源转型的重要战略支撑。

二是新时代能源转型发展要充分考虑我国历史条件的约束,着眼于现有能源体系的整体协调发展。以供给侧结构性改革为契机,提升能源行业整体价值创造能力和市场竞争力,让协调成为中国能源转型发展的内生特点。尽管非化石能源成为世界能源转型与发展的方向,但中国的能源结构中石油天然气比重仍然偏低,特别是天然气行业正处于黄金发展阶段。做好新旧能源产业的协调发展将是能源转型长期面对的问题,要在保障能源安全与减少对化石能源的依赖之间协调和平衡发展。

党的十八大以来,油气能源体制改革提出要全产业链协调发展,通过进一步完善竞争机制,推动竞争性市场的建立,提高产品供给质量和效率,提升行业整体价值创造力。从区域看,我国西部能源密度比较高,东部是耗能密度、负荷密度比较高,存在区域分布不平衡。我国的现实情况是主要靠西气东输、西电东送、北煤南运等大型长距离运输工程来解决,未来也可考虑有效利用中东部的天然气和可再生能源,推动分布式能源的发展,让中东部地区成为能源的消费者和生产者,从而缓解能源区域间发展的不平衡矛盾。

三是提高能效,发展可再生能源是新时代能源转型的主要路径。为此,必须调整产业结构,限制高耗能产业发展,继续推动可再生能源发展。提高能效是能源结构改善的关键。改革开放以来,中国的能效提高了5倍,能源结构有了很大改善,但是能源强度仍然偏高,是世界平均水平的1.55倍,是日本的4.9倍,还有很大改进的空间。提高能效必须要调整产业结构,要限制传统重工业和高耗能产业的持续扩张。比如,我国长期以来对房地产行业的依赖,又带动水泥、钢材等产能的大规模发展,但其中包含着大量的资源浪费。另外,房屋建设质量和地方大量住房的空置率加大了能源消耗强度,需要加以改进。在快速工业化和城市化集聚化过程中,产生了城市雾霾、堵车、垃圾围城等问题,因此,要建立真正适应人居的友好城市,摆脱传统工业化发展的路径。

大力发展可再生能源是世界各国能源转型的主要目标,主要发达国家都在加快向太阳能、风能及生物质能能源转型进程、提高能源安全减少对化石能源的依赖。从全球趋势看,发电成本的持续下降是世界能源发展进入新时代的重要信号,风力和太阳能光伏发电已经成为可再生能源投资的两个主要领域。我国对可再生能源的投资规模增长速度很快,太阳能和风能发电设施将取代传统发电厂成为电力系统的支柱,因此需要更为灵活的供需双向匹配。随着分布式能源和电动汽车的兴起,智能电网技术成为推进可再生能源大规模应用的主要方向之一,目前主要发达国家将基本完成智能电表的升级,发展中国家的市场也在兴起,逐渐成为电力消费的新模式。

四是新时代的能源转型需要制度上的根本保障。既要发挥市场的内生活力,又要发挥政府在各种财政、金融、税收等政策制定中的作用。结合我国的实际状况,需要借鉴国际经验,完善创新驱动包括科技创新、管理创新、金融创新等手段,建立激励相容的制度安排,不断完善立法并加强监管,构建高质量的绿色低碳的现代能源经济体系。因此,要加强作为事前性制度安排的政府监管,和法律制度进行互补,有效保障能源的转型发展。在这个意义上,应该说,制度完善与创新是新时代中国能源转型与发展的关键。

第六节　多元平衡、安全高效的全面开放体系

在开放体系建设上,习近平总书记指出,"要建设多元平衡、安全高效的全面开放体系,发展更高层次开放型经济,推动开放朝着优化结构、拓展深度、提高效益方向转变"①。生产力的发展使生产从一国扩大到了全球范围,开放是全球化的必然选择。

一、马克思主义全面开放体系理论

（一）生产力发展使市场具有世界性

马克思主义认为,随着生产力的发展,生产的社会化从一国范围扩大到了世界范围。原来依靠本国产品来满足的需要,被遥远的国度和地区的新产品代替了,自给自足、自产自销的封闭状态,被各个民族的相互往来和各个方面的相互依赖取代了。由于世界市场的开拓,一切国家的生产和消费也都成为全球性的了。生产力的发展和资本的国际化趋势使各个国家、民族的生产、分工和商品交换都具有超越国界的、世界性的性质了,任何一个国家闭关自守不开放,不与世界发生联系是不可能生存下去的。全球化运动开启和促进了世界历史的形成,而"历史向世界历史的转变"的过程实质上就是全球化的过程。

（二）开放是全球化发展的必然选择

开放是生产力和生产关系协同发展的必然结果,也是经济全球化的必经之路。经济全球化包括生产全球化、贸易全球化和资本全球化。生

---

① 习近平:《深刻认识建设现代化经济体系重要性　推动我国经济发展焕发新活力迈上新台阶》,《人民日报》2018 年 2 月 1 日。

产全球化形成了世界性的生产网络,各国国内的生产活动成为世界生产的一个组成部分。贸易全球化加强了各国之间的经济联系,使产业在各国之间梯度转移,贸易依存度不断提高。资本全球化使投资主体和投资方式日趋多元化,各国对国际金融市场的依赖程度增强,投资的总量迅速增长。跨国公司凭借技术优势、规模经济、产品差异化等条件,使生产要素在全球范围内流动,导致了较高程度的生产国际专业化和广泛的国际协作,促进了新兴工业部门的建立和发展,促进了发展中国家产业技术的改造和民族经济的发展,在一定程度上实现了资源的优化配置、生产力的高度发展、科技水平和管理水平的提高。马克思客观地肯定了全球化消灭了各国以往自然形成的闭关自守状态,肯定了开放促使了生产力及人类社会的发展与进步。

二、建设多元平衡、安全高效的全面开放体系对马克思主义政治经济学的丰富和发展

（一）建设多元平衡、安全高效的全面开放体系坚定了全球化立场

建立在马克思主义全球化理论基础上,建设多元平衡、安全高效的全面开放体系表明了中国永远开放的立场。"历史告诉我们,关起门来搞建设不会成功,开放发展才是正途。"①习近平总书记指出,"封闭的空间只会四处碰壁,开放的道路才会越走越宽"②。总书记表示,我们要以更加开放的心态和举措,共同把全球市场的蛋糕做大。我国"对外开放的力度将会越来越大"③,"改革开放只有进行时没有完成时"④。中国对外开放的基本国策不会动摇,与世界各国合作共赢的事业没有尽头,封闭、僵化、关起门来搞建设都不可能取得成功。习近平总书记特别强调,我国的对外开放是伴随我们走向现代化全过程的基本国策,而决不是一时的

---

① 《携手谱写亚太合作共赢新篇章——在亚太经合组织第二十五次领导人非正式会议第一阶段会议上的发言》,《人民日报》2017 年 11 月 12 日。

② 《习近平主席金句》,《人民日报》2019 年 12 月 26 日。

③ 《中国开放的大门不会关上》,《人民日报》2015 年 9 月 25 日。

④ 《习近平谈治国理政》第一卷,外文出版社 2018 年版,第 69 页。

权宜之计。"我国是经济全球化的积极参与者和坚定支持者,也是重要建设者和主要受益者。"①"引进来""走出去",中国已经越来越多地融入世界。这些论述向世界表明:中国对外开放的大门永远不会关上! 这一鲜明立场拓展了全面开放体系没有止境的时间长度。

(二)建设多元平衡、安全高效的全面开放体系揭示了共赢逻辑

建设多元平衡、安全高效的开放体系为商品、资本、技术等"引进来"和"走出去"开拓了更大市场空间,揭示了中国与世界息息相关的内在共赢逻辑。"当今世界,全球价值链、供应链深入发展,你中有我、我中有你,各国经济融合是大势所趋。"②随着我国对外开放的不断深入,我们既打开大门吸引外资,又走出国门对外投资;既坚持开放发展,又注重合作发展、共赢发展,统筹着国内和国际两个大局。当今世界并不太平,传统和非传统安全威胁相互交织,全球性挑战更加突出。习近平总书记指出,"我们应该以维护世界和平、促进共同发展为目标,以维护公平正义、推动互利共赢为宗旨,以国际法和公认的国际关系基本准则为基础,倡导并践行多边主义"③。中国和东盟共同体、东亚共同体、欧盟共同体紧密相关,应该在国际社会中突出自身的优势,施展各自的作用,实现多元融合共生,一同为本国人民和世界各国人民造福。我们将继续扩大市场开放,"要以'金砖+'合作为平台,加强同不同文明、不同国家的交流对话,让金砖的朋友圈越来越大,伙伴网越来越广"④。把国家的发展同世界的发展、国内的发展同对外开放、我国人民的利益与世界各国人民的共同利益联系起来统一思量,寻求共同建设"一带一路"等新的合作发展模式,以密切我们与世界各国的经济联系和合作的深入,以拓展全面开放的空间。总书记揭示了我国的发展离不开世界,我国经济的命运与世界经济的命

① 《习近平谈治国理政》第二卷,外文出版社 2017 年版,第 100 页。

② 习近平:《开放合作 命运与共——在第二届中国国际进口博览会开幕式上的主旨演讲》,人民出版社 2019 年版,第 3 页。

③ 习近平:《携手努力共谱合作新篇章——在金砖国家领导人巴西利亚会晤公开会议上的讲话》,《人民日报》2019 年 11 月 15 日。

④ 习近平:《携手努力共谱合作新篇章——在金砖国家领导人巴西利亚会晤公开会议上的讲话》,《人民日报》2019 年 11 月 15 日。

运息息相关、互相作用、互相影响的内在共赢逻辑,发展了马克思主义全球化理论,为世界经济增长扩大空间,拓宽建设多元平衡、安全高效的开放体系的广度。

（三）建设多元平衡、安全高效的全面开放体系把握了全球化规律

建设多元平衡、安全高效的全面开放体系是对全球化发展规律的准确把握,顺应了我国经济融入世界经济的趋势,坚定了以全球视野和更加开放的胸怀推行着互利共赢的开放战略。在世界经济日益复杂的形势下,习近平总书记指出,"世界经济发展面临的难题,没有哪一个国家能独自解决"①。不同国家、地区、民族,不同历史、宗教、习俗,彼此交相辉映、相因相生,才能共同擘画精彩纷呈的世界。因此,各国必须同心协力、同舟共济,在追求本国利益的同时兼顾他国的正当利益,在谋求本国发展的同时促进世界各国的一道发展,在建立国内和谐社会的同时建立平等均衡的新型全球发展伙伴关系。习近平总书记表示,我们"坚持共商共建共享原则,秉持绿色、开放、廉洁理念,深化务实合作,加强安全保障,促进共同发展。"②愿意同世界各国人民一道,把全球共享的机制做实、把全球合作的方式做活,愿意同更多国家商签高标准自由贸易协定,建设和平稳定、繁荣增长、改革进步、文明共荣之桥,把中国和世界的力量、和世界的市场、和世界改革的进程、和世界的文明连接起来,用和平的阳光驱散战争的阴霾,用繁荣的篝火温暖世界经济的春寒,在共同建设"一带一路"的过程中,促进全人类步入合作共赢、和平发展的道路。习近平总书记强调,要打造互利共赢的利益共同体,必须加强世界各国间的务实合作,并把各自的优势转化为切切实实的合作优势和发展优势。习近平总书记坚信,不同文化背景、不同经济发展水平、不同民族种族、不同大小的国家,只要团结互信、平等互利、合作共赢和包容理解,就完全可以和平发展。习近平总书记的论述表明,我们要不断学习、吸收和借鉴世界各国人

---

① 习近平:《开放合作　命运与共——在第二届中国国际进口博览会开幕式上的主旨演讲》,《人民日报》2019 年 11 月 6 日。

② 《中共中央关于制定国民经济和社会发展第十四个五年规划和二〇三五年远景目标的建议》,《人民日报》2020 年 11 月 4 日。

民创造的优秀成果,不能妄自尊大、唯我独尊,更不能妄自菲薄、自惭形秽,而是要与世界各国相互借鉴,互相取长补短、相得益彰。建设多元平衡、安全高效的全面开放体系既是对我国改革开放历史经验的深刻总结,更是我国通向繁荣富强"中国梦"的必由之路,增大了内外互动经济发展的空间。

(四)建设多元平衡、安全高效的全面开放体系提高了经济发展水平、提升了发展层次

建设多元平衡、安全高效的全面开放体系要求发展更高层次的开放型经济。我国的开放发展已由原来侧重于引进吸收和利用,转化为更注重提高"融入"世界发展轨道的实效;由侧重以优惠政策为主,转化为制度规范为主;由侧重以国际经贸规则的适应遵循者,转化为国际经贸规则的参与制定者;由侧重适应现有的国内国际政治经济关系秩序,转化为更重视改善、完善国内国际政治经济关系秩序。中国会采取积极主动的对外开放发展战略,并不断完善开放的经济发展体系,使之达到互惠互利、合作共赢、平衡发展、安全高效的目的;我们会在更大、更广的范围和领域,更深、更高的层次上提高我国开放型经济水平。开放发展虽然要适应国际经济关系和国际发展秩序,但也要加入世界经济的治理中,不断促进各种制度的完善和机制的健全。建设多元平衡、安全高效的全面开放体系的新思路,用实际行动促进了"一带一路"共建共赢,推动经济全球化朝着更加健康的方向发展,提升了开放型经济发展水平和发展层次,提升了对外开放的品质,丰富和发展了马克思主义全球化理论。

三、建设多元平衡、安全高效的全面开放体系

(一)建设全面开放体系是顺应新时代发展要求的必然选择

建设现代化经济体系的有机组成部分的多元平衡、安全高效的全面开放体系,是建设现代化经济体系的支撑,是适应引领我国经济发展新形势、顺应新时代高质量发展、是以开放促改革促发展的必然要求。

建设全面开放体系,有利于培育国际经济合作竞争新优势、开拓国际发展新空间。加快对外开放步伐、提高对外开放水平,都离不开国际资源

和国际市场而单独完成,只有通过建设全面开放体系,加强同各国创新合作共享创新成果,推动科技同经济深度融合,打破制约知识、技术、人才等创新要素流动的壁垒,以高端制造业和现代生产性服务业为重点加快培育竞争新优势,完善法治化、国际化、便利化国内营商环境,努力打造产业、区位、营商环境等综合竞争优势,才能补齐内陆沿边开放短板,有效对冲国际环境的不利影响,形成以技术、标准、品牌、质量、服务等为核心的竞争新优势,为商品、资本、技术等"引进来"和"走出去"开拓更大市场空间。

建设全面开放体系,有利于积极参与全球治理体系改革和建设。"面对世界经济复苏乏力、局部冲突和动荡频发、全球性问题加剧的外部环境"①,我国利用国际市场和资源既有挑战也有机遇,只有加强全球治理,才能共同应对挑战。中国将继续通过"一带一路"建设、国际产能合作等积极参与全球治理体系改革和建设,主动拓展经济合作新空间,发掘与发展中国家经贸合作的潜力,为世界贡献更多中国智慧、中国方案、中国力量,推动建设持久和平、普遍安全、共同繁荣、开放包容、清洁美丽的世界,让人类命运共同体建设的阳光普照世界! 推动经济全球化朝着更加开放、包容、普惠、平衡、共赢的方向发展,离不开多元平衡、安全高效的全面开放体系的支撑。

建设全面开放体系,有利于以开放促改革、促发展。"不断扩大对外开放、提高对外开放水平,以开放促改革、促发展,是我国发展不断取得新成就的重要法宝"②,也是我国改革开放40多年发展的成功实践。"改革必然要求开放,开放也必然要求改革"③。因为开放,我们在世界市场的汪洋大海中经风雨、见世面,增强了国际竞争力和自身能力;因为开放,我们加入世界贸易组织,深度融入全球经济体系,与改革形成合力,书写现代化建设的新辉煌。建设现代化经济体系需要建设多元平衡、安全高效

---

① 习近平:《决胜全面建成小康社会　夺取新时代中国特色社会主义伟大胜利——在中国共产党第十九次全国代表大会上的报告》,人民出版社2017年版,第2页。

② 《习近平谈治国理政》第二卷,外文出版社2017年版,第100页。

③ 《习近平关于社会主义经济建设论述摘编》,中央文献出版社2017年版,第295—296页。

的全面开放体系,不断提高开放型经济水平,完善对外开放体制机制,以深层次的开放推动改革向纵深发展,为经济发展注入新动力、增添新活力、拓展新空间。

建设全面开放体系,有利于推动经济高质量发展。我国经济已由高速增长阶段转向高质量发展阶段,建设现代化经济体系的主攻方向就是提高供给体系质量、扩大中高端供给,建设全面开放的经济体系。通过优良的营商环境、规范的制度扩大市场准入,高水平引进国外优质资本、技术、管理等资源,增加中高端产品和服务供给。通过"拓展对外贸易多元化,提升一般贸易出口产品附加值,推动加工贸易产业链升级和服务贸易创新发展"①。通过主动开放加快"走出去",不断提高对外投资营利能力,在更广范围、更深层次充分利用国际优质的资本、技术等资源和国际市场,加快培育国际经济合作和竞争新优势,提高开放效益,提升经济发展质量。

(二)建设全面开放体系,多元平衡是特征、安全高效是根本

多元平衡是建设全面开放体系的内在特征。开放的多元性,既有出口商品的多元和出口市场的多元,也有进口市场的多元和经营主体的多元;既有开放领域的多元、开放区域的多元和引资方式的多元,也有对外投资主体的多元、投资方式的多元和投资市场的多元。开放的平衡性,既重视开拓发展中国家市场也巩固发达国家传统市场;既向制造业开放也向服务业开放;既提升沿海开放水平也重视加快内陆和沿边开放,以"一带一路"建设为重点,坚持"引进来"与"走出去"并重,形成陆海内外联动、东西双向互济的开放格局;坚持把推动对外贸易平衡发展作为重要目标,引资、引技、引智有机结合,赋予自由贸易区更大改革自主权,发挥国内市场的吸引力和影响力,在研发、生产、销售等方面开展国际化经营,推动同周边国家互联互通,建立均衡、共赢、关注发展的多边经贸体制,提高我国在对外贸易中的地位和影响。

---

① 《中共中央国务院关于新时代加快完善社会主义市场经济体制的意见》,人民出版社2020年版,第21页。

安全高效是建设全面开放体系的根本要求。牢牢把握经济发展的主导权,才能有效维护我国的经济安全。在建设全面开放体系的过程中,要始终牢记安全高效的根本要求,既要有效利用境外优质资源拓展空间,也要注重防范国际大宗商品价格波动风险的冲击;既要积极承接跨国项目促进产业结构调整,也要注重防范金融风险、"文化侵蚀";既要"走出去"拓展海外业务,也要注重防范人员和资产安全风险;既要提高开放效益,也要注重防范只求速度规模不求质量的风险;既要引进外资引进先进技术,也要注重防范依赖外源动力的风险;既要坚持世贸组织规则、国民待遇原则,也要加强监管注重防范垄断、安全审查等违犯公平竞争的风险。

(三)建设多元平衡、安全高效的全面开放体系的路径

建设全面开放体系,必须坚持"引进来"和"走出去"并重原则,以"一带一路"建设为重点构建对外开放新格局。既要发掘、发展与国外企业的经贸合作,"走出去"主动地拓展经济合作新空间,又要通过"一带一路"建设、国际产能合作等发挥我国商品、资本、技术、市场等优势拓展对外贸易,培育贸易新业态新模式;既要依托各类开发区发展高水平经贸产业合作园区,促进商品、资金、技术、人员更大范围流通,又要加强市场、规则、标准方面的软联通,强化合作机制建设;既要大幅放宽市场准入、外资准入限制,扩大金融、教育、文化、医疗等服务业领域对外开放,又要创新对外投资方式,形成面向全球的贸易、投融资、生产、服务网络,提升国际经济合作水平。

建设全面开放体系,必须坚持陆海内外联动、东西双向互济的格局。优化区域开放布局,补齐内陆沿边开放基础设施、产业发展、体制机制和政策环境等短板,继续挖掘中西部欠发达地区的要素成本潜力,加快承接沿海加工贸易转移,使沿海与内陆沿边相协调的开放。优化产业开放布局,补齐服务业开放短板,以创新驱动为导向促进产业转型升级,扩大服务业对外开放,使制造领域开放与服务领域开放相互促进、相得益彰,促进对外投资与国内产业发展相协调。优化开放营商环境,补齐开放制度不完善的短板,调动地方积极性,以规范制度为主、优惠政策为辅,全面实行完善法治化、国际化、便利化营商环境。"加大西部和沿边地区开放力

度,推进西部陆海新通道建设,促进东中西互动协同开放,加快形成陆海内外联动、东西双向互济的开放格局。"①

　　建设全面开放体系,必须坚持质量效益,变被动为主动。实现了历史性跨越的我国对外贸易,大而不强、大而不优。要实现注重规模速度向注重质量效益的转变,必须推动外贸产品优进优出、优质优价,接轨国际高标准贸易投资规则;必须推进贸易高质量发展,拓展对外贸易多元化,形成市场配置资源新机制、经济运行管理新模式;必须注重提高出口产品的技术创新水平和盈利能力,利用好优质资源和先进的管理经验,主动顺应经济全球化的进程,不断从国际经贸规则的适应遵循者向参与制定者转变;必须创新对外投资方式,提升对外投资质量,推动贸易和投资自由化便利化,在"一带一路"建设中完善全球经济治理,培育国际经济合作和竞争新优势。

第七节　充分发挥市场作用、更好发挥政府作用的经济体制

　　在经济体制建设上,习近平总书记指出,"要建设充分发挥市场作用、更好发挥政府作用的经济体制,实现市场机制有效、微观主体有活力、宏观调控有度"②。自商品经济产生以来,资源配置的方式不外乎两种:一是市场自发调节;二是政府调控。政府与市场的关系,其实质就是究竟由谁来决定资源分配,或是能否、如何使两者同时参与资源分配。近代以来,各经济学流派从理论上探索了这一问题;新中国成立以来尤其是改革开放以来,我们党对这一问题也进行了深入的探索。理论和实践证明,由于信息成本及激励机制等方面优势,市场是有效的资源配置方式;但市场得以形成依赖政府提供产权界定、保护交易秩序,因而政府是市场经济中

---

　　① 《中共中央国务院关于新时代加快完善社会主义市场经济体制的意见》,人民出版社2020年版,第21页。
　　② 《深刻认识建设现代化经济体系重要性　推动我国经济发展焕发新活力迈上新台阶》,《人民日报》2018年2月1日。

不可或缺的角色。新时代全面深化改革和构建现代化经济体系,如何处理好政府与市场关系,有效发挥政府与市场的互补性作用是其中的关键。

一、马克思主义有关计划与市场理论

（一）马克思主义计划经济理论

马克思和恩格斯在全面批判资本主义生产方式的基础上,认为全面废除商品经济,发展计划经济,只有如此,"社会的生产无政府状态就让位于按照社会总体和每个成员的需要对生产进行的社会的有计划的调节"①。即在产权制度上实行公有制,在分配制度上实行按需分配,在生产领域实行按计划生产。但是这些预想只能适用于生产力发展水平较高的国家;由于时代的局限性,马克思和恩格斯未能对落后国家如何进行社会主义经济建设作出科学预想。

列宁的经济思想经历了由"战时共产主义"到"新经济政策的转变"。苏俄国内战争时期,列宁主张用政府的行政命令代替自由市场,在国内消除商品经济,实行计划经济,保持足够高的汲取率,以满足军费开支。他指出"只有实行巨大的社会化的计划经济制度……才可能消灭一切剥削"②。这一时期,列宁提出了计划经济(马克思称之为时间经济)的具体思路,初步确定了物质产品平衡表核算体系。但是,随着内战接近胜利,这一政策逐渐引起农民的抵制,甚至引发了饥荒和城市工人罢工。面对这样的局面,列宁提出了新经济政策,将已经废止了的商品、货币、市场重新引回到计划经济体制中,"把商品交换提到首要地位,把它作为新经济政策的主要杠杆"③;但他同样强调新经济政策并不是要改变政府统一的经济计划,而是"在国家的正确调节(引导)下活跃国内商业"④,作出了新经济政策是在国家调控下的商品经济的结论。新经济政策在理论与实践上初步探索了市场经济与计划经济结合的可行性,结合了苏俄的实际

---

① 恩格斯:《社会主义从空想到科学的发展》,人民出版社 2018 年版,第 75 页。
② 《列宁全集》第 10 卷,人民出版社 1958 年版,第 407 页。
③ 《列宁全集》第 41 卷,人民出版社 2017 年版,第 333 页。
④ 《列宁全集》第 42 卷,人民出版社 1987 年版,第 248 页。

国情,是对马克思、恩格斯政府关于市场关系理论的创造性发展。

普列奥布拉任斯基、布哈林和斯大林主张实行高度集中的计划经济体制。列奥布拉斯基在其《新经济学》中,论述了社会主义原始积累的规则,即通过计划的非商品化规律不断压缩价值规律;并准确地预见到了新经济政策下的粮食收购危机和商品经济对官僚阶层的腐蚀。斯大林认为商品经济可以存在于个人领域,而生产资料不在商品范畴之内,不应受市场调节①。19 世纪 30 年代至卫国战争之前,苏联通过农业集体化和高度向中央集中的资源分配机制,将资源向工业尤其是重工业部门倾斜;至 1937 年,苏联工业总产值跃居欧洲第一、世界第二。但这种高度集中的政治经济体制同样暴露出很多问题,尤其在 19 世纪 60 年代后,体制僵化、资源分配不平衡等问题逐渐随着官僚集团执政水平的下降而暴露,最终积重难返而导致苏联解体。

其他社会主义国家的经济理论家和西方的马克思主义研究者也对政府和市场关系问题进行了大量研究。中国特色社会主义经济理论中关于社会主义市场经济体质的论述就是对马克思主义关于政府与市场关系学说的重大发展。

总之,马克思主义政治经济学对于政府与市场关系的理论一直在随着现实经济情况的变化不断深化与发展。尽管认识的过程存在一定的反复性,但发展政府适当调控市场经济逐渐成为各流派的共识。

(二)马克思主义关于市场的理论

市场在资源配置中能最有效实现私人劳动向社会劳动的转变。市场是商品经济的产物,伴随社会分工和商品交换的发展而发展。市场中蕴含了一切商品交换关系,进而包含了一切社会生产参与者之间的关系。马克思主义经济理论通过对社会生产、商品本质的剖析,论证了市场是迄今为止效率最高的一种资源配置的方式。市场在资源配置中能最有效地实现私人劳动向社会劳动的转化。根据马克思的劳动价值论,生产商品

---

① [苏]普列奥布拉任斯基:《新经济学》,生活·读书·新知三联书店 1984 年版,第 230—233 页。

的劳动具有二重性,即生产使用价值的具体劳动和创造价值的抽象劳动。"一切劳动,从一方面看,是人类劳动力在生理学意义上的耗费;作为相同的或抽象的人类劳动,它形成商品的价值。一切劳动,从另一方面看,是人类劳动力在特殊的有一定目的的形式上的耗费;作为具体的有用劳动,它生产使用价值。"①商品的使用价值和价值因生产劳动的二重性而产生。商品生产者为了实现商品的价值必须让渡商品的使用价值,商品的购买者为了获取商品的使用价值必须补偿生产者以价值。要想解决经济社会中使用价值与价值这对矛盾就必须通过商品交换。马克思认为,"劳动产品只是在它们的交换中,才取得一种社会等同的价值对象性,这种对象性是与它们的感觉上各不相同的使用对象性相分离的。劳动产品分裂为有用物和价值物,实际上只是发生在交换已经十分广泛和十分重要的时候,那时有用物是为了交换而生产的,因而物的价值性质还在生产时就被注意到了。从那时起,生产者的私人劳动真正取得了二重的社会性质。一方面,生产者的私人劳动必须作为一定的有用劳动来满足一定的社会需要,从而证明它们是总劳动的一部分,是自然形成的社会分工体系的一部分。另一方面,只有在每一种特殊的有用的私人劳动可以同任何另一种有用的私人劳动相交换从而相等时,生产者的私人劳动才能满足生产者本人的多种需要。"②由于私有制和社会分工的存在,任何一个生产者的劳动都首先是私人劳动,通过商品交换,且只有通过商品交换,私人劳动才能转变为社会劳动,被社会承认,才能实现价值,才能给生产者以补偿。随着社会生产方式的不断演进,商品交换的深度与广度日益发展,但无论商品交换发展到何种程度都会存在"私人劳动与社会劳动"这对矛盾。人类社会经济发展的历史实践证明,市场经济是迄今为止商品交换最发达的形式,因而最有利于私人劳动向社会劳动的转变。

市场在资源配置中能最有效地实现社会必要劳动时间。马克思在开

---

① 《马克思恩格斯全集》第23卷,人民出版社1972年版,第60页。
② 《资本论》第一卷,人民出版社2018年版,第91页。

展《资本论》研究时,把社会看作是"庞大的商品堆积"。现在100多年过去了,商品仍旧是构成现代社会经济基础的基本细胞,商品生产仍旧是研究经济活动的起点和根本。马克思对于社会必要劳动时间的认识依旧正确并发挥着重要作用。马克思认为,"作为使用价值,商品首先有质的差别;作为交换价值,商品只能有量的差别,因而不包含任何一个使用价值的原子。"①"形成价值实体的劳动是相同的人类劳动,是同一的人类劳动力的耗费……只要它具有社会平均劳动力的性质,起着这种社会平均劳动力的作用,从而在商品的生产上只使用平均必要劳动时间或社会必要劳动时间。社会必要劳动时间是在现有的社会正常的生产条件下,在社会平均的劳动熟练程度和劳动强度下制造某种使用价值所需要的劳动时间。"②社会必要劳动时间决定商品的价值量,进而决定商品的市场价格。

首先,价格机制能最有效"外化"社会必要劳动时间。马克思认为,商品的价值量,进而社会必要劳动时间是个"内在的尺度",是无法直接进行度量的,只有借助于市场,借助于商品交换,才能发挥作用。社会必要劳动时间是一个总体概念,是外在于单个生产者的量。社会必要劳动时间仍像一股"无形的力量"在控制着市场交换,决定着商品的价值(价格)。商品交换成熟度越低,社会必要劳动时间越不准确,商品交换成熟度越高,社会必要劳动时间越准确。在市场经济下,商品交换已经发展到空前水平,价格机制日益完善,社会必要劳动时间可以更为准确地反映生产劳动的情况,可以更为准确地发挥"内在尺度"的作用,市场可以更为有效地配置社会经济资源。

其次,竞争机制能有效"优化"社会必要劳动时间。马克思认为,商品的价值量,进而社会必要劳动时间强调的是"相对性"。社会必要劳动时间是生产某种使用价值的部门平均劳动耗费,单个生产者的利益直接取决于它在部门中所处的位置。如果处于上游水平,那么就会盈利;反之则亏损。因此,对于生产者而言,"绝对好"并无意义,尽力做到"相对好"

---

① 《资本论》第一卷,人民出版社2018年版,第50页。
② 《资本论》第一卷,人民出版社2018年版,第52页。

才真正有意义。生产者会不遗余力地争取在竞争中获取有利位置,而这恰恰是市场机制中最基本的竞争机制。竞争机制的日益完善,有助于商品生产成本的节约、有助于经济资源的优化与重置。

(三)马克思主义关于市场机制缺陷理论

马克思在《资本论》中就曾对市场机制的缺陷进行深入剖析。马克思在《资本论》第二卷第3篇"社会总资本的再生产和流通"中,通过对社会总产品实现问题的分析,解读了市场机制的缺陷根源。在市场机制下,单个资本间是互为条件、互相交错,共同构成社会资本。一个经济社会正常运转的前提就是能够完成社会总产品的实现。社会总产品的实现"不仅是价值补偿,而且是物质补偿,因而既要受社会产品的价值组成部分相互之间的比例的制约,又要受它们的使用价值,它们的物质形态的制约"[①]。

研究社会总产品实现问题,要从社会总产品的构成入手。社会总产品从其实物形式上看是由生产资料和消费资料构成的。由此,社会生产可以分为两大部类:生产生产资料的第 I 部类和生产消费资料的第 II 部类。从价值形式上看,社会总产品由不变资本 c、可变资本 v 和剩余价值 m 三部分组成。

简单再生产条件下,社会总产品的实现条件是:

$I(v+m)=IIc$

由这一基本实现条件可以引申出另外两个实现条件:

$I(c+v+m)=Ic+IIc$

$II(c+v+m)=I(v+m)+II(v+m)$

扩大再生产条件下,社会总产品的实现条件是:

$I(v+\Delta v+m/x)=II(c+\Delta c)$

$I(c+v+m)=I(c+\Delta c)+II(c+\Delta c)$

$II(c+v+m)=I(v+\Delta v+m/x)+II(v+\Delta v+m/x)$

通过分析社会生产两大部类进行简单再生产和扩大再生产两种情况

---

① 《资本论》第三卷,人民出版社 2018 年版,第438页。

可以看出,社会再生产要顺利进行,两大部类必须均衡发展,总需求与总供给必须均衡。一方面,社会生产中的总供给与总需求在总量上要处于均衡状态。生产出来的产品与消费者的需求、生产的使用价值与价值在量上要相互匹配。另一方面,社会生产中的结构要均衡,即两大部类之间比例须均衡、同一部类内部比例须均衡。如,生产资料生产与消费资料生产、消费部类内部"必要消费资料"和"奢侈消费资料"都要按比例开展。

然而,单纯靠市场机制的力量无法实现总量与结构的均衡状态,因此,马克思认为,以资本主义私有制为基础的市场机制天生具有总量失衡、结构失衡等致命缺陷。市场对社会资源配置是通过价格和竞争所内含的物质利益来驱动资源在各部门之间移动和重新组合。当价格高、利润大,"就引起资本的过分猛烈的流入";当价格低,利润小,"就引起资本的过分猛烈的流出"①。这种调节过程本身就是以社会总劳动按比例分配失衡为前提,而且这种调节过程还不断加剧失衡状态,导致经济效率低下甚至市场自身灭亡。

市场机制缺陷具体表现为:

一是自发性。在市场经济中,市场主体以追求自身的利益为出发点,根据价格涨落决定自己的生产和经营活动。然而市场主体是在信息不完备、信号有可能失真、解读或许有误等情况下自行解读市场信号自发作出的经济决策,这就难以避免对市场作出错误判断,造成市场不能有效配置经济资源和资源浪费、资源利用的低效益。

二是盲目性。在市场经济条件下,参加经济活动的主体都是分散在各自领域从事生产经营的单个生产者和经营者,他们无法掌握整个社会各方面的信息,也无法控制全社会经济活动的变化,只是盲目地以追求利润作出经营决策。这种盲目性必然会造成经济波动和资源浪费,使社会处于无政府状态。

三是滞后性。在市场经济中,市场调节是一种经济活动参加者在某种商品供求不平衡导致价格上涨或下跌后才作出扩大或减少这种商品供

---

① 《马克思恩格斯选集》第1卷,人民出版社2012年版,第336页。

应决定的事后调节,从供求不平衡—价格变化—作出决定—到实现供求平衡,必然需要一个过程,而这一过程随着市场化程度的加深和市场的瞬息万变,市场机制的滞后性会在很大程度上阻碍资源配置的有效性。

市场经济自身无法弥补的先天缺陷只有在社会主义条件下,通过政府科学合理调整社会经济总量与结构才能弥补,才能充分发挥市场机制的各种巨大优势。

二、建设充分发挥市场作用、更好发挥政府作用的经济体制对马克思主义经济理论的丰富与发展

自新中国成立以来,我国的经济体制经过了一个漫长而复杂的变迁过程。我们党在理论与政策上对政府与市场关系的认识随着这一过程不断深化而完善。从开始全面学习苏联,照搬苏联的经济体制到党的八大召开后进入全面计划经济时代。自党的十一届三中全会把工作中心转到经济建设上来,我们党开始重新重视价值规律的作用并开始认识到市场配置资源的重要性。1982 年召开的党的十二大将政府与市场关系表述为"计划经济为主、市场调节为辅",党的十二届三中全会提出"社会主义计划经济是在公有制基础上的有计划的商品经济"[①],党的十三大提出"社会主义有计划商品经济的新体制,应该是计划与市场内在统一的体制"。1992 年邓小平发表了著名的"南方谈话",用是否有利于发展社会主义社会的生产力、是否有利于增强社会主义国家的综合国力、是否有利于提高人民的生活水平。"三个有利于"界定了社会主义的本质属性不在于计划还是市场。1992 年,党的十四大确定了我国要建立社会主义市场经济体制的改革目标,明确了市场在资源配置中起基础性作用,政府通过宏观调控等手段起辅助性作用。党的十五大、十六大、十七大、十八大

---

① 当时围绕建立"商品经济"(市场经济),1986 年国务院经济体制改革方案设计办公室的吴敬琏、周小川、楼继伟、李剑阁等提出"配套改革论",即要发挥市场的信息与激励作用,克服计划经济这方面缺陷,建立作为市场主体的企业、竞争性市场体系和通过市场进行调节的宏观管理体系的有机整体,配套进行改革。参见吴敬琏:《当代经济改革》,上海远东出版社 2003 年版,第 74—75 页。

报告提出了"进一步发挥市场对资源配置的基础性作用""在更大程度上发挥市场在资源配置中的基础性作用""从制度上更好发挥市场在资源配置中的基础性作用""更大程度更广范围发挥市场在资源配置中的基础性作用"。2013 年,党的十八届三中全会明确指出,"经济体制改革是全面深化改革的重点,核心问题是处理好政府和市场的关系,使市场在资源配置中起决定性作用和更好发挥政府作用"①。这一论断,使市场配置资源的作用由"基础性"上升为"决定性"的,对政府与市场关系做了更为清晰和肯定的界,丰富和发展了马克思主义经济理论。

(一)"市场在资源配置中决定性作用论"对马克思主义经济理论的丰富与发展

自党的十四大提出建立社会主义市场经济体制目标以来,各方面体制改革逐渐推进,极大促进了社会生产力发展,增强了党和国家生机活力。社会主义市场经济理论的提出和不断完善,为建立社会主义市场经济体制提供了理论基础。党的十八届三中全会提出,"使市场在资源配置中起决定性作用和更好发挥政府作用"。将市场的定位由"基础性"作用修改为"决定性"作用,是我们党对中国特色社会主义建设规律认识的一个新突破,是马克思主义中国化的一个新成果,标志着社会主义市场经济进入一个新阶段。市场"决定性"作用以马克思主义经济理论为支撑,结合中国改革实践丰富和发展了马克思主义。

"决定性作用"符合我国现阶段经济发展需要。人民日益增长的美好生活需要同不平衡不充分的发展之间的矛盾是当今社会的主要矛盾,这一主要矛盾决定了经济建设仍然是全党的中心工作。我国社会主义市场经济体制已经初步建立,市场化程度大幅度提高,对市场规律的认识和驾驭能力不断提高,宏观调控体系更为健全,主客观条件具备,有助于在完善社会主义市场经济体制上迈出新的步伐,充分发挥市场经济在资源配置方面的优势,提高我国生产力水平,增强经济实力。市场对资源配置的"决定性"作用,可以最大限度地发挥市场经济的价格机制、供求机制

---

① 《中共中央关于全面深化改革若干重大问题的决定》,人民出版社 2013 年版,第 5 页。

和竞争机制的优势,保证稀缺资源得到最有效配置,以尽可能少的资源投入获得尽可能多的产品、获得尽可能大的效益,增强经济实力和提升社会生产力,从而有助于当前社会主要矛盾的解决。

"决定性作用"符合中国特色社会主义发展需要。市场在资源配置中的"决定性"作用,是建设中国特色社会主义市场经济的新举措,是现阶段增强中国经济实力、发展壮大社会主义的最有效方式。

首先,我国经济体制改革始终坚持社会主义方向。改革的目标就是不断解放和发展生产力,不断满足人民日益增长的物质文化需要,实现人民幸福和人的全面发展。"改革开放特别是党的十八大以来,我国坚持全面深化改革,充分发挥经济体制改革的牵引作用,不断完善社会主义市场经济体制,极大调动了亿万人民的积极性,极大促进了生产力发展,极大增强了党和国家的生机活力,创造了世所罕见的经济快速发展奇迹"①。社会主义是符合劳动者利益的社会制度,更有利于生产力的发展。现阶段,充分发挥市场在资源配置中的"决定性"作用,将适合市场有效参与的经济活动交给市场,将政府不该管的事还给市场,让市场在所有能够发挥作用的领域都充分发挥作用,可以最大限度地激发社会生产的活力,推动资源配置实现效益最大化和效率最优化,让企业和个人有更多活力和更大空间去发展经济、创造财富;促进经济发展,创造更多的物质财富,实现共同富裕和人的全面发展,充分体现社会主义制度的优越性。

其次,坚持社会主义市场经济改革方向,发挥市场的资源配置"决定性"作用可以从深度和广度上推进市场化改革,减少政府对资源的直接配置,减少政府对微观经济活动的直接干预,有利于转变政府职能,有利于抑制消极腐败现象,进而增强政府的公信力,实现社会主义和谐社会目标。《中共中央国务院关于构建更加完善的要素市场化配置体制机制的意见》中指出,要"坚持稳中求进工作总基调,坚持以供给侧结构性改革

① 《中共中央国务院关于新时代加快完善社会主义市场经济体制的意见》,人民出版社2020年版,第1页。

为主线,坚持新发展理念,坚持深化市场化改革、扩大高水平开放,破除阻碍要素自由流动的体制机制障碍,扩大要素市场化配置范围,健全要素市场体系,推进要素市场制度建设,实现要素价格市场决定、流动自主有序、配置高效公平,为建设高标准市场体系、推动高质量发展、建设现代化经济体系打下坚实制度基础"①。

最后,市场在资源配置中的"决定性"作用,可以有效加快建设统一开放、竞争有序的市场体系,建立公平开放透明的市场规则,有利于转变经济发展方式,实现我国经济的产业升级,增强我国的国际竞争力和国际影响力,有助于我国屹立于世界民族之林,成为社会主义国家经济发展的成功案例。市场在资源配置中的"决定性"作用,是对马克思主义的继承,更是结合中国具体经济实践对马克思主义的发展。市场的"决定性"作用能更有效地配置社会经济资源,能更有效地发挥社会主义优越性,能更有效地提高人民福祉,提升国家实力。完善产权制度,建立归属清晰、权责明确、保护严格、流转顺畅的现代产权制度,夯实社会主义市场经济体制的基石;完善要素市场化配置,深化要素价格市场、劳动力市场、土地市场和资本市场改革;完善公平竞争的市场环境,全面实施市场准入负面清单制度和公平竞争审查制度;完善各类国有资产管理体制,健全公司治理结构,建立股权制衡机制;深化投融资、税收、金融、利率和汇率体制改革,健全金融监管体系。"使市场在资源配置中起决定性作用"是我们党对中国特色社会主义建设规律认识的一个新突破,是马克思主义基本原理与我国具体实际相结合完善社会主义生产关系的创新性成果,有利于经济体制机制的改革完善和资源优化配置,提高全要素生产率。

(二)"更好发挥政府作用论"是对马克思主义经济理论的丰富与发展

党的十八届三中全会的《中共中央关于全面深化改革若干重大问题的决定》在强调市场对资源配置起决定性作用的同时,提出要"更好"发挥政府的作用。习近平总书记在对《〈中共中央关于全面深化改革若干

---

① 《中共中央国务院关于构建更加完善的要素市场化配置体制机制的意见》,人民出版社 2020 年版,第 2 页。

重大问题的决定〉的说明》中特别指出："我国实行的是社会主义市场经济体制，我们仍然要坚持发挥我国社会主义制度的优越性、发挥党和政府的积极作用"①。《中共中央关于坚持和完善中国特色社会主义制度　推进国家治理体系和治理能力现代化若干重大问题的决定》提出了"构建系统完备、科学规范、运行有效的制度体系，加强系统治理、依法治理、综合治理、源头治理，把我国制度优势更好转化为国家治理效能"②的目标，可见，政府在社会主义市场经济中的作用，不是可有可无，而是要积极发挥作用，要"更好"发挥作用。"更好发挥政府作用论"以马克思主义经济理论为基础。建设中国特色社会主义市场经济很重要的一个问题就是处理好政府与市场的关系问题。市场机制虽然在资源配置和发展生产力方面有巨大优势，但由于其自身无法弥补的缺陷，必须在社会主义政府的正确引导和辅助下，才能发挥作用。

"更好"发挥政府作用能有效弥补和预防市场低效率。市场经济具有显著的优点，能够通过公平竞争激发经营主体自主经营、运用灵敏的经济信号及时对生产和需求进行协调从而优化资源配置、追逐最大利润，能够比计划经济体制下更好地提升市场主体进行生产的积极性，更快更好地发展社会生产力。但同时，市场经济也存在着自发性、盲目性、投机性、短期性、滞后性、不完全性和容易导致垄断行为等弱点，这些弱点会引发市场的逐利性、投机性，导致追求利润与坚持集体主义原则、与公平竞争的矛盾，导致贫富差距的拉大，对社会发展产生消极影响。而市场机制自身存在的缺陷，单纯靠市场配置资源是无法解决的。市场配置资源的效率必须在"更好"发挥政府作用基础上才能发挥出来。根据马克思的社会总产品实现理论，社会经济的健康顺利运行需要经济总量与经济结构的均衡发展。这一使命只有政府可以胜任，市场对此则无能为力。科学的宏观调控，是发挥市场经济体制优越性的内在要求和前提条件。只有

---

①　中共中央文献研究室编：《习近平关于社会主义经济建设论述摘编》，中央文献出版社2017年版，第53页。

②　《中共中央关于坚持和完善中国特色社会主义制度　推进国家治理体系和治理能力现代化若干重大问题的决定》，人民出版社2019年版，第5页。

政府能够超脱出限制单个市场主体的局部利益和短期利益,进而可以从社会宏观的角度对经济发展的趋势、总量、结构进行整体把控。此外,政府作用还具有前瞻性、全局性的特点。政府作用的上述优势,决定了"更好的政府作用"有利于实现宏观经济的稳定与发展,确保充分就业、物价稳定、供求平衡、国际收支平衡、共同富裕、可持续发展等目标的实现。

"更好"发挥政府作用是社会主义性质的保证。更好发挥政府作用,不仅是马克思主义社会总产品实现理论的运用,更是中国特色社会主义发展的内在需要。"社会主义市场经济体制是中国特色社会主义的重大理论和实践创新,是社会主义基本经济制度的重要组成部分。"[1]这就需要政府在建设社会主义市场经济进程中,在现有政府宏观管理的基础上,"更好"发挥政府作用的社会主义属性。经济基础决定上层建筑。习近平总书记在讲到"切实把思想统一到党的十八届三中全会精神上来"时说,"马克思在《〈政治经济学批判〉序言》中说:'人们在自己生活的社会生产中发生一定的、必然的、不以他们的意志为转移的关系,即同他们的物质生产力的一定发展阶段相适应的生产关系。这些生产关系的总和构成社会的经济结构,即有法律的和政治的上层建筑竖立其上并有一定的社会意识形式与之相适应的现实基础'"[2]。社会主义国家的改革,必须坚守社会主义方向。市场机制作为资源配置的方式属于经济运行机制的层次,需要在特定的经济制度下发挥作用。我国实行的是社会主义市场经济体制,我们仍要坚持发展社会主义制度优越性、发挥党和政府的积极作用。市场在资源配置中起决定性作用,并不是起全部作用。只有在"更好的政府作用"前提下,"市场的资源配置决定性"作用才有用武之地,才能真正为人民带来福祉。

习近平总书记在庆祝改革开放40周年大会上的讲话中指出,"40年来,我们始终坚持解放思想、实事求是、与时俱进、求真务实,坚持马克思

---

① 《中共中央国务院关于新时代加快完善社会主义市场经济体制的意见》,人民出版社2020年版,第1页。

② 中共中央文献研究室编:《习近平关于全面深化改革论述摘编》,中央文献出版社2014年版,第61页。

主义指导地位不动摇,坚持科学社会主义基本原则不动摇,勇敢推进理论创新、实践创新、制度创新、文化创新以及各方面创新,不断赋予中国特色社会主义以鲜明的实践特色、理论特色、民族特色、时代特色,形成了中国特色社会主义道路、理论、制度、文化,以不可辩驳的事实彰显了科学社会主义的鲜活生命力,社会主义的伟大旗帜始终在中国大地上高高飘扬!"[1]资本主义必然灭亡,社会主义必然胜利,马克思、恩格斯关于资本主义社会基本矛盾的分析没有过时。只有社会主义才能救中国,只有中国特色社会主义才能发展中国。坚持社会主义方向的重要前提就是坚持党的领导。在深化改革的进程中,只有"更好"发挥政府作用才能坚定不移坚持社会主义方向,才能不出现颠覆性错误。

"更好的政府作用"具体表现。"更好的政府作用"以马克思主义为理论指导,以发展壮大社会主义、增强中国经济实力、提高全体人民社会生活水平为目标,故应该从以下几个方面入手:

第一,保持宏观经济稳定。在深化改革进程中,"更好"发挥政府作用,首先表现为政府对宏观经济的总体把控以及顶层设计。

"更好"发挥政府作用要坚持创新发展。政府应积极推进理论创新、制度创新、科技创新、文化创新等各方面的创新,深入实施创新驱动发展战略,充分发挥科技创新在全面创新中的引领作用。积极推动政府职能从研发管理向创新服务转变;构建有利于创新发展的市场环境、产权制度、投融资体制、人才培养制度等;创新宏观调控方式,按照总量调节和定向施策并举、短期与中长期结合、国内与国际统筹、改革与发展协调的要求,完善宏观调控。

"更好"发挥政府作用要坚持协调发展。协调是持续健康发展的内在要求。由于各种历史与社会原因,不平衡不协调是我国经济发展的一个重要难题。坚持平衡发展、协调发展理念,正确处理发展中的城乡协调问题、区域协调问题、物质文明和精神文明协调问题。"更好"发挥政府作用就是要在协调发展中实现全面建成小康社会的奋斗目标。

---

① 习近平:《在庆祝改革开放40周年大会上的讲话》,人民出版社2018年版,第11页。

"更好"发挥政府作用要坚持绿色发展。绿色是永续发展的必要条件和人民对美好生活追求的重要体现。节约资源、保护环境,坚持绿色富国、绿色惠民,为人民提供更多优质生态产品,推动绿色发展方式和生活方式,是政府进行宏观调控需要遵循的基本准则。

第二,加强和优化公共服务。社会主义国家是人民当家作主,政府的宗旨就是为人民服务。为人民提供公共服务和公共产品是政府义不容辞的职责所在。这一方面的工作,要"以促进社会公平正义,增进人民福祉为出发点和落脚点"。党的十八届五中全会通过的《中共中央关于制定国民经济和社会发展第十三个五年规划的建议》指出:必须坚持发展为了人民、发展依靠人民、发展成果由人民共享。党的十九大报告强调,"必须始终把人民利益摆在至高无上的地位,让改革发展成果更多更公平惠及全体人民"①。"更好"发挥政府作用,在公共服务方面要坚持普惠性、保基本、均等化、可持续方向,从解决人民最关心、最直接、最现实的利益问题入手,增强政府职责,提高公共服务共建能力和共享水平。要加强义务教育、就业服务、社会保障、基本医疗和公共卫生、公共文化、环境保护等基本公共服务,努力实现全覆盖。加大对革命老区、民族地区、边疆地区、贫困地区的转移支付。加强对特定人群特殊困难群众的帮扶。"更好"发挥政府作用,将改革成果惠及全体人民,实现共同富裕。

第三,保障公平竞争,加强市场监督,维护市场秩序,弥补市场失灵。一方面,市场资源配置的优势需要良好的市场环境。为此,需要政府健全市场体系,进一步规范商品市场以及要素市场;放开相关行业市场准入,放松价格管制,促进公平竞争;完善市场准入和退出机制、交易规则、公平竞争、特许经营等方面的配套制度,注重市场的培育和监管,规范市场秩序,促进市场体系实现统一开放、竞争有序;另一方面,政府需要总体设计、统筹协调、整体推进、督促落实,从宏观角度对市场配置资源加以引导和辅助,弥补市场失灵,提高资源配置效率。加大再分配调节力度,健全

---

① 习近平:《决胜全面建成小康社会 夺取新时代中国特色社会主义伟大胜利——在中国共产党第十九次全国代表大会上的报告》,人民出版社 2017 年版,第 45 页。

科学的工资水平决定机制,推行企业工资集体协商制度,实行有利于缩小收入差距的政策,规范收入分配秩序,保护合法收入,规范隐性收入,取缔非法收入。"更好"发挥政府作用可以在充分发挥市场活力的同时,充分体现社会主义的优越性。

"更好"发挥政府作用,能有效弥补市场作用的缺陷,能为市场"决定性"作用保驾护航,能保证社会主义方向,能保障人民根本利益。"更好"发挥政府作用既是对马克思主义的继承,也是对马克思主义的创新。

(三)"两手合力"推进建设社会主义市场经济体制机制

发展社会主义市场经济,既要发挥市场作用也要发挥政府作用。"看不见的手"和"看得见的手"都要用好,要使二者各司其职、各负其责,让"两只手"形成合力,努力形成市场作用与政府作用的有机统一、相互补充、相互协调、相互促进的格局,推动经济社会持续健康发展。"两手合力论"丰富和发展了马克思主义经济理论。

社会主义基本经济制度是市场"决定性"作用和"更好"发挥政府作用的共同基础。我们党坚持走社会主义道路,并为之而不懈奋斗,是因为社会主义制度优于资本主义制度。坚持社会主义道路,就必须坚持和完善公有制为主体、多种所有制经济共同发展的基本经济制度,必须毫不动摇巩固和发展公有制经济,坚持公有制主体地位,发挥国有经济主导地位,不断增强国有经济活力、控制力、影响力。经济基础决定上层建筑,只有坚持和完善社会主义基本经济制度,才能保证改革的社会主义道路,才能真正代表人民的利益,才能代表先进生产力的发展方向。因此,如何看待市场这个问题也应持同样态度,不能将其优长与弊端不加区别地照单全收搞"一锅烩"。社会主义市场经济就是"将社会主义基本制度的优越性与市场经济体制的优越性有机地融合起来,使之在发展社会生产力方面发挥出巨大的'合力'作用"①。此外,政府是人民的政府,是社会主义性质的政府,也就必须坚持社会主义基本经济制度不动摇。坚持和完善公有制为主体、多种所有制经济共同发展的基本经济制度,能最大限度发

---

① 习近平:《关于社会主义市场经济的理论思考》,福建人民出版社 2003 年版,第 13 页。

挥市场经济配置资源的效率,能最大限度地解放和发展生产力,解放和增强社会活力、促进人的全面发展,"更能激发全体人民的积极性、主动性、创造性,更能为社会发展提供有利条件,更能在竞争中赢得比较优势,把中国特色社会主义制度的优越性充分体现出来"①。改革别无他路,必须坚持中国特色社会主义道路的正确方向。"两手合力"是中国特色社会主义市场经济理论的新发展,是深化改革的重要举措。因此,必须坚持社会主义道路不能变,高举马克思主义旗帜不能变。坚持社会主义方向,要始终坚持和完善社会主义基本经济制度。社会主义基本经济制度是市场"决定性"作用和"更好"发挥政府作用的共同经济基础。

追求人民利益是市场"决定"作用和"更好"发挥政府作用的共同目标。改革的动力来自人民,改革的目标也是人民——人民是历史的创造者,是我们的力量源泉。改革开放之所以得到广大人民群众的衷心拥护和积极参与,最根本的原因在于我们一开始就使改革开放事业深深扎根于人民群众之中。坚持以人为本,尊重人民的主体地位,发挥群众首创精神,紧紧依靠人民推动改革。不断改革创新,使中国特色社会主义在解放和发展社会生产力,把社会主义制度的优越性充分体现出来。无论是市场的"决定性"作用还是"更好"发挥政府作用,都必须全面贯彻群众路线,以人民利益为工作的终极目标,紧紧依靠人民群众推动改革,发挥人民的积极性、主动性、创造性,最大限度调动人民群众的主人翁责任感。"推进任何一项重大改革,都要站在人民立场上把握和处理好涉及改革的重大问题,都要从人民利益出发谋划改革思路、制定改革举措。"②

"两手合力"是市场"决定性"作用与"更好"发挥政府作用的有机统一,只有"更好"发挥政府的作用才能充分发挥市场的"决定性"作用。市场的"决定性"作用和"更好"发挥政府作用具有共同的经济基础与目标追求,这就为二者的有机统一奠定了坚实的基础,这就决定了市场的"决定性"作用和"更好"发挥政府作用成为"两手合力"的"两只手",这"两

---

① 《习近平谈治国理政》第一卷,外文出版社 2018 年版,第 93 页。
② 《习近平谈治国理政》第一卷,外文出版社 2018 年版,第 98 页。

只手"要共同发力,协同一致,形成合力,共同为中国特色社会主义市场经济助力。只有"更好"发挥政府的作用才能充分发挥市场的"决定性"作用。首先,"更好"发挥政府的作用有助于市场环境的培育。理论和实践都证明,市场配置资源是最有效率的形式。要想使市场在资源配置中的"决定性"作用充分发挥出来,前提就是良好的市场环境。良好的市场环境不是天生的,是需要在政府的引导下一步步建立起来的。市场"决定性"作用以价格机制、供求机制和竞争机制的有效运转为基础,为此,政府应该致力于培育公平公正的市场环境、创造统一开放的市场、培育独立自主的市场主体、完善现代企业制度等,为市场在资源配置中发挥效率创造条件。其次,"更好"发挥政府作用为市场的"决定性"作用把握方向。习近平总书记强调,"要处理好活力和有序的关系,社会发展需要充满活力,但这种活力又必须是有序活动的。死水一潭不行,暗流汹涌也不行"①。新常态下,我国面临着投资和消费需求增长放缓、产能过剩、资源生态环境约束加大、劳动力等要素成本上升等诸多问题。为此,需要按照"适应新常态、把握新常态、引领新常态"的总体要求进行战略谋划,这恰恰是政府的职责所在。"更好"发挥政府作用,积极推进经济发展方式从规模速度型向质量效益型转变、化解过剩产能、优化升级经济结构、推动产业从中低端向中高端迈进、从更多依靠要素投入向更多依靠创新驱动转变等工作。"更好"发挥政府作用克服了市场的盲目性,为市场的"决定性"作用把握了方向。再有,"更好"发挥政府作用有助于进一步提升市场效率。政府通过积极规划和引导基础设施建设,为市场"决定性"作用的发挥构筑坚实的物质保障;政府通过搭建公共服务平台和建立健全社会保障体系,既解决了市场机制的后顾之忧,充分调动起劳动者积极性,又有助于劳动力资源的优化配置,为市场机制增强了活力。此外,"更好"发挥政府作用有助于纠正市场自身的弊端。市场机制源于生产资料私有制,天生就具有私有制的诸多弊端,体现为盲目性、滞后性、短期性等方面,这些问题如不能加以解决和改善,不仅不能发挥市场配置资源

---

① 《习近平谈治国理政》第一卷,外文出版社 2018 年版,第 93 页。

方面的高效率,而且有可能毁灭市场经济本身。市场天生的这些问题,不能通过市场经济的完善和发展得到解决,只能通过"更好"发挥政府作用才能真正纠正市场自身的这些弊端,才能确保市场"决定性"作用的有效发挥,才能体现中国特色社会主义市场经济的先进性。

只有发挥市场"决定性"作用才能"更好"发挥政府作用。首先,市场"决定性"作用为"更好"发挥政府作用提供活力与资源。市场的"决定性"作用可以"让一切劳动、知识、技术、管理、资本等要素的活力竞相进发,让一切创造社会财富的源泉充分涌流"①。新常态下,经济发展要保持中高速增长、全面建成小康社会在很大程度上需要依靠市场的"决定性"作用。市场的"决定性"作用有助于全社会形成朝气蓬勃的局面;将市场特有的运行机制运用于政府管理中,有助于创新政府资源配置的方式和治理监管方法,增强政府工作活力、提升工作效率;市场的"决定性"作用有助于增强我国经济实力,增加社会财富,提升综合国力,既为全面建成小康社会奠定坚实的物质基础,也为政府发挥作用提供了充足的物质资源。其次,市场"决定性"作用有助于政府集中精力"更好"发挥作用。充分发挥市场的"决定性"作用,有助于政府把该管的事管好、管到位、管彻底。2017 年 1 月中共中央办公厅、国务院办公厅联合下发的《关于创新政府配置资源方式的指导意见》中强调,"在社会主义市场经济条件下,政府配置的资源主要是政府代表国家和全民所拥有的自然资源、经济资源和社会事业资源等公共资源。为解决当前政府配置资源中存在的市场价格扭曲、配置效率较低、公共服务供给不足等突出问题,需要从广度和深度上推进市场化改革,大幅度减少政府对资源的直接配置,创新配置方式,更多引入市场机制和市场化手段,提高资源配置的效率和效益"②。在资源配置方面充分发挥市场的"决定性"作用,积极推进市场化改革,让市场在微观层次充分展现活力,可以推进政府职能的转变,深化政治体制改革,让政府从"直接干预、过多干预、不当干预"的状态

---

① 《习近平谈治国理政》第一卷,外文出版社 2018 年版,第 93 页。
② 中共中央办公厅、国务院办公厅印发《关于创新政府配置资源方式的指导意见》,《人民日报》2017 年 1 月 11 日。

中摆脱出来。明确政府职责,切实履行职责,政府只负责该管的事,增强政府管理的效果与效率,"更好"发挥政府作用。再有,市场"决定性"作用有助于为政府提供有活力的主体保障。政府的各项政策措施必须依靠社会主体的贯彻执行才能发挥作用,社会主体的状态直接决定了政府政策措施的有效性。一方面,市场资源配置中的"决定性"作用可以激发经济发展活力、增强经济实力,有效增进社会财富、提高人民生活水平,进而提升社会主体对社会发展的满意度和认同感。另一方面,在政府管理中充分借助市场机制的各种优势,更好地服务人民群众。将市场的竞争机制引入政府日常管理、公共产品服务等方面,可以极大提高配置效率,提高基本公共服务的可及性、公平性,进而充分激发社会主体的积极性、主动性和创造性,调动起社会主体的活力,促进政府"更好"发挥作用。

"市场在资源配置中的决定性作用"和"更好的政府",二者是互为前提,内在统一的关系。"使市场在资源配置中起决定性作用和更好发挥政府作用,二者是有机统一的,不是相互否定的,不能把二者割裂开来、对立起来,既不能用市场在资源配置中的决定性作用取代甚至否定政府作用,也不能用更好发挥政府作用取代甚至否定使市场在资源配置中起决定性作用。"[1]"两手合力"有利于进一步形成公平竞争的发展环境,进一步增强经济社会发展活力,进一步提高政府效率和效能,进一步实现社会公平正义,进一步促进社会和谐稳定,进一步提高党的领导水平和执政能力。"两手合力"是社会主义市场经济发展新阶段的必然要求,是全面建成小康社会,实现社会主义现代化、实现中华民族伟大复兴的重要途径。坚持"两手合力",是经济新常态下建设现代化经济体系的重要举措,"两手合力论"是对马克思主义经济理论的丰富与发展。

创新性提出市场的"决定性"作用,是对市场作用的全新定位。市场的"决定性"作用有利于转变经济发展方式,有利于转变政府职能,有利于社会主义市场经济的健康持续发展。"更好发挥政府作用"是对政府

---

[1] 《习近平谈治国理政》第一卷,外文出版社2018年版,第117页。

角色的进一步认定。强调市场的"决定性"作用,不是否定政府的作用,而是要"更好发挥政府作用",以更好发挥社会主义制度优越性,增进全体人民福祉。"两手合力论",是对市场与政府关系的崭新界定。政府和市场作为经济活动中的"两只手",彼此间的关系不是非此即彼、互相排斥的,而是有机结合、互相促进、共同发展的新型关系。"两手合力论"是对中国改革实践的科学探讨,更是对马克思主义的继承与发展。"两手合力论"是对市场与政府关系的崭新界定,是完善社会主义生产关系的科学探讨和创新。

三、建设充分发挥市场作用、更好发挥政府作用的经济体制

现代化经济体系的建设离不开生产关系的调整,以充分发挥市场作用、更好发挥政府作用的经济体制为抓手,加快推进现代化经济体系建设。党的十九大报告指出,建设现代化经济体系,要加快完善社会主义市场经济体制。《中共中央关于坚持和完善中国特色社会主义制度 推进国家治理体系和治理能力现代化若干重大问题的决定》指出,"必须坚持社会主义基本经济制度,充分发挥市场在资源配置中的决定性作用,更好发挥政府作用,全面贯彻新发展理念,坚持以供给侧结构性改革为主线,加快建设现代化经济体系"。① 贯彻落实党的十九大和十九届四中全会精神,在更高起点、更高层次、更高目标上推进经济体制改革及其他各方面体制改革,构建更加系统完备、更加成熟定型的高水平社会主义市场经济体制,以此为抓手加快推进现代化经济体系建设,中共中央国务院专门出台了新时代加快完善社会主义市场经济体制的意见,为建设充分发挥市场作用、更好发挥政府作用的经济体制提供了指导。

(一)建设高标准市场体系,全面完善产权、市场准入、公平竞争等制度,筑牢社会主义市场经济有效运行的体制基础

全面完善产权制度。"健全归属清晰、权责明确、保护严格、流转顺

---

① 《中共中央关于坚持和完善中国特色社会主义制度 推进国家治理体系和治理能力现代化若干重大问题的决定》,人民出版社 2019 年版,第 19 页。

畅的现代产权制度,加强产权激励。"①在产权界定上,要完善以管资本为主的经营性国有资产产权管理制度,健全自然资源资产产权制度,完善农村承包地"三权分置"制度、农村集体产权制度;在产权配置上,"加快国有经济布局优化、结构调整、战略性重组"②,推动国有资本做强做优做大,提高国有资产配置效率;在产权保护上,全面依法平等保护民营经济产权,加快建立知识产权侵权惩罚性赔偿制度,完善以公平为原则的产权保护制度、新领域新业态知识产权保护制度,加强企业商业秘密保护。

全面实施市场准入负面清单制度。清除废除妨碍统一市场和公平竞争的各种规定和做法,"推行'全国一张清单'管理模式,维护清单的统一性和权威性"③。在"禁止准入"上,对于法律法规明确设立的与市场准入相关的禁止性规定的事项,市场主体不得进入、行政机关不予审批。在"许可准入"上,以服务业为重点进一步放宽准入限制,建立市场准入负面清单动态调整机制和第三方评估机制,建立统一的清单代码体系、市场准入负面清单信息公开机制、市场准入评估制度,改革生产许可制度,提升准入政策透明度和负面清单使用便捷性,使各类市场主体皆可依法平等进入市场,真正实现"非禁即入"。

全面落实公平竞争审查制度。"完善竞争政策框架,建立健全竞争政策实施机制,强化竞争政策基础地位。"④建立公平竞争审查抽查、考核、公示制度,建立健全第三方审查和评估机制,修订完善公平竞争审查实施细则,做到应审尽审、审必规范。按照"谁起草(制定)、谁审查、谁清理"的原则,统筹做好增量审查和存量清理,逐步清理废除妨碍全国统一市场和公平竞争的存量政策,确保妨碍统一市场和公平竞争的各种规定

---

① 《中共中央国务院关于新时代加快完善社会主义市场经济体制的意见》,人民出版社2020年版,第8页。

② 习近平:《决胜全面建成小康社会　夺取新时代中国特色社会主义伟大胜利——在中国共产党第十九次全国代表大会上的报告》,人民出版社2017年版,第33页。

③ 《中共中央国务院关于新时代加快完善社会主义市场经济体制的意见》,人民出版社2020年版,第9页。

④ 《中共中央国务院关于新时代加快完善社会主义市场经济体制的意见》,人民出版社2020年版,第9页。

和做法应废尽废、应改尽改。建立违反公平竞争问题反映和举报绿色通道,加大对垄断和不正当竞争的执法力度,进一步营造公平竞争的社会环境,不断提升公平竞争审查的能力和水平。

(二)建设统一开放、竞争有序的市场体系,推进要素市场制度建设,实现要素价格市场决定、流动自主有序、配置高效公平

建立健全统一开放的要素市场。"建立同权同价、流转顺畅、收益共享的农村集体经营性建设用地入市制度。探索农村宅基地所有权、资格权、使用权'三权分置'"①,在依法保护集体土地所有权和农户承包权前提下,平等保护土地经营权。深化户籍制度改革,推动超大、特大城市调整完善积分落户政策,探索实行城市群内户口通迁、居住证互认制度,试行以经常居住地登记户口制度。改革完善股票市场发行、交易、退市等制度,探索实行公司信用类债券发行注册管理制,完善投资者保护制度,加强资本市场基础制度建设。建立统一规范的数据资源清单管理制度,完善数据权属界定、开放共享、交易流通等标准和措施,推进数字政府建设。

推进要素价格市场化改革。"健全主要由市场决定价格的机制,最大限度减少政府对价格形成的不当干预。"②"完善城乡基准地价、标定地价的制定与发布制度,逐步形成与市场价格挂钩动态调整机制"③,逐步建立要素价格调查和信息发布制度。健全基准利率和市场化利率体系,稳妥推进存贷款基准利率与市场利率并轨,更好发挥国债收益率曲线定价基准作用,提高债券市场定价效率。完善人民币汇率市场化形成机制,增强人民币汇率弹性,保持人民币汇率在合理均衡水平上的基本稳定。

创新要素市场化配置方式。加快修改完善土地管理法实施条例,完善相关配套制度,建立土地征收目录和公共利益用地认定机制,建立公平合理的集体经营性建设用地入市增值收益分配制度,严格界定公共利益

---

① 《中共中央国务院关于新时代加快完善社会主义市场经济体制的意见》,人民出版社2020年版,第10页。

② 《中共中央国务院关于新时代加快完善社会主义市场经济体制的意见》,人民出版社2020年版,第11页。

③ 《中共中央国务院关于构建更加完善的要素市场化配置体制机制的意见》,人民出版社2020年版,第9页。

用地范围。扩大国有土地有偿使用范围,推进国有企事业单位改革改制土地资产处置,健全工业用地多主体多方式供地制度。加快建立协调衔接的劳动力、人才流动政策体系和交流合作机制,完善企事业单位人才流动机制,构建更加开放的国际人才交流合作机制。

推进商品和服务市场提质增效。"完善市场运行和监管规则,全面推进重要产品信息化追溯体系建设,建立打击假冒伪劣商品长效机制。"①鼓励要素交易平台与各类金融机构、中介机构合作,构建涵盖产权界定、价格评估、流转交易、担保、保险等业务的优势互补、协作配套的现代服务市场体系。深化流通体制改革,探索完善创新驱动的流通发展促进机制,加强全链条标准体系建设,建立分类管理的流通设施建设运营机制、有效监管的流通市场规则、健全统一高效的流通管理体制。强化消费者权益保护,健全多元化的纠纷解决机制,探索建立具有中国特色的集体诉讼制度。

(三)强化政府经济调节、市场监管、社会管理、公共服务、生态环境保护等职能,创新和完善宏观经济治理体制

构建有效协调的宏观调控新机制。"加快建立与高质量发展要求相适应、体现新发展理念的宏观调控目标体系、政策体系、决策协调体系、监督考评体系和保障体系。"②健全投资、消费、产业、区域等政策协同发力的宏观调控制度体系,增强宏观调控前瞻性、针对性、协同性。完善国家重大发展战略和中长期经济社会发展规划制度,深化投融资体制改革,实施就业优先政策,完善促进消费的体制机制,增强消费对经济发展的基础性作用。加强建设国家经济安全保障制度,建立重大风险识别和预警机制,优化经济治理基础数据库,加强社会预期管理。

加快建立现代财税制度。"建立权责清晰、财力协调、区域均衡的中央和地方财政关系,形成稳定的各级政府事权、支出责任和财力相适

---

① 《中共中央国务院关于新时代加快完善社会主义市场经济体制的意见》,人民出版社2020年版,第12页。

② 《中共中央国务院关于新时代加快完善社会主义市场经济体制的意见》,人民出版社2020年版,第13页。

应的制度"①。建立有利于优化资源配置、促进社会公平的统一完整规范透明高效的可持续的现代财政制度,完善标准科学、规范透明、约束有力的预算制度,把权力关进制度的笼子。依法构建管理规范、责任清晰、公开透明、风险可控的政府举债融资机制,建立和完善公平统一、调节有力的税收制度,调整完善地方税税制,推进增值税改革、资源税改革、房地产税立法,建立环境保护税制度,完善消费税制度和综合与分类相结合的个人所得税制度,形成科学、公平、统一的税收制度体系。

强化货币政策、宏观审慎政策和金融监管协调。"建设现代中央银行制度,健全中央银行货币政策决策机制,完善基础货币投放机制,推动货币政策从数量型调控为主向价格型调控为主转型。"②深化金融体制改革、利率和汇率市场化改革,增强金融服务实体经济的能力;建立健全现代金融监管体系,守住不发生系统性金融风险的底线。建立健全金融消费者保护基本制度和完备的侵权救济机制,完善消费公益诉讼制度,满足消费群体对金融安全的热切期待。稳步推进人民币国际化,有序实现人民币资本项目可兑换,降低我国对外经济交易的成本。

---

① 《中共中央国务院关于新时代加快完善社会主义市场经济体制的意见》,人民出版社2020年版,第13—14页。

② 《中共中央国务院关于新时代加快完善社会主义市场经济体制的意见》,人民出版社2020年版,第14页。

第五章　现代化经济体系的建设路径

党的十九大报告提出了"从二○三五年到本世纪中叶,在基本实现现代化的基础上,再奋斗十五年,把我国建成富强民主文明和谐美丽的社会主义现代化强国"①的目标任务,而要成为强国,经济体系必须强。"只有形成现代化经济体系,才能更好顺应现代化发展潮流和赢得国际竞争主动,也才能为其他领域现代化提供有力支撑。我们要按照建设社会主义现代化强国的要求,加快建设现代化经济体系,确保社会主义现代化强国目标如期实现。"②现代化经济体系是由社会经济活动各个环节、各个层面、各个领域的相互关系和内在联系构成的一个有机整体,必须"一体建设、一体推进",既"要借鉴发达国家有益做法,更要符合中国国情、具有中国特色"③,推动我国经济发展焕发新活力、迈上新台阶。

第一节　大力发展实体经济

一国经济的立身之本是实体经济,财富创造的根本源泉是实体经济,国家强盛的重要支柱也是实体经济。

一、建设现代化经济体系的着力点是发展实体经济

党的十九大报告指出,建设现代化经济体系,必须把发展经济的着力

---

① 习近平:《决胜全面建成小康社会　夺取新时代中国特色社会主义伟大胜利——在中国共产党第十九次全国代表大会上的报告》,人民出版社 2017 年版,第 29 页。
② 《习近平谈治国理政》第三卷,外文出版社 2020 年版,第 240 页。
③ 《习近平谈治国理政》第三卷,外文出版社 2020 年版,第 241 页。

点放在实体经济上。

作为产业体系主体的实体经济,是能为社会创造出所需物质的、精神的产品和提供服务的生产、流通等经济活动。包括工农业、交通通信业、商业服务业、建筑业、文化产业等物质生产和服务部门,也包括文化教育、知识信息、艺术体育等精神产品的生产和服务部门。实体经济与直接以钱生钱的虚拟经济相对应,具有有形性、主导性、载体性、下降性等特点和提供基本生活资料、提高人的生活水平、增强人的综合素质的功能。没有实体经济,人们生存所需的吃、穿、行、住、用各式各样的产品就无法生产出来,消费也就无法满足;没有实体经济,人们发展所需的更好的教育、更好的居住环境、更好的养老医疗等美好生活所需的产品就创造不出来;没有实体经济,人们完善自身、提高素质所需的产品就成了无源之水、无本之木。

以制造业为主的世界实体经济发展轨迹表明,高收入国家的实体经济发展都遵循制造业高端化的发展规律。2008 年国际金融危机令美欧一些国家深切地感受到不能过度依赖虚拟经济来发展经济,美国提出了"再工业化"政策、"工业互联网"概念,德国颁布了 2050 年《能源方案》,实施了"工业 4.0"战略,将制造业向智能化转型,推动工业产业链效率全面提升。一个国家经济发展水平决定以制造业为主的实体经济发展的高端化进程。因此,我们要按照"中国制造 2025"的规划,实施国家制造业创新中心建设、智能制造、工业强基、绿色制造、高端装备创新等五项重大工程,培育新型的生产方式,大力发展智能装备和智能产品,推进生产过程智能化,全面提升研发、生产、管理和服务的智能化水平。

二、建设现代化经济体系的主攻方向是提高供给体系质量

推进供给侧结构性改革提高供给体系质量是我国当前和今后一个时期经济发展和经济工作的主线,是调结构、转方式、增动力、提质量的必然要求,也是建设现代化经济体系的主攻方向。

（一）供给侧结构性改革改什么

假设我们是蛋糕店的老板,店里只提供传统口味的、样子也不是很好看的蛋糕,顾客到店里买的少,时间一长,卖不出去的蛋糕就会积压在店里,生意越做越差;紧接着是投资不足,库存加大,利润更低……如此便陷入恶性循环。是消费者没有吃蛋糕的需求吗? 不是。那么为了增加生意,我们要想尽一切办法,招揽尽可能多的顾客来买蛋糕,供给侧结构性改革就是要努力把蛋糕做得更美味、更精致,这样就不愁没有人买蛋糕了。

马斯洛需求理论把需求分成生理需求(physiological needs)、安全需求(safety needs)、爱和归属感(love and belonging)、尊重(esteem)和自我实现(self-actualization)五类,依次由较低层次到较高层次排列。每一需求层次上的消费者对产品的要求是不一样的,如对小汽车的需求,有经济型、中端型、高端型、豪华型,不同的产品满足不同层次的需求。在国内,随着经济的发展,中等收入的人越来越多,消费结构已经发生了翻天覆地的变化,对很多人来说,价格已经不是影响消费的主要原因,更多地体现在追求生活品质的提升。所以产品的品牌与质量显得尤其重要。

供给侧结构性改革,就是从供给、生产端入手,通过产业升级来提升全要素生产率,提升竞争力促进经济发展。具体而言,就是要求清理“僵尸”企业,淘汰落后产能,将发展方向锁定在新兴领域、创新领域,创造新的经济增长点。其核心在于提高全要素生产率;重点是创新体制机制,扶持实体经济,增加有效供给;基本要求是提高供给质量和效率,使供给体系更好适应需求结构变化;根本目的是解放和发展社会生产力。

供给侧结构性改革的实质就是改革政府公共政策的供给方式,也就是改革公共政策的产生、输出、执行以及修正和调整方式,更好地与市场导向相协调,充分发挥市场在配置资源中的决定性作用。说到底,供给侧结构性改革,就是按照市场导向的要求来规范政府的权力。离开市场在配置资源中的决定性作用谈供给侧结构性改革,以有形之手抑制无形之手,不仅不会有助于经济结构调整和产业结构调整,也会损害已有的市场化改革成果。

供给侧结构性改革的根本目的是提高社会生产力水平,落实好以人民为中心的发展思想。是在适度扩大总需求的同时,去产能、去库存、去杠杆、降成本、"补短板",从生产领域加强优质供给,减少无效供给,扩大有效供给,提高供给结构适应性和灵活性,提高全要素生产率,使供给体系更好地适应需求结构变化。

去产能,即化解产能过剩,是指为了解决产品供过于求而引起产品恶性竞争的不利局面,寻求对生产设备及产品进行转型和升级的方法。当前,我国产能过剩已呈现出行业面广、过剩程度高、持续时间长等特点,和钢铁、煤炭行业一样,水泥、平板玻璃、多晶硅等产能过剩行业都面临严峻的形势,企业经营效益持续恶化。这些过剩行业不仅占用了大量的资源,使有限的资源没法用到代表我国经济未来发展方向的新兴产业中去,而且还可能带来信用风险并传导到其他领域。现在要推动去产能,就涉及重化工企业,很多这样的企业用人过多,需要把富余的员工转岗,而新动能发展起来就可以提供更多的就业岗位,这也使我们可以较大力度去推动去产能。去产能需壮士断腕,聚焦传统过剩产业。

狭义去库存化,仅指降低产品库存水平,除了房地产有去库存压力,还有传统制造业,如汽车制造业、家用电器制造业等同样存在去库存的压力。习近平总书记在中央财经领导小组工作会议上提出,"要化解房地产库存,促进房地产业持续发展"①。"去库存"这个任务也被提升至前所未有的高度。

"去杠杆化",就是一个公司或个人减少使用金融杠杆的过程。把原先通过各种方式(或工具)"借"到的钱退还出去的潮流。"杠杆化",以较少的本金获取高收益。比如我出5元钱,然后借95元,就是用5元撬动了100元的投资,杠杆20倍。杠杆越大风险越高,波及面越广。为防范风险,国家也对杠杆率上限作规定,比如规定给做保障房的项目做直接融资,最少资本金要40%,就是最多2.5倍的杠杆。"去杠杆化"是要降

---

① 中共中央文献研究室编:《习近平关于全面建成小康社会论述摘编》,中央文献出版社2016年版,第44页。

低负债,逐渐把借债还上。这个进程,可能导致三大主要资产类别(股票、债券、房地产)价格的整体下跌。那么面对"去杠杆化",各路投资者的对策是什么呢?部分机构投资者认为,考虑到"去杠杆化",在"去杠杆化"集中释放的阶段,应该尽量坚持"现金为王"的态度,如果要选择股票,也要尽量选择那些现金充裕、资产杠杆低的公司,因为,他们可能是未来兼并潮中的食人鲨。

降成本,是通过技术、提高效率、减少人员投入、降低人员工资或提高设备性能或批量生产等方法,将成本降低。中央经济工作会议明确提出要开展降低实体经济企业成本行动,打出"组合拳",降低制度性交易成本、企业税费负担、社会保险费、企业财务成本、电力价格、物流成本等六类成本。

"补短板"的说法出自西方的管理学,是一位管理学名家提出的"木桶"理论的主要内容。也就是说,一只木桶到底能储多少水,不是由其最长的那块木板决定,而是由其最短的那块木板决定。由此引申,若要使此木桶盛水量增加,只有换掉短板或将短板加长才成。这个被称作管理上的"木桶效应"或者"短板效应"。当前,"三农"问题、贫困问题、企业技术装备落后、创新能力不足等,是全面建成小康社会面临的"短板",也是我国经济转型升级的薄弱环节。补上这些"短板",加强这些薄弱环节,能提高我国经济"木桶容量",提升产业层次。中央经济工作会议提出,要通过结构性改革,补上这些"短板",扩大有效供给。

供给侧结构性改革最终是结构改革,改革指向生产者,着重于经济结构的转型升级。改革效果注重以中长期的高质量制度供给统领生产的创新模式取代短期需求调控为主的凯恩斯主义模式,以高效的制度供给和开放的市场空间激发微观主体创新创业、创造产能。改革政策主张通过减税释放企业活力,刺激经济基本面增长,实现经济社会的持续发展。

(二)提高供给质量的路径

推进供给侧结构性改革、提升供给质量是一场硬仗,要减少无效和低端供给,扩大有效和中高端供给,提高全要素生产率。

第一,从创新理念来看,提升供给质量无论是制度变革,还是结构优化以及要素升级,其核心是创新。

第二,从协调理念来看,提升供给质量是一项系统工程,要协调好财税改革、国企改革、金融改革、户籍改革等各项改革的关系,协调好适度扩大总需求与去产能、去库存、去杠杆、降成本、"补短板"的关系等。

第三,从绿色理念来看,推行低碳循环和减量化的经济发展方式,有利于矫正生态环境资源的扭曲配置,提高资本、劳动等要素的配置效率,消化过剩产能,形成供给与需求的良性循环。

第四,从开放理念来看,以开放理念为引领的提升供给质量改革,将构建改革发展新格局,健全同国际贸易、投资规则相适应的体制机制,形成中国经济与世界经济深度融合、互利共赢的供给制度体系。

第五,从共享理念来看,推进供给侧结构性改革提升供给质量将需更加注重制度供给公平,健全分配制度和社会保障制度,强化共享机制,促进人民群众共享发展的物质成果。

提升供给质量的具体路径是:

第一,以结构新供给促进以产业结构为重点的经济结构调整,实现从粗放式发展向集约化发展转变。以生产力配置为核心的产业结构,在一定程度上影响要素供给结构、区域发展结构、能源利用结构等诸多方面。因而,供给侧结构性改革要强化产业结构调整,通过产业结构优化调整培育新的经济发展动能,扩大实体经济有效供给和中高端供给,同时推进存量调整和淘汰,减少无效供给和低端供给,改造提升传统比较优势。必须加快新兴产业的培育发展,推进传统产业技术改造升级,有序推动产业在区域之间合理布局,促进城乡结构和区域结构的优化,促进产业生产方式的转变,实现产业的低碳化、绿色化、清洁化发展,发展循环经济和绿色经济。

第二,以要素新供给来提升全要素生产率,实现从要素驱动向创新驱动的转变。劳动力、资本、技术等生产资源要素生产率的提升,是推动实体经济供给侧结构性改革提升供给质量的动力源。提升供给质量需要着力提升生产资源要素供给效率和供给质量,充分发挥创新在生产资源生产率水平提升中的作用。

一是优化劳动力配置。放开生育政策,补充人口红利,减缓人口老龄化压力,增加劳动力供给。户籍制度改革,化解地产库存,促进劳动力要素跨地区流动,加快城镇化进程。服务业大发展,缓解就业压力,创造条件促成劳动力的跨部门流动。促扶贫重教育,提升人力资本,提高劳动力素质。

二是优化土地和资本配置。土地制度改革,加速确权流转,提高土地的使用效率。降低四大成本,改善企业盈利,提升资本回报。淘汰落后产能,提升资本效率,改善企业盈利。

三是提升全要素生产率。融资体制改革,提升创新意愿,依靠资本市场"哺育"创新。防范化解金融风险,加快形成融资功能完备、基础制度扎实、市场监管有效、投资者权益得到充分保护的资本市场。鼓励大众创业万众创新,提升创新转化。

第三,以制度新供给深化市场经济体制改革,实现从政府管制向市场配置转变。实现资源要素的有效供给、质量提升和高效配置,需要充分发挥市场在资源配置中的决定性作用,强化政府职能转变,深化行政体制改革,减少政府管理对市场机制的干预和制约。一是降低"制度性交易成本",保护市场这只"看不见的手"。具体改革力度由强到弱依次是加强反腐、打破垄断、放松管制。我国企业不仅要面对来自原材料、税费、财务、人力等领域的显性成本,更面临来自上述领域的隐性成本。二是推进国企改革,实现强强联合。加速国企改革,发挥好"看得见的手"的功能和作用。国企作为中坚力量,通过合并重组提升竞争力,将为经济增长提供长期动力。

三、大力发展实体经济,加快建设制造强国,筑牢现代化经济体系的坚实基础

以制造业为主的实体经济是国民经济发展的命脉和根基,是现代化经济体系的重要主体,是富民强国之本、立身之本。只有加快发展先进制造业,坚定不移建设制造强国,才能筑牢现代化经济体系的基础。

"中国制造2025"是我国实施制造强国战略第一个十年行动纲领,在

创新驱动、质量为先、绿色发展、结构优化、人才为本的基本方针下,坚持市场主导政府引导、立足当前着眼长远、整体推进重点突破、自主发展开放合作的基本原则,努力提高国家制造业创新能力,推进信息化与工业化深度融合,强化工业基础能力,加强质量品牌建设,全面推行绿色制造,大力推动重点领域突破发展,深入推进制造业结构调整,积极发展服务型制造和生产性服务业,提高制造业国际化发展水平。

(一)构建实体经济新格局是实现经济高质量发展的必由之路

制造业是实体经济的主体,建设现代化经济体系必须高度重视实体经济及其新格局的构建,在发展进程中形成实体经济相对稳定的发展态势。尽快形成以先进制造业为主体、以战略性新兴产业为先导、以现代服务业为支撑的产业结构体系。以高新技术产业园区为载体,以特色产业基地建设为抓手,以重大创新平台的建设培育新增长极,推动空间布局合理、不同区域竞合协调发展、科学合理的产业空间布局。实现实体经济、科技创新、现代金融、人力资源协同发展,科技创新在实体经济发展中的贡献份额不断提高,现代金融服务实体经济的能力不断增强,人力资源支撑实体经济发展的作用不断优化的产业支撑体系。实现"市场无形之手""政府有形之手"相结合,构建市场机制有效、微观主体有活力、宏观调控有度的现代化经济体制,引领产业规划、平台搭建、环境营造,努力形成"有效市场+有为政府"灵活高效的体制机制,构建实体经济发展的新格局,最终推动经济高质量发展。

(二)在先进制造业和现代服务业深度融合中建设制造强国

建设现代化经济体系的着力点在实体经济,发展实体经济的重点和难点则在制造业。作为世界第一制造大国的中国如何成为世界制造强国? 中央经济工作会议和《政府工作报告》都提出"要推动先进制造业和现代服务业深度融合,坚定不移建设制造强国"[①]。随着新一轮信息产业发展和全球制造业渐渐由单一生产型向"生产+服务"型转变,促进制造业与服务业相融共生、协同发展成为推动制造业高质量发展的必然选择。

---

① 《中央经济工作会议在北京举行》,《人民日报》2018 年 12 月 22 日。

推动协同创新,提升制造业和服务业融合深度。创新是引领发展的第一动力,更是实现高质量发展和促进制造业与服务业融合发展智能化、数字化、网络化、精细化水平的推进器。第一,坚持创新驱动,加大科技创新投入,建立制造企业、服务企业与高校科研机构产学研一体化创新体系和协同创新机制,大力发展实验室经济,将生产性服务环节的隐性技术和知识转化为制造环节的显性知识和生产力,推动产品生产高技术化和产业链上知识与技术溢出,提升科技成果转化率和制造业与服务业融合深度。第二,坚持质量为先,以人工智能、品牌管理等高技术含量、高附加值创新性生产服务推动制造业核心技术攻关,升级制造业工艺流程、产品、功能和国内价值链,整体提升产品技术含量和全产业链的竞争力,推进全球价值链治理体系下向中高端攀升,拓展制造业和服务业融合深度。第三,坚持智能化发展,推进大数据、云计算、物联网、人工智能、5G 通信等新一代信息及生物、新能源等技术和实体经济及生产性服务业集成创新深度融合,释放现代生产要素大数据对制造业和服务业发展放大、叠加、倍增作用,实现制造业与服务业信息共享与控制协同,提升融合深度。第四,坚持模式创新,变革创新制造方式和服务业态,快速发展智能制造、网络化协同制造、生态制造、服务型制造、创新设计等新的制造模式和服务外包、专业化、平台化、定制化、商务电子化、产业链金融、信息增值等新模式新业态,促进现代供应链市场、需求和绩效等方面创造优势的发挥,以现代高端服务业提升制造业竞争力。第五,坚持人才创新,推动产业链精准对接创新链、人才链,加快畅通制造业与服务业融合发展所需的研发设计、网络化定制、柔性化生产、智能制造、检验检测、公共服务等制造业创新圈和制造业跨境电商主战场等各类创新人才的培育渠道,重视引进知识应用和技术转化等领域人才,充实制造业和服务业融合发展人才队伍。

构建全产业链,拓展制造业和服务业融合广度。先进制造业和现代服务业融合的基础动力是价值链高度相关,融合的过程是价值链在开放、互生中分解、渗透、延伸和重构。加快制造业服务化进程,有效管理从要素源头到产出终端全产业链的所有环节,衔接贯通由制造向研发设计和营销服务两端延伸,形成制造零售商、零售制造商等多样化主体和品牌规则控制,建立双边市场平台,加快制造业与服务业联动发展和向价值链高端提升。上游产业链由制造环节向前延伸拓展到科学研究、技术研发、设计生产、品牌策划、产品定制、成果转化、融资、人力资源服务等环节,提高产品的科技含量和产出价值。下游产业链由制造环节向后延伸发展到软件、信息服务、智慧城市、电子商务等现代服务业,市场拓展到产品推广和物流售后营销服务等环节,不断建立健全基于制造的服务系统,拓展制造业和服务业融合广度。伴随制造业企业内置市场化、社会化运作的生产性服务,以及现代服务企业依托数据驱动和网络运作等优势,不断向制造领域渗透产业化服务,打通和缩短从研发设计、到生产再到应用的整个产业链条的通道,在全产业价值链中生产出高于传统垂直分工体系中本土附加值率的最终产品,实现由低附加值单纯代工向深加工、研发设计和自主品牌等高附加值转变,提高制造业效率,提升制造业质量。

打造产业集群,提供制造业和服务业融合平台。产业集群是先进制造业和现代服务业融合发展的重要平台载体,产业集群化发展有利于加快创新、深化细化分工协作、降低成本和效益最优。依托现有产业集群和国家级开发区和产业园区,以全产业链思维投入知识技术密集型的生产性服务,构建开放、协同、高效的制造业和服务业融合的平台载体,使研发技术产业化、研发服务全球化,聚集研发、制造、销售各产业环节,最终形成集成制造与服务功能的产业链集合的产业集群,为增强制造业和服务业的相互协同、协作、创新能力和竞争力提供支撑。在制造业集群内,搭建研发设计、知识产权、信息服务、金融、商贸、物流、会展等服务平台,整合制造业内部投入要素间的关联性与互补性,确定各产业园区核心主导产业形成错位竞争,构建围绕制造业集群的区域服务体系,形成产业共生、资源共享的开放、互动、协同发展格局。在服务业集群内,实现物流管理、人力资源管理、信息技术研发等生产性服务行业企业的聚集,支持设立和发展专业化服务外包企业,为制造业提供专业化、个性化服务,推动产业链节点细化和功能延伸,着力打造特色生产性服务业集群,使生产性服务业更好地服务于实体经济,从而实现制造业规模经济和核心竞争力的提升。

加强金融支持,夯实制造业和服务业融合基础。金融是实体经济的血脉,加快建设实体经济、科技创新、现代金融、人力资源协同发展的产业体系,夯实制造业和服务业融合基础,必须发挥金融体系杠杆作用,让更多的金融活水流向制造业,推动资源要素集聚实体经济。在财政方面,财政资金为制造业发展和生产性服务业发展提供融资便利,重点支持信息产业硬件与物流服务和货物配载中心等公共基础设施、实体经济转型升级、市场诚信体系、标准体系建设以及公共服务平台等服务业发展薄弱环节建设,以金融高效率提升制造效率,推进制造大国走向制造强国,实现制造业与生产性服务业相互促进,金融与实体经济协同发展。在金融方面,通过选项投放产业引导基金和风险补偿基金等有效的金融服务为符合国家产业政策的制造业企业和服务企业发展提供信贷支持、搭建融资平台、拓宽融资渠道、满足融资需求,引导创新以实体经济和高端服务市场需求为导向的个性化、差异化、定制化的金融产品、融资方式和金融服务模式,形成多层次、广覆盖、有差别的完善的多元化金融服务体系。在税收方面,加大对制造业和生产性服务企业的税收支持力度,切实落实高新技术研发税收优惠政策和国家扶持现代物流业、会展业、金融业和软件业等税收优惠鼓励政策,减轻企业税收负担和制造成本,减免金融机构为高新制造业和向实体经济提供融资便利的税收,促使各种投资流向高新技术制造业和高端服务业。

完善体制机制,优化制造业和服务业融合环境。提升制造业与服务业关联效应和融合发展水平,降低制造业运营成本建设制造强国,必须优化二者融合发展的政策法律制度环境。一要完善各种规制,打破制造业与服务业融合的制度障碍。从产业链的视角统筹制造业与服务业融合的相关政策法规,完善知识产权创造运用和保护的法律体系,完善电子商务、互联网、大数据等新业态、新模式及相关法律法规,建立行业技术标准和科学考核评价体系,形成相互促进、相互制约、共同协调发展的政策体系。二要建立科学合理的行业间准入制度,降低进入壁垒,重点推进金融保险、电信、部分交通运输等垄断性服务业准入方式、监管体制、多元化市场主体发展、相关市场机制和市场体系建设等方面的综合配套改革,按照公共性、准公共性、营利性分类制定事业性垄断行业不同准入标准,鼓励社会资本进入生产性服务业,推进投资主体多元化。三要切实建立产业发展负面清单制度,减少不必要的前置审批和资质认定条件,让各类资本平等竞争,营造制造业企业创新创业投资、共享信息知识资源、集聚市场、与服务业共同发展的公开透明的市场环境。四要创新监管方式,进一步完善事中、事后公正监管和公平竞争审查制度,推动由按行业归属监管向功能性监管方式转变、由交叉监管和分散多头监管向综合协同监管转变,为制造业和服务业融合发展保驾护航。五要加快服务业信用体系建设,为促进新技术、新业态、新模式、新产业集群形成和发展提供互联互通、资源共享、全国统一的信用信息平台,全力打造制造业和服务业融合发展所需的诚信、安全、放心、健康的服务支撑体系。

总之,建设现代化经济体系,必须大力发展实体经济,推动制造业与生产性服务业协同创新,纵向构建全产业链、横向打造产业集群,通过金融支持和体制机制的完善优化二者融合环境,不断增强制造业对生产性服务业的"拉力"和生产性服务业对制造业的"推力",使制造业通过生产性服务业的专业化分工降低制造成本、通过知识密集化提高制造技术创新能力,助推经济增长和产业结构优化升级,从而夯实融合基础,提升融合广度和深度,逐步引领制造业迈向中高端,实现高质量发展和竞争力全面提升,筑牢现代化经济体系的基础。

第二节　加快实施创新驱动发展战略

"科技创新是提高社会生产力和综合国力的战略支撑,必须摆在国家发展全局的核心位置。"①习近平同志在党的十九大报告中强调,创新是引领发展的第一动力,是建设现代化经济体系的战略支撑。按照党中央的决策部署,把加快建设创新型国家作为现代化建设全局的战略举措,坚定实施创新驱动发展战略,强化创新第一动力的地位和作用,突出以科

_____

① 《习近平谈治国理政》第一卷,外文出版社 2018 年版,第 119 页。

技创新引领全面创新,具有重大而深远的意义。

一、加快建设创新型国家是建设现代化强国的必然选择

创新型国家的主要标志是,科技和人才成为国力强盛最重要的战略资源,劳动生产率、社会生产力提高主要依靠科技进步和全面创新,拥有一批世界一流的科研机构、研究型大学和创新型企业,创新的法律制度环境、市场环境和文化环境优良。创新型国家的本质是依靠创新活动推动经济发展和竞争力提高,其测度指标主要体现在创新资源、知识创造、企业创新、创新绩效、创新环境等方面。

(一)加快建设创新型国家是我国迈向现代化强国的内在要求

创新是建设现代化强国的必然选择,科技是国之利器,世界上的现代化强国无一不是创新强国、科技强国。我国建设创新型国家的战略目标是,到 2020 年进入创新型国家行列,到 2035 年跻身创新型国家前列,到新中国成立 100 年时成为世界科技强国。随着中国特色社会主义进入新时代,我国发展也站到了新的历史起点上,正在由发展中大国向现代化强国迈进。如果我们不能在创新领域取胜,就不能掌握全球竞争先机和优势,迈向现代化强国就会失去支撑。因此,必须加快建设创新型国家,突出提升科技创新能力,以科技强国支撑现代化强国。

(二)加快建设创新型国家是解决我国新时代社会主要矛盾的必然选择

改革开放 40 多年我国已成为世界第二大经济体、制造业第一大国、货物贸易第一大国、商品消费第二大国、外资流入第二大国,但人民日益增长的美好生活需要和不平衡不充分的发展之间的矛盾依然突出,不协调、不可持续问题依然存在。特别是经济发展大而不强、大而不优,要素驱动力明显减弱,新动能还未全面接续,经济社会发展对科技创新的需求从未像今天这样迫切。只有加快建设创新型国家,在经济社会发展的全过程中充分践行新发展理念,才能加速向主要依靠知识积累、技术进步和劳动力素质提升的内涵式发展转变,在我国发展的内生动力和活力上实现一个根本性变化,为解决社会主要矛盾开拓更广阔的空间。

（三）加快建设创新型国家是抢抓新科技革命和产业变革历史机遇的战略举措

科技革命和产业变革深刻地改变着世界发展格局,哪个国家能抓住机遇,就能迅速增强经济实力、科技实力、国防实力和国际影响力。我国之所以在现代化进程中落伍,主要原因之一就是近代以来我国屡次与科技革命失之交臂。当前,全球新一轮科技革命和产业变革孕育兴起,特别是信息技术、生物技术、制造技术等广泛渗透到各个领域,带动以绿色、智能、泛在为特征的群体性重大技术变革,大数据、云计算、移动互联网等新一代信息技术同机器人和智能制造技术相互融合步伐加快,正在引发国际产业分工重大调整,进而重塑世界竞争格局、改变国家力量对比。我国既面临赶超跨越的难得历史机遇,也面临差距拉大的严峻挑战,唯有加快建设创新型国家,全面增强科技创新能力,力争在重要科技领域实现跨越发展,才能在新一轮全球竞争中赢得战略主动。

二、坚定实施创新驱动发展战略

创新驱动发展战略关系我国经济社会发展全局。党的十九大报告提出坚定实施创新驱动发展战略,表明我们党把实施这一战略作为一项重大而长期的任务,摆在国家发展全局的核心位置。

党的十八大以来,我国在实施创新驱动发展战略上取得显著成就,科技创新和重大工程捷报频传,科技进步对经济增长的贡献率不断提高,有力推动了产业转型升级。高速铁路、水电装备、特高压输变电、杂交水稻、对地观测卫星、北斗导航、电动汽车等重大科技成果产业化取得突破,部分产业走在世界前列,持续提升我国经济发展的质量和效益,拓展了我国发展的新空间。

（一）突出科技创新对供给侧结构性改革和培育发展新动能的支撑引领作用

一是围绕新一代信息网络、智能绿色制造、现代农业、现代能源等领域推动产业技术体系创新,注重运用新技术新业态改造升级传统产业,以技术的群体性突破支撑引领新兴产业集群发展。

二是促进技术创新与管理创新、商业模式创新融合,拓展数字消费、电子商务、现代物流、互联网金融等新兴服务业,大力发展数字经济、平台经济、共享经济、智能经济。

三是大力推动创新创业,建立一批低成本、便利化、开放式的众创空间和虚拟创新社区,孵化培育"专精特新"的创新型小微企业。

四是打造新的经济增长点、增长带、增长极,深入推进北京市、上海市建设具有全球影响力的科技创新中心,加快推进京津冀、长江经济带、东西部协同创新,强化国家自主创新示范区和国家高新区的辐射带动作用,建设一批具有强大带动作用的创新型城市和区域创新中心。

(二)围绕"三个面向"推动科技创新重点领域取得新突破

面向世界科技前沿、面向经济主战场、面向国家重大需求,是我国科技创新的战略主攻方向。党的十八大以来,"三个面向"的前瞻布局和系统推进得到显著加强,科技创新突破明显加快。

对标国际科技前沿,我国在量子通信与计算机、高温超导、中微子振荡等基础研究和应用基础研究领域取得一大批重大原创成果,国际影响力大幅提升。

面向经济主战场,国家科技重大专项实现一系列重大技术和工程突破,移动通信领域实现从"2G 跟随""3G 突破""4G 并行"到"5G 引领"的跨越式发展,C919 大型客机首飞成功。

聚焦国家发展重大需求,我国在深空、深海、深地、深蓝等战略必争领域,取得载人航天和探月工程、载人深潜、深地钻探、超级计算等一批具有国际影响的标志性重大科技创新成果。

同时也要看到,我国基础研究仍然薄弱。原创性技术、颠覆性技术相对不足,不少领域关键核心技术受制于人,必须更加有效地集成科技资源,加快突破。

一是强化基础研究,加强应用基础研究,强化新思想、新方法、新原理、新知识的源头储备。坚持战略引领,着力原始创新,实现量子、中微子、超导、纳米、基因等领域前瞻性基础研究和引领性原创成果重大突破。二是聚焦国家科技重大专项,组织产学研联合攻关,加强空间科技、深海探测、核能技术、新一代高铁等应用基础研究,在信息、生物、新能源、新材料、人工智能等领域突破一批关键共性技术。三是启动"科技创新2030—重大项目",加大空间、海洋、网络、材料、能源、健康等领域的攻关力度,突破并掌握一批原创性、颠覆性技术。四是推动现代工程技术攻关和示范应用,面向海洋工程、重型装备、交通运输、电力电网、现代农业等领域,加强技术开发与集成、装备研制及大规模应用。为建设科技强国、质量强国、航天强国、网络强国、交通强国、数字中国、智慧社会提供有力支撑,实现科技创新能力从量的积累向质的飞跃转变、从点的突破向系统能力提升转变。

(三)加强国家创新体系建设

党的十九大报告提出,"建立以企业为主体、市场为导向、产学研深度融合的技术创新体系"[①]。国家创新体系是决定国家发展水平的基础,战略科技力量是国家创新体系的中坚力量,国际竞争很大程度上是科技创新能力体系的比拼。

党的十八大以来,我国科技创新能力体系建设迈上新台阶。科技创新基地建设速度加快,综合性国家科学中心统筹推进,大型科研基础设施建设取得突破性进展。建成 500 米口径的世界最大球面射电望远镜(FAST)、超大型高超声速激波风洞等重大科技设施,布局国家重点实验室等创新平台。同时,推动科技基础条件平台开放共享,重大科研基础设施和大型科研仪器纳入统一的国家网络管理平台。一批大型综合性科研机构研究能力大幅度提升,在国际排名中不断前移。企业技术创新能力建设进一步增强,研发经费支出占比逐年提高,涌现出一批具有国际影响力的科技创新型企业。

当前,面对建设世界科技强国的要求,必须大力加强国家创新体系能力建设,系统打造我国战略科技力量。一是在重大创新领域布局国家实验室,建设体现国家意志、具有世界一流水平的战略科技创新基地。二是

---

① 习近平:《决胜全面建成小康社会 夺取新时代中国特色社会主义伟大胜利——在中国共产党第十九次全国代表大会上的报告》,人民出版社 2017 年版,第 31 页。

聚焦能源、生命、粒子物理等领域建设一批重大科技基础设施,加快建设上海市张江、安徽省合肥、北京市怀柔区 3 个综合性科学中心。三是优化整合国家科研基地和平台布局,围绕国家战略和创新链进行布局,推动科技资源开放共享。四是按照企业为主体、市场为导向、产学研深度融合的要求推动技术创新,建设一批引领企业创新和产业发展的国家技术创新中心,支持量大面广的中小企业提升创新能力,培育一批核心技术能力突出、集成创新能力强的创新型领军企业。我们建设的国家创新体系是开放的,不是封闭的,要全方位提升科技创新的国际化水平,打造"一带一路"协同创新共同体,积极牵头或参与国际大科学计划和工程。

三、深化科技体制改革,保障创新驱动战略的实施

建设创新型国家必须坚持科技创新和体制机制创新双轮驱动,只有两个轮子协调运转,才能把创新驱动的新引擎全速发动起来。

党的十九大报告提出,要深化科技体制改革;《中共中央关于坚持和完善中国特色社会主义制度　推进国家治理体系和治理能力现代化若干重大问题的决定》强调,要完善科技创新体制机制;《中共中央国务院关于新时代加快完善社会主义市场经济体制的意见》指出了全面完善科技创新制度和组织体系的路径。

构建社会主义市场经济条件下关键核心技术攻关新型举国体制。"加强国家创新体系建设,编制新一轮国家中长期科技发展规划,强化国家战略科技力量,构建社会主义市场经济条件下关键核心技术攻关新型举国体制,使国家科研资源进一步聚焦重点领域、重点项目、重点单位。"[1]加强国家创新体系建设,必须坚持自主创新、协同创新、开放创新的辩证统一,构建关键核心技术攻关的新型举国体制,驱动"市场在资源配置中起决定性作用"和同时"更好发挥政府作用"两个轮子发挥各自优势并形成协同创新的合力,统筹集中全国科研力量协同攻关,并积极参与

---

[1] 《中共中央国务院关于新时代加快完善社会主义市场经济体制的意见》,人民出版社2020 年版,第 15 页。

和主导国际大科学计划和大科学工程,促使科技创新资源配置效益最大化和效率最优化。

健全鼓励支持基础研究、原始创新的体制机制。科技革命和产业变革通常是在基础研究取得重大进步的基础上发生的。要在新一轮科技革命和产业变革中赢得主动和先机,必须"健全鼓励支持基础研究、原始创新的体制机制,在重要领域适度超前布局建设国家重大科技基础设施,研究建立重大科技基础设施建设运营多元投入机制,支持民营企业参与关键领域核心技术创新攻关"①。从基础领域做起和创新链的最前端做起,建立健全应对重大公共事件科研储备和支持体系,加大对基础研究的财政支持力度,激励企业加大研发投入,提高科技创新绩效,为科学研究提供坚实的资金保障。

建立以企业为主体、市场为导向、产学研深度融合的技术创新体系。更好地发挥科技创新对经济社会发展的支撑作用,必须"建立以企业为主体、市场为导向、产学研深度融合的技术创新体系,支持大中小企业和各类主体融通创新,创新促进科技成果转化机制,完善技术成果转化公开交易与监管体系,推动科技成果转化和产业化"②,使企业与科研院所、金融机构等相互协同、相互支撑,破除制约科技成果转化的体制机制障碍,更好地发挥企业和市场在技术创新决策、研发投入、科研组织实施、成果转化评价等各环节的主导作用,促进科技成果转化。

完善科技人才发现、培养、激励机制。创新驱动实质上是人才驱动,综合国力竞争归根到底是人才竞争。"人才是创新的第一资源。没有人才优势,就不可能有创新优势、科技优势、产业优势。"③大力推进科技创新,就要"完善科技人才发现、培养、激励机制,健全符合科研规律的科技管理体制和政策体系,改进科技评价体系,试点赋予科研人员职务科技成

---

① 《中共中央国务院关于新时代加快完善社会主义市场经济体制的意见》,人民出版社2020年版,第15页。

② 《中共中央国务院关于新时代加快完善社会主义市场经济体制的意见》,人民出版社2020年版,第15页。

③ 中共中央文献研究室编:《习近平关于科技创新论述摘编》,中央文献出版社2016年版,第116页。

果所有权或长期使用权"①,强化创新型国家在知识产权等方面的法治保障,"培养造就一大批具有国际水平的战略科技人才、科技领军人才、青年科技人才和高水平创新团队"②。

第三节　实施乡村振兴战略

农业农村农民问题是关系国计民生的根本性问题,解决好"三农"问题是全党工作重中之重。党的十九大报告提出的"实施乡村振兴战略"的新发展理念,既切中了农村这块"短板",也指明了新时代乡村发展方向,明确了乡村发展新思路,是党中央着眼于全面建成小康社会、全面建设社会主义现代化国家作出的城乡发展的重大战略决策,是加快农业农村现代化、提升亿万农民获得感幸福感、巩固党在农村的执政基础和实现中华民族伟大复兴的必然要求,为新时代农业农村改革发展指明了方向、明确了重点。

一、实施乡村振兴战略是建设现代化经济体系的必然选择

乡村振兴体现了历史与现实的统一。当前,我国发展不平衡不充分问题最为突出地表现在乡村,针对农业供给质量亟待提高、新型职业农民队伍建设亟须加强、乡村发展整体水平亟待提升、乡村治理体系和治理能力亟待强化、农村环境和生态问题亟待改善等问题,实施乡村振兴战略以激发乡村发展活力,增强乡村吸引力,构建新时代乡村可持续发展机制。我国有着悠久的历史,乡村在国家中占有着重要地位,乡村也曾经辉煌。曾几何时,我国盛世历史的标志之一就是乡村的富庶,描写乡村优美田园生活的浪漫诗篇也数不胜数。在城镇赚钱后回乡置业曾经也是事业成功的标志。新中国成立后,我们经历了工业化进程,无论是在改革开放前还

---

① 《中共中央国务院关于新时代加快完善社会主义市场经济体制的意见》,人民出版社2020年版,第15—16页。

② 习近平:《决胜全面建成小康社会　夺取新时代中国特色社会主义伟大胜利——在中国共产党第十九次全国代表大会上的报告》,人民出版社2017年版,第31—32页。

是改革开放后,我国政策导向上都是以城市和工业为核心,乡村为工业和城市的发展作出了巨大贡献。今天实施乡村振兴战略,是对乡村地位和作用的肯定,也是用历史的眼光看待乡村的地位与作用,是解决人民日益增长的美好生活需要和不平衡不充分的发展之间矛盾的必然要求,也体现了我国农村在实现中国梦伟大征程中、在全面建成小康社会中、在实现全体人民共同富裕中历史与现实的统一。

乡村振兴是建设现代化的必然要求。没有农业农村的现代化,就没有国家的现代化。国家统计局发布数据显示,截至 2018 年年末,我国大陆总人口 139538 万人,其中乡村常住人口 56401 万人,庞大的农村人口总量决定了没有乡村振兴和现代化,就不会有国家的现代化。农业是第二、第三产业发展的基础,通过振兴乡村建设,使发展相对缓慢的西部地区实现新的突破,才能加快脱贫的步伐,实现可持续发展。乡村建设既是社会主义现代化建设的重要组成部分,更是社会主义现代化建设的薄弱环节,要振兴乡村必须拓宽农民增收的渠道,实现农户与现代农业发展的有机衔接,"健全自治、法治、德治相结合的乡村治理体系。培养造就一支懂农业、爱农村、爱农民的'三农'工作队伍"[①],推进农业现代化建设。

乡村振兴是新时代乡村发展的新动力。21 世纪以来,中央加大了对农村的扶持力度,从 2003 年开始每年的中央"一号文件"都聚焦于农业、农村、农民(即"三农")问题,党的十七大和十八大分别提出了城乡统筹和城乡一体化的发展思路,2018 年年初,中央"一号文件"出台了《中共中央国务院关于实施乡村振兴战略的意见》,9 月,中共中央、国务院印发了《乡村振兴战略规划(2018—2022 年)》,为扎实推进农业现代化和新农村建设,指导新时代"三农"工作提供了总抓手。实施乡村振兴战略,坚持把解决好"三农"问题作为全党工作重中之重,把农业农村放在优先发展的位置,"按照产业兴旺、生态宜居、乡风文明、治理有效、生活富裕的

---

① 习近平:《决胜全面建成小康社会 夺取新时代中国特色社会主义伟大胜利——在中国共产党第十九次全国代表大会上的报告》,人民出版社 2017 年版,第 32 页。

总要求,建立健全城乡融合发展体制机制和政策体系,统筹推进农村经济建设、政治建设、文化建设、社会建设、生态文明建设和党的建设,加快推进乡村治理体系和治理能力现代化,加快推进农业农村现代化"①,立足于乡村的产业、生态、文化等资源,更加注重发挥乡村的主动性,建立更加可持续的内生增长机制,进一步激发乡村发展的活力,为乡村发展注入新动力。

二、乡村振兴战略的总要求

针对我国最大的发展不平衡是城乡发展不平衡,最大的发展不充分是农村发展不充分的现状,必须提高农业发展质量效益和竞争力,补足农民增收后劲,提高农村自我发展能力,缩小城乡差距。因此,我们"任何时候都不能忽视农业、忘记农民、淡漠农村"②;"中国要强,农业必须强;中国要美,农村必须美;中国要富,农民必须富"③。党的十九大报告从全局和战略高度,明确提出坚持农业农村优先发展。这一重大战略思想是党中央着眼"两个一百年"奋斗目标导向和农业农村"短板"问题导向作出的战略安排,表明在全面建设社会主义现代化国家新征程中,要始终坚持把解决好"三农"问题作为全党工作重中之重,真正摆在优先位置。贯彻农业农村优先发展指导思想,要进一步调整理顺工农城乡关系,在要素配置上优先满足,在资源条件上优先保障,在公共服务上优先安排,加快农业农村经济发展,加快补齐农村公共服务、基础设施和信息流通等方面短板,显著缩小城乡差距。努力"让农业成为有奔头的产业,让农民成为有吸引力的职业,让农村成为安居乐业的美丽家园"④。

随着工业化、城镇化的深入推进,我国人均国内生产总值超过1万美元,城市人口比重上升,农业占国内生产总值的份额进一步下降,但农业

① 《中共中央国务院关于实施乡村振兴战略的意见》,人民出版社2018年版,第4页。
② 《中共中央国务院关于落实发展新理念加快农业现代化实现全面小康目标的若干意见》,人民出版社2016年版,第3页。
③ 《关于全面深化农村改革加快推进农业现代化的若干意见》,人民出版社2014年版,第27页。
④ 《中共中央国务院关于实施乡村振兴战略的意见》,人民出版社2018年版,第51页。

的基础地位不会改变,大量农民生活在农村的国情不会改变,我国已到了加快推进城乡一体化发展的历史阶段。实施乡村振兴战略,是立足于社会主义初级阶段基本国情,着眼于确保如期全面建成小康社会和基本实现一体化、实现国家长治久安作出的重大决策部署。

实施乡村振兴战略,要按照产业兴旺、生态宜居、乡风文明、治理有效、生活富裕的总要求,建立健全城乡融合发展体制机制和政策体系,加快推进农业农村现代化。

产业兴旺,就是要紧紧围绕促进产业发展,引导和推动更多资本、技术、人才等要素向农业农村流动,调动广大农民的积极性、创造性,形成现代农业产业体系,促进农村一二三产业融合发展,保持农业农村经济发展旺盛活力。

生态宜居,就是要加强农村资源环境保护,大力改善水电路气房讯等基础设施,统筹山水林田湖草保护建设,保护好绿水青山和清新清净的田园风光。

乡风文明,就是要促进农村文化教育、医疗卫生等事业发展,推动移风易俗、文明进步,弘扬农耕文明和优良传统,使农民综合素质进一步提升、农村文明程度进一步提高。

治理有效,就是要加强和创新农村社会治理,加强基层民主和法治建设,弘扬社会正气、惩治违法行为,使农村更加和谐安定有序。

生活富裕,就是要让农民有持续稳定的收入来源,经济宽裕,生活便利,最终实现共同富裕。

在实践中,推进乡村振兴,必须把大力发展农村生产力放在首位,支持和鼓励农民就业创业,拓宽增收渠道;必须坚持城乡一体化发展,体现农业农村优先原则;必须遵循乡村发展规律,保留乡村特色风貌。

三、不断深化农村改革,加快建设现代农业

推进乡村振兴,根本要靠深化改革。党的十八大以来,中央出台了一系列深化农村改革的重要文件,作出了长远性、战略性制度安排,农村改革"四梁八柱"基本建立起来了,今后关键是抓落实、抓深化。

（一）深化农村制度改革，推进乡村治理体系和治理能力现代化

一是深化农村土地制度改革。习近平总书记指出，新形势下深化农村改革，主线仍然是处理好农民与土地的关系。党的十九大报告强调，保持土地承包关系稳定并长久不变，第二轮土地承包到期后再延长30年。[①] 这一重大决策意味着农村土地承包关系从第一轮承包开始保持稳定长达75年，彰显了中央坚定保护农民土地权益的决心，是一个政策"大礼包"，给农民又一颗"定心丸"。土地承包期再延长30年，时间节点与第二个百年奋斗目标相契合，既可以稳定农民预期，又为届时进一步完善政策留下空间。在《中央办公厅国务院办公厅关于完善农村土地所有权承包权经营分置办法的意见》中提出的实行土地所有权、承包权、经营权"三权分置"，是我国农村改革的重大创新，实现了土地承包"变"与"不变"的辩证统一，回应了社会关切，满足了土地流转需要，是我国农村改革的重大创新。要按时完成农村土地承包经营权确权登记颁证工作，探索"三权分置"多种实现形式，真正让农户的承包权稳下去、经营权活起来。

二是深化农村集体产权制度改革。构建归属清晰、权能完整、流转顺畅、保护严格的中国特色社会主义农村集体产权制度，这是继农村土地制度改革后农村改革的又一项大事，目的是保障农民财产权益，壮大集体经济。要贯彻落实《中共中央国务院关于稳步推进农村集体产权制度改革的意见》，抓好农村集体资产清产核资，把集体家底摸清摸准；稳步扩大农村集体资产股份权能改革试点范围，推广成功经验和做法；盘活农村集体资产，提高农村各类资源要素的配置和利用效率，多途径发展壮大集体经济，切实保障农民财产权益。

三是完善农业支持保护制度。以适应市场化、国际化形势为总方向，以保护和调动农民积极性为核心，改革完善财政补贴政策，调整农业补贴方式，增强补贴的指向性和精准性，优化存量、扩大增量，更加注重支持结

---

① 习近平：《决胜全面建成小康社会　夺取新时代中国特色社会主义伟大胜利——在中国共产党第十九次全国代表大会上的报告》，人民出版社2017年版，第32页。

构调整、资源环境保护和科技研发等,探索建立粮食生产功能区、重要农产品生产保护区的利益补偿机制。深化粮食收储制度和价格形成机制改革,减少对市场的直接干预,保护生产者合理收益。完善农村金融保险政策和农产品贸易调控政策,促进产业健康发展。

(二)加强农业农村基础工作,构建乡村治理新体系

坚定不移维护农村和谐稳定,以满足农民群众对美好生活的需要为根本目标,加强农村基层基础工作,创新农村社会治理,明显改善农村人居环境,实现农村长治久安,建设美丽宜居乡村。

一是健全自治、法治、德治相结合的乡村治理体系。"三治结合"是加强乡村治理的思路创新。要探索乡村治理新模式,"坚持自治为基,加强农村群众性自治组织建设,健全和创新村党组织领导的充满活力的村民自治机制"[1]。推进村务公开,发挥社会各类人才、新乡贤等群体在乡村治理中的作用。加强农村法治建设,"坚持法治为本,树立依法治理理念,强化法律在维护农民权益、规范市场运行、农业支持保护、生态环境治理、化解农村社会矛盾等方面的权威地位"[2]。推进平安乡镇、平安村庄建设,开展突出治安问题专项整治,引导广大农民群众自觉守法用法,用法律维护自身权益。大力推进农村精神文明建设,弘扬优秀传统文化和文明风尚,培育文明乡风、良好家风、淳朴民风,建立道德激励约束机制,引导农民自我管理、自我教育、自我服务、自我提高,依托村规民约、教育惩戒等褒扬善行义举、贬斥失德失范,培育文明乡风、良好家风、淳朴民风,唱响主旋律,育成新风尚。

二是加强"三农"工作队伍建设。高度重视农业农村干部的培养、配备、使用,培养造就一支懂农业、爱农村、爱农民的"三农"工作队伍。强化党的"三农"政策宣传和专业知识等培训,提升指导服务"三农"的本领,"建立县域专业人才统筹使用制度,提高农村专业人才服务保障能

---

① 《中共中央国务院关于实施乡村振兴战略的意见》,人民出版社 2018 年版,第 20—21 页。

② 《中共中央国务院关于实施乡村振兴战略的意见》,人民出版社 2018 年版,第 22 页。

力"①。各级领导干部要深入农村、关心农业、关爱农民,县乡党委、政府要把主要精力放在"三农"工作上。实施好边远贫困地区、边疆民族地区和革命老区人才支持计划,继续实施好"三支一扶"、特岗教师计划等,组织实施高校毕业生基层成长计划。优化农村基层干部队伍结构,加强和改进大学生村官工作,抓好选派"第一书记"工作,加大从优秀村干部中考录乡镇公务员、选任乡镇领导干部的力度。扶持培养一批农业职业经理人、经纪人、乡村工匠、文化能人、非遗传承人等乡村振兴培养专业化人才。

(三)加快建设现代农业,实现农业大国向农业强国转变

没有农业现代化,没有农村繁荣富强,没有农民安居乐业,国家现代化是不完整、不全面、不牢固的。现代农业是现代化经济体系的基础,农业现代化仍是"四化同步"中的短腿。要牢固树立新发展理念,紧紧围绕推进农业供给侧结构性改革这条主线,以保障农产品有效供给、促进农民持续较快增收和农业可持续发展为目标,提高农业发展质量效益和竞争力,走产出高效、产品安全、资源节约、环境友好的农业现代化道路;确保到 2020 年农业现代化取得明显进展,力争到 2035 年基本实现农业现代化,到新中国成立 100 年时迈入世界农业现代化强国行列。

夯实农业生产能力基础。"深入实施藏粮于地、藏粮于技战略,严守耕地红线,确保国家粮食安全,把中国人的饭碗牢牢端在自己手中。"②解决好十几亿人吃饭问题始终是治国安邦的头等大事,是农业发展的首要任务。要巩固和提升粮食产能,实施藏粮于地、藏粮于技战略,坚决保护耕地,大规模开展高标准农田建设,保护提升耕地质量,提高农业良种化、机械化、科技化、信息化水平。加快划定和建设粮食生产功能区和重要农产品生产保护区,健全主产区利益补偿机制,调动地方政府重农抓粮和农民务农种粮的积极性,确保国家粮食安全。

构建农村一二三产业融合发展体系。"大力开发农业多种功能,延

---

① 《中共中央国务院关于实施乡村振兴战略的意见》,人民出版社 2018 年版,第 36 页。
② 《中共中央国务院关于实施乡村振兴战略的意见》,人民出版社 2018 年版,第 9 页。

长产业链、提升价值链、完善利益链,通过保底分红、股份合作、利润返还等多种形式,让农民合理分享全产业链增值收益。"①现代农业产业体系、生产体系、经营体系"三大体系"是现代农业的"三大支柱"。要加快构建现代农业产业体系,鼓励企业兼并重组,淘汰落后产能,促进种植业、林业、畜牧业、渔业、农产品加工流通业、农业服务业转型升级和融合发展。加快构建现代农业生产体系,用现代物质装备武装农业,用现代科学技术服务农业,用现代生产方式改造农业,提升农业科技和装备应用水平,大力推进农业科技创新和成果应用,大力推进农业生产经营机械化和信息化,增强农业综合生产能力和抗风险能力。加快构建现代农业经营体系,大力培育新型职业农民和新型经营主体,健全农业社会化服务体系,建设现代化农产品冷链仓储物流体系,提高农业经营集约化、组织化、规模化、社会化、产业化水平,加快农业转型升级,健全农业社会化服务体系。

调整农业结构,促进农村一二三产业融合发展。调整优化农业产品结构、产业结构和布局结构,促进粮经饲统筹、农林牧副渔结合、种养销一体,促进农业产业链条延伸和农业与二三产业尤其是文化旅游产业的深度融合,"实施休闲农业和乡村旅游精品工程,建设一批设施完备、功能多样的休闲观光园区、森林人家、康养基地、乡村民宿、特色小镇"②。强化质量兴农、品牌强农,推进农业标准化生产、全程化监管,把增加绿色优质农产品放在突出位置,全面提升农产品质量安全水平。推进农业结构调整,当前要以玉米为重点推进种植业结构调整,以生猪和草食畜牧业为重点推进畜牧业结构调整,以保护资源和减量增收为重点推进渔业结构调整,以农产品加工业和农村"双创"为重点促进一二三产业融合发展,发展特色产业、休闲农业、乡村旅游、农村电商等新产业新业态,延长产业链、提升价值链,同时,推动农业绿色发展,发展乡村共享经济、创意农业、特色文化产业。统筹推进山水林田湖草系统治理,全面加强农业面源污染防治,实施农业节水行动,强化湿地保护和修复,推进轮作休耕、草原生

① 《中共中央国务院关于实施乡村振兴战略的意见》,人民出版社 2018 年版,第 11 页。
② 《中共中央国务院关于实施乡村振兴战略的意见》,人民出版社 2018 年版,第 12 页。

态保护和退耕还林还草,加快形成农业绿色生产方式,为农民持续稳定增收提供更加坚实的农村产业支撑。

发展多种形式适度规模经营,实现小农户和现代农业发展有机衔接。新型经营主体和适度规模经营是农业转方式、调结构、走向现代化的引领力量。"实施新型农业经营主体培育工程,培育发展家庭农场、合作社、龙头企业、社会化服务组织和农业产业化联合体,发展多种形式适度规模经营。"①推行土地入股、土地流转、土地托管、联耕联种等多种经营方式,提高农业适度规模经营水平。我国国情决定了在相当长一个时期普通农户仍是农业生产的基本面,因此,要保护好小农户利益,健全利益联结机制,让小农户通过多种途径和方式进入规模经营、现代生产,与大农户一起分享农业现代化成果。要大力发展多元化的农业生产性服务,健全农业社会化服务体系。推进基层农技推广体系改革,探索建立公益性农技推广与经营性技术服务共同发展新机制。

第四节　积极推动城乡区域协调发展

党的十九大报告从我国区域发展新形势和决胜全面建成小康社会、开启全面建设社会主义现代化国家新征程的新要求出发,明确提出要实施区域协调发展战略。

一、新时期实施区域协调发展战略的重大意义

实施区域协调发展战略,对我国增强区域发展协同性、拓展区域发展新空间、推动建设现代化经济体系、实现"两个一百年"奋斗目标,都具有重大战略意义。

(一)实施区域协调发展战略是增强区域发展协同性的重要途径

区域差异大、发展不平衡是我国的基本国情。区域发展战略是经济

---

① 《中共中央国务院关于新时代加快完善社会主义市场经济体制的意见》,人民出版社2018年版,第32页。

社会发展战略的重要组成部分。1999年以来,我国逐步形成西部开发、东北振兴、中部崛起、东部率先的区域发展总体战略。党的十八大以来,以习近平同志为核心的党中央统筹内外、着眼全局,提出建设"一带一路"倡议和京津冀协同发展、长江经济带发展战略,推动形成东西南北纵横联动发展新格局。党的十九大根据我国社会主要矛盾的变化,立足于解决发展不平衡不充分问题,以全方位、系统化视角,提出今后一个时期实施区域协调发展战略的主要任务,着力提升各层面区域战略的联动性和全局性,增强区域发展的协同性和整体性,必将进一步开创我国区域协调发展新局面。

(二)实施区域协调发展战略是拓展区域发展新空间的内在要求

随着大规模基础设施特别是高速铁路网和通信网的建设,我国区域间互联互通达到前所未有的水平,为从整体上形成东西南北纵横联动区域发展新格局创造了条件。城镇化进程加快,推动城市群和大都市圈在经济社会发展中扮演越来越重要的角色。与此同时,海洋经济迅猛发展,拓展蓝色经济空间的重要性日益显现。实施区域协调发展战略,将区域、城乡、陆海等不同类型、不同功能的区域纳入国家战略层面统筹规划、整体部署,推动区域互动、城乡联动、陆海统筹,这对于优化空间结构、拓展区域发展新空间具有重大战略意义。

(三)实施区域协调发展战略是建设现代化经济体系的重要支撑

区域经济是国民经济体系的重要组成部分。当前,我国经济已由高速增长阶段转向高质量发展阶段,区域经济发展必须加快转变发展方式、优化经济结构和转换增长动力。实施区域协调发展战略,推动各区域充分发挥比较优势,深化区际分工;促进要素有序自由流动,提高资源空间配置效率;缩小基本公共服务差距,使各地区群众享有均等化的基本公共服务;推动各地区依据主体功能定位发展,促进人口、经济和资源、环境的空间均衡,进而实现各区域更高质量、更有效率、更加公平、更可持续的发展,将对提高我国经济发展质量和效益、建设现代化经济体系发挥重要支撑作用。

（四）实施区域协调发展战略是实现"两个一百年"奋斗目标的重大举措

今后一个时期是实现第一个百年目标并向第二个百年目标迈进的关键期。全面建成小康社会，要突出抓重点、"补短板"、强弱项。实施区域协调发展战略，紧紧抓住集中连片特殊困难地区这个重点，农村贫困人口脱贫这个"短板"，坚决打好精准脱贫攻坚战，确保到 2020 年我国现行标准下农村贫困人口实现脱贫、贫困县全部"摘帽"、解决区域性整体贫困，这是让贫困人口和贫困地区人民同全国人民一道进入全面小康社会的重大战略举措。到 2020 年全面建成小康社会并开启全面建设社会主义现代化国家新征程，要继续实施区域协调发展战略，促进各地区协同推进现代化建设，努力实现全体人民共同富裕。

二、推进形成新型城镇化发展新格局

党的十九大报告从促进区域协调发展的国家战略层面，进一步明确了实施新型城镇化战略、推进形成城镇发展新格局的重点任务。

（一）以城市群为主体构建大中小城市和小城镇协调发展的城镇格局

城市群是城市化的主体空间形态，以较少的国土空间聚集较多的人口和要素，形成较大的产出，是经济发展的重要增长极，是空间资源利用效率最高的地区，也是最具创新活力和国际竞争力的板块。要按照优化提升东部地区城市群、培育发展中西部地区城市群的要求，继续推进长三角、珠三角、京津冀、成渝、长江中游、中原、哈长、北部湾等城市群建设，形成一批参与国际合作和竞争、促进国土空间均衡开发和区域协调发展的城市群。强化大城市对中小城市的辐射和带动作用，逐步形成横向错位发展、纵向分工协作的发展格局。完善城市群协调机制，加快城际快速交通体系建设，推动城市间产业分工、基础设施、生态保护、环境治理等协调联动，促进形成核心城市和其他城市、小城镇合理分工、相互协调、互为补充、共同发展的城镇格局。

（二）加快农业转移人口市民化

农业转移人口市民化是推进新型城镇化的关键。党的十八大以来，中央提出到 2020 年实现约 1 亿农业转移人口落户城镇的目标，出台了推进户籍制度改革、实施居住证制度等举措，进一步放宽城镇落户条件，从体制机制上解决城乡劳动力市场分割问题。今后一个时期加快农业转移人口市民化，要深化户籍制度改革，降低落户门槛，拓宽落户通道，确保到 2020 年我国户籍人口城镇化率提高到 45% 左右。加快居住证制度全覆盖，鼓励各地扩大对居住证持有人的公共服务范围并提高服务标准。建立健全财政转移支付同农业转移人口市民化挂钩、城镇建设用地增加规模与吸纳农业转移人口落户数量挂钩、中央预算内投资安排向吸纳农业转移人口落户数量较多的城镇倾斜的"三挂钩"激励机制，以及农业转移人口市民化成本分担机制。

三、以城乡区域协调发展优化现代化经济体系空间布局

要推动城乡区域协调发展，增强城乡区域发展的协同性、联动性、整体性，关键在深化改革和体制机制创新。

（一）建立更加有效的城乡区域协调发展新机制

充分发挥市场机制作用。清理废除妨碍城乡统一市场和公平竞争的各种规定和做法，清除各种显性和隐性的市场壁垒，促进生产要素在城市和乡村有序自由流动，提高资源配置效率和公平性，加快建立全国统一开放、竞争有序的市场体系。

创新城乡区域合作机制。按照优势互补、互利共赢的原则，支持开展城乡多层次、多形式、多领域的区域合作，支持产业跨区域转移和共建产业园区等合作平台，鼓励创新区域合作的组织保障、规划衔接、利益协调、激励约束、资金分担、信息共享、政策协调和争议解决等机制。

完善城乡区域互助机制。完善城市发达地区对农村欠发达地区的对口支援制度，创新帮扶方式，加强教育、科技、人才等帮扶力度，增强欠发达地区自身发展能力，促进对口支援从单方受益为主向双方受益深化。

建立健全城乡区际补偿机制。建立健全流域上中下游生态保护补偿

机制,依托重点生态功能区开展生态补偿示范区建设,健全资源开采地区与资源利用地区之间的利益补偿机制,加大对农产品主产区和重点生态功能区的转移支付力度,促进区际利益协调平衡。

(二)积极推动城乡区域协调发展,优化现代化经济体系空间布局

城乡区域协调发展是一个庞大复杂的社会系统工程,必须处理好公平与效率、合作与竞争、开放与保护、政府与市场等方面的关系。

发挥各地区比较优势,落实主体功能区战略。根据合理分工、优化发展的原则完善空间治理,加强区域优势互补,促进城乡、区域以及人口、经济、资源环境协调发展;根据不同区域的资源禀赋与发展特点,着力构建科学合理的城市化格局、农业发展格局和生态安全格局;明确不同的政策方向和政策重点,在优化开发区域引导提升国际竞争力,在重点开发区域促进新型工业化城镇化进程,在农产品主产区提高农产品供给能力,在重点生态功能区增强生态服务功能,在禁止开发区域加强监管;在协调发展中拓宽发展空间,在加强薄弱领域中增强发展后劲,形成主体功能明显、优势互补、高质量发展的区域经济格局。

继续推动西部大开发、东北全面振兴、中部地区崛起、东部率先发展。要推动西部大开发形成现代化产业体系,必须"充分发挥西部地区比较优势,推动具备条件的产业集群化发展,在培育新动能和传统动能改造升级上迈出更大步伐,促进信息技术在传统产业广泛应用并与之深度融合,构建富有竞争力的现代化产业体系"①。新时代东北振兴是全面振兴、全方位振兴,必须全面深化改革、全面扩大开放,优化营商环境形成发展新动力,深度融入共建"一带一路",加快构建东北对外开放的大通道、大平台、大布局。中部地区崛起必须贯彻新发展理念,在供给侧结构性改革上下更大功夫,在实施创新驱动发展战略、发展战略性新兴产业上下更大功夫,不断增强中部地区综合实力和竞争力,奋力开创中部地区崛起新局面。东部地区率先发展,必须强化科技创新能力建设、推动产学研协同创

---

① 《中共中央国务院关于新时代推进西部大开发形成新格局的指导意见》,人民出版社2020年版,第5页。

新等方式在全国发挥着重要的增长引擎和辐射带动作用,形成一个优势叠加的创新场,为产业转型升级、经济由大变强提供有力支撑。

深入推进京津冀协同发展、粤港澳大湾区建设、长三角一体化发展。京津冀协同发展是优化国家发展区域布局和社会生产力空间结构的关键一招,积极稳妥有序疏解北京非首都功能,高起点规划、高标准建设雄安新区,形成新的经济发展方式强大引擎,打造中国新的经济增长极。粤港澳大湾区建设,推进以 5G 和轨道交通为代表基础设施互联互通和规则衔接,深入智能制造、科技研发、金融货币、商业新业态新模式等多领域产业和空间协作,朝着"四核联动、外拓西进,开放高效"的"多中心并联式"总体结构继续迈进。推进长江经济带一体化发展共抓大保护,分工合作协同打造地标性世界级产业集群,合力构建绿色低碳生产体系,联手塑造区域一体化峰会品牌,加快自贸试验区政策推广复制,共建我国首个零关税区域。编制黄河流域生态保护和高质量发展规划纲要,以法治方式确立黄河流域空间管控、环境总体规划、水资源管理、污染防治、生态保护与修复、环境和安全风险防范、流域综合管理等制度,推动黄河上游人口和经济向中下游集聚。推动成渝地区双城经济圈建设,实施创新人才—地方品质多级驱动发展战略,提升地方发展品质,使成渝地区成为具有全国影响力的重要经济中心、科技创新中心、改革开放新高地、高品质生活宜居地。

促进革命老区、民族地区、边疆地区、贫困地区加快发展。促进革命老区发展,对中国革命作出较大贡献、财政较为困难的老区予以财政补助支持,改善革命老区人民生产生活条件,促进革命老区加快社会主义新农村建设和革命老区经济社会和谐发展。促进民族地区发展,建立民族地区转移支付资金稳定增长机制,支持少数民族和民族地区持续发展经济、提升社会事业、繁荣民族文化、改善生态环境、巩固民族团结,确保到 2020 年实现与全国同步全面建成小康社会。促进边疆地区发展,加强边境维护和管理,实施兴边富民行动,改善边境地区民生,加强边境乡村基础建设和公益建设,促进边境贸易发展。促进贫困地区发展,大力支持开发式扶贫,增强扶贫对象自我发展能力,支持落实扶贫攻坚规划明确的主要任务、建设项目、保障措施,促进贫困地区加快发展步伐,帮助扶贫对象提高收入水平。

发展海洋经济。海洋经济是开发、利用和保护海洋的各类产业活动及与之相关联活动的总和。加快海洋经济发展,必须走高质量发展之路,提高海洋开发能力和海洋经济对国民经济贡献率,科学开发利用海洋资源,优化海洋产业结构,加快培育海洋生物医药、海水利用、海洋可再生能源等为引领的海洋新兴产业,推动海洋科技向创新引领型转变、海洋开发方式向循环利用型转变,维护海洋自然再生产能力,构建现代海洋产业体系。加快海洋经济发展,拓展蓝色经济空间,调整近岸海域国土空间布局,推动海洋经济由近岸海域向深海远洋极地延伸,推动北部海洋经济区、东部海洋经济区和南部海洋经济区发展各具特色的海洋经济。坚持陆海统筹,坚持走依海富国、以海强国、人海和谐、合作共赢的发展道路,加快海洋经济"走出去"步伐,放宽海洋领域外资准入限制,加强海上合作、共享海洋,形成涉海领域全方位开放格局,扎实推进海洋强国建设。

第五节 深化经济体制改革

党的十九大报告指出要"坚持社会主义市场经济改革方向""加快完善社会主义市场经济体制",并指出"经济体制改革必须以完善产权制度和要素市场化配置为重点,实现产权有效激励、要素自由流动、价格反应灵活、竞争公平有序、企业优胜劣汰"[①]。党的十九届四中全会将社会主义市场经济体制纳入社会主义基本经济制度。2020 年 5 月 11 日,中共中央、国务院出台了《中共中央国务院关于新时代加快完善社会主义市场经济体制的意见》进一步明确:"社会主义市场经济体制是中国特色社会主义的重大理论和实践创新,是社会主义基本经济制度的重要组成部分。"为贯彻落实党的十九大和十九届四中全会关于坚持和完善社会主

---

① 习近平:《决胜全面建成小康社会 夺取新时代中国特色社会主义伟大胜利——在中国共产党第十九次全国代表大会上的报告》,人民出版社 2017 年版,第 33 页。

义基本经济制度的战略部署,必须"在更高起点、更高层次、更高目标上推进经济体制改革及其他各方面体制改革,构建更加系统完备、更加成熟定型的高水平社会主义市场经济体制"①。这些重要论述,在党的十八届三中全会提出"使市场在资源配置中起决定性作用和更好发挥政府作用"的基础上,进一步深化了对社会主义市场经济规律的认识,进一步坚定了社会主义市场经济改革方向,明确了加快完善社会主义市场经济体制的重点任务,是习近平新时代中国特色社会主义思想在经济体制改革领域的具体体现。

一、加快完善社会主义市场经济体制的重点任务

中共中央、国务院《关于新时代加快完善社会主义市场经济体制的意见》在坚持以习近平新时代中国特色社会主义经济思想为指导、坚持解放和发展生产力、坚持和完善社会主义基本经济制度、坚持正确处理政府和市场关系、坚持扩大高水平开放和深化市场化改革互促共进五个原则基础上,围绕建设高水平社会主义市场经济体制的目标,提出了完善社会主义市场经济体制在七个关键领域的改革任务。

(一)坚持公有制为主体、多种所有制经济共同发展,增强微观主体活力

"毫不动摇巩固和发展公有制经济,毫不动摇鼓励、支持、引导非公有制经济发展,探索公有制多种实现形式,支持民营企业改革发展,培育更多充满活力的市场主体。"②

一是要推进国有经济布局优化和结构调整。推动国有资本更多投向关系国计民生的重要领域和关系国家经济命脉、科技、国防、安全等领域,服务国家战略目标,通过资本化、证券化等方式优化国有资本配置提高国有资本收益,进一步完善和加强国有资产监管,促进国有资产保值增值。

---

① 《中共中央国务院关于新时代加快完善社会主义市场经济体制的意见》,人民出版社2020年版,第1页。
② 《中共中央国务院关于新时代加快完善社会主义市场经济体制的意见》,人民出版社2020年版,第5页。

二是要积极稳妥推进国有企业混合所有制改革。推进混合所有制改革,探索将部分国有股权转化为优先股强化国有资本收益功能,支持符合条件的混合所有制企业建立骨干员工持股、上市公司股权激励、科技型企业股权和分红激励等中长期激励机制,加快完善国有企业法人治理结构和市场化经营机制和中国特色现代企业制度。

三是稳步推进自然垄断行业改革。深化以政企分开、政资分开、特许经营、政府监管为主要内容的改革,切实打破行政性垄断,防止市场垄断,构建有效竞争的电力市场,推进油气管网对市场主体公平开放,深化铁路行业改革,实现邮政普遍服务业务与竞争性业务分业经营,完善烟草专卖专营体制,构建适度竞争新机制。

四是营造支持非公有制经济高质量发展的制度环境。健全支持民营经济、外商投资企业发展的市场、政策、法治和社会环境,完善支持非公有制经济进入电力、油气等领域的实施细则和具体办法、民营企业融资增信支持体系、亲清政商关系政策体系,健全支持中小企业发展制度、民营企业直接融资支持制度、清理和防止拖欠民营企业中小企业账款长效机制,建立规范化机制化政企沟通渠道,鼓励民营企业参与实施重大国家战略。

(二)夯实市场经济基础性制度,保障市场公平竞争

"建设高标准市场体系,全面完善产权、市场准入、公平竞争等制度,筑牢社会主义市场经济有效运行的体制基础。"[①]

一是全面完善产权制度。健全归属清晰、权责明确、保护严格、流转顺畅的现代产权制度,加强产权激励。完善以管资本为主的经营性国有资产产权管理制度、完善农村承包地"三权分置"制度、农村基本经营制度和新领域新业态知识产权保护制度,健全自然资源资产产权制度、以公平为原则的产权保护制度,深化农村集体产权制度改革。

二是全面实施市场准入负面清单制度。建立市场准入负面清单动态调整机制和第三方评估机制、建立统一的清单代码体系、建立市场准入负

---

① 《中共中央国务院关于新时代加快完善社会主义市场经济体制的意见》,人民出版社2020年版,第8页。

面清单信息公开机制、建立市场准入评估制度,改革生产许可制度。

三是全面落实公平竞争审查制度。建立健全竞争政策实施机制,建立公平竞争审查抽查、考核、公示制度,建立健全第三方审查和评估机制,建立违反公平竞争问题反映和举报绿色通道,进一步营造公平竞争的社会环境。

(三)构建更加完善的要素市场化配置体制机制,进一步激发全社会创造力和市场活力

"以要素市场化配置改革为重点,加快建设统一开放、竞争有序的市场体系,推进要素市场制度建设,实现要素价格市场决定、流动自主有序、配置高效公平。"①

一是建立健全统一开放的要素市场。建立同权同价、流转顺畅、收益共享的农村集体经营性建设用地入市制度,深化户籍制度改革,完善强制退市和主动退市制度,探索实行公司信用类债券发行注册管理制,建立数据资源清单管理机制,构建多层次、广覆盖、有差异的银行体系。

二是推进要素价格市场化改革。健全主要由市场决定价格的机制、基准利率和市场化利率体系,完善城镇建设用地价格形成机制和存量土地盘活利用政策,健全完善人民币汇率市场化形成机制,积极发展科技成果、专利等资产评估服务,促进技术要素有序流动和价格合理形成。

三是创新要素市场化配置方式。建立土地征收目录和公共利益用地认定机制,健全工业用地多主体多方式供地制度,完善企事业单位人才流动机制,构建更加开放的国际人才交流合作机制。

四是推进商品和服务市场提质增效。完善市场运行和监管规则,建立打击假冒伪劣商品长效机制,构建优势互补、协作配套的现代服务市场体系,深化流通体制改革,探索建立集体诉讼制度。

(四)创新政府管理和服务方式,完善宏观经济治理体制

"完善政府经济调节、市场监管、社会管理、公共服务、生态环境保护

---

① 《中共中央国务院关于新时代加快完善社会主义市场经济体制的意见》,人民出版社2020年版,第10页。

等职能,创新和完善宏观调控,进一步提高宏观经济治理能力。"①

一是构建有效协调的宏观调控新机制。加快建立宏观调控目标体系、政策体系、决策协调体系、监督考评体系和保障体系,健全投资、消费、产业、区域等政策协同发力的宏观调控制度体系,实施就业优先政策,完善促进消费的体制机制,加强国家经济安全保障制度建设和社会预期管理,优化经济治理基础数据库。

二是加快建立现代财税制度。建立权责清晰、财力协调、区域均衡的中央和地方财政关系,形成稳定的与各级政府事权、支出责任和财力相适应的制度,完善标准科学、规范透明、约束有力的预算制度、综合与分类相结合的个人所得税制度,依法构建政府举债融资机制,稳妥推进房地产税立法,健全地方税体系。

三是强化货币政策、宏观审慎政策和金融监管协调。建设现代中央银行制度,建立现代金融监管体系、健全金融消费者保护基本制度,守住不发生系统性金融风险底线,有序实现人民币资本项目可兑换,稳步推进人民币国际化。

四是全面完善科技创新制度和组织体系。构建社会主义市场经济条件下关键核心技术攻关新型举国体制,研究建立重大科技基础设施建设运营多元投入机制,建立健全应对重大公共事件科研储备和支持体系,改革完善中央财政科技计划形成机制和组织实施机制,建立技术创新体系、技术成果转化公开交易与监管体系,完善科技人才发现、培养、激励机制。

五是完善产业政策和区域政策体系。健全推动发展先进制造业、振兴实体经济的体制机制,建立市场化、法治化化解过剩产能的长效机制,健全有利于促进市场化兼并重组、转型升级的体制和政策,构建区域协调发展新机制,健全城乡融合发展体制机制。

六是以一流营商环境建设为牵引持续优化政府服务。深入推进"放管服"改革,深化行政审批制度改革、投资审批制度改革、投资项目承诺

---

① 《中共中央国务院关于新时代加快完善社会主义市场经济体制的意见》,人民出版社2020年版,第12页。

制改革、全面开展工程建设项目审批制度改革,依托全国投资项目在线审批监管平台加强事中事后监管,加快推进全国一体化政务服务平台建设,完善营商环境评价体系。

七是构建适应高质量发展要求的社会信用体系和新型监管机制。完善诚信建设长效机制、网络市场规制体系、失信主体信用修复机制,建立政府部门信用信息向市场主体有序开放机制、政务诚信监测治理体系,健全覆盖全社会的征信体系、政府失信责任追究制度、新型监管机制、全过程食品药品安全监管体系和对新业态的包容审慎监管制度。

(五)坚持和完善民生保障制度,促进社会公平正义

"坚持按劳分配为主体、多种分配方式并存,优化收入分配格局,健全可持续的多层次社会保障体系,让改革发展成果更多更公平惠及全体人民。"①

一是健全体现效率、促进公平的收入分配制度。坚持按劳分配,健全劳动、资本、土地、知识、技术、管理、数据等生产要素由市场评价贡献、按贡献决定报酬的机制和以税收、社会保障、转移支付等为主要手段的再分配调节机制,完善企业薪酬调查和信息发布制度、第三次分配机制,健全最低工资标准调整机制。

二是完善覆盖全民的社会保障体系。健全统筹城乡、可持续的基本养老保险制度、基本医疗保险制度,实施企业职工基本养老保险基金中央调剂制度,完善统一的城乡居民医保和大病保险制度、失业保险制度、基本民生保障兜底机制、租购并举的住房制度,健全基本医保筹资和待遇调整机制,加快落实异地就医结算制度。

三是健全国家公共卫生应急管理体系。强化公共卫生法治保障,健全公共卫生服务体系、重大疾病医疗保险和救助制度、应急物资保障体系,完善优化重大疫情救治体系和应急医疗救助机制,探索建立特殊群体、特定疾病医药费豁免制度。

---

① 《中共中央国务院关于新时代加快完善社会主义市场经济体制的意见》,人民出版社2020年版,第18页。

（六）建设更高水平开放型经济新体制，以开放促改革促发展

"实行更加积极主动的开放战略，全面对接国际高标准市场规则体系，实施更大范围、更宽领域、更深层次的全面开放。"①

一是以"一带一路"建设为重点构建对外开放新格局。坚持互利共赢的开放战略，推动共建"一带一路"走深走实和高质量发展，推进西部陆海新通道建设，促进东中西互动协同开放，加快形成陆海内外联动、东西双向互济的开放格局。

二是加快自由贸易试验区、自由贸易港等对外开放高地建设。深化自由贸易试验区改革，建设好中国（上海）自由贸易试验区临港新片区，聚焦贸易投资自由化便利化，稳步推进海南自由贸易港建设。

三是健全高水平开放政策保障机制。推进贸易高质量发展，办好中国国际进口博览会，健全外商投资准入前国民待遇加负面清单管理制度及外商投资国家安全审查、反垄断审查、国家技术安全清单管理、不可靠实体清单等制度，全面实施外商投资法及其实施条例，建立健全外资企业投诉工作机制，创新对外投资方式，推进国际产能合作和制造业、服务业、农业扩大开放。

四是积极参与全球经济治理体系变革。维护完善多边贸易体制，推动构建更高水平的国际经贸规则，构建面向全球的高标准自由贸易区网络，积极参与全球经济治理和公共产品供给，加强与相关国家、国际组织的经济发展倡议、规划和标准的对接，积极参与国际宏观经济政策沟通协调及国际经济治理体系改革和建设。

（七）完善社会主义市场经济法律制度，强化法治保障

"以保护产权、维护契约、统一市场、平等交换、公平竞争、有效监管为基本导向，不断完善社会主义市场经济法治体系，确保有法可依、有法必依、违法必究。"②

---

① 《中共中央国务院关于新时代加快完善社会主义市场经济体制的意见》，人民出版社2020年版，第20页。

② 《中共中央国务院关于新时代加快完善社会主义市场经济体制的意见》，人民出版社2020年版，第23页。

一是完善经济领域法律法规体系。完善物权、债权、股权等各类产权相关法律制度,健全破产制度和重大改革特别授权机制,建立健全金融机构市场化退出法规,修订反垄断法,制定和完善发展规划、国土空间规划、自然资源资产、生态环境、农业、财政税收、金融、涉外经贸等方面的法律法规,推进新经济领域立法。

二是健全执法司法对市场经济运行的保障机制。深化行政执法体制改革,规范行政执法行为,优化配置执法力量、推进综合执法,完善涉及查封、扣押、冻结和处置公民财产行为的法律制度,健全涉产权冤错案件有效防范和常态化纠正机制。

三是全面建立行政权力制约和监督机制。实行政府权责清单制度,健全重大行政决策程序制度,完善审计制度,推动审批监管、执法司法、工程建设、资源开发、海外投资和在境外国有资产监管、金融信贷、公共资源交易、公共财政支出等重点领域监督机制改革和制度建设,依法推进政府信息公开。

四是完善发展市场经济监督制度和监督机制。坚持和完善党和国家监督体系,完善监察法实施制度体系,促进党内监督、监察监督、行政监督、司法监督、审计监督、财会监督、统计监督、群众监督、舆论监督协同发力,推动社会主义市场经济健康发展。

二、国有经济管理体制改革的实践

新中国成立 70 多年来,国有经济治理结构不断改革完善,社会主义生产关系适应生产力发展要求,实现了国民经济高速发展,始终发挥着基础性、决定性和中坚力量作用,"为国家建设、国防安全、人民生活改善作出了突出贡献"①。进入中国特色社会主义新时代,国有经济治理结构改革任重道远。

(一)新中国成立 70 多年来公有经济管理体制不断发展完善

从新中国成立到中国特色社会主义进入新时代,中国逐步融入世界

---

① 《习近平谈治国理政》第二卷,外文出版社 2017 年版,第 259 页。

经济,国有经济管理体制改革也不断深入推进。从计划经济体制下国有企业管理制度,到承包经营制、股份制改造、现代企业制度、混合所有制下国有企业的治理结构改革,70多年来公有经济管理体制不断发展改革完善。

从新中国成立到改革开放前的30年,我国国有经济治理结构在计划经济体制下主要经历了"一厂制"的厂长负责制、党委领导下的厂长负责制、"文化大革命"时期的革委会管理体制,由于计划经济是由政府支配一切生产管理活动,严格意义上说不存在"治理"问题而只有管理。这一时期高度集中的计划经济体制保证了新中国成立之初国民经济的迅速恢复,保证了新生政权和人民群众能够掌握国家的经济命脉,为快速工业化建设铺平了道路,带动了生产力的大发展。党委领导下的厂长负责制,为现代企业制度的建立和公司治理结构的改革奠定了基础。

在新中国成立初期,初步形成计划经济管理体制,国营企业管理实行"一长制"。1949—1952年全国范围内实行了新民主主义经济制度,多种经济成分并存,市场经济在经济生活中占有十分重要的地位。在国民经济得到全面恢复发展的基础上,党中央开始探索生产资料私有制的社会主义改造,形成了"一化三改""一体两翼"和过渡时期总线等思想,全面建立了社会主义生产资料公有制,保证了新生政权和人民群众掌握国家的经济命脉。

在第一个五年计划期间,苏联援建我国156个项目和数以万计的苏联专家,建立了我国社会主义工业化的初步基础,这一时期我们照搬了苏联模式,形成了中央高度集权、按工业门类归口管理、"条块分割、条条为主"的计划经济管理体制。在全国"一盘棋"的经济结构形式下,中央政府对国营企业实行指令性计划,对集体企业实行指导性计划,企业作为计划的执行部门,内部管理实行了行政领导一人全权负责的"一长制"(厂长负责制)管理方式。

在第一次权力下放改革时期,国营企业管理实行党委领导下的厂长负责制。虽然高度中央集中管理的计划经济在新中国成立初期取得了良好效果,但其弊端也很快暴露出来。1956年毛泽东发表《论十大关系》指出,"应当在巩固中央统一领导的前提下,扩大一点地方的权力"①,1957年国务院制定了《关于改进工业管理体制的规定》《关于改进商业管理体制的规定》《关于改进财政管理体制的规定》,开展了以权力下放为特征的改革,"放权、松绑"调整中央和地方、国家和企业的权力分配关系,把一部分工业管理、商业管理和财政管理的权力下放给地方和企业,中央所属88%的企业下放到了地方,由地方管理,企业得到了一定的经营自主权,而随着国营企业财权、人事管理权等大幅扩大,这一时期以党委集体领导和个人分工负责相结合的党委集体领导下的厂长负责制替代了"一长制"管理模式。党委领导下的厂长负责制确保了党对企业生产行政工作的绝对领导,同时又充分发挥行政组织的积极作用,为以后的国有经济管理体制改革奠定了实践基础。重新构建高度集中管理体制,"两参一改三结合",实行党委领导下的厂长负责制和企业职工代表大会制。随着国民经济"调整、巩固、充实、提高"八字方针的提出,中共中央面对经济管理权下放造成的经济领域混乱的局面,提出了"全国一盘棋"思想,逐渐强化集中统一管理,下放到地方和企业的各项权力以及一批下放不当的中央企业陆续收归中央,国营工业企业的生产活动服从国家统一计划,职工劳动报酬实行各尽所能、按劳分配,重新构建高度集中的中央管理体制。国民经济中关键性的指标由中央直接管理,全国性行业重要指标由中央各部门管理,地区的重要指标由省、自治区、直辖市管理。在国有企业,中央强化企业党委领导下的厂长负责制,将企业生产经营权完全收归党委。1960年10月,中共中央发出了《关于发展"两参一改三结合"制度提高企业管理工作的指示》,提出了干部参加劳动,工人参加管理,改革不合理的规章制度,并实行技术人员、工人、干部结合的"两参一改三结合"的企业管理制度,并在1961年出台的《国营工业企业工作条例》(以下简称《工业70条》)中将企业的职工代表大会作为"两参一改三结合"企业管理制度的具体实行机构,肯定了"在国营工业企业中,实行党委领导下的行政管理上的厂长负责制,这是我国企业管理的根本制度"。

---

① 《毛泽东文集》第七卷,人民出版社1999年版,第31页。

规定了国营工业企业中的党委员会,对于企业的行政管理工作、思想政治工作、工会工作、共青团工作,以及企业中生产的、政治的、文化的群众运动,实行全面的统一领导。强调了企业内的一切重大问题,必须经过党委讨论决定。

在探索试办托拉斯时,用托拉斯的组织形式管理工业。在 1964 年《关于试办工业、交通托拉斯的意见报告》中强调,"在我国社会主义制度下,试办托拉斯,用托拉斯的组织形式来管理工业,这是工业管理体制上的一项重大改革"[1],试办的托拉斯组建之后着手改组了生产组织,改革了管理制度,建立适合社会化大生产和专业分工协作的经济管理方式,促进设备的利用和技术水平的提高,有利于对全行业的企业进行合理调整、对人财物在全行业内调度、集中全行业技术力量采用新技术发展新产品、集中管理对上对外经济业务、统管供销业务,提高了企业的活力,发挥了更大的经济效果。但在运行中与地方、与所属企业分级管理产生了矛盾。随着"文化大革命"的爆发,试办托拉斯的探索工作被迫中断。

在第二次权力下放期间,企业管理实行了革委会制、党委领导下的厂长负责制。"文化大革命"爆发后,再次掀起了一场以向地方下放权力为中心的经济体制大变动,包括大庆油田、第一汽车制造厂、鞍山钢铁公司等关系国计民生的大型骨干企业在内的 2600 多个中央直属企业、事业和建设单位[2]全部下放给了各省、自治区、直辖市管理,有的又层层下放到专区、市、县。中央直属企业、事业和建设单位在 1965 年曾经增加到 10533 个,而经过 1970 年大下放后仅剩下 500 多个。[3] 这一时期,军事化手段直接领导经济建设,企业生产让位于政治运动,企业实行了军队代表、革命干部代表和群众代表三结合的党政合一、政企合一、高度集中的革命委员会管理制度。1973 年全国计划会议提出了改进经济管理体制

---

① 中共中央文献研究室编:《建国以来重要文献选编》第十九册,中央文献出版社 1998 年版,第 136 页。

② 郑有贵:《中华人民共和国经济史(1949—2012)》,当代中国出版社 2017 年版,第 103 页。

③ 郑有贵:《中华人民共和国经济史(1949—2012)》,当代中国出版社 2017 年版,第 104 页。

的十项规定,提出企业要实行党委领导下的厂长负责制,建立强有力的生产指挥系统。1979 年通过的《关于修改〈中华人民共和国宪法〉若干规定的决议》彻底结束了革命委员会这一特殊时期的特殊产物。

改革开放以后,国有经济管理体制改革不断深化,实行了承包经营责任制到股份制、现代企业制度、混合所有制下国有经济管理体制改革。

承包经营责任制下国有经济管理体制改革。改革开放初期,为调动企业广大职工生产经营积极性,克服长期集中统一的计划经济体制的弊端,1979 年中央作出了扩大企业自主权的决定,1986 年开始在全国国有企业中推广承包责任制,所有权和经营权分离,公有制实现形式日趋完善,国有经济活力持续增强。国有企业实行了放权让利、利改税改革,按照所有权与经营权相分离的原则,实行了多种形式的承包经营责任制。通过签订经营合同,确定国有企业与国家之间的责、权、利关系,实现企业自主经营、自负盈亏,独立核算,企业成了相对独立的经济实体,成了社会主义商品生产者和经营者。小型企业实行了承包、租赁责任制改革,大中型企业实行多种形式的承包经营责任制。"国营"企业转变为"国有"企业,国有企业治理结构改革随着所有权和经营权的分离逐步推进,这是适合当时我国商品经济不发达、市场机制不完备、经济发展不平衡的国情进行的公有制实现形式改革的试点,也是我国国有企业治理结构变化中的过渡性选择,有利于增强企业活力,转换企业经营机制。

股份制改造下国有经济管理体制改革。实施股份制改造,公有制企业所有权和经营权既相分离又相统一,企业成为独立的法人实体和市场主体,企业内部治理结构逐步深化发展。1984 年《中共中央关于经济体制改革的决定》开启了全面推进经济体制改革的新进程,我们党在理论上突破了社会主义公有制只有全民所有制与集体所有制两种形式的简单化认识后,城乡出现了大量多种多样的股份合作制经济。从 1984 年至 1991 年年底,全国试点股份制转制的 3200 个企业,产值和税利增长每年都高于其他国有企业。党的十四大提出,股份制有利于政企分开、转换企业经营机制和积聚社会资金,鼓励有条件的企业联合、兼并,合理组建企业集团。党的十五大提出,公有制实现形式可以而且应当多样化,一切反映社会化生产规律的经营方式和组织形式都可以大胆利用,明确肯定了股份制是资本组织形式,可以是所有制的实现形式,表明了所有制和所有制实现形式是两个不同的概念,股份制其本身不姓"社"也不姓"资"。这一时期国有企业特别是国有大中型企业转换经营机制,在治理结构上积极地推进股份制试点,建立"自主经营、自负盈亏、自我发展、自我完善"的法人实体,企业所有权和经营权既相分离又相统一,股东既按股份享有权利又承担相应风险,实现了投资主体多元化,使企业成为独立的法人实体和市场主体,扩大了企业自主权,从而激发公有制经济企业经济发展活力。

现代企业制度下的国有经济管理体制改革。面对国有企业治理改革中遇到的问题,国有企业进行了适应市场经济要求的公司化改造,转换企业经营机制,逐步建立以企业法人制度为主体,以公司制度为核心的现代企业制度,这是适应现代社会化大生产和市场经济体制的必然要求,也是具有中国特色的一种企业治理制度。党的十四届三中全会把现代企业制度的基本特征概括为"产权清晰、权责明确、政企分开、管理科学";党的十五届四中全会再次强调要建立和完善现代企业制度,并重申了对现代企业制度基本特征"十六字"的总体要求。国有企业建立现代企业制度的关键是产权制度改革,围绕建立现代产权制度,国有企业治理改革在1996 年提出"抓大放小",推进国有企业战略性重组,以打造一批具有国际竞争力的国有大型企业;在 1997 年开始推行"债转股",实施国有企业产权制度改革;到 2003 年开始推行股份制改造和股权多元化等改革;2008 年国务院国资委成立后履行出资人职责,大力推动中央企业之间以及中央企业与地方国有企业进行战略重组,同时通过市场化手段开展专业化重组、产业链价值链重组、横向联合重组,在企业内部逐步完善法人治理结构,逐步推行董事会制度,试点股权激励和职业经理人选聘,由董事会执行股东的意志,并将这种意志转变为公司的战略决策传递给 CEO,赋予国有企业经营更大的自主权和决策权。这一时期国有企业治理改革突出了市场与行政手段交叉、内外兼治的特征,实现产权有效激励和国有资产存量的优化配置,大大提升了国有企业绩效,对于解放和发展生产力、深化国有企业治理结构改革,实现政企职责分开、规范企业经营者行为,适应市场运行机制、国有资产保值增值和各类资本流动重组、同国际惯例接轨和发挥国有经济的主导作用具有重要意义。

混合所有制下国有经济管理体制改革。适应经济市场化不断发展的趋势,2003 年《中共中央关于完善社会主义市场经济体制若干问题的决定》指出,坚持公有制的主体地位,发挥国有经济的主导作用,增强公有制经济的活力,要大力发展国有资本、集体资本和非公有资本等参股的混合所有制经济。党的十七大提出“以现代产权制度为基础,发展混合所有制经济,加快形成统一开放竞争有序的现代市场体系”①。党的十八届三中全会强调了国有资本、集体资本、非公有资本等交叉持股、相互融合的混合所有制经济是我国基本经济制度的重要实现形式,是一种独立于国有经济和其他所有制经济的不同性质的所有制经济形式。财产权分属于不同性质所有者的混合所有制经济形式引入了民间资本参与国企改革,有效实现了投资主体多元化和公有制的多种实现形式,为实现政企分开创造了产权条件,为优化存量资本、扩充增量资本、最优配置生产要素和资金大规模聚合运作拓展了广阔空间,有利于明晰国有企业产权,实现各种所有制经济的优势互补;有利于解决所有者缺位问题,完善国有企业法人治理结构;有利于企业经营决策与治理结构以企业绩效为出发点,提高生产积极性和管理效率,增强国有经济活力与竞争力,提升企业经济效益;有利于非公有制破除“天花板”获得更多发展机会和空间;有利于抑制社会资金投机倾向,保障实体经济稳定健康发展。

(二)国有企业在治理改革中蓬勃发展,始终是国民经济中坚力量

新中国成立 70 多年来,虽然在不同时期,国有企业改革发展的主导思想理论和治理结构不同,但始终以生产力发展状况为依据变革生产关系,始终坚持公有制的主体地位,遵循实事求是、因时因地制宜的原则,保

---

① 中共中央文献研究室编:《十七大以来重要文献选编》上,中央文献出版社 2009 年版,第 20 页。

证了国民经济发展的正确方向,保障了人民的主体地位和中国共产党的领导地位,以雄厚的资产优势集中力量办大事,扛起了许多国家和人民所需的投资大、风险大、收益薄、周期长的基础设施、公共服务、国防科技、灾害防治、脱贫攻坚、民生改善等领域的建设责任,为经济发展和社会进步发挥了"压舱石"作用,为中国特色社会主义事业提供了重要的经济和社会基础。

国有经济建立了强大、完备的工业制造业体系,是国民经济的顶梁柱。"实体经济是一国经济的立身之本、财富之源。先进制造业是实体经济的一个关键"①。像我们这样的大国,必须建立完备的工业制造业体系。新中国成立时我国"一辆汽车、一架飞机、一辆坦克、一辆拖拉机都不能造"②,工业技术水平十分低下,而今天作为现代工业基石、实体经济支柱的制造业,已成为我国经济的第一大产业,维系着国民经济发展的命脉。从以消费品为主体的轻工业优先发展战略,到重加工制造业的快速发展,再到高端制造业的迅速崛起,我国已成为全球制造业第一大国,国有经济在振兴实体经济的攻坚战中承重担、打硬仗,担当了振兴实体经济顶梁柱和主力军的作用。由中国海洋石油总公司全额投资建造的国产钻井平台实现了深海海上气田开发,逐步缩短了我国与海洋能源开发强国的差距,标志着中国在海洋工程装备领域已经具备了自主研发能力和国际竞争能力。由中国航天科工集团研制的高档数控机床与基础制造装备分别投产在导弹发动机、材料热成型等领域的精密加工制造业,以数字化、智能化武装起来的柔性生产线和制造车间,大幅提升了我国生产制造能力。由国土资源部中国地质调查局组织实施的我国海域天然气水合物("可燃冰")试采在南海神狐海域取得圆满成功,实现了我国天然气水合物开发的历史性突破。在智能制造领域,我国高性能大型金属构件激光增材制造、分布式控制系统、自动染色成套技术与装备等一批长期依赖进口的项目实现突破。2020 年国内新能源汽车产销分别完成 136.6 万辆

① 《习近平在广东考察时强调　高举新时代改革开放旗帜　把改革开放不断推向深入》,《人民日报》2018 年 10 月 26 日。
② 《毛泽东文集》第六卷,人民出版社 1999 年版,第 329 页。

和 136.7 万辆,同比分别增长 7.5% 和 10.9%[①];2020 年 1—12 月全国工业机器人产量 237068 台,同比增长 19.1%[②],一些技术含量高、附加值高的新产品产量快速增长。70 多年来,国有企业凭借着规模优势、装备优势、技术优势、人才优势、管理优势、主人翁精神优势和市场开拓能力优势,逐步推进产业链与价值链融合,实现转型升级,建立了完备的工业体系,成为工农业生产的中坚力量和民族经济的脊梁。

国有经济建立了庞大、顺畅的交通运输和邮电通信系统,为国民经济发展提供了快捷有效的基础设施。国有经济大量投入基础设施和技术装备建设,显著提升了我国交通运输、邮电通信和服务能力,为国民经济快速发展提供了强大支撑。由 1949 年仅有 8.07 万千米的能通车公路、2.2 万千米长的铁路[③]到今天国家建筑央企施工的载客量高、耗时少、安全性好、正点率高、能耗较低、舒适方便的高速铁路不仅方便了百姓出行,而且促进了沿线地区经济发展和国土开发,节约了能源、减少了环境污染。由国家控股的中国商用飞机有限责任公司研制的我国具有完全自主知识产权、首款按照最新国际适航标准研制的干线民用飞机 C919 首飞成功,打破了"波音"和"空客"的垄断格局,圆了中国人的"大飞机梦"。由广东省、香港和澳门三地政府共同组建的港珠澳大桥建成、服务于国家西部大开发的重要交通要道、世界上最长的沙漠高速公路——京新高速大通道建成通车,各类运输设备更新换代,开启了我国交通运输高速牵引时代。由中科院研制的"墨子号"量子通信卫星升空,使我国在世界上首次实现卫星和地面之间的量子通信,构建天地一体化的量子保密通信与科学实验体系,奠定了光通信、量子通信的基础,中国在量子通信领域已成为名副其实的世界劲旅。中国邮政服务网络日益完善,村邮站总数达到 20 多万个,基本实现乡镇一级邮政营业服务全覆盖。交通运输邮电通信业的

① 《2020 年我国汽车产销均超过 2500 万辆　车市复苏　消费升级(新数据　新看点)》,《人民日报》2021 年 1 月 14 日第 1 版。

② 《2020 年工业机器人产量增长 19.1%》,《人民日报》2021 年 2 月 3 日第 2 版。

③ 白永秀、任保平、何爱平:《中国共产党经济思想 90 年》,人民出版社 2011 年版,第 230 页。

国有经济,为实现"两个一百年"奋斗目标和伟大复兴中国梦提供了坚实的运输通讯保障。

国有经济是技术创新的排头兵,形成社会经济发展的强大引擎。从新中国成立初期由苏联援建项目各个生产领域几乎都乏善可陈,到新中国 70 多年发展,国有经济已经拥有了现代机器大工业和先进的科学技术设备,成为科技创新的主体,为经济社会提供了强大的发展动力。由中国载人航天工程设计发射升空的长征二号运载火箭将天宫二号空间实验室发射成功,为我国开展较大规模空间科学试验和空间应用提供了条件,载人航天开始进入空间应用发展的新阶段;在各大系统和众多参研参试单位共同努力下,以国有经济为主自行研制的空间信息基础设施北斗导航卫星成功发射运转,服务范围由区域扩展为全球,北斗系统正式迈入全球时代。由国家海洋局组织安排的中国自行设计、自主集成研制的蛟龙号载人潜水器,创造了作业类载人潜水器新的世界纪录,成为海洋科学考察的前沿与制高点之一,标志着中国海底载人科学研究和资源勘探能力达到国际领先水平。在新一期全球超级计算机 500 强榜单中,由国家并行计算机工程技术研究中心研制的"神威·太湖之光"位列第三名,这一战略高技术领域的"国之重器"是全球第一台运行速度超过 10 亿亿次/秒的超级计算机,是国家科技实力的重要标志之一。还有国产大飞机、高速铁路、三代核电、新能源汽车等部分战略必争领域,都由国有企业为主体进行研制。国有经济抢占了科技创新的制高点,实现了从"跟跑"到"并跑""领跑"的跃升,为生产力提供了发展动力基础。

国有经济建立了系统、完善的金融体系,是社会经济稳定发展的运转器。国有银行和国有金融机构 70 多年间的宏观布局和调控,支持着国民经济建设,稳定着商品物价,保障了资金安全,优化了资本资源配置。国有银行在国内外开展融资活动筹集社会资金,支持企业生产、技术改造和技术创新,支持香港保持和巩固国际金融中心地位,支持"三农"、就业、助学、扶贫等金融服务,支持家电下乡、汽车消费信贷业务发展,帮助落后地区发展;国有银行和国有金融机构出台一系列重大金融市场化改革措施,加强信贷资金管理,牵头及配合处置高风险金融机构,妥善解决了大量历史遗留问题,及时化解金融风险,成功应对金融危机,保障了金融秩序和国内经济的稳定。中国人民银行发布数据显示,2020 年第二季度末,"中国金融业机构总资产逾 340 万亿元"①,国有金融资本规模稳步增长,国有资本更多向关系国民经济命脉和国家金融安全的重要行业、关键领域尤其是支持供给侧结构性改革、满足实体经济融资需求等方面发挥着越来越重要的作用,有效维护了金融体系平稳健康运行,保障了金融秩序和国民经济健康稳定发展以及社会的长治久安。

国有经济为国家安全建立了强大的经济基础,是保家卫国的主力军。从 1964 年、1966 年、1967 年、1970 年我国第一颗原子弹、导弹、氢弹试验成功和第一颗人造卫星上天,到 1982 年潜艇发射运载火箭成功、2017 年我国自主设计建造的航空母舰下水,歼—20、运—20 等一批先进武器装备列装部队,"慧眼"卫星遨游太空,量子计算机研制成功,天河二号超级计算机、北斗二号卫星工程等一批关键技术实现重大突破。先进的武器装备实现了亚丁湾护航、利比亚撤侨等具有国际影响力的行动,坚决捍卫了国家主权,有力维护了国家战略利益,有效保障了我国国际贸易运输"海上丝绸之路"的安全、增强了应对多种安全威胁的能力,为实现国家利益和安全、维护世界和平奠定了基础。

国有经济建立了有效的社会保障和救济体系,是社会发展的稳定器。从 1992 年我国改革开放转型后正式初步建立社会保障体系改革制度,到党的十九大提出全面建成覆盖全民、城乡统筹、权责清晰、保障适度、可持续的多层次社会保障体系。截至 2020 年底,全口径基本医疗保险参保人数达 13.6 亿人,参保覆盖面稳定在 95% 以上。② 随着劳动和社会保障部的成立,国家统一管理各项社会保障事务,改制度、扩范围、提待遇、强服务,尤其是农村社会养老保险、城镇居民社会养老保险的实施,基本实现了保险制度的全覆盖,建立起了世界上覆盖人群最多的社会保障安全网,夯实了民生基础。国有经济发挥着民生安全网、社会稳定器的重要作用,

---

① 《中国金融业机构总资产逾 340 万亿元》,《人民日报海外版》2020 年 9 月 15 日。
② 《我国基本医保参保覆盖面稳定在 95% 以上》,《人民日报》2021 年 3 月 10 日第 2 版。

在经济社会急剧变革时期保障了亿万人民最基本的民生,维系着中国特色社会主义事业顺利进行和整个国民经济的持续发展。

国有经济为社会经济发展提供了坚强保障,是社会责任的主心骨。国有经济 70 多年的巨大成就形成的强大经济实力和综合国力,为抗击风险、救灾防灾奠定了物质基础。我们能够在历史罕见的挑战和风险面前,成功取得抗击非典、抗击南方部分地区严重低温雨雪冰冻灾害和四川汶川特大地震灾害等斗争的重大胜利,得益于 70 多年建立起来的强大国有经济基础,也验证了中国特色社会主义制度的正确性和社会主义公有制经济能够集中力量办大事的优越性。在国际金融危机爆发期间,中央政府出台一系列重大的刺激性经济政策,研究制定金融风险应对预案和相关政策措施,扩大固定资产投资规模,有效抗击了国际金融危机对中国经济的巨大冲击,稳定了国内经济增长。打赢决胜全面建成小康社会的防范化解重大风险、精准脱贫、污染防治三大攻坚战,做好重点领域风险防范和处置,加强薄弱环节监管,打击违法违规金融和污染活动,国有经济责无旁贷。

国有经济是教育事业有力的经济支撑,为社会经济发展提供了持续的人力资源。从 1951 年我国教育部提出十年内基本普及小学基础教育到今天实行义务教育,我国教育事业全面发展,全国每万人中大学生、中学生、小学生人数分别从 1949 年的 2.2 人、23 人、450 人①发展到今天小学净入学率、初中毛入学率及高中阶段教育、高等教育毛入学率均超过中高收入国家平均水平,我国人口素质大幅提高。一批以"中国特色、世界一流"为核心的世界一流大学和一流学科正在逐步形成,我国教育总体发展水平进入世界中上行列。通过我国义务教育,学校建设史上中央财政投资最大的单项工程——教育精准扶贫计划,全面改善了贫困地区义务教育薄弱学校基本办学条件,这一国家工程覆盖全国 2600 多个县近 22 万所义务教育学校②。通过教育资助体系,实现学前到研究生教育全

---

① 中华人民共和国统计局:《中国统计年鉴(1983)》,中国统计出版社 1984 年版,第 514 页。

② 《努力让十三亿人民享有更好更公平的教育——党的十八大以来中国教育改革发展取得显著成就》,《人民日报》2017 年 10 月 17 日。

覆盖,确保"不让一个学生因家庭经济困难而失学"。通过构建更加开放通畅的人才成长立交桥,培养造就了数以千万计应用型人才、技术技能人才和一大批拔尖创新人才。我国教育正加速从"有学上"向"上好学"转变,公办教育对接地方需求,选拔和培育优势特色学科,服务地方经济社会转型发展,培养、造就了大批各级各类人才,为社会主义现代化建设提供了持续的人力资源。

国有经济是文化事业有力的经济支撑,为社会经济发展提供了强大的精神动力。我国公共文化事业70年间不断发展进步,公共文化服务体系逐步建立健全,基本公共文化设施逐渐完善,文化产业快速发展,文化事业普惠民生,文化强国建设稳步推进,日益成为提高民族创造力的重要源泉。国有文化企业始终把社会效益放在首位,坚持正确导向、履行国家使命、做大文化影响、做强做响主题出版,实现了社会效益和经济效益的双丰收。国有文化媒体单位,坚持党管媒体原则,尊重新闻传播规律,提高新闻舆论传播力、引导力、影响力、公信力,加快构建现代传播体系,《人民日报》、新华社、中央电视台"央视影音"客户端下载量、网上传播力、影响力明显提升。构建现代公共文化服务体系,广播电视覆盖面持续扩大,出版事业蓬勃发展,大量公益性文化事业为老百姓提供大量的优质公共文化产品,使人们在享受公共文化产品的过程中塑造民族精神和时代精神,为社会和谐稳定提供了强大的精神动力和智力支持。

总之,新中国70多年国有经济管理体制在治理改革中不断完善自身,不断壮大自身,始终服务国家战略目标,提供公共服务、发展重要前瞻性战略性产业、保护生态环境、支持科技进步、保障国家安全等方面发挥着不可替代的作用;在产业转型升级和可持续发展,在推动创新、协调、绿色、开放、共享发展上,发挥着示范引领作用;在实施开放战略和"一带一路"建设中,发挥着先行军和主力军作用。没有国有经济管理体制的改革发展,就没有公有制经济的活力和效力,就没有国有企业竞争力的不断攀升。

(三)新时代进一步完善国有经济管理体制改革任重道远

新中国成立70多年,国有企业在国民经济中发挥着顶梁柱、排头兵、主力军、稳定器、压舱石、主心骨等中流砥柱作用,是我国支柱产业的重要支撑和出口创汇的主要力量,也是抗衡跨国公司的主力军,其地位举重若轻。中国特色社会主义进入新时代,我们既要看到国有企业改革的成就,也要正视国有企业治理存在的委托代理问题、公司治理结构、代理人道德风险等问题;既要看到国有企业治理与一般企业相同之处,也要看到党组织嵌入公司治理、政策性负担、预算软约束等特殊性。进一步完善国有企业治理结构,真正用法律和市场化手段推进改革,形成具有中国特色的国有企业治理模式任重道远。

股权多元化发展,实现对国有经济的战略性重组。在企业治理结构改革内容上,按照公益类和商业类两大类型进行分类改革和分类治理,推进国有企业领导人管理体制从集中统一领导拓展为分层分类管理,打破身份障碍,在股权改革上保持多元化发展,实现对国有经济的战略性重组。国资委依法履行出资人职责和董事会自主决策有机结合,国有资产管理体制改革从"管资产"向"管资本"转变,企业管理者通过对责任、利益的相互配置和约束,使高管薪酬制度、董事会制度、员工持股等制度与经理人、高管、股东、技术人才、员工以及客户等利益相关者相匹配,着力解决资本所有者在企业经营中面临的多项限制而实现权力与资本的分离,减少政府权力的制约而实现公司内部间的制约,达到相互的平衡和优化,使企业的经济效益获得全面的提升,真正发挥国有企业在现代化经济体系建设中的作用。

形成定位清晰、权责对等、运转协调、制衡有效的法人治理结构。在企业内部管理上,结合我国国有企业生产资料公有制的发展特性,借鉴西方公司治理结构模型,构建产权明晰、同股同权、依法保护各类股东权益的、具有中国特点的科学的现代企业治理结构。规范企业股东(大)会、董事会、经理层、监事会和党组织的权责关系,按章程行权,对资本监管,靠市场选人,依规则运行,股东大会、董事会、监事会和经理层通过不同的岗位责权形成逐级逐层的发展关系,各个层级各司其职、协调发展,形成规范的企业内部董事会运作机制;根据企业特殊性"因企制宜"确定党委会参与公司治理程度及其嵌入模式,改善董事会构成模式,进一步深化企业职业经理市场,在一定程度上实现决策、执行、监督三权的相互制衡;企业外部采用监督体制,使监事会能够充分发挥权力而不受公司高层制约,以实现对权力的约束和制衡作用,使企业更加公正透明地运行发展;在标准化、规范化发展理念下,减少委托人的风险成本,制定有效的激励机制,使企业内部能够树立频繁、严格的内审制度,建立与经营业绩、风险、责任相匹配的薪酬管理制度和适合国有企业发展的内部管理机制,从而形成良性的管理机制。

党的领导与公司治理有机统一。习近平总书记在全国国有企业党的建设工作会议上指出,坚持党的领导、加强党的建设是国有企业的"根"和"魂",是我国国有企业的独特优势。正确处理好公司与党组织的关系,必须处理好党组织与其他治理主体的关系,明确权责边界,形成各司其职、各负其责、协调运转、有效制衡的国有企业法人治理机制。建立健全重大经营管理事项党组织研究讨论前置与董事会战略决策、经营层经营管理相融合的工作机制,既坚持党把方向、管大局的作用,又发挥法人治理结构的市场机制作用;建立健全党管干部、人才与董事会、经营层依法行使用人权相融合的选人用人机制,既保证党组织对企业中最重要主体的干部、人才的管控力,又让最根本、最重要的企业经营能力、经营绩效这些导向和市场机制发挥作用;建立健全纪检监察、巡视、审计工作与企业合法经营相融合的"合规"工作机制,推进惩防体系建设与企业经营管理的有机融合。

总之,进一步完善国有企业治理结构,提高企业运转效率,激活国有企业的活力和员工的积极性,建立所有权结构、治理结构和治理机制完整的混合所有制企业治理体系还有漫长的路要走,只有建立科学的企业管理制度,不断推进国有企业内部治理与外部治理、企业内部经营决策与集体责任的融合,政府管理体制改革与国有企业治理改革的协调,国有企业治理与外部经济环境变化的协同,逐步优化法人治理结构模式,系统地解决股权集中、职工主体等国有企业治理问题,才能进一步提升国有企业治理效力,推进国有企业治理体系现代化。

三、深化经济体制改革,为现代化经济体系建设提供制度保障

社会主义市场经济,在党的领导下,充分发挥市场在资源配置中的决定性作用,更好发挥政府作用,"两手合力"加快完善社会主义市场经济体制。

(一)党的领导是社会主义市场经济体制的重要特征

在社会主义市场经济体制的建立、完善和运行中,坚持和加强共产党的领导是一个重大的理论和实践问题。习近平总书记指出:"坚持党的领导,发挥党总揽全局、协调各方的领导核心作用,是我国社会主义市场经济的一个重要特征。"[①]阐明了社会主义市场经济体制的政治特征,深化了社会主义市场经济理论。党的十八届四中全会强调:"党的领导是中国特色社会主义最本质的特征。"[②]党的十九大报告明确指出,"中国特色社会主义最本质的特征是中国共产党领导,中国特色社会主义制度的最大优势是中国共产党领导"[③],从经济层面上理解,可以说党的领导也是社会主义市场经济体制"最本质的特征"。深入领会这一观点,有利于更自觉地把握和驾驭社会主义市场经济的特殊规律,正确处理加强党的领导、发挥政治优势与发挥社会主义经济活力的辩证统一关系。

坚持党的领导是社会主义市场经济特殊规律的要义。把握和驾驭社会主义市场经济,需要认识市场经济的一般规律,更要认识它的特殊规律。社会主义市场经济优越性在哪里?就在坚持社会主义道路、坚持人民民主专政、坚持马克思列宁主义毛泽东思想指导、坚持党的领导的"四个坚持"。社会主义市场经济的特殊性,就是社会主义基本制度同市场经济相结合,其中坚持党的领导是个核心问题。历史和现实表明,市场经济总是依附并服务于一定的社会制度,它同资本主义制度相结合,曾推动生产力巨大发展,但也加剧了生产社会化与生产资料私人占有之间的矛

---

① 《习近平谈治国理政》第一卷,外文出版社 2018 年版,第 118 页。
② 《习近平谈治国理政》第二卷,外文出版社 2017 年版,第 114 页。
③ 习近平:《决胜全面建成小康社会　夺取新时代中国特色社会主义伟大胜利——在中国共产党第十九次全国代表大会上的报告》,人民出版社 2017 年版,第 20 页。

盾,带来了不可克服的弊端。它同社会主义制度相结合,将会带来生产力更高的发展,并能克服资本主义市场经济的根本性缺陷。之所以会有这个优势,最根本的就是因为有中国共产党的领导,中国共产党不仅是社会主义最坚强的领导核心,而且是掌握马克思主义科学理论的、有坚强组织系统的工人阶级先锋队。没有中国共产党的坚强领导,就没有社会主义制度的建立、巩固、完善,就没有社会主义市场经济体制的构建、完善及其优越性的发挥。完整地说,社会主义市场经济的特殊规律,就是在中国共产党领导的社会主义制度框架内运行的市场经济运行机制。这一机制能够充分发挥市场在配置资源中的决定性作用和更好地发挥政府作用,克服市场经济的弊端,为发展社会生产力和实现共同富裕服务。其中,坚持党的领导是一个要义。总结历史,没有中国共产党的坚强领导就没有新中国,就没有中国社会主义的发展,就没有改革开放,当然就不可能有社会主义市场经济。坚持中国共产党的领导是包括社会主义市场经济体制在内的中国特色社会主义最本质的特征。我们必须紧紧抓住这一决定社会主义制度本质的特殊要素。

社会主义市场经济必定受政治方向的规导。社会主义社会是一个整体,包括经济、政治、文化、社会乃至生态等各个方面,有其特有的经济基础。如在社会主义初级阶段,有公有制为主体、多种所有制经济共同发展的基本经济制度,也有适应经济基础并为之服务的上层建筑。我们党在改革开放初期就提出"四个坚持",没有这"四个坚持",特别是党的领导,什么事情也搞不好,并且容易出问题。没有党的领导,就没有社会主义事业的整体发展,也就没有改革开放和社会主义市场经济体制的发展和完善。社会主义市场经济体制与"四个坚持"包括党的领导是部分与整体的关系,它属于经济基础的一部分,属于交换方式和资源配置方式,必须服从、服务于中国特色社会主义整体要求,体现社会主义基本制度和市场经济的结合,服务于以先富带共富的宗旨。若是离开了整体要求,离开了党的领导,离开了社会主义基本制度,就必然改变自身的性质,就不是社会主义市场经济了。中国的社会主义市场经济体制,是在中国共产党领导下并坚持社会主义制度的,这样做符合社会主义制度不可能自发产生和完善的客观规律,必须依靠理论自觉、制度自觉、党的领导来完成这一伟大进程。而运用好市场这一"手段",正是为实现人民共同富裕服务的。所以,坚持党的领导已经成为社会主义市场经济的一个重要特征,是社会主义经济的整体性规律所决定的。

"两只手"协同必须坚持党的正确领导。市场经济并非只有市场机制一只"无形的手"自发调节。它必须与"有形的手"即政府作用相配合。这就是"两只手"的协同。而只有社会主义市场经济体制方能使之协同得好,这就要靠中国共产党的坚强领导。新自由主义鼓吹市场万能论(市场原教旨主义),只要一只"无形的手",认为它具有解决经济发展、资源配置中一切问题的"自组织"功能,其结果造成一次又一次周期性经济波动,甚至造成震撼世界的经济危机。在一段历史时期内,社会主义国家苏联曾走向另一个极端,取消、削弱市场配置资源的积极作用,长期实行高度集中的计划经济体制。这一举措虽然在特定的时期产生了很大的激发功能,但由于体制的僵化,使经济关系不协调,甚至畸形化,缺少活力,阻碍了经济可持续发展。其虽然有共产党的领导,却由于还不能够驾驭经济发展的客观规律,违背了生产社会化运行的要求。中国共产党总结了以往的经验教训,借鉴了资本主义国家有益的做法,建立和逐步完善社会主义市场经济体制,形成了市场和政府"两只手"协同运用的有效机制。经过40多年的探索,使之日臻完善,将社会主义中国的经济带到世界经济第二的位置。这就是坚持中国共产党正确领导的功效。可见,没有党的正确领导,社会主义就会走上僵化的老路。那么,市场经济体制在运行中如何才能坚持共产党的正确领导?习近平总书记指出:"在市场作用和政府作用的问题上,要讲辩证法、两点论,'看不见的手'和'看得见的手'都要用好,努力形成市场作用和政府作用有机统一、相互补充、相互协调、相互促进的格局,推动经济社会持续、健康发展。""在我国,党的坚强有力领导是政府发挥作用的根本保证。"①党能够统揽全局、协调各方面力量。党的领导的优越性就在于它的先进性和统一性,集政治、思

①　《习近平谈治国理政》第一卷,外文出版社2018年版,第116、118页。

想、组织等一系列优势于一身。在领导社会主义市场经济方面,主要是通过政府发挥指导、协同功能。党统揽全局,协调各方,既能充分发挥市场机制的积极作用,又能矫正、弥补它的缺陷。科学的宏观调控,有效的政府治理,是社会主义市场经济体制的内在要求。政府的宏观调控,对市场依法管理,加强和优化公共服务,促进公平正义和社会稳定,实现共同富裕,都是政府职能。即使是微观层次,有些方面的资源配置也不能主要依靠市场,如生态文明建设、农业生产力的提升,最重要的也得靠政府职能。市场中的风险,也必须运用政府的力量来规避和弥补。在打好防范化解重大金融风险攻坚战中,人民银行在党中央、国务院的领导下,落实各项决策部署,遏制了系统性金融风险上升势头,就是明显的例证。

唯有坚持党的领导方可深化改革、不断进取。社会主义市场经济改革的进程不可能一蹴而就,更不可能一劳永逸,而是一个不断深化、逐步完善的进程。在中国,整个改革进程,必须始终坚持中国共产党的领导,离开了党的领导,深化改革这一历史性系统工程便会停滞,或者走上邪路。一要实现市场、政府职能及其运行的法制化。这是全面依法治国的重要方面。社会主义市场经济本质上是法治经济,法制的完善是其日臻成熟的标志。党的领导则是依法治国的根本保证。完善社会主义市场经济必须加强党的领导,这是治理现代化的需要。二要深化市场主体的改革。国有企业和其他公有制形式的企业,都面临着通过深化改革、增强活力的任务,它们是社会主义经济制度的主体,也是社会主义市场经济的主要基础。如何通过内部的改革和外部环境的创造,增强活力、控制力、影响力,如何加强和改善党的正确领导需要继续探索。而新自由主义也是在此事上大做文章,以深化改革为名把公有制经济,特别是国有经济同市场经济对立起来,鼓吹私有化,借发展混合所有制为名,企图吞食、削弱、取消公有经济,这也从反面说明了加强党的领导的重要性。对大量的民营企业,怎样把支持与规范引导有机结合起来,在许多方面可以说是刚刚破题,实际上这也是进一步深化改革的重要内容,需要在党的正确而坚强的领导下积极探索。三要完善宏观调控和资源配置方式。以习近平同志为核心的党中央总结历史经验,从实际出发,提出"使市场在资源配置中发挥决定性作用和更好地发挥政府作用"的论断,丰富了社会主义市场经济理论,正在实践中加以贯彻并继续深化。事实表明,这个结合释放了巨大活力,尤其进入新常态"三叠加"时期,使国民经济保持稳定增长,也遇到新的挑战,需要党运用马克思主义从实际出发创新领导方式。四要完善参与国际市场竞争的机制。市场经济的一个特点是开放性,因为市场与国际市场互相沟通、彼此影响交易和竞争领域十分广阔。国际市场仍然是西方垄断资本主义主导的。一方面,国际市场变数很多;另一方面,垄断资本有意作祟,有很多风险和陷阱。我国社会主义市场经济要想保持稳定发展、竞争制胜,就必须在扩大开放中有防风险、化冲击的机制和能力,把握开放的限度和方式,适应国际交易规则。面对复杂的国际市场和经济全球化的趋势,必须加强和提高党对社会主义市场经济的驾驭能力,进一步引导改革的深化。五要加强社会主义市场经济中的思想道德建设。辩证地看待市场经济,它存在鲜明的两重性,社会主义市场经济也不例外。突出地表现在思想道德领域,它一方面激发了人们参与竞争、敢于进取的积极因素,另一方面也必然使一些不良的思想和行为有所泛滥。因为市场经济是逐利的经济,个人主义必然肆行,财富占有欲的驱使、"一切向钱看""一夜暴富"的念头和功利意识日益强盛;奉献、牺牲精神受到极大的冲击和压抑,一些违背道德的不良风气趁机流行,乃至引发诸多社会问题,以致多年被消灭的东西死灰复燃。邓小平同志早就警示,开放之后蚊子苍蝇也会趁机进来,必须解决"一手硬一手软"的问题。党中央一直强调加强意识形态建设。现在看来,这项工作任重道远,尤其要警惕西方国家向我国推行的"街头政治""颜色革命"。这个领域尤其要加强党的领导,以更大的力度和更新的形式发挥好我国的政治优势,而教育青年人树立正确价值观则更为重要。

在社会主义市场经济中构建从严治党和加强领导的互动机制。中国共产党的活力之一,在于它本身有一种自我净化、自我完善、自我革新、自我提高的机制。这是我们党在马克思主义指导下,在长期艰苦磨砺中形成的优良传统和免疫系统,是其他政党所不具备的,也是我们党的一大优势。能否超越兴亡更替的"历史周期率",如何驾驭社会主义市场经济对我们党是一大考验。从现实分析,市场经济中的趋利冲动,资本势力对权力的诉求,西方国家意识形态的渗透,加上执政党许多新成员缺乏战争、劳动和艰苦环境的锻炼,为人民服务意识薄弱,就很容易在执政过程中被潜移默化俘获从而悄然变质,乃至形成某些利益集团。面对新的执政任务,全面从严治党与加强党的领导就显得尤为重要。对自身建设的强化是加强党的领导的重要职能,也是加强和改善党对社会主义市场经济体制整体领导的必备前提。所以,二者是辩证统一的。从这一辩证关系出发,理解坚持党的领导是社会主义市场经济体制的一个重要特征,也就成为合乎逻辑、顺理成章的事情了。

综上所述,市场经济总是依附于并服务于一定的社会制度,没有中国共产党的坚强领导,就没有社会主义制度的建立、巩固、完善,就没有社会主义市场经济体制的构建、完善及其优越性的发挥。社会主义市场经济是中国共产党领导的社会主义制度框架内运行的市场经济,离开了党的领导,离开了社会主义基本制度,就不是社会主义市场经济了。中国特色社会主义最本质的特征是中国共产党领导,中国特色社会主义制度的最大优势是中国共产党领导,社会主义市场经济的重要特征是坚持党的领导。没有党的领导,市场经济的消极面就会吞蚀掉它的积极面,使"浊水横流",产生严重问题,乃至冲垮整个社会主义制度。

(二)"两手合力"加快完善社会主义市场经济体制

党的十八届三中全会指出,我国的市场经济还存在市场秩序不规范、以不正当手段谋取经济利益,以及"生产要素市场发展滞后,要素闲置和大量有效需求得不到满足并存;市场规则不统一,部门保护主义和地方保护主义大量存在;市场竞争不充分,阻碍优胜劣汰和结构调整"①等问题,因此,我们既不能因为存在这些缺陷而放弃社会主义市场经济体制改革,也不能放任不管,而是需要"使市场在资源配置中起决定性作用、更好发挥政府作用""两手合力"加快完善社会主义市场经济体制。

"看不见的手"和"看得见的手"是辩证统一的。党的十八届三中全

---

① 《习近平谈治国理政》第一卷,外文出版社 2014 年版,第 76 页。

会指出,经济体制改革是全面深化改革的重点,核心问题是处理好政府和市场的关系,使市场在资源配置中起决定性作用,更好发挥政府作用。习近平总书记指出:"使市场在资源配置中起决定性作用、更好发挥政府作用,既是一个重大理论命题,又是一个重大实践命题。"①市场作为"看不见的手"主要通过供求、价格、竞争等机制功能发挥作用,政府则作为"看得见的手"主要通过制订计划、产业政策、财政和货币政策、法律规制以及行政手段有目的地将资源配置到相应领域,它们二者不是相互否定的、割裂的、对立的,而是有机的统一。在市场作用和政府作用的问题上,习近平总书记强调"要讲辩证法、两点论,'看不见的手'和'看得见的手'都要用好,努力形成市场作用和政府作用有机统一、相互补充、相互协调、相互促进的格局,推动经济社会持续健康发展"②。深化经济体制改革,完善现代化经济体系,必须正确处理好政府和市场这"两只手"的关系,发挥好这"两只手"的作用,以解决市场经济中存在的问题,确保经济体制改革的方向、政策取向和最终成败。

使市场在资源配置中起决定性作用,更加尊重市场规律,有助于更好发挥政府职能,完善社会主义市场经济体制制度载体。市场配置资源,生产者按照市场需求、依据市场规则生产商品实现自身的价值,有助于政府进行供给侧结构性改革、价格改革,引导市场主体尊重价值规律。市场配置资源,以社会分工为前提进行交换,大幅减少政府对资源的直接配置,使资本、土地、劳动等所有者的资源最大限度发挥自身比较优势,充分提高各种资源乃至整个社会的效率,有助于政府优化宏观经济管理,促进资源利用更经济、更有效,提高全要素生产率。市场配置资源,市场经济更准确高效地收集和利用各种信息,简化市场交易手续,有助于政府改革市场监管体系,降低经济运行成本,构建公平开放透明的市场环境,提高管理效率。市场配置资源,各种生产要素在市场竞争中优胜劣汰,从更大的广度和深度上推进市场化改革,有助于国家创新驱动发展战略、科教兴国

---

① 《习近平谈治国理政》第一卷,外文出版社 2014 年版,第 116 页。
② 《习近平谈治国理政》第一卷,外文出版社 2014 年版,第 116 页。

战略的实施,为经济发展提供动力,推动我国经济提质增效。市场配置资源,企业依据市场发展状况改进生产组织形式、优化管理模式,有助于政府推进企业改革,建立现代企业制度,促进结构调整、产业升级,转变经济发展方式。总之,使市场在资源配置中发挥决定性作用是资源配置方式中效率最高的配置方式,有助于政府不断完善社会主义市场经济体制。

更好发挥政府作用,不断完善社会主义市场经济体制,提高全要素生产力,形成政府与市场的有机互补。市场在资源配置中起决定性作用并不是起全部作用,政府这只手的作用不可或缺,没有市场这只手或没有政府这只手,社会主义市场经济体制的完善、经济的高质量发展都会独木难支。更好发挥政府作用,建立健全公平统一的市场竞争体系,减少行政垄断和审批,维护市场和经济本身的自发秩序,才能保证市场在资源配置中起决定作用,释放市场活力。更好发挥政府在具有比较优势的领域、在科学界定的领域的作用,完善市场经济运行监管体系,更好地履行"保持宏观经济稳定,加强和优化公共服务,保障公平竞争,加强市场监管,维护市场秩序,推动可持续发展,促进共同富裕,弥补市场失灵"①的职责,才能保证市场经济有序运行。更好发挥政府作用,完善宏观调控体系,建立健全市场供求机制、价格机制、竞争机制、风险机制、社会保障机制,减少权力寻租空间,促进经济稳定增长、人民收入稳步提高。

看不见的"市场之手"和看得见的"政府之手"相互配合,更加尊重市场规律,充分发挥各自优势,统筹推进经济体制改革,完善现代化经济体系的制度保障,推动中国特色社会主义经济健康持续高质量发展。

第六节　推动形成全面开放新格局

开放是国家繁荣发展的必由之路。以开放促改革、促发展,是我国现代化建设不断取得新成就的重要法宝。党的十九大报告提出"推动形成全面开放新格局"强调"开放带来进步,封闭必然落后""中国开放的大门

---

① 《中共中央关于全面深化改革若干重大问题的决定》,人民出版社2013年版,第6页。

不会关闭,只会越开越大""中国坚持对外开放的基本国策,坚持打开国门搞建设""发展更高层次的开放型经济"。《中共中央国务院关于新时代加快完善社会主义市场经济体制的意见》指出,"实行更加积极主动的开放战略,全面对接国际高标准市场规则体系,实施更大范围、更宽领域、更深层次的全面开放"[①]。这是以习近平同志为核心的党中央适应经济全球化新趋势、准确判断国际形势新变化、深刻把握国内改革发展新要求作出的重大战略部署,必将为决胜全面建成小康社会,夺取新时代中国特色社会主义伟大胜利提供有力支撑,为实现第二个百年奋斗目标和实现中华民族伟大复兴的中国梦注入强大动力,为推动构建人类命运共同体贡献正能量。

一、全面开放的基本内涵

党的十九大报告提出的"推动形成全面开放新格局",从统筹国内国际两个大局的高度、从理论和实践两个维度,系统回答了新时代要不要开放、要什么样的开放、如何更好推动开放等重大命题,丰富了全面开放内涵。

(一)坚持主动开放、双向开放,"引进来"与"走出去"结合拓展国民经济发展空间

开放是发展的内在要求,全面开放要求更加积极主动地扩大对外开放。积极有效利用外资不是权宜之计,而是必须长期坚持的战略方针。虽然我国储蓄和外汇比较充裕,但不能因此忽视利用外资的作用。利用外资不是简单引进资金,更重要的是引进外资搭载的先进技术、经营理念、管理经验和市场机会等,带动我国企业嵌入全球产业链、价值链、创新链。关起门来搞建设不行,关起门来搞创新也不行。要坚持引资和引技引智并举,提升利用外资的技术溢出效应、产业升级效应,加强在创新领域的各种形式合作,促进经济迈向中高端水平。同时也应看到,从贸易大

---

① 《中共中央国务院关于新时代加快完善社会主义市场经济体制的意见》,人民出版社2020年版,第20页。

国到投资大国、从商品输出到资本输出,是开放型经济转型升级的必由之路。我国拥有强大的产能、适用的技术和较为充裕的外汇,扩大对外投资合作的条件比较成熟。要按照坚持"引进来"和"走出去"并重的部署,在提高引进来质量和水平的同时,支持企业积极稳妥"走出去"。这既有利于保障能源资源供应、带动商品和服务输出、获取创新资源和营销网络,助力国民经济提质增效升级,也有利于促进东道国经济和社会发展,实现互利共赢。

(二)坚持全面开放,沿海开放与内陆沿边开放结合优化区域开放布局

我国对外开放从沿海起步,由东向西渐次推进。党的十八大以来,内陆和沿边地区开放取得长足发展,但总体上还是对外开放的洼地。西部地区拥有全国72%的国土面积、27%的人口、20%的经济总量,而对外贸易仅占全国的7%,利用外资和对外投资分别占7.6%和7.7%。内陆和沿边地区劳动力充裕,自然资源富集,基础设施不断改善,特别是随着"一带一路"建设加快推进,中西部地区逐步从开放末梢走向开放前沿,开放型经济发展空间广阔。要按照党的十九大报告加大西部开放力度的部署,在深化沿海开放的同时,推动内陆和沿边地区从开放的洼地变为开放的高地,形成陆海内外联动、东西双向互济的开放格局,进而形成区域协调发展新格局。

(三)追求全面开放,制造领域开放与服务领域开放结合以高水平开放促进深层次结构调整

制造业是我国开放时间较早、程度较深的领域,也是发展较快、竞争力较强的领域。除极少数航空航天等敏感领域外,需要进一步开放其他制造业,逐步放宽外资股比限制特别是汽车行业外资限制,拓宽中外制造市场合作领域。相比之下,服务业对外开放相对滞后,产业整体竞争力不强,仍是经济发展和结构升级的"短板"。大幅度放宽市场准入,扩大服务业对外开放,必须在深化制造业开放的同时,重点推进金融、教育、文化、医疗等服务业领域有序开放,放开育幼养老、建筑设计、会计审计、商贸物流、电子商务等服务业领域外资准入限制,保护外商投资合法权益。

（四）坚持共赢开放，发达国家开放与发展中国家开放结合扩大同各国利益交汇点

发达国家是我国主要经贸伙伴，美国、欧盟、日本占我国外贸总额的1/3以上，加上经中国香港等地的转口贸易，比重更高。巩固与发达国家的经贸合作，可以稳定我国开放型经济的基本盘。同时，我国与广大发展中国家的经贸联系也日益密切。2019全年我国对"一带一路"沿线国家和地区合计进出口增长10.8%，高出货物进出口总额增速7.4个百分点。坚持向发达国家开放和向发展中国家开放并重，积极发展全球伙伴关系，全面发展同各国的平等互利合作，实现出口市场多元化、进口来源多元化、投资合作伙伴多元化。

（五）坚持公平开放，多边开放与区域开放结合做开放型世界经济建设者贡献者

世贸组织代表的多边贸易体制和自由贸易区代表的区域贸易安排，是驱动经济全球化发展的两个"轮子"。世贸组织有160多个成员，涵盖全球98%的贸易额，具有广泛代表性。世贸组织规则是经济全球化的重要制度保障，符合世界各国的共同利益。进入21世纪以来，多边贸易体制发展进程受阻，开放水平更高、灵活性更强的区域贸易安排蓬勃发展，成为驱动经济全球化的主引擎。积极参与全球治理体系改革和建设，支持多边贸易体制，促进自由贸易区建设，构建公平竞争的内外资发展环境，推动建设开放型世界经济，既是拓展自身开放空间的需要，也体现了维护国际经济秩序的责任担当。

全面开放内涵丰富，既包括开放范围扩大、领域拓宽、层次加深，也包括开放方式创新、布局优化、质量提升，是习近平新时代中国特色社会主义思想和基本方略的重要内容。

二、推动形成全面开放新格局

党的十九大报告既有很强的理论性、战略性、思想性，又有很强的针对性、实践性、可操作性，明确了新时代的开放理念、开放战略、开放目标、开放布局、开放动力、开放方式等，规划了今后一个时期对外开放的路线

图。"推动形成全面开放新格局",从统筹国内国际两个大局的高度、从理论和实践两个维度,系统回答了新时代要不要开放、要什么样的开放、如何更好推动开放等重大命题,丰富了全面开放内涵。

(一)扎实推进"一带一路"建设

"一带一路"建设是我国扩大对外开放的重大战略举措,也是今后一段时期对外开放的工作重点。在各方共同努力下,"一带一路"建设逐渐从理念转化为行动,从愿景转变为现实。遵循共商共建共享原则,积极促进"一带一路"国际合作,努力实现政策沟通、设施联通、贸易畅通、资金融通、民心相通,打造国际合作新平台,增添共同发展新动力。要加强同沿线国家和地区发展战略对接,增进战略互信,寻求合作的最大公约数,将"一带一路"建成和平之路;要聚焦发展这个根本,以"六廊六路多国多港"为主体框架,大力推动互联互通和产业合作,拓展金融合作空间,将"一带一路"建成繁荣之路;要提高贸易和投资自由化便利化水平,与相关国家商谈优惠贸易安排和投资保护协定,全面加强海关、检验检疫、运输物流、电子商务等领域合作,将"一带一路"建成开放之路;要抓住新一轮科技革命和产业变革的机遇,加强创新能力开放合作,将"一带一路"建成创新之路;要建立多层次的人文合作机制,推动教育、科技、文化、体育、卫生、青年、媒体、智库等领域合作,夯实民意基础,将"一带一路"建成文明之路。

(二)加快贸易强国建设

拓展对外贸易,培育贸易新业态新模式,推进贸易强国建设。改革开放40多年来,我国对外贸易实现了历史性跨越,但创新能力较弱、出口产品质量、档次和附加值不高等大而不强的问题较为突出。拓展对外贸易,推进贸易强国建设,就是要加快转变外贸发展方式,从以货物贸易为主向货物和服务贸易协调发展转变,从依靠模仿跟随向依靠创新创造转变,从大进大出向优质优价、优进优出转变。

第一,做优做强做大以先进制造业为主的实体经济,这是全面建设现代化经济体系的基础任务。推动实体经济与互联网、大数据、人工智能深度融合,促进制造业迈向全球价值链中高端,培育若干世界级先进制造业集群,保证中国在全球贸易中占有较高份额,巩固和筑牢中国在世界制造中心的地位。

第二,依靠真正落实创新驱动发展战略和构建创新型国家,这是全面建设现代化经济体系的战略支撑。国际贸易的竞争归根结底是质量、品牌、创新的竞争。坚持鼓励创新、包容审慎的原则,逐步完善监管制度、服务体系和政策框架,支持跨境电子商务、市场采购贸易、外贸综合服务等健康发展,大力实施创新驱动,培育起以技术、品牌、服务为核心的产品质量优势,用创新提升竞争力,逐步掌握国际定价权,以此打造中国企业主导的全球价值链,打造外贸新的增长点,推进外贸大国向外贸强国转变。

第三,加快货物贸易优化升级,这是构建全面建设现代化经济体系的动力。优化国际市场布局和国内区域布局,优化商品结构、经营主体和贸易方式,加快外贸转型升级示范基地、贸易平台和国际营销网络建设,鼓励高新技术、装备制造、品牌产品出口,引导加工贸易转型升级,积极培育贸易新业态新模式。

第四,促进服务贸易创新发展,这是构建全面建设现代化经济体系的内在要求。加快先进制造业与互联网深度融合,构建大数据产业链整合上下游产业链资源,推动大数据和云计算等云服务业务发展拓展服务深度和广度,鼓励文化、旅游、建筑、软件、研发设计等服务出口,大力发展服务外包,打造"中国服务"国家品牌。

第五,实施更加积极的进口政策,这是构建全面建设现代化经济体系的保障。扩大先进技术设备、关键零部件和优质消费品等进口,促进进出口平衡发展。办好中国国际进口博览会,打造世界各国展示国家形象、开展国际贸易的开放型合作平台。对内要深化外贸管理职能的转变,实行高水平的贸易和投资自由化便利化政策,对外更多掌握国际经贸规则的制定权和话语权,在切实维护国家利益的同时形成互利共赢的国际经贸格局。

(三)改善外商投资环境

目前,全球引资竞争日趋激烈,不少国家要素成本比我国更低,政策优惠力度比我国更大。培育引资竞争新优势,不是竞相攀比优惠政策,而是要营造稳定公平透明、法治化、可预期的营商环境。一是加强利用外资法治建设。加快统一内外资法律法规,制定新的外资基础性法律。清理涉及外资的法律法规和政策文件,与国家对外开放大方向和大原则不符的要限期废止或修订。二是完善外商投资管理体制。我国 11 个自贸试验区试行准入前国民待遇加负面清单管理制度取得显著成效,设立外资企业的时间由过去 1 个月减少到 3 天左右。全面实行准入前国民待遇加负面清单管理制度,这是外商投资管理体制的根本性变革。三是营造公平竞争的市场环境。凡是在我国境内注册的企业,都要一视同仁、平等对待。中国政府将在资质许可、标准制定、政府采购、享受"中国制造 2025"政策等方面,依法给予内外资企业同等待遇。四是保护外商投资合法权益。要认真落实《中共中央国务院关于完善产权保护制度依法保护产权的意见》,不以强制转让技术作为市场准入的前提条件,加强知识产权保护,严厉打击侵权假冒违法犯罪行为。

(四)优化区域开放布局

一是加大西部开放力度。坚持以开放促开发的思路,完善口岸、跨境运输等开放基础设施,实施更加灵活的政策,建设好自贸试验区、国家级开发区、边境经济合作区、跨境经济合作区等开放平台,打造一批贸易投资区域枢纽城市,扶持特色产业开放发展,在西部地区形成若干开放型经济新增长极。二是赋予自贸试验区更大改革自主权。着眼于提高自贸试验区建设质量,对标国际先进规则,强化改革举措系统集成,鼓励地方大胆试、大胆闯、自主改,形成更多制度创新成果,进一步彰显全面深化改革和扩大开放的试验田作用。三是探索建设自由贸易港。"聚焦贸易投资自由化便利化,稳步推进海南自由贸易港建设"①,打造开放层次更高、营商环境更优、辐射作用更强的开放新高地,促进开放型经济创新发展。

(五)创新对外投资合作方式

改革开放 40 多年,我国已经跻身对外投资大国行列。但企业"走出

---

① 《中共中央国务院关于新时代加快完善社会主义市场经济体制的意见》,人民出版社 2020 年版,第 21 页。

去"仍处于初级阶段,利用两个市场、两种资源的能力不够强,非理性投资和经营不规范等问题较为突出,一些领域潜藏着风险隐患。对外投资既要鼓励,也要加强引导。进入新时代,中国对外投资应借助资本力量支持中国企业"走出去",将中国市场与全球先进技术和成熟商业模式相互对接,把先进技术"请回来"必须要创新对外投资方式,形成面向全球的贸易、投融资、生产、服务网络,加快培育国际经济合作和竞争新优势。

一是促进国际产能合作,带动我国装备、技术、标准、服务"走出去",形成面向全球的贸易、投资和生产服务网络。加强对海外并购的引导,扩大市场渠道、提高创新能力、打造国际品牌,增强企业核心竞争力;在扩大轻工、纺织、家电、建材、冶金等传统产业投资合作的同时,加快推进数字经济、智能经济、绿色经济、共享经济等新兴产业合作,推动陆上、海上、天上、网上互联互通。

二是加强对海外并购的引导,建立健全外资并购境内企业的规定以及反垄断法等法律法规,促进国内企业间的资源重组、并购和整合,扩大市场渠道、提高创新能力、打造国际品牌,增强企业核心竞争力。

三是规范海外经营行为,建立健全企业海外经营行为权责明确、放管结合、规范有序、风险控制有力的监管体制机制,引导企业遵守东道国法律法规、保护环境、履行社会责任,遏制恶性竞争,更好服务对外开放大局。

四是健全服务保障,不断加强与国际刑警组织、有关国家执法部门的交流与合作,创新海外利益保护模式,加强和改善信息、法律、领事保护等服务,保障海外人员安全,维护海外利益,为推进全球安全治理提供更为优质的公共安全服务。

(六)促进贸易和投资自由化便利化

实行高水平的贸易和投资自由化便利化政策,不仅要求不断提高自身开放水平,也要求更加主动塑造开放的外部环境。

一是支持多边贸易体制。落实世贸组织《贸易便利化协定》,推动世贸组织部长级会议取得积极成果,推进多哈回合剩余议题谈判,积极参与服务贸易协定、政府采购协定等谈判。全面实行准入前国民待遇加负面清单管理制度,大幅度放宽市场准入,扩大服务业对外开放,保护外商投资合法权益。

二是稳步推进自由贸易区建设。加大西部开放力度,赋予自贸试验区更大改革自主权,探索建设自由贸易港,推动区域全面经济伙伴关系协定早日达成,推进亚太自贸区建设,逐步构筑起立足周边、辐射"一带一路"、面向全球的高标准自由贸易区网络。完善外商投资管理体制,营造公平竞争的外商投资市场环境,保护外商投资合法权益,加强海关合作,为跨境电子商务发展营造良好环境。

三是提高双边开放水平。继续与有关国家商谈高水平的投资协定以及各种形式的优惠贸易安排,妥善应对贸易摩擦,发展自由贸易区等框架下的区域或双边经济关系。

推动形成全面开放新格局,意义重大,任务艰巨。我们要坚定不移贯彻新发展理念,坚持对外开放的基本国策,奉行互利共赢的开放战略,以开放的主动赢得发展的主动和国际竞争的主动,为夺取新时代中国特色社会主义伟大胜利、实现中华民族伟大复兴的中国梦贡献力量。

三、以"一带一路"建设为重点,推动形成全面开放新格局

"世界那么大,问题那么多,国际社会期待听到中国声音、看到中国方案,中国不能缺席。"[1]作为我国对外开放的重大倡议,"一带一路"建设在推动形成全面开放新格局的过程中发挥着重要作用。

(一)"一带一路"建设在推动形成全面开放新格局中的重要作用

"一带一路"倡议从理念转化为行动、从愿景转变为现实以来,"全球100多个国家和国际组织积极支持和参与'一带一路'建设,联合国大会、联合国安理会等重要决议也纳入"一带一路"建设内容"[2]。我国的合作伙伴越来越多,合作质量越来越高,发展前景越来越好。

---

① 《习近平主席新年贺词(2014—2018)》,人民出版社 2018 年版,第 13 页。
② 《习近平谈治国理政》第二卷,外文出版社 2017 年版,第 509 页。

　　政策沟通不断深化。"一带一路"倡议提出 6 年多,我国已与 136 个国家、30 个国际组织签署 195 份共建"一带一路"合作文件①,发布《"一带一路"建设海上合作设想》,与俄罗斯形成共建"冰上丝绸之路"共识等等,"一带一路"沿线国家和地区就经济发展战略和对策进行充分交流对接,共同制定推进区域合作的规划和措施。继首届"一带一路"国际合作高峰论坛成功举办后,2019 年 4 月我国又举办了规模更大、内容更丰富、参与国家更多、成果更丰硕的第二届高峰论坛,这是"一带一路"框架下最高层次的对话机制,也是新中国成立后首个由我国发起的重大多边外交平台。"各方通过政策对接,实现了'一加一大于二'的效果。"②

　　设施联通不断加强。与沿线国家加强基础设施建设规划、技术标准体系对接,共同推进国际骨干通道建设。蒙内铁路、雅万高铁、中老铁路、中巴铁路、雅吉铁路、匈塞铁路等扎实推进,科伦坡港、瓜达尔港、汉班托塔港、比雷埃夫斯港等进展顺利,中欧班列成为亚欧大陆上距离最长的合作纽带,空中丝绸之路建设加快……连接亚洲各次区域以及亚欧非之间的复合型基础设施网络逐步形成。

　　贸易畅通不断提升。中国积极同沿线国家和地区共同商建自由贸易区,推动世界贸易组织《贸易便利化协定》生效和实施,不断改善营商环境,缩短通关时间,降低非关税壁垒,促进沿线国家和地区加强在新一代信息技术、生物、新能源、新材料等新兴产业领域的深入合作。2013—2018 年,中国与沿线国家和地区货物贸易进出口总额超过 6 万亿美元,年均增长率高于同期中国对外贸易增速,占中国货物贸易总额的比重达 27.4%。

　　资金融通不断扩大。中国先后设立了丝路基金,发起成立了亚洲基础设施投资银行,为"一带一路"基础设施等合作提供稳定、透明、高质量的资金支持。截至 2019 年 6 月底,中国出口信用保险公司在沿线国家和地区累计实现保额约 7704 亿美元,丝路基金实际出资额近 100 亿美元;

---

　　①　《如椽巨笔写华章——"一带一路"建设 6 年来取得丰硕成果》,《经济日报》2019 年 9 月 8 日。

　　②　《习近平谈治国理政》第二卷,外文出版社 2017 年版,第 509 页。

人民币跨境支付系统(CIPS)业务范围已覆盖60多个沿线国家和地区,金融合作与机制建设持续扩大,人民币国际化稳步推进。

民心相通不断促进。"开展智力丝绸之路、健康丝绸之路等建设,在科学、教育、文化、卫生、民间交往等各领域广泛开展合作"。"中国政府每年向相关国家提供1万个政府奖学金名额,地方政府也设立了丝绸之路专项奖学金,鼓励国际文教交流。各类丝绸之路文化年、旅游年、艺术节、影视桥、研讨会、智库对话等人文合作项目百花纷呈"①,推动"海上丝绸之路"联合申遗,发起成立世界旅游联盟,与世界卫生组织签署《关于"一带一路"卫生领域合作备忘录》等,在交流中拉近心与心的距离。

(二)以"一带一路"建设为重点推动形成全面开放新格局

以"一带一路"建设为契机,推动全面开放新格局布局的优化。在空间布局上,利用"一带一路"建设的契机,弥补我国内陆沿边开放的"短板",拓展我国"走出去"的空间,实现开放空间格局的优化。在区域开放布局上,利用"一带一路"建设的契机,以开放促开发,探索建设中国特色的自由贸易港、自贸试验区、跨境经济合作区等开放平台,打造具有更高开放层次、更优营商环境、更强辐射作用的开放新高地。在产业结构布局上,利用"一带一路"建设的契机,推动我国产业创新,提高出口产品的质量,提升利用外资能力、产品创新能力,实现从劳动密集型向资本技术密集型产业升级,促进西部地区形成开放型经济新增长极。在贸易结构布局上,利用"一带一路"建设的契机,积极扩大进口、鼓励高新技术、装备制造、品牌产品出口,促进贸易平衡发展和加工贸易转型升级,提升贸易和投资自由化便利化水平。

加强与"一带一路"沿线国家和地区及有关多边组织的战略对接,推动全面开放新格局的稳步形成。在全球贸易体系新一轮重构和我国经济发展进入新常态迫切需要技术创新与产业升级的压力下,更加需要扩大对外开放,在共商、共享、共建原则下加强与"一带一路"沿线国家和地区发展战略对接,推进与贸易伙伴在对话交流达成共识基础上形成合作机

① 《习近平谈治国理政》第二卷,外文出版社2017年版,第511页。

制,在共同发展的道路上增进战略互信,探索各种经济合作方式达成务实合作协议,开拓新的市场,推动双方在合作领域的资源投入,为我国新一轮对外开放和推动形成全面开放新格局提供有力支撑。

改善优化"一带一路"投资环境,推动全面开放新格局的保障基础。"一带一路"贯穿亚欧非大陆,一头是活跃的东亚经济圈,另一头是发达的欧洲经济圈,各国发展水平参差不齐,政策法规、社会文化环境更是存在巨大差异。沿线国家和地区如何携手朝着互利互惠、共同安全的目标前行,必须建立健全完善的区域基础设施、安全高效的陆海空通道、高标准自由贸易区等良好的硬件基础,建立健全完善的投资贸易磋商合作保护机制、信息沟通发布机制、区域性的投资促进机制、成熟高效的经济合作机制等软环境,促进各国更加紧密的经济联系、更加广泛的人文交流、更加深入的政治互信,使互联互通达到新水平,使我国中西部和沿边地区在与沿线国家和地区经贸合作与交流中缩小我国东中西部之间的经济差距。

加强"一带一路"基础设施开发,推动全面开放新格局的持续稳定发展。基础设施互联互通是实施"一带一路"倡议的先导,铁路、公路、航空、航海、油气管道、输电线路和通信网络等组成的综合性立体互联互通基础设施是一切工作的基础。开发"一带一路"基础设施,彻底改变制约"一带一路"沿线国家和地区深化合作的"薄弱环节",提升我国与"一带一路"对接的西北部各省区的铁路、公路、高速公路等基础设施水平,以良好的基础设施吸引全球投资的目光,吸引更多的力量投入更多的企业参与"一带一路"建设,为当今世界跨度最大、最具发展潜力的经济合作奠定基础。同时,重大基础设施工程巨大的投资需求,将促进我国装备和国际产能合作结缘世界,增强国内企业海外市场的本土化运营能力,为全面开放型经济格局由"大进大出"向"优进优出"转变创造机遇和条件,推动全面开放新格局持续稳定发展。

第六章　建设现代化经济体系必须处理好的几对关系

党的十九大报告指出："建设现代化经济体系是跨越关口的迫切要求和我国发展的战略目标。""必须把发展经济的着力点放在实体经济上,把提高供给体系质量作为主攻方向,显著增强我国经济质量优势。"①为此,必须处理好实与虚的关系、质量与数量的关系、政府与市场的关系、传统与创新、建设现代化经济体系与高质量发展的关系。

第一节　正确处理实与虚的关系

实体经济是国民经济的根基,实现经济持续增长,改善人民生活,提升国际竞争力都离不开实体经济。虽然实体经济的正常运转和快速发展离不开虚拟经济的支持,但如果虚拟经济过度发展将会导致泡沫经济,积累经济风险。随着我国经济发展进入转型阶段,迫切需要处理好实体经济与虚拟经济的关系。正确处理好实体经济与虚拟经济的关系,是推动经济发展质量变革、建设现代化经济体系的必然选择。

一、实体经济与虚拟经济

（一）实体经济的含义

对于实体经济含义的界定,学术界有不同的认识,但是基本能达成一

---

① 习近平:《决胜全面建成小康社会　夺取新时代中国特色社会主义伟大胜利——在中国共产党第十九次全国代表大会上的报告》,人民出版社 2017 年版,第 30 页。

致性,只是在范围的界定上有所不同。

随着商品生产、分配、交换、消费等各环节的流通,实体经济在各环节运行过程中得以产生和不断发展。从国外对实体经济的定义来看,将经济分为实体经济和非实体经济,房地产市场和金融市场统一为非实体经济,除此之外则被统称为实体经济。

从国内来看,成思危(2003)从物质生产的角度界定实体经济的内涵,认为实体经济就是与具体的产品生产及为增加产品价值的经济活动。① 刘晓欣(2011)根据马克思的"物质生产与非物质生产分类",从"物质生产"角度来划定狭义的实体经济范围,认为实体经济包括工业、农业、建筑业、运输业和商业以及相关的物质生产活动。广义实体经济是指扣除虚拟经济(金融房地产和职业服务业)外的其他产业,包括第一、第二产业,还有部分第三产业(虚拟经济或高端服务业)。② 刘骏民(2003)则认为,实体经济是一种价格体系,以成本和技术为支撑。实体经济领域内的资金来源是通过实物产品及其服务的生产、分配、交换、流通等消费环节来实现的,实物产品成本以及流通环节的稳定性决定了其价格的相对稳定,这也是由商品经济基本规律所决定的,商品的价值决定商品价格,商品价格围绕商品价值上下波动。

目前学术界对两者的概念趋于认同以下含义:普遍将以制造业为代表的行业企业归结为实体经济。

(二)虚拟经济的含义

关于虚拟经济含义的界定按照三类划分:第一,从广义和狭义两方面界定。广义上虚拟经济是指与实体经济相对,区别于传统物质生产的所有虚拟活动。根据美联储对实体经济的定义可知,虚拟经济属于房地产和金融业界等"非实体经济"的一部分;狭义上是指交易虚拟资本范畴。第二,虚拟经济被界定为一种价值形态,是指依托金融机构进行虚拟资本经济循环活动,脱离传统物质生产,依靠虚拟资本独立活动的价值形态。

---

① 成思危:《虚拟经济的基本理论与研究方法》,《管理评论》2009 年第 1 期。
② 刘晓欣等:《实体经济、虚拟经济及关系研究评述》,《现代财经》2016 年第 7 期。

第三,除实体经济外,所有依靠虚拟资本进行的经济活动。除此之外,有学者还把虚拟经济界定为权益经济,即虚拟资本以有价证券的形式存在,在此基础上发生的交易和持有权益活动。

马克思在《资本论》第三卷分析虚拟资本的概念时指出,虚拟资本的产生过程是在实体经济的生产过程中,资本通过增值运动带来收入的资本化,经过资本化过程之后所带来的新资本就是虚拟资本。从金融系统中派生出来的资本就是虚拟资本,创造价值的资本就是实体资本。按此逻辑,在金融系统中派生出来的经济称为虚拟经济。现代经济词典将虚拟经济定义为非商品和服务,也就是虚拟资本的产生、交易、流通等环节所形成的经济系统。

国内学术界对于虚拟经济的界定,将虚拟经济定义为以金融系统为主要依托的虚拟资本循环运动活动,虚拟经济系统内的货币收入是在金融系统中衍生出来的,这一资本循环运动是按照马克思虚拟资本产生过程为逻辑起点,以金融资本为依托,由此得出,虚拟经济是资本在金融系统运作中形成的经济形态。虚拟经济与实体经济作为现代化经济体系的两个子系统,既独立又统一。

由此可见,界定角度不同,则虚拟经济的概念也有所差异,但经长期研究和探讨,相关学者也就上述概念达成初步共识,虚拟经济主要是指进行金融活动以及虚拟资本交易的经济领域,虚拟经济的概念需具备以下要素:第一,对应于实体经济,虚拟资本主体存在的目的为增值,其产生过程的特点是资本虚拟化。第二,虚拟经济的运行媒介和载体是网络等信息经济技术。第三,具备效应、报酬递增、投入溢出等特点。第四,推动虚拟经济发展的动力为现代金融创新。[①]

（三）实体经济与虚拟经济的关系

正确处理好实体经济与虚拟经济的关系,是经济稳健高质量发展的关键,二者的关系一旦失衡,如虚拟经济发展过度超过虚实偏离度的合理

---

① 王重阳:《虚拟经济的概念及其对实体经济的影响》,《企业改革与管理》2012 年第24 期。

空间,表面上的经济繁荣会造成虚假幻想,对未来经济产生过高期望,市场上闲置的资金大量投入到金融系统等虚拟经济中,造成泡沫经济,待到泡沫经济破灭由此引发经济危机。或者实体经济发展过快,虚拟经济发展跟不上实体经济,则易造成发展动能不足,企业对资金的需求得不到满足,无法支撑实体经济规模的扩大以及再生产,商品供不应求,根据市场经济规律,商品价格上涨,最终抑制实体经济的转型升级。

习近平总书记强调,我国是个大国,必须发展实体经济,不断推进工业现代化、提高制造业水平,不能"脱实向虚",推动实体经济发展由数量和规模扩张向质量和效益提升转变。虚拟经济发展首要的任务是服务于实体经济、促进实体经济发展,并根植于实体经济,伴随实体经济的发展壮大而壮大。

实体经济是虚拟经济的基础。首先,虚拟经济从属于实体经济。虚拟经济来源于实体经济,虽然会存在脱实向虚的发展状况,但是在正常的经济运行规律支配下,虚拟经济伴随着实体经济的发展而发展。脱离实体经济,虚拟经济就失去存在的意义,产生不了任何经济价值。马克思的研究是从商品开始的,《资本论》的叙述同样是从商品开始,商品经济的一切秘密都隐藏在商品中。因此,分析虚拟经济也应从剖析商品开始。价值和使用价值是商品的二重属性,虚拟经济的最初表现形式是闲置资金的资本化,这种资本化只能是商品的价值形式。价格是用货币表现的价值形式,虚拟资本用货币表示的商品价值形式即价格,是其后一切价值符号的根源,随着经济活动的进一步发展,出现了银行、股票、债券等,有价证券在市场的流动中不断交易,在此过程中,伴随着实体经济的发展,虚拟资本也不断发展。"每一个确定的和有规则的货币收入都表现为一个资本的利息,而不论这种收入是不是由一个资本生出。货币收入首先转化为利息,有了利息,然后得出产生这个货币收入的资本。"[1]其次,实体经济的发展速度与规模决定虚拟经济的速度与规模。虚拟经济与实体经济必须保持正常的交易,两者的交换过程体现为货币的流通过程,虚拟

---

① 《资本论》第三卷,人民出版社 2004 年版,第 526 页。

经济的正常运行离不开实体经济提供的物质基础。银行、股票和债券等有价证券作为虚拟经济的载体,根据实体经济在经济活动运行过程中资金需要发行,发行规模和发行速度由实体经济运行规模和运行速度决定。作为虚拟资本的衍生品,金融工具的发展也需要依托债券、股票等有价证券,虽然与实体经济没有必然直接联系,但是其对于有价证券的依托性决定了其发展速度和规模也取决于实体经济的发展速度与规模。最后,实体经济的运行状况决定虚拟经济的运行状况。实体经济与虚拟经济的发展保持在合理的区间内会促进整体经济的稳定运行。在整个经济运行过程中,如果实体经济发展良好,那么虚拟经济必然发展;如果市场资金大量流入虚拟经济尤其是金融领域,势必会造成泡沫经济,泡沫经济一旦破灭,必然引发金融危机,阻碍实体经济乃至整个经济市场的发展。

虚拟经济对实体经济具有反作用。从唯物辩证法的角度看,实体经济决定虚拟经济,虚拟经济对实体经济具有一定的反作用。虚拟经济对实体经济的作用是一把"双刃剑",虚拟经济既能促进实体经济的发展,又能阻碍实体经济的发展。新时代要正确处理好虚拟经济与实体经济协调发展,促进整体经济的协调稳定发展。

一方面,虚拟经济对实体经济的发展有促进作用。当整个国家虚拟经济的发展与实体经济发展和居民财富积累所派生的金融交易需求相适应时,虚拟经济便能促进实体经济的发展。具体表现为:一是从外部宏观经济运行环境角度看,虚拟经济影响实体经济的发展。在外部宏观经济运行环境中,实体经济的发展受到各方面因素的影响,除了企业内部经营环境之外,外部宏观经济运行环境包括社会资金的总量、社会资金的筹措情况等因素会更大程度影响实体经济的发展,这些影响因素都受到虚拟经济发展情况的制约。虚拟经济发展正常时,证券市场繁荣发展,实体经济通过发行股票、债券等有价证券筹措资金,有效地解决了在发展过程中对资金的需求问题,虚拟经济为实体经济发展提供了必要的动能保障。二是从对微观经济主体的角度看,虚拟经济的发展促进微观经济主体的发展。企业作为典型的微观经济主体,既有筹措资金的需要,又面临经营风险的危险。虚拟经济的发展提高了社会资本的配置效率,拓宽了企业的融资渠道,为企业规模扩大提供资金支持;通过市场的自动调节功能以及价格发现功能,有效监控资本的运行状况,实现资本在金融市场的优化配置。虚拟经济企业主体的多元化、社会化,企业经营权、所有权的相对分离都弱化了企业的经营风险,增强了企业经营的稳定性。股票市场以及期货市场价格的变化,反映了市场需求供需变化,有助于企业了解国家经济政策的变化情况以及市场供需关系的变化,有助于企业及时调整经营策略,从容应对各方面的挑战与机遇,增强企业经营的稳定性,规避投资风险。总而言之,虚拟经济对实体经济的促进作用主要从宏观经济环境角度和微观经济主体角度出发,一方面有助于提高全社会资本的有效配置,另一方面有助于企业抓住机遇、迎接挑战,根据国家政策及时调整经营战略,有效规避企业经营风险。

另一方面,虚拟经济对实体经济的发展有抑制作用。根据虚拟经济的定义,在虚拟经济领域中,虚拟资本的交易占据主要地位,成为交易流通的主要手段,虚拟资本作为商品,其价格有特有的运动和决定方法。如果金融市场缺乏对虚拟经济的独立经济活动的监管,则极易造成虚拟资本的膨胀,使虚拟经济产生泡沫。虚拟经济泡沫一旦破灭,必然会造成金融危机及资源的浪费和破坏,使大量社会资本流失,实体经济的发展必然受到资金限制,对实体经济产生消极影响,抑制实体经济的发展。

首先,破坏了资源配置方式,降低资源配置效率,抑制实体经济的发展。虚拟经济由于高收益高回报的特点,吸收了大量的社会资本,大量资本从实体经济流向股票、证券市场等虚拟经济领域。除了资本的流失,大量人才也转型向虚拟经济领域发展。资本的流失以及优秀人才向虚拟经济流动,导致实体经济在产品供给和服务质量等方面丧失了国际竞争力。随着虚拟资本的扩张和经济泡沫的兴起与发展,资源配置方式被打破,资源配置效率降低,原来的虚拟经济与实体经济之间的平衡状态被打破。

其次,破坏金融系统的运作模式,降低商业银行的抗风险能力,引发金融危机。泡沫经济中投机盛行时,资金需求旺盛,利率提高。高利率引诱商业银行扩大信贷,放松对信贷质量的审查和可行性研究,使银行等金融机构的大量资金流入股市、汇市、房地产、金融衍生品市场,脱离实体经济而高度膨胀的泡沫经济不可能长期持续下去,必然崩溃。泡沫经济崩溃后,金融资产价格大幅度缩水。随着银行呆账、坏账的增加,银行信用风险逐渐增大,最终诱发挤兑风潮,引发金融危机,使整个金融系统瘫痪,破坏现代经济的核心,最终造成经济衰退。泡沫经济破灭后,债务拖欠和违约大量出现,企业的不景气造成企业投资不足。与此同时,居民拥有的以股票为代表的虚拟资产大幅度缩水,必然导致消费需求的减少。这两个方面相互作用,使实体经济陷入长期的衰退。

总之,虚拟经济依附于实体经济而存在,实体经济的发展状况影响虚拟经济的发展形势。[①]

二、推进实体经济与虚拟经济协调发展

在党的十九大报告中,习近平总书记指出,"建设现代化经济体系,必须把发展经济的着力点放在实体经济上,把提高供给体系质量作为主攻方向,显著增强我国经济质量优势"[②]。

我国经济已由高速增长阶段转向高质量发展阶段,正处在转变发展方式、优化经济结构、转换增长动力的攻关期。建设现代化经济体系,必须把发展经济的着力点放在实体经济上,把提高供给体系质量作为主攻方向,显著增强我国经济质量优势。加快建设制造强国,加快发展先进制造业,推动互联网、大数据、人工智能和实体经济深度融合。

(一)充分发挥金融市场优化资源配置的作用,使虚拟经济更好地服务于实体经济

正确认识虚拟经济与实体经济的关系,金融机构要更好地支持微观经济主体实现产业优化升级,支持实体经济创新驱动、转型发展,避免社会资本脱实向虚,促进社会资本在虚拟经济与实体经济之间实现良性互动,实现实体经济与虚拟经济共同发展、和谐发展、绿色发展。

---

① 舒展、程建华:《我国实体经济"脱实向虚"现象解析及应对策略》,《贵州社会科学》2017 年第 8 期。

② 习近平:《决胜全面建成小康社会　夺取新时代中国特色社会主义伟大胜利——在中国共产党第十九次全国代表大会上的报告》,人民出版社 2017 年版,第 30 页。

在外部宏观经济环境良性发展的前提下,深化金融机构改革和创新,不断增强金融机构为实体经济服务的能力。持续推进各项金融项目改革,各大银行加强自身制度建设,不断提升风险管控水平,促进市场结构优化升级。强化财政金融支持制造业发展,落实金融支持实体经济相关政策,增强金融服务实体经济能力,深化产融合作,鼓励有条件的地方建立信贷风险补偿机制。

(二)坚持以实为本、虚实并举的原则

习近平总书记强调,我国是个大国,必须发展实体经济,不断推进工业现代化、提高制造业水平,不能脱实向虚。以实为本、虚实并举,要求一方面大力发展实体经济,为虚拟经济的发展提供坚实稳定的物质基础;另一方面也要求在推进实体经济稳步发展的同时促进虚拟经济有序健康发展,发挥虚拟经济对实体经济的动力作用。

制造业是实体经济的主体,是技术创新的主战场,是供给侧结构性改革的重要领域,按照党的十九大报告的总体要求和战略部署,加快制造强国建设步伐,推动实现经济发展由数量和规模扩张向质量和效益提升转变。

牢牢把握实体经济这一坚实基础,实行更加有利于实体经济发展的政策措施,制订振兴实体经济的战略规划。国家加大对实体经济的政策支持力度,协调各项政策的执行力度。积极营造规范有序、公平竞争的市场环境,促进各类要素向实体经济聚集,重塑实体经济竞争优势。

(三)以“互联网+”推进实体经济与虚拟经济协调发展

深入推进供给侧结构性改革,实现实体经济的振兴,促进实体经济与虚拟经济协调发展,必须采用新技术、新业态,通过大数据、互联网等技术,实现实体经济与虚拟经济的有效串联和协调联动发展。在当前信息化时代,通过“互联网+金融”和“互联网+制造业”这两种模式实现金融和制造业的有效对接,进而实现虚拟经济与实体经济的协同发展。“互联网+金融”和“互联网+制造业”的模式更新了社会资本从金融机构向以制造业为主的实体经济流动的桥梁,拓宽了实体经济融资的渠道,金融机构的资本使用流向实体经济。

各大银行系统由于担保模式的特点,使许多需要大量资金支持的实体经济主体贷款金额有限,甚至基本贷不到款。而对于不需要太多资金的国企行业由于有政府政策支持,通过银行能贷到相对较多贷款,国企机构将这些资金投入到虚拟经济资本市场。整体来看,这种模式造成了银行的供需错配,造成了社会资本的不合理利用,从而引起虚拟经济与实体经济的失衡发展,造成经济发展逐渐"脱实向虚"。

党的十九大报告指出,推动新型工业化、信息化、城镇化、农业现代化同步发展,深化制造业与互联网融合发展,积极培育网络化协同、个性化定制、在线增值服务、分享制造等"互联网+"新模式,抢占数字经济发展主动权和话语权。以"互联网+实体经济"的发展模式推动实体经济的转型升级步伐,促进其提高产品质量,加快产品的高端供给,生产适销对路的高品质高质量的产品,破解中国在全球价值链体系中的低端锁定状态,向全球价值链体系的中高端位移。同时,实体经济借助"互联网+"模式不仅可以顺利实现由中国制造向中国智造转型,而且可以通过"互联网+"模式扩大其市场空间。

第二节　正确处理质量与数量的关系

党的十九大报告明确指出,建设现代化经济体系必须坚持质量第一、效益优先原则,推动经济质量变革、效率变革、动力变革。科学合理处理建设现代化经济体系中数量和质量的关系,有利于提升经济发展质量水平,提升我国经济竞争力、扩大国际影响力。

一、质量与数量的关系

马克思说:"每一种有用物,如铁、纸等等,都可以从质和量两个角度去考察。"①质量作为物体的一种物理属性、物质的量的量度,有惯性质量和引力质量之分。作为日常生活的概念一般指事物、产品或工作的优劣

---

① 《马克思恩格斯选集》第2卷,人民出版社2012年版,第96页。

程度。美国质量管理专家克劳斯比把质量概括为"产品符合规定要求的程度";国际标准化组织(ISO)2005年颁布的ISO9000:2005《质量管理体系基础和术语》中认为,质量是一组固有特性满足要求的程度。我们经常使用好差、优秀低劣等形容质量。在经济领域,产品质量越好,说明价值愈高,价格也相对高。

数量是关于量的多少的表达,在日常生活和生产实践中,人们通常使用万、亿、千米、千克、个、条、只、张、米、尺、匹、头、顶、件、层等词形容数量的多少。

没有数量就没有质量。质量是通过一定数量表现出来的。改革开放初期许多老百姓还填不饱肚子的时候,国家工作的中心是经济建设,1987年党的十三大提出的中国经济建设分三步走的战略是解决人民温饱问题,规划了1990年国民生产总值比1980年翻一番,1991年到20世纪末国民生产总值再增长1倍。而在新的"三步走"发展战略中,规划了2010年国民经济和社会发展的主要奋斗目标是实现国民生产总值比2000年翻一番,从2010年到2020年实现国内生产总值比2000年翻两番的目标。这两个"三步走"发展战略都有明确的数量指标。2017年党的十九大报告对到2050年中国发展战略制定了两个15年的发展战略,其中没有再使用翻几番和增长百分之多少的明确的数量指标。因为此时中国已经成为世界第二大经济体,社会主要矛盾也已经转化为了人民美好生活的需求与发展不平衡不充分的矛盾,我们已经有了足够的经济数量,有可能也可以从数量中去求质量了。

没有质量就没有数量。目前产品极大丰富了,但有些产品质量不高、性能不好、维修率高、使用寿命短,老百姓不喜欢用,产品数量虽多但有些却卖不出去,成了积压品。因为数量受到了质量的限制,如中国一些大妈跑到日本买马桶盖,并不是中国商场里没有卖马桶盖的,而是中国商场里的马桶盖的质量满足不了老百姓的需求。因此,产品质量不合格,数量再多也是无用的,甚至是浪费。保证质量是为了保证数量,是为了争取更大的数量。

数量不足的时候要求质量会限制数量的产生,有了数量若不注意质量则会限制数量的发展,数量和质量既互相矛盾又相互影响,是一个永远不可分割的统一体。

二、经济增长的数量和质量

经济增长离不开数量和质量,经济建设中的数量指的是经济规模、GDP 指标、就业人数、产品数量等;质量表现为产品优劣好坏程度、工艺精度。经济运行数量和质量的关系也是矛盾统一的。科学技术水平制约着生产力发展水平,生产力发展水平限制着生产的数量和质量。

在经济增长方式上,粗放式经济增长方式主要依靠增加生产要素的投入,包括增加投资、增加劳动投入,扩大厂房等增加产量,这种通过增长数量的经济增长方式是外延式增长方式,其基本特征是依靠增加生产要素量的投入来扩大生产规模实现经济的增长。集约式经济增长方式与粗放式经济增长方式相对,是在生产规模不变的基础上,也就是不增加数量的基础上,采用新的技术、新的工艺、新的方法,通过改进机器设备、加大科技含量的方式来增加产量,这种通过质量增长而带动经济增长的方式是内涵式经济增长方式,其基本特征是依靠提高生产要素的质量和利用效率实现经济的增长。

通过增加数量实现经济增长的粗放式方式成本较高、消耗较高、效益较低,产品质量难以提高;而通过提高质量实现经济增长的集约式方式成本较低、消耗较低、经济效益较高,产品质量能够不断提高。随着我国生产力水平的不断提高,经济总量、科技创新数量等指标体系的大幅度增长,迫切需要从追求数量的粗放式发展向追求质量的集约式发展转变。因此,党中央及时作出了我国经济发展进入新常态的判断,放缓经济发展速度,不断优化结构升级,实现从投资驱动、要素驱动向创新驱动转换,从数量扩张向追求质量发展,经济结构实现再平衡。2050 年实现社会主义现代化强国,没有数量指标而是质量要求,表明了构建现代化经济体系的着力点要放在发展质量而非发展规模上。

三、建设现代化经济体系,必须推动经济发展提质增效

党的十九大报告指出:"建设现代化经济体系是跨越关口的迫切要求和我国发展的战略目标。必须坚持质量第一、效益优先,以供给侧结构性改革为主线,推动经济发展质量变革、效率变革、动力变革,提高全要素生产率。"[1]

(一)坚持稳中求进工作总基调

建设现代化经济体系,关键在全面深化改革的力度、在宏观调控措施的到位、在经济提质增效的升级,为稳增长、调结构、促改革创造有利环境。稳中求进工作总基调是治国理政的重要原则,也是正确对待数量与质量关系、做好经济工作的方法论。我们要坚持稳中求进工作总基调,更好把握稳和进的关系,把握好平衡,把握好时机,把握好度。

准确把握"稳"与"进"的内涵及其关系。习近平总书记对于"稳"与"进"的内涵及其关系作出过详细的阐述。他在2014年12月1日中共中央召开的党外人士座谈会上指出:"稳的重点要放在稳住经济运行上,进的重点是深化改革开放和调整结构。稳和进有机统一、相互促进。"[2] 2016年12月召开的中央经济工作会议对"稳"与"进"的关系作出了进一步的阐释:"稳是主基调,稳是大局,在稳的前提下要在关键领域有所进取,在把握好度的前提下奋发有为。"[3]习近平总书记强调,"'稳'和'进'要相互促进,经济社会平稳,才能为调整经济结构和深化改革开放创造稳定宏观环境"[4]。因此,我们要更好更准确地把握稳和进的关系,牢记谋进的前提是保持大局稳定,稳始终是主基调,是要在把握好度、把握好平

① 习近平:《决胜全面建成小康社会　夺取新时代中国特色社会主义伟大胜利——在中国共产党第十九次全国代表大会上的报告》,人民出版社2017年版,第30页。

② 《征求对经济工作的意见和建议　中共中央召开党外人士座谈会　习近平主持会议并发表重要讲话　李克强通报有关情况　俞正声刘云山张高丽出席》,《人民日报》2014年12月6日。

③ 《中央经济工作会议在北京举行　习近平李克强作重要讲话　张德江俞正声刘云山王岐山张高丽出席会议》,《人民日报》2016年12月17日。

④ 中共中央文献研究室编:《习近平关于社会主义经济建设论述摘编》,中央文献出版社2017年版,第321页。

衡、把握好时机的前提下有所作为,而不是无所作为和强力、机械求稳。

准确理解稳中求进。"稳"的重点要放在稳住经济运行上。"稳住经济运行",必须避免经济指标不能适度向下波动、不能根据形势变化调整经济增速预期目标的机械式思维方式和思想认识上的误区,明确经济指标在合理区间内向下波动和增速目标适时适度下调并不冲突,我们是要在经济社会不发生大的波动情况下,主动放缓经济增长速度而追求更高质量、更优效益的稳中求进,而不是机械地求稳、强制地求稳。"进"的重点是深化改革开放和调整结构。"进"是为决定中长期经济增长根基的改革开放和结构调整,而不仅只是短期内经济指标的回升。2016 年中央经济工作会议指出,"我国经济运行面临的突出矛盾和问题,虽然有周期性、总量性因素,但根源是重大结构性失衡,导致经济循环不畅"①。调整结构是转变经济发展方式的重要内容,只有从宏观上、从经济运行机制上努力调整金融与实体经济、金融与房地产以及实体经济内部供需结构的失衡问题,才能优化产业结构,促进一、二、三产业健康协调发展,推进经济长期平衡快速发展。

坚持稳中求进,推动经济持续健康发展。坚持稳中求进工作总基调,"不能简单以国内生产总值增长率论英雄"②,发展必须保持一定的速度,但又不能单纯追求增长速度;我们不唯 GDP,但也不能不要 GDP。我们要追求稳中有进、遵循经济增长规律的、有质量有效益的科学发展,遵循自然规律的绿色低碳循环的可持续发展和遵循社会规律的开放共享协调包容的发展。

坚持稳中求进工作总基调,必须解决好金融与实体经济、金融与房地产以及实体经济内部供需结构的失衡问题,不断化解产业风险、金融风险、房地产风险、贸易风险、债务风险等内外风险,促进经济内生动力的增长。

---

① 《中央经济工作会议在北京举行 习近平李克强作重要讲话 张德江俞正声刘云山王岐山张高丽出席会议》,《人民日报》2016 年 12 月 17 日。
② 中共中央文献研究室编:《习近平关于协调推进"四个全面"战略布局论述摘编》,中央文献出版社 2015 年版,第 159 页。

坚持稳中求进工作总基调,必须克服急躁心理和冒进思想,不能在经济指标上一味求进求快,追求速成,而是要把实施创新驱动发展战略、提高经济发展质量和核心竞争力作为一项中长期任务,努力推进企业、金融、环境、教育、住房、养老、社会服务等领域的各项改革,实现经济的稳定运行。

坚持稳中求进工作总基调,必须树立积极的战略思维,努力应对去全球化思潮、投资和贸易保护主义、地缘政治冲突,以及金融、债务、房地产风险等国内外一些影响我国经济发展的不确定性因素,深化金融监管体制机制改革,切实提高防范各种风险的能力。

"稳中求进"是宏观调控方式和思路的重大创新,也是建立现代化经济体系的方法论。

(二)坚持供给侧结构性改革总方向

在全面建设现代化经济体系的总体战略目标指引下,供给侧结构性改革是主攻方向和工作主线。供给侧结构性改革,最终目的是满足需求,主攻方向是减少无效供给、扩大有效供给,着力提升整个供给体系质量,提高供给结构对需求结构的适应性。

提高供给体系质量的核心是加快实施创新驱动发展战略,根本动力是全面深化改革。只有不断地进行科技创新,在全社会倡导大众创业、万众创新的理念,深入推动智能化与产业的结合,才会有新的动能出现、新的产业成长、新的产品供应和基础产业的转型升级、传统产业的提质增效,才能不断满足人民日益增长的美好生活需要。只有不断地进行制度创新,才能进一步深化土地制度、产权制度、户籍制度、商事制度等改革,放宽服务业等准入限制,创造有利于新技术、新产业、新业态、新模式发展的制度环境和市场环境,促进生产要素市场化,倒逼企业下功夫提高产品质量,提升服务质量。

(三)坚持质量第一、效益优先基本要求

中国特色社会主义进入新时代,国际竞争日趋激烈,资源环境约束日益加强,贸易保护主义越益严重,过去那种单纯依靠外需拉动、投资拉动、要素投入、规模扩张的增长模式难以为继。实施创新驱动发展战略,实现经济增速换挡、发展动能转换、经济转型升级,走有质量、有效益、可持续的发展之路是我们的必然选择。

坚持质量第一、效益优先基本要求,是对过去传统粗放掠夺式经济增长方式的革新、升华、蜕变和对创新驱动经济发展方式的最好诠释,是促进我国产业迈向全球价值链中高端的根本保证。我们的经济"增长必须是实实在在的和没有水分的增长,是有效益、有质量、可持续的增长"①。通过创新引领经济发展,提高经济供给质量,实现经济效率和社会效益双赢,是我国经济发展必须遵循的逻辑。提质增效、转方式调结构,坚持质量第一、效益优先,不断扩充着发展的内涵。

"坚持以改革开放为动力推动高质量发展"②作为 2020 年政府工作报告确定的工作目标之一,仍然强调了坚持质量第一、效益优先的基本要求,稳定经济运行,防范化解风险,确保完成决战决胜脱贫攻坚,全面建成小康社会目标任务,都需要有高质量的经济发展来支撑。坚持质量第一、效益优先基本要求,必须把创新作为经济发展的第一动力推动创新驱动发展,必须把绿色发展作为指导产业可持续发展的根本要求推动绿色引领发展,增长新动能,创制新品种,研发新产品,形成高技术、培育新业态,确保产品多样性和安全高效,促进产业提质增效。"互联网在促进制造业、农业、能源、环保等产业转型升级方面取得积极成效,劳动生产率进一步提高。基于互联网的新兴业态不断涌现,电子商务、互联网金融快速发展,对经济提质增效的促进作用更加凸显。"③主动放缓经济增速,把发展质量放在第一位,"推动经济发展质量变革、效率变革、动力变革,提高全要素生产率"④,在客观上突破了只专注短期经济运行的传统框架,适应既要利当前、更要惠长远的发展思路,丰富和发展了马克思宏观经济调控理论。

---

① 《习近平谈治国理政》第一卷,外文出版社 2014 年版,第 112 页。
② 《李克强作的政府工作报告(摘登)》,《人民日报》2020 年 5 月 23 日。
③ 《十八大以来重要文献选编》中,中央文献出版社 2016 年版,第 591 页。
④ 习近平:《决胜全面建成小康社会 夺取新时代中国特色社会主义伟大胜利——在中国共产党第十九次全国代表大会上的报告》,人民出版社 2017 年版,第 30 页。

第三节　正确处理政府与市场的关系

党的十八届三中全会关于"使市场在资源配置中起决定性作用"和"更好发挥政府作用"的论断,无论理论还是实践都有着深刻的内在逻辑。

一、新时代政府与市场关系的内在逻辑

(一)市场是资源配置最有效率的形式

瓦尔拉斯等早期的西方经济学家从竞争理论、效用理论等角度入手,论证了福利经济学第一定理,即完全竞争的市场经济下的一般均衡是帕累托最优的。后世的经济学家从信息效率、预期理论、委托代理理论等方面进一步论证了市场配置资源的优越性。市场配置资源的对立面是计划经济。西方经济学家对计划经济的低效性的论证主要从两个方面展开。

一是信息成本。政府作为统一计划的制订者,其获取和处理信息的能力是有限的,或获取和处理信息的成本过高,因为信息是高度分散的,而市场相对于中央计划具有更高的效率。计划经济通过行政命令来配给资源、指挥生产、分配产品,这要求政府掌握从资源分布到社会成员需求的所有经济信息,而以目前的信息技术水平,单一节点无论是运算能力还是信息感知能力显然都达不到这样的要求。以不充分的信息制订计划,必然导致价值规律扭曲、资源的错配与浪费乃至"寻租"的产生[①]。我国在1973年编出第一张实物表,而真正能帮助科学决策生产的投入产出表1987年才编制出来,这时候计划经济已经即将被市场经济取代了,可见,中国在相当长的一段时间内执行了没有科学计划的计划经济。进一步地,即使政府能够有效地获取和处理海量数据,但由于市场是一个高度复杂的混沌系统,单一节点仍然无法考察清楚所有非数据的信息细节,如消费者对近似种类消费品的主观偏好,这就使计划不得不趋向一个高度简

[①]　俞宪忠:《市场失灵与政府失灵》,《学术论坛》2004年第6期。

化的模式,将受益进行尽可能简单的分配,将消费品的种类控制在尽可能低的水平,并且难以产生创新。

二是激励机制。计划经济基础上绝对意义上的生产资料公有制,在分配方式上必然要限制按劳分配、鼓励按需分配。而只要人与人之间的劳动生产率存在差异,这样的分配方式必然会限制人们的生产积极性,从而难以持续提高劳动生产率。

从苏联东欧国家和我国改革开放前的经济实践来看,计划经济体制也暴露出过于僵化的问题。如工业和农业、重工业和轻工业、国防工业和消费品生产部门发展不平衡,消费品有效供给不足等问题,甚至引发过几次较严重的农产品危机。在苏东国家,高度集中的指令经济还使得权力高度向中央官僚部门集中。以东欧剧变、苏联解体和中国建立市场经济体制为标志,单纯的计划经济尝试基本宣告失败。

(二)市场经济中政府的角色不可或缺

尽管古典的、新古典的和新自由主义的经济学家们反复论证市场可以自行达成均衡,但事实上,自国家诞生以来,我们从来没有看到任何市场可以在无政府的状态下完成资源的配置和收入的分配。以下两个必须由国家或政府参与的行为,是市场经济得以形成和运行的基础。

一是产权界定。清楚地产权界定是所有市场交易活动的前提,没有清晰的产权界定,所有的专业化分工和市场交易活动都无法开展,也不会有资源的有效配置。显然,抽象的财产权利的表达很难由市场主体自发达成,而通常需要政府通过法律或其他强制力来确定。改革开放40多年来,农民的土地经营权、居民的财产权尤其是拥有商品房的权利逐步确立,企业股份制改革不断推进,通过"确定产权的服务",使得生产要素市场活跃了起来。党的十九大关于"以完善产权制度和要素市场化配置为重点"的论断进一步表明了产权界定对市场发展的基础性作用。

二是交易秩序。市场秩序的形成需要"契约"和"强制力"两方面的力量同时起作用。由于资源具有稀缺性,而人们在力量、智力等争抢稀缺性资源的能力上存在天然差异,那么在一个国家暴力机关全部撤销的、"纯粹的"自由市场中,人们就很可能会用暴力活动替代自发的、公平的交易,以竞争获取稀缺资源。"市场经济的良好运行需要政府能够确立和实施'游戏规则'",还"需要一套精炼的法规"①以降低市场主体间交易费用。

我国以公有制为主体的社会主义经济性质,也决定了政府必须在一定限度内参与市场经济。我国仍然处于向完全的市场经济转向的过程中,仍然面临垄断部门改革、税收体制改革等转型问题,这些转型显然不能没有政府的参与。此外,对于政府能够有效集中资源从事大投入、长周期项目,政府向市场主体提供监管和宏观调控等公共服务,政府参与反垄断和保护生态环境,以及政府通过再分配调节保障社会福利等优势和必要性,前人也多有论述,此处不再赘述。

(三)政府与市场是互为前提的辩证统一

"市场在资源配置中的决定性作用"和"更好的政府",二者互为前提、内在统一,不是此消彼长而是共生互补的关系(具体论述见第四章第七节)。随着改革越来越向深入推进,我们看待政府与市场的关系,已经不应简单地理解为政府多一点还是少一点、强一点还是弱一点,而应当着重思考如何让两者更有机地结合起来,如何更好地发挥政府的作用。政府和市场"两手合力"有利于进一步形成公平竞争的发展环境,进一步增强经济社会发展活力,进一步提高政府效率和效能,进一步实现社会公平正义,进一步促进社会和谐稳定,进一步提高党的领导水平和执政能力。

二、新时代政府和市场关系对马克思主义政治经济学的丰富与发展

党的十八大以来,以习近平同志为核心的党中央提出了一系列治国理政新理念新思想新战略,出台了《中共中央关于全面深化改革若干重大问题的决定》《中共中央关于坚持和完善中国特色社会主义制度、推进国家治理体系和治理能力现代化若干重大问题的决定》《中共中央国务

---

① 〔美〕维托·坦茨:《体制转轨和政府角色之改变》,《经济社会体制比较》1999年第4期。

院关于新时代加快完善社会主义市场经济体制的意见》《中共中央国务院关于构建更加完善的要素市场化配置体制机制的意见》，进一步丰富和发展了中国特色社会主义政治经济学关于政府和市场关系的认识。

（一）对政府与市场关系认识的不断深化

政府和市场的关系是动态的、历史的。改革开放以前，与计划经济体制相适应，我国政府在经济活动中起决定作用。改革开放以后，随着经济体制的改革转型，对政府和市场关系的认识也在不断深化。

从 1978 年党的十一届三中全会到 1992 年党的十四大召开，逐步认识到市场的重要性。改革开放以来，我国经济体制改革的主线始终是围绕着如何界定政府和市场的关系这一核心问题展开。1979 年 11 月 26 日，邓小平同志在回答国外人士提问时指出："说市场经济只存在于资本主义社会，只有资本主义的市场经济，这肯定是不正确的。社会主义为什么不可以搞市场经济，这个不能说是资本主义……市场经济不能说只是资本主义的。……社会主义也可以搞市场经济。"[1]"计划经济不等于社会主义，资本主义也有计划；市场经济不等于资本主义，社会主义也有市场。计划和市场都是经济手段。"[2]这些思想为探索政府和市场关系问题开启了大门。1982 年，党的十二大明确提出了我国经济体制改革坚持计划经济为主、市场调节为辅的原则，"市场调节"在基本经济制度层面为国有企业改革，以及外资、民营和个体经济的发展创造了条件。1984 年，党的十二届三中全会通过的《中共中央关于经济体制改革的决定》指出了传统经济体制的弊端之一，就是忽视商品生产、价值规律和市场的作用，强调了市场对商品经济的重要性。1987 年，党的十三大明确提出了社会主义有计划商品经济的体制应该是计划与市场内在统一的体制，经济运行机制总体上是"国家调节市场，市场引导企业"，明确了市场调节与计划调节同样是商品经济宏观调控的两种形式和手段。

从 1992 年党的十四大召开到 2013 年 11 月，对政府和市场关系的认

---

① 《邓小平文选》第二卷，人民出版社 1994 年版，第 236 页。
② 《邓小平文选》第三卷，人民出版社 1993 年版，第 373 页。

识在实践拓展中不断深化,"市场对资源配置起基础性作用"。党的十四大明确指出了我国经济体制改革的目标是建立社会主义市场经济体制,核心是正确认识和处理计划与市场的关系,"使市场在国家宏观调控下对资源配置起基础性作用"。1997 年党的十五大重申了坚持和完善社会主义市场经济体制,"使市场在国家宏观调控下对资源配置起基础性作用"。2002 年党的十六大提出了完善政府的经济调节、市场监管、社会管理和公共服务的职能,"在更大程度上发挥市场在资源配置中的基础性作用"。2007 年党的十七大提出要深化对社会主义市场经济规律的认识,"从制度上更好发挥市场在资源配置中的基础性作用",形成有利于科学发展的宏观调控体系。2012 年党的十八大进一步提出"更大程度更广范围发挥市场在资源配置中的基础性作用"。可以看出,我们对政府和市场关系的认识在不断深化,在实践中更加注重发挥市场的作用。

从 2013 年至今,"市场在配置资源中起决定性作用"。由于市场的基础性作用与国家宏观调控的关系在很多情况下容易被混淆,"看得见的手"经常取代"看不见的手"发挥作用,造成市场的紊乱,因此,党的十八届三中全会提出,"紧紧围绕使市场在资源配置中起决定性作用深化经济体制改革,坚持和完善基本经济制度,加快完善现代市场体系、宏观调控体系、开放型经济体系"[1],将市场在配置资源中的作用由"基础性"改为了"决定性"作用。并且明确了"经济体制改革是全面深化改革的重点,核心问题是处理好政府和市场的关系"[2];提出了"使市场在配置资源中起决定性作用和更好发挥政府作用"这一重大理论命题,标志着我们党对政府和市场关系的表述已经成熟。党的十九大进一步明确"使市场在资源配置中起决定性作用,更好发挥政府作用,推动新型工业化、信息化、城镇化、农业现代化同步发展"[3]的思想,从理论上对政府和市场的关

---

① 《中共中央关于全面深化改革若干重大问题的决定》,人民出版社 2013 年版,第 3—4 页。

② 《中共中央关于全面深化改革若干重大问题的决定》,人民出版社 2013 年版,第 5 页。

③ 习近平:《决胜全面建成小康社会　夺取新时代中国特色社会主义伟大胜利——在中国共产党第十九次全国代表大会上的报告》,人民出版社 2017 年版,第 21—22 页。

系作出了进一步定位。

（二）从中国特色社会主义制度的高度认识政府和市场的辩证关系

习近平总书记在关于《中共中央关于全面深化改革若干重大问题的决定》的说明中指出，"关于使市场在资源配置中起决定性作用和更好发挥政府作用。这是这次全会决定提出的一个重大理论观点。这是因为，经济体制改革仍然是全面深化改革的重点，经济体制改革的核心问题仍然是处理好政府和市场关系"①。自党的十四大提出建立社会主义市场经济以来，对政府和市场关系的认识不断深化，我国市场化程度大幅提高，"我们对市场规律的认识和驾驭能力不断提高，宏观调控体系更为健全，主客观条件具备，我们应该在完善社会主义市场经济体制上迈出新的步伐"②。健全社会主义市场经济体制必须遵循市场经济的一般规律，而"市场决定资源配置是市场经济的一般规律，市场经济本质上就是市场决定资源配置的经济"③。因此，进一步处理好政府和市场关系，实际上就是要处理好在资源配置中市场起决定性作用还是政府起决定性作用的问题。"理论和实践都证明，市场配置资源是最有效率的形式"。"作出'使市场在资源配置中起决定性作用'的定位，有利于在全党全社会树立关于政府和市场关系的正确观念，有利于转变经济发展方式，有利于转变政府职能，有利于抑制消极腐败现象。"④有利于解决市场体系不完善、政府干预过多和监管不到位等问题。

政府作为国家统治和社会管理的机关，其性质是由国家性质决定。中华人民共和国的根本制度是社会主义制度。习近平总书记还指出，"当然，我国实行的是社会主义市场经济体制，我们仍然要坚持发挥我国社会主义制度的优越性、发挥党和政府的积极作用。市场在资源配置中

① 习近平：《关于〈中共中央关于全面深化改革若干重大问题的决定〉的说明》，《人民日报》2013 年 11 月 16 日。
② 习近平：《关于〈中共中央关于全面深化改革若干重大问题的决定〉的说明》，《人民日报》2013 年 11 月 16 日。
③ 《习近平谈治国理政》第一卷，外文出版社 2014 年版，第 77 页。
④ 《习近平谈治国理政》第一卷，外文出版社 2014 年版，第 77 页。

起决定性作用,并不是起全部作用"①。市场的决定作用是为了在新的历史条件下更好地转变政府职能,在微观经济活动层面减少政府的直接干预,更好地发挥政府宏观调控的职能,保持宏观经济稳定、维护市场秩序、弥补市场失灵、加强市场监管,推动可持续发展。"有效的政府治理,是发挥社会主义市场经济体制优势的内在要求。"②我国社会主义市场经济是坚持以公有制为主体建立和发展的市场经济,坚持和完善公有制为主体、多种所有制经济共同发展的基本经济制度,"毫不动摇巩固和发展公有制经济,坚持公有制主体地位,发挥国有经济主导作用,不断增强国有经济活力、控制力、影响力"③。毫不动摇地鼓励、支持和引导非公有制经济发展,激发非公有制经济活力和创造力。社会主义制度和市场经济两方面优势有机结合是我国社会主义市场经济中政府和市场关系的重要特征。"使市场在资源配置中起决定性作用和更好发挥政府作用"这句话关于市场与政府的定位,既发挥了市场经济的长处,又发挥了社会主义制度的优越性,有利于有效防范资本主义市场经济的弊病,有利于进一步发展和完善社会主义市场经济体制。坚持社会主义市场经济改革方向,从中国特色社会主义制度的高度认识政府和市场的辩证关系,是我们党在建设中国特色社会主义进程中的重大理论突破和实践创新,丰富和发展了马克思主义政治经济学理论。

(三)从以人民为中心的价值取向高度认识政府和市场的辩证关系

人民代表大会制度作为我国根本的政治制度,决定了我国政府不仅是社会公共事务和社会经济活动的管理者和参与者,而且是也必须是广大人民群众根本利益的代表者和社会主义制度的捍卫者,必须最大限度地实现社会主义国家阶级性和公共利益属性的统一。生产资料公有制是社会主义的根本经济特征,这一特征决定了社会主义生产的根本目的是为了满足人民日益增长的美好生活需要,只有政府在国民经济发展中发挥主导作用,才能保证社会主义生产目的的实现。"全面深化改革必须

---

① 《习近平谈治国理政》第一卷,外文出版社2014年版,第77页。
② 《习近平谈治国理政》第一卷,外文出版社2014年版,第77页。
③ 《习近平谈治国理政》第一卷,外文出版社2014年版,第78页。

以促进社会公平正义、增进人民福祉为出发点和落脚点。这是坚持我们党全心全意为人民服务根本宗旨的必然要求。全面深化改革必须着眼创造更加公平正义的社会环境,不断克服各种有违公平正义的现象,使改革发展成果更多更公平惠及全体人民。如果不能给老百姓带来实实在在的利益,如果不能创造更加公平的社会环境,甚至导致更多不公平,改革就失去意义,也不可能持续。"①坚持以人民为中心,完善民生导向的社会治理,"通过发展社会生产力,不断提高人民物质文化生活水平,促进人的全面发展"②。只有协调好政府与市场的关系,才能深化经济体制改革进一步发展生产力,解决发展的不平衡不充分问题,才能更好地满足人民群众不断增长的美好生活需要,为实现全体人民共同富裕创造条件。坚持以人民为中心建立和完善社会主义市场经济,同时发挥政府宏观调控的作用,寓政府与市场于以人民为中心的价值取向中。

(四)从坚持党的领导高度认识政府和市场的辩证关系

"中国共产党领导是中国特色社会主义最本质的特征,是中国特色社会主义制度的最大优势"③。经济建设始终是我们党的中心工作,抓好经济工作,就抓好了治国理政的中心工作。坚持中国共产党对经济工作的集中统一领导,是我们党的重要责任和使命,是社会主义市场经济的内在要求,也是从国家和市场的关系上认识政府与市场辩证关系的原则要求。

"坚持党的领导,发挥党总揽全局、协调各方的领导核心作用,是我国社会主义市场经济体制的一个重要特征。"④实行社会主义市场经济,决定了我们党的路线方针政策体现的是社会主义国家的性质。党中央通过中央财经委员会、中央全面深化改革委员会工作机制,通过定期不定期地召开党的代表大会、中央政治局和政治局常委会、中央经济工作会议、

---

① 《习近平谈治国理政》第一卷,外文出版社 2014 年版,第 96 页。
② 中共中央文献研究室编:《习近平关于社会主义经济建设论述摘编》,中央文献出版社 2017 年版,第 3 页。
③ 《中共中央关于坚持和完善中国特色社会主义制度　推进国家治理体系和治理能力现代化若干重大问题的决定》,《人民日报》2019 年 11 月 6 日。
④ 《习近平谈治国理政》第一卷,外文出版社 2014 年版,第 118 页。

民主党派和无党派人士座谈会等不同层级的不同规格会议,完善党中央领导经济工作的体制机制,制订审议研究中长期经济发展战略规划,确定经济社会发展重要方针政策,进行经济工作的顶层设计,保证我国经济沿着社会主义方向发展。"在我国,党的坚强有力领导是政府发挥作用的根本保证。在全面深化改革过程中,我们要坚持和发展我们的政治优势,以我们的政治优势来引领和推进改革,调动各方面积极性,推动社会主义市场经济体制不断完善、社会主义市场经济更好发展。"①

改革开放40多年来,我国已成为"世界第二大经济体、制造业第一大国、货物贸易第一大国、商品消费第二大国、外资流入第二大国,我国外汇储备连续多年位居世界第一,中国人民在富起来、强起来的征程上迈出了决定性的步伐!"②我们之所以能取得举世瞩目的伟大成就,能使人民生活水平有大幅度提升,都源于我们坚定不移地坚持党的领导、坚持社会主义制度,始终把最广大人民群众的根本利益放在首位,让市场在党和政府的领导下为社会主义生产根本目的服务;源于我们党在经济社会发展中的领导核心作用发挥得好,能够统筹协调好经济、政治、文化、社会、生态各领域各环节的发展,从全局的角度谋划推进各项改革;源于我们党驾驭社会主义市场经济的能力,能够科学认识市场经济运动规律,明确社会主义市场经济中的"社会主义"是本质,市场经济是手段。总之,党对经济工作的领导是更好发挥政府作用的有力保证,坚持党对经济工作的统一集中领导是社会主义市场经济的内在要求,是对政府和市场关系认识的新突破,为马克思主义政治经济学创新发展贡献了中国智慧。

三、理顺政府和市场的关系,建设现代化经济体系

党的十九大报告提出"贯彻新发展理念,建设现代化经济体系"的任务之一是加快完善社会主义市场经济体制,而经济体制改革的核心问题是处理好政府和市场的关系问题。推进国家治理体系和治理能力现代

---

① 《习近平谈治国理政》第一卷,外文出版社2018年版,第118页。
② 习近平:《在庆祝改革开放40周年大会上的讲话》,《人民日报》2018年12月19日。

化,必须正确处理好政府和市场的关系,完善市场经济体制,彻底打破"全能型政府"的角色定位,为现代化经济体系建设打下坚实的基础。

(一)发挥市场对资源配置的决定性作用,建设现代化经济体系

建设现代化经济体系,必须打破不适合生产力发展要求的体制机制桎梏,发挥市场对资源配置的决定性作用,尊重市场规律,建设统一开放、竞争有序的市场体系。

市场是配置资源最有效的形式,建设现代化经济体系,必须充分发挥市场对资源配置的决定性作用,更加尊重市场规律,减少政府干预。完善社会主义市场经济,正确认识和把握、尊重和遵循市场规律,在深化经济体制改革中,控制和减少政府对资源配置以及对微观经济活动不必要的干预,把政府不该管以及不需要政府插手的全部交给市场,使市场通过价值规律、供求规律、竞争规律自主调节经济活动,通过有效制度供给合理配置生产要素,从而优化资源配置的制度环境,激发市场活力,释放更多资源,推动资源配置实现效益最大化。

"建设统一开放、竞争有序的市场体系,是使市场在资源配置中起决定性作用的基础。"[1]建设现代化经济体系,"必须加快形成企业自主经营、公平竞争,消费者自由选择、自主消费,商品和要素自由流动、平等交换的现代市场体系,着力清除市场壁垒,提高资源配置效率和公平性"[2]。实行对市场统一监管,消除各种不合法不合理的规定和做法,以规范各类市场主体运行,激发各类市场主体活力,使资源在更大范围得到优化配置。

(二)更好地发挥政府的作用,建设现代化经济体系

建设现代化经济体系,必须转变政府职能,更好地发挥"有效政府"的作用,完善体制机制。

全面正确履行政府职能,促进现代化经济体系建设。以简政放权为

---

① 《中共中央关于全面深化改革若干重大问题的决定》,人民出版社 2013 年版,第11 页。
② 《中共中央关于全面深化改革若干重大问题的决定》,人民出版社 2013 年版,第11—12 页。

政府"改革"转变职能的突破口,"深化行政审批制度改革,最大限度减少中央政府对微观事务的管理,市场机制能有效调节的经济活动,一律取消审批,对保留的行政审批事项要规范管理、提高效率;直接面向基层、量大面广、由地方管理更方便有效的经济社会事项,一律下放地方和基层管理。"①同时,政府要加强宏观调控,履行公共服务、市场监管、社会管理、环境保护等职责,"放管服"齐头并进,打造高效政府、法制政府和清廉政府,为现代化经济体系建设创造公平有序的市场环境。

加大政府购买公共服务力度,建立事业单位法人治理结构,促进现代化经济体系建设。建立完备的公共财政体系,强化政府公共服务职能,"推广政府购买服务,凡属事务性管理服务,原则上都要引入竞争机制,通过合同、委托等方式向社会购买"②。凡是社会和市场能解决的公共服务,政府都要逐步退出,交由具备条件、信誉良好的社会组织、机构和企业等承担。以有效的公共产品和优质的公共服务激发市场经济主体的积极性,推动公办事业单位与主管部门理顺关系和去行政化,建立事业单位法人治理结构,提升经济运行效率。

第四节　正确处理传统与创新的关系

在中国特色社会主义进入新时代的今天,建设现代化经济体系,必须处理好传统与创新的关系,既要始终坚持"四个自信",以完善和发展中国特色社会主义制度、推进国家治理体系和治理能力现代化的总目标为根本尺度走自己的路,又不封闭僵化走老路、走西方的路。

一、传统与创新的辩证关系

传统是指世代相传的精神、制度、风俗、艺术以及行为方式等,是历史

---

① 《中共中央关于全面深化改革若干重大问题的决定》,人民出版社 2013 年版,第 17—18 页。

② 《中共中央关于全面深化改革若干重大问题的决定》,人民出版社 2013 年版,第 18 页。

发展继承性的表现,无形中对人们的社会行为产生着影响。创新是指在现有思维模式、现有知识和物质基础上提出有别于常人或常规思路的见解,改进或创造新的事物、方法、元素、路径、环境,并能获得一定有益效果的行为,并以新思维、新发明和新描述为特征。在经济领域,创新包括生产一种新的产品,采用一种新的生产方法,开辟一个新的市场,获得一种新的原材料或半成品的供应源,建立一种新的组织形式、管理制度等,它既是一个过程也是一个结果。

传统与创新是相辅相成的辩证统一。传统是一个不断发展的进程,如果传统没有创新的延长和弥补而始终一成不变,那么传统就会日渐僵化、中止、停滞甚至消失,因此可以说,传统是创新的基石和出发点,是创新的推动力。没有传统亦或创新离开了传统的基本,创新就会成为无源之水、无木之本,因此,创新是传统的变异和飞跃,是对传统的突破。

一般来说,传统意味着过去,是一种阻碍创新的保守力量。但从发展的眼光看,今天的传统又是昨天的创新,而今天的创新又将会成为明天的传统。尊重传统,应尊重现在和未来,而不是生搬硬套过去,要因时而异因地而异,既尊重传统又突破传统,取其精华去其糟粕,批判地继承传统,在传统基础上进行创造性转换、升华。

二、在中国特色社会主义旗帜下建设现代化经济体系

"创新"是经济发展的重要动力,只有在坚持中国特色社会主义道路基础上,"创新"才能精准发力。建设现代化经济体系,必须始终扎根在中国大地,高扬中国特色社会主义旗帜,坚定中国特色社会主义理论、道路、制度、文化自信。

(一)坚持中国特色社会主义道路是改革创新的必要前提

创新是引领发展的第一动力,在经济建设中,创新的最终目的是推动生产力,有什么样的经济制度就有什么的政治制度,我国是社会主义国家,经济制度的创新是为了巩固和发展社会主义。建设现代化经济体系是马克思主义政治经济学基本原理同中国具体实践相结合所提出的命题,是对中国国情、时代特点准确把握后提出的新要求。党的十九大报告

指出,我国经济已由高速增长阶段转向高质量发展阶段,"建设现代化经济体系是跨越关口的迫切要求和我国发展的战略目标"[1]。经济制度和经济体制的创新是与社会矛盾紧密相连的,在实现"两个百年"奋斗目标过程中,社会矛盾会随着社会生产力的不断提高而发生改变,分清社会主次矛盾、抓住主要矛盾,经济制度和体制的创新是助力于社会主义经济事业兴盛的重要因素。

回顾我国经济制度和经济体制的创新历程,可以看到,只有将马克思主义的普遍真理同我国具体实际相结合,中国经济的创新才是有效的。毛泽东同志在党的七大上论述了新民主主义条件下发展资本主义经济的必要性,指出在坚持国家制度、保障基本经济制度的前提下,发展私人资本主义经济是促进生产力发展的有益因素,这是由于中国经济落后所决定的,国家应对私有财产给予保障。1949年毛泽东同志在《论人民民主专政》中强调"我们限制的方针是节制资本主义,而不是消灭资本主义"。新中国成立之初,我们把经济建设的重心放在对重工业的发展,这是遵循马克思政治经济学以及列宁关于要优先增长生产资料生产的原理,在一定阶段这样的经济发展战略是正确的。优先发展重工业的思想和实践,使我国在较短的时间里恢复了工业生产,"建成一个基本上完整的工业体系"[2],开启了新中国工业化的序幕,为以后现代化建设打下坚实的基础。"社会主义市场经济"的提出,也是将马克思主义普遍真理同我国具体实际相结合的产物,由于原有的经济体制受苏联的影响,高度集中的计划经济已经成为生产力发展的绊脚石,吸收借鉴发达资本主义国家的先进经验,提升经营、管理、科学的能力成为社会主义发展的必需。邓小平同志科学地分析了在社会主义国家可以实施计划经济为主,结合市场经济的模式存在的合理性。企业管理体制、贸易体制、金融体制、对外开放体制等一系列改革成果,都证明了社会主义和市场经济之间不存在根本

---

[1] 习近平:《决胜全面建成小康社会　夺取新时代中国特色社会主义伟大胜利——在中国共产党第十九次全国代表大会上的报告》,人民出版社2017年版,第30页。

[2] 中共中央文献研究室编:《建国以来重要文献选编》第九册,中央文献出版社1994年版,第342页。

矛盾。党的十一届三中全会上，邓小平同志说"计划多一点还是市场多一点，不是社会主义与资本主义的本质区别。计划经济不等于社会主义，社会主义也有市场。计划和市场都是经济手段。社会主义的本质，是解放生产力，发展生产力，消灭剥削，消除两极分化，最终达到共同富裕"①。邓小平同志在为1978年12月中央工作会议闭幕讲话所准备的手写提纲中也提出："自主权与国家计划的矛盾，主要从价值法则、供求关系（产品质量）来调节。"②可见，在1978年我们党对政府和市场之间的关系已经有了比较深刻的认识，党的十四大提出了我国要建立社会主义市场经济体制，并且指出要使市场在社会主义国家宏观调控下对资源配置起基础性作用。2013年党的十八届三中全会中将市场在资源配置的"基础性作用"修改为"决定性作用"，并且要求"更好发挥政府作用"，这标志着我们党对市场和政府间关系的认识有了更新的突破、社会主义市场经济的发展迈入了新阶段。党的十九大报告提出要"加快完善社会主义市场经济体制"，习近平总书记在主持中央政治局第三次集体学习时也强调"要深化经济体制改革，完善现代化经济体系的制度保障"。建设现代化经济体系关键要依靠改革，政府和市场的关系是建设现代化经济体系的基础，是经济体制改革的核心，而经济体制的改革又是全面改革的重点。在现代化经济体系建设中，尊重遵循市场经济的一般规律对现代化经济体系的建设至关重要，供给、需求的关系是解决社会主要矛盾的调节方式之一，随着社会的不断发展，我国对高质量发展的要求逐步提高，人民对美好生活的追求为供给侧结构性改革提供了强大动力，因而，要想更好地发挥市场经济的一般规律，必须要把改革的重心放在供给侧结构性改革上。习近平新时代中国特色社会主义经济思想，创造性地把供给管理纳入宏观经济管理和调控体系中，这是在发展不平衡和不充分的基础上，为如何满足老百姓的需要所作出的创新性的理论。供给侧结构性改革是从提高供给质量出发，面对产能过剩的行业，要去除无效供给，加强优质供给，扩

---

① 《邓小平文选》第三卷，人民出版社1993年版，第373页。
② 《邓小平年谱（1975—1997）》上卷，中央文献出版社2004年版，第445—446页。

大有效供给,提高全要素生产率的政策。这就要求中国必须要完善制造业,从中国制造走向中国创造。供给侧结构性改革的主要任务是振兴实体经济,如果说实体经济是国民经济的"承重墙",那么制造业就是实体经济的"顶梁柱","承重墙""顶梁柱"是决定着国民经济的实质性水平,实体经济、制造业是刚性实力,如果刚性实力弱,软性实力也会更虚,只有让中国的实体经济和制造业进入世界前列,中国的经济才能真正走在世界前列。我国经济制度和经济体制的改革创新具有重要启示意义:改革创新是依据中国经济发展实际情况进行的创新。

(二)坚持四项基本原则不动摇,现代化经济体系建设才能始终把握正确的方向

四项基本原则是中国人民的历史选择和改革开放基本经验的总结,是党和国家生存发展的政治基石,是建设社会主义现代化经济体系的根本前提和根本保证。改革开放40多年,我们始终把坚持四项基本原则作为立国之本决不动摇。

坚持党对一切工作的领导,不断加强和改善党的领导,保证党领导人民有效治理国家,同步推进社会主义民主制度的完善同党的执政能力和执政方式的完善,才能确保现代化经济体系建设不迷失方向、不走偏。坚持党总揽全局、协调各方的领导核心作用是任何时候都不能改的大原则,是改革开放成就取得的根本原因所在。

改革是社会主义制度的自我完善和发展,最终目的是充分发挥社会主义制度优越性,更好地发展社会生产力。建设现代化经济体系必须坚持中国特色社会主义制度的"底线"(传统),我们大刀阔斧地改革束缚现代化经济体系建设的各种具体制度和体制机制弊端,在增强中国特色社会主义制度自信中,紧紧扭住完善和发展中国特色社会主义制度这个关键,充满活力的现代化经济体系才能助力经济高质量发展。

中国特色社会主义道路是党和人民尊重国情、尊重历史的选择,是在改革开放中产生并将在改革开放中发展壮大的正确道路。建设现代化经济体系,我们既不走封闭僵化的老路,也决不照抄照搬西方的路,而是要

始终坚持走建设社会主义现代化强国、创造人民美好生活的中国特色社
会主义道路,全面深化改革,增强中国特色社会主义道路自信,始终把握
高质量发展的根本方向。

从开展真理标准大讨论至今,中国共产党始终坚持马克思主义基本
原理与中国具体实际相结合,在思想上突破了一个个重大观点,提出了一
个个重大战略思想,形成了以马克思列宁主义、毛泽东思想、邓小平理论、
三个代表、科学发展观、习近平新时代中国特色社会主义思想为指导的中
国特色社会主义理论体系,实现了马克思主义中国化的伟大飞跃。建设
现代化经济体系,决不能失去灵魂、迷失方向,背离或放弃马克思主义,而
是把马克思主义普遍真理与中国具体实际相结合,建设中国特色社会主
义的现代化经济体系。

(三)坚持改革创新,建设现代化经济体系才能稳步推进

40多年改革开放,我们实现了工作重点的转移,从沿海到沿江及
内陆和沿边城市,从加入世界贸易组织到建立自由贸易试验区,实现了
从封闭半封闭到陆海内外联动、东西双向互济的全方位开放的伟大历史
转折。从宏观到微观,从顶层设计到基层实践,我们冲破了束缚生产力发
展的体制机制障碍,推动了社会主义市场经济体制的建立和完善,极大地
解放和发展了社会生产力,成功地实现了从低收入国家向中等收入国家
的跨越,开辟了一条独具特色的中国自己的发展道路和强国之路。改革
创新不仅深刻改变了中国和中国人民的面貌,也深刻影响了世界,为广大
发展中国家走向现代化提供了成功的经验。只有始终坚持马克思主义的
指导和社会主义方向,坚持继承和弘扬中华优秀传统,广泛吸取世界优秀
成果,建设现代化经济体系才能真正地创新;也只有持续不断地创新,现
代化经济体系建设才能不走邪路,不走旧路。改革创新是发展中国特色
社会主义、实现中华民族伟大复兴、建设现代化经济体系的必由之路,不
改革创新,现代化经济体系建设就没有活力源泉,而只能是死路一条。只
有坚持改革创新不动摇,才能抢抓机遇大发展,推动社会主义现代化经济
体系早日建成。

三、在推进经济体制机制完善中建设现代化经济体系

中国特色社会主义是中国共产党人把马克思主义基本原理与中国具体实际相结合的产物,是把科学社会主义理论的理论逻辑与中国社会发展的历史逻辑和改革开放的实践逻辑有机结合的伟大创造,其制度建设必然经历由不很成熟到逐步成熟、由不够定型到逐步定型的过程。建设中国特色社会主义现代化经济体系是前无古人的事业,西方模式并不适合中国的土壤,我们也不能抱着传统模式不放,而是要探索适合中国特点的现代化经济体系。

（一）制度创新推进现代化经济体系建设

建设现代化经济体系,必须改革不适应生产力发展要求的生产关系和上层建筑,不断进行制度创新。从计划经济为主、市场经济为辅,到有计划的商品经济,到建立和完善社会主义市场经济体制,再到完善和发展中国特色社会主义制度,我们推出了 1600 多项改革方案,革除了妨碍发展的体制机制障碍和利益固化的藩篱,为建设现代化经济体系提供了制度基础。

完善社会主义基本经济制度,确立了"公有制为主体、多种所有制经济共同发展,按劳分配为主体、多种分配方式并存,社会主义市场经济体制等社会主义基本经济制度"①,毫不动摇巩固和发展公有制经济,毫不动摇鼓励、支持、引导非公有制经济发展,公有制的主体地位得到保障,非公有制经济成分的发展得到允许、鼓励与飞速发展,各种经营主体焕发生机,所有领域经济活动活力倍增。改革分配方式,确立了以按劳分配为主体,多种分配方式并存的分配制度,使劳动、资本、技术、管理等生产要素按贡献参与分配,让广大劳动者理直气壮地凭勤劳守法致富,进一步激发生产力主体的生机活力。改革经济体制,在计划经济体制内部引入市场机制,实施了家庭联产承包责任制,扩大部分工业企业经营自主权。改革

---

① 《中共中央关于坚持和完善中国特色社会主义制度　推进国家治理体系和治理能力现代化若干重大问题的决定》,《人民日报》2019 年 11 月 6 日。

经济运行机制模式,调整了所有制结构,将单一公有制经济结构改成了以公有制为主体、多种经济成分并存的所有制结构。建立社会主义市场经济体制,突破了市场经济和社会主义相互对立的传统观念,自主设计了社会主义市场经济体制的基本框架和改革的各项任务。以供给侧结构性改革为主线,坚持创新、协调、绿色、开放、共享发展理念建设现代化经济体系,推进了经济结构的优化改革,扩大有效供给以提高供给结构对需求变化的适应性和灵活性,提高全要素生产率,推动经济高质量发展,开启了全面建设社会主义现代化国家的新征程。

改革创新,我们既坚决改革了不适应生产力发展要求的体制机制,又不断构建了适应生产力发展的新的体制机制。建设现代化经济体系,需要建立更完备、更稳定、更管用的制度体系,我们必须不断完善和发展中国特色社会主义制度,保证党和国家事业发展、人民幸福安康、社会和谐稳定和国家的长治久安。

(二)在全面推进国家治理体系和治理能力现代化中完善制度体系

完善现代化经济制度体系,必须不断推进党、国家、社会各项事务治理制度化、规范化、程序化,进一步激发制度活力,形成制度红利,释放制度优势,不断提高运用中国特色社会主义制度有效治理国家的能力。

全面深化经济体制改革,处理好政府与市场的关系,充分发挥市场在资源配置中的决定性作用和更好发挥政府的作用,使"看不见的手"和"看得见的手"共同发力,创造公平竞争的制度环境,实现资源配置效益最大化和效率最优化,促进现代市场体系、宏观调控体系、开放型经济体系的完善和城乡发展一体化体制机制的健全,建设创新型国家,推动经济更有效率、更加公平、更可持续发展。

全面深化政治体制改革,始终坚持人民代表大会制度、中国共产党领导的多党合作和政治协商制度、民族区域自治制度和基层群众自治制度,改革领导体制、行政机构、干部人事制度、行政法规等方面的政治管理体制,形成科学有效的权力制约和协调机制,保证党的领导、人民当家作主、依法治国有机统一的实现,保证人民意志,保障人民权益,激发人民活力,让人民共享改革开放成果。

全面深化文化体制改革,构建有利于文化繁荣发展的体制机制,以新时代中国特色社会主义思想和党的十九大精神为指导,坚持社会主义先进文化前进方向,树立和践行社会主义核心价值观,弘扬以爱国主义为核心的民族精神和以改革创新为核心的时代精神,培养高度的文化自觉和文化自信,深入实施科教兴国和人才强国战略,提高全民族的科学文化素质和国家文化软实力,建设社会主义文化强国。

全面深化社会治理体制改革,打造共建共治共享的社会治理格局,坚持依法治国和以德治国相结合,完善"党委领导、政府主导、社会协同、公众参与、法治保障"的社会治理体制,建立健全维护群众权益机制、社会利益协调机制、预防和化解社会矛盾机制、社会风险评估机制和突发事件监测预警机制,创新社会治理方式,维护社会和谐稳定,推动社会治理体系和治理能力现代化。

全面深化生态体制改革,促进人与自然和谐共处,必须加快形成生态文明制度体系,实行最严格的生态环境保护制度,逐步健全主体功能区制度,积极推进国家公园体制试点,形成绿色发展方式和生活方式,坚定走生产发展、生活富裕、生态良好的文明发展道路,建设美丽中国。

四、实现从适应高速增长的传统经济体系向适应高质量发展的现代化经济体系转换

万丈高楼平地起,现代化经济体系是建立在传统经济体系基础上的。在改革开放的历史进程中,我国经济社会活动各个环节、各个层面、各个领域已经形成了一系列相互作用和内在联系的经济体系,我国改革开放以来逐步形成的、适应高速增长的"传统经济体系"在进入新时代新常态下,转入经济高质量发展的建设现代化经济体系阶段。因此,建设现代化经济体系的过程可以理解为转换经济体系的过程,即适应高速度的经济体系转换到适应高质量发展的现代化经济体系。

转换一:社会主要矛盾由人民日益增长的物质和文化需要转变为人民日益增长的美好生活需要

新中国成立初期,我们党就国际、国内形势确定了社会的主要矛盾是

"人民大众同帝国主义、封建主义和国民党反动派残余势力之间的矛盾"。为消灭封建剥削，1950 年在新解放区分批开始土地改革，到 1952 年基本完成，封建剥削制度被消灭。毛泽东同志借鉴苏联社会主义改造的经验以及马克思、列宁对资本主义向社会主义过渡期的论述，提出了国内主要矛盾是"工人阶级与民族资产阶级的矛盾"①。于是展开了对农业、手工业和资本主义工商业轰轰烈烈的社会主义改造。从 1952 年到 1956 年，从国内发展情况看，社会主义改造基本完成，实现了生产资料私有制向社会主义公有制的转变，为我国社会主义社会制度的建设打下了坚实的基础。党的八大指出"我国的主要矛盾，已经是人民对于建立先进工业国的要求同落后的农业国的现实之间的矛盾，已经是人民对于经济文化迅速发展的需要同当前经济文化不能满足人民需要的状况之间的矛盾"②。但由于国内反右派斗争扩大、国际反社会主义思潮泛滥，导致 1957 年在党的八届三中全会误判了我国社会主要矛盾，认为"无产阶级和资产阶级的矛盾，社会主义道路和资本主义道路的矛盾，毫无疑问，这是当前我国社会的主要矛盾"③。

1978 年党的第十一届三中全会，纠正了之前误判的社会主要矛盾，分析了当时的社会现状，剥削阶级已经消灭，阶级矛盾不再是主要矛盾，社会主义制度仍需要大力完善，发展生产力成为社会主义社会建设的中心任务，自此以经济建设为中心成为全党全国人民的普遍共识，在 1981 年党对社会主要矛盾形成了精准表述，指出我国社会主要矛盾是"人民日益增长的物质文化需要同落后的社会生产之间的矛盾"。显然，社会主要矛盾主要表现在供需矛盾总量上，即物质文化产品生产供给上不能满足社会需求。

随着改革开放、我国加入世界贸易组织，经济总量跃入世界第二，产品数量不再短缺，人民生活水平不断提高，我国经济、科技、综合国力等越

① 《建国以来重要文献选编》第 3 册，中央文献出版社 1992 年版，第 202 页。
② 《建国以来重要文献选编》第 9 册，中央文献出版社 1994 年版，第 341 页。
③ 中共中央党史研究室编:《中华人民共和国大事记(1949—2009)》，人民出版社 2009 年版，第 102 页。

来越强,因此,党的第十九大指出"我国仍处于并长期处于社会主义初级阶段的基本国情没有变",但"新时代我国社会主要矛盾已经转化为人民日益增长的美好生活需要和不平衡不充分的发展之间的矛盾"①。这一重大判断准确地反映了我国社会发展的现状以及要解决的问题。从物质文化需要到美好生活需要,需求体系的结构从"有没有""有多少"转向了"好不好"的重大变化,人们更加关注产品和服务的质量,美好生活需要呈现出了物质文化生活之外的民主、法治、公平、正义、健康、教育、安全、环境等方面的要求日益增长,并且需求越来越多样化、个性化。同时,我国社会生产力水平总体上显著提高并在很多方面进入世界前列,所以主要制约人民日益增长的美好生活的是不平衡不充分发展等结构性问题。我们供给体系的产能虽然很强大,但大多只能满足中低端、低质量、低价格的需求,供给结构跟不上需求的新变化。因此,社会主要矛盾的变化在供需体系中就表现为总量性矛盾转化为结构性矛盾,建设现代化经济体系就必须向注重质量转变。

转换二:资源配置方式由增长型政府主导转向市场起决定性作用主导

人力、物力和财力的总和构成了社会经济活动中的资源,而在资源没有极大丰富的情况下,相对于人们的需求就表现出相对的稀缺性,相对稀缺的资源必须在各个部门之间进行合理的配置才能减少耗费获取最佳效益。否则,资源配置不合理将导致经济效益低下,经济发展就必然会受到阻碍。一般来说,资源配置方式一是通过由政府计划、宏观调控等直接以计划配额、行政命令来统管资源和分配资源的政府干预方式实现;二是由依靠市场运行机制、价格机制、竞争机制等市场的方式使供给与需求匹配的市场配置资源方式实现。这两种资源配置方式哪种更有效呢?

从新中国成立到中国特色社会主义进入新时代,中国经济体制改革不断深入推进。从高度集中的计划经济到党的十二大提出以计划经济为

---

① 习近平:《决胜全面建成小康社会　夺取新时代中国特色社会主义伟大胜利——在中国共产党第十九次全国代表大会上的报告》,人民出版社2017年版,第11页。

主、市场经济为辅,党的十三大提出建立计划与市场相统一的经济体制,到党的十四大确定经济体制改革的目标是建立社会主义市场经济,"要使市场在社会主义国家宏观调控下对资源配置起基础性作用"①,"党的十五大提出'使市场在国家宏观调控下对资源配置起基础性作用',党的十六大提出'在更大程度上发挥市场在资源配置中的基础性作用',党的十七大提出'从制度上更好发挥市场在资源配置中的基础性作用',党的十八大提出'更大程度更广范围发挥市场在资源配置中的基础性作用'"②,从确定建立社会主义市场经济到党的十八大,我们不断深化市场在资源配置中"基础性作用"的认识。随着我国经济市场化程度的不断加深和改革开放的深入,党的十八届三中全会提出"使市场在资源配置中起决定性作用和更好发挥政府作用",市场的作用由量变到质变发生了根本变化,资源的配置方式由传统经济体系中政府主导下市场在资源配置中起基础性作用,向现代化经济体系下市场起主导作用的资源配置转换。

市场决定资源配置是最有效率的方式,能够推动科学技术和经营管理的进步,促进劳动效率提高;能够引导企业按照市场需要优化生产要素组合,实现产需衔接;能够发挥竞争和优胜劣汰机制,增进商品生产经营能力。因此,我们确立了社会主义市场经济的方向。但市场调节存在自发性、盲目性、滞后性,垄断的存在也会约束市场调节作用的发挥与阻碍资源配置的优化,市场调节还会造成外部不经济,不能有效地提供公共产品和劳务,不能解决收入不公平和社会不公平等问题,所以,没有一个经济体是百分之百市场决定资源配置的,政府干预总是或多或少存在。关键是使市场与政府的作用有效结合起来实现资源配置的最优化。

转换三:产业体系由工业低端主导转向服务业中高端主导

产业体系指第一、第二、第三产业的结构比例关系,以及各次产业内部的结构比例关系。第一产业主要指生产食材以及其他一些生物材料直接以自然物为生产对象的产业。第二产业主要指利用自然界和第一产业

---

① 《中国共产党第十四次全国代表大会文件汇编》,人民出版社 1992 年版,第 22 页。
② 《习近平谈治国理政》第一卷,外文出版社 2018 年版,第 76 页。

提供的基本材料进行加工制造的产业。第三产业是指第一、第二产业以外的其他行业。随着社会经济发展和科学技术的进步，工业逐渐取代农业成为国民经济的主导产业，农业部门大量剩余劳动力转移到非农部门，第一产业的比重不断下降，第二产业的比重不断上升，第三产业的比重也不断上升；随着工业化进程的推进，服务业逐渐取代工业成为国民经济的第一大产业和吸纳就业的主要产业，包括第一、第二产业的物质生产部门的比重都不同程度下降，第三产业的比重持续上升。

由于现代化是不断发展变化的动态过程，因此，现代产业体系在不同经济发展阶段也有着不同的涵义。发达国家的现代产业体系是现代服务业占 GDP 70%左右份额，比较充分发展的现代服务业是现代性的主要体现。发展中国家的现代产业体系主要体现在，农业基础较稳固、装备制造业较发达、第三产业迅速发展、科技进步在经济社会发展中的贡献份额越来越大、核心竞争力不断增强、科技进步对经济社会发展作用越来越大。

传统经济体系在产业体系上表现为工业主导，产业内部结构以低端为主。随着科技进步和生产力的不断发展，各次产业内部要求传统产业转型升级，实现从低端转向中高端质量的提升。建设现代化经济体系，在产业体系上就必须实现从工业主导转向服务业主导，产业内部结构从低端转向中高端。升级服务业内部结构到中高端，要推动科学咨询、专业服务、信息、教育、医疗、文化等知识密集型服务业的发展；加快发展先进制造业建设制造强国，要推动互联网、大数据、人工智能和实体经济的深度融合；构建现代农业产业体系、生产体系、经营体系，要健全农业社会化服务体系，逐步实现小农户和现代农业发展的有机衔接。

转换四：经济增长由高速增长、低质量发展转向可持续增长、高质量发展

我国在"九五"时期就提出经济增长方式要从依靠增加生产要素的投入来扩大生产规模、实现经济增长的粗放型转向在生产规模不变的基础上依靠提高生产要素的质量和利用效率来实现经济增长的集约型。"十一五"再提"加快转变经济增长方式"，党的十七大则提出转变"经济发展方式"。党的十九大指出，"我国经济已由高速增长阶段转向高质量发展阶段,正处在转变发展方式、优化经济结构、转换增长动力的攻关期,建设现代化经济体系是跨越关口的迫切要求和我国发展的战略目标"①。从侧重于经济数量增加的经济增长方式转向侧重于经济质量的提高和经济结构改善的经济发展方式,是我们党对经济发展规律认识的又一次飞跃,体现了科学发展的要求。

高速增长阶段主要靠高投资、劳动参与率等要素驱动和出口驱动经济增长,经济增长速度快、经济波动幅度大,对资源、环境的破坏较大,带来产能过剩、产品库存、杠杆增加、风险加大、效益低下、竞争力不足等问题。高质量发展阶段主要依靠技术进步、效率驱动经济增长,以城市化和服务业发展为主导,经济稳速增长,从过去9%左右的高速增长逐步下降到目前6%左右的增长。高质量发展阶段的核心要求是把提高供给体系质量作为主攻方向,彻底改变靠要素投入、规模扩张的粗放式增长方式,而要通过质量和效益的提高实现经济良性循环和竞争力提升。

建设现代化经济体系,从高速增长阶段转向高质量发展阶段,在资源配置上要实现由政府主导向市场主导转换。社会主要矛盾即供需体系之间的矛盾决定资源配置方式,而资源配置引导供给适应需求,因此,资源配置方式是解决社会主要矛盾的工具。当前,我国社会主要矛盾已经发生变化,供给体系和需求体系之间的矛盾主要是结构性的矛盾,需要市场在资源配置中发挥比"基础性作用"更大作用的"决定性作用",以满足相对于"物质文化需要"更高层次的、范围更广的"美好生活需要";也需要"更好发挥政府作用"以满足"美好生活需要"中更具公共性质的公共产品需要,提升医疗、教育、养老等服务层次。因此,随着社会主要矛盾由总量性向结构性矛盾的转变,建设现代化经济体系必须实现工业主导的低端为主产业体系的"政府主导""增长型政府""基础性的市场机制"的资源配置组合方式,向服务业主导且各产业内部结构高级化的产业体系的"市场主导""公共服务型政府""决定性的市场机制"的资源配置方式转换。

---

① 习近平:《决胜全面建成小康社会 夺取新时代中国特色社会主义伟大胜利——在中国共产党第十九次全国代表大会上的报告》,人民出版社 2017 年版,第 30 页。

建设现代化经济体系,从高速增长阶段转向高质量发展阶段,在产业体系建设上要实现由工业主导向服务业主导转换。

从工业主导到服务业主导引起结构性减速。改革开放以来,随着我国工作重心转向经济建设,生产力快速发展,我国工业得到了飞速发展,已成为世界第一大制造业大国,在经济增长中发挥着主导产业的作用。制造业的大力发展和城镇化建设的加快,我国劳动力逐渐从农业部门转移出来进入了相对高效率的工业部门,经济结构也由二元向一元工业化演进,在经济增长上呈现出结构性加速。而随着经济结构渐趋成熟,劳动力就业更多地转向第三产业的服务业部门,第三产业高就业率、低劳动生产率和增长率则拉低了全社会劳动生产率和增长率,导致经济结构性减速,要形成服务业主导国民经济的高劳动生产率、高消费能力、高资本深化能力的高效率模式,必须实现服务业内部结构高级化,以科技创新和商业模式创新引领服务业变革,促进经济高质量发展,实现从传统经济体系到现代化经济体系的内生转化。

第五节　正确处理建设现代化经济
体系与高质量发展的关系

党的十九大报告指出了新时代中国特色社会主义的总体任务是实现社会主义现代化和中华民族伟大复兴,分两步走在本世纪中叶建成富强民主文明和谐美丽的社会主义现代化强国。《中华人民共和国国民经济和社会发展第十四个五年规划和 2035 年远景目标纲要》确定了 2035 年我国将基本实现"新型工业化、信息化、城镇化、农业现代化,建成现代化经济体系"[①]的远景目标。现代化经济体系是现代化国家的重要组成部分,而高质量发展是实现我国经济社会从小康社会"富起来"到社会主义现代化强国"强起来"转变的关键,处理好现代化经济体系与高质量发展

---

① 《中华人民共和国国民经济和社会发展第十四个五年规划和 2035 年远景目标纲要》,人民出版社 2021 年版,第 8 页。

的关系,助推远景目标的实现。

一、高质量发展的内涵

"我国已转向高质量发展阶段……我国发展不平衡不充分问题仍然突出,重点领域关键环节改革任务仍然艰巨,创新能力不适应高质量发展要求……"①。党的十九大首次提出高质量发展,表明我国经济由高速增长阶段转向高质量发展阶段。党的十九届五中全会,明确把"高质量发展"作为"十四五"时期我国经济社会发展的重要指导思想之一。并指出,要坚定不移贯彻新发展理念,以推动高质量发展为主题,"加快建设现代化经济体系,加快构建以国内大循环为主体、国内国际双循环相互促进的新发展格局"②。

高质量发展是新发展理念引领的发展。高质量发展是能够破解当前发展不平衡不充分的难题,能够更好地满足人民日益增长的美好生活需要的发展,是体现新发展理念的发展。习近平总书记指出:"高质量发展,就是从'有没有'转向'好不好'。"③这是我国经济从高速增长阶段解决"有没有""有多少"问题后转向经济新常态解决"好不好""优不优"问题高质量发展阶段的必然选择。因此,高质量发展,"是创新成为第一动力、协调成为内生特点、绿色成为普遍形态、开放成为必由之路、共享成为根本目的的发展"④。

高质量发展是高效益的发展。从宏观上看,经济效益的高低反映在人们对美好生活需求的满足程度上,经济效益越高人民群众的获得感、满足感就越强,也意味着质量就越高,高质量发展必须实现人民生活水平的高质量。高质量发展是资源利用的高效率,企业要从追求速度效益转向追求质量效益。劳动力、土地、资本要以较少的投入获得更高更有效的产

① 《中华人民共和国国民经济和社会发展第十四个五年规划和2035年远景目标纲要》,人民出版社2021年版,第4页。
② 《中华人民共和国国民经济和社会发展第十四个五年规划和2035年远景目标纲要》,人民出版社2021年版,第5页。
③ 《习近平谈治国理政》第三卷,外文出版社2020年版,第239页。
④ 《习近平谈治国理政》第三卷,外文出版社2020年版,第238页。

出,高质量发展不仅包括资源效率的提高,还包括环境效率等全要素生产率的不断提高,更高的生产体系产出效率,更新的生产模式,更好的成本控制,更有效的市场机制,总之,劳动生产率、投资回报率、全要素生产率都是衡量高质量发展的指标。

高质量发展是发展方式、产业发展、产品结构升级的发展。高质量发展是从数量追赶转向质量追赶的发展方式,是产品质量、品质、品牌的大幅度提升,是人力资本、研发、设计等地位的提升,是营商环境的优化、产品质量的可靠、资源对接的精准和配置方式的合理;是由要素密集型产业为主的产业体系转向以技术和知识密集型产业为主的产业体系,是产业结构和产品结构的优化,是考虑资源利用和环境代价的集约化生产方式,是经济结构向高端化、智能化方向的发展。

高质量发展是创新发展格局的发展。党的十九届五中全会明确提出,要坚持扩大内需这个战略基点,培育完整的内需体系,必须把扩大内需战略同深化供给侧结构性改革有机结合起来,以创新驱动、高质量供给引领和创造新需求,尤其是依靠创新驱动形成具有自主知识产权的核心技术和关键技术,攀升全球产业链价值链中高端。扩大内需必须形成强大的国内市场,而形成国内市场的关键则在于畅通国内大循环、促进国内国际双循环,全面促进消费,拓展对外开放领域、投资空间,带动技术水平、管理水平、开放水平的全面提升。

二、建设现代化经济体系存在的突出问题

习近平总书记强调:"我国制度优势显著,治理效能提升,经济长期向好,物质基础雄厚,人力资源丰富,市场空间广阔,发展韧性强大,社会大局稳定",但同时,我国发展"不平衡不充分问题仍然突出,重点领域关键环节改革任务仍然艰巨,创新能力不适应高质量发展要求,农业基础还不稳固,城乡区域发展和收入分配差距较大,生态环保任重道远,民生保障存在短板,社会治理还有弱项"[1],在现代化经济体系建设方面还面临

---

① 习近平:《在经济社会领域专家座谈会上的讲话》,人民出版社2020年版,第3页。

突出的问题。

在动力体系方面,创新质量相对较低,关键核心技术还需提升。创新是引领发展的第一动力,是建设现代化经济体系的战略支撑,国家实施创新驱动发展战略,企业、学校、科研单位以及全社会对创新的重视程度与日俱增,但研发寻租、专利泡沫、政策扭曲等低效率创新行为、侵权行为仍然存在,知识产权保护、创新竞争环境、产学研各方交流互动和收益分配机制还需进一步完善,具备创新精神和创新能力的企业、高等院校、研究机构协同创新的高水平科研团队建设还需加强,关键核心技术水平亟待提高。

在产业体系方面,布局还不合理,结构还需进一步优化。传统经济与现代经济并存的二元结构,使我国以小生产为主的第一产业和以社会化大生产为核心的第二、第三产业之间缺乏有机互动,传统的小农经济不具有规模经济效益,不利于大型现代化机械设备的普及和规模农业的发展,导致城乡发展的不平衡;大规模农村剩余劳动力转向城市第二、第三产业,相对较低的劳动力工资引发实体经济的低成本和数量型扩张,进而引发科技创新投入不足和劳动力要素知识技能经验提升缓慢等问题,许多制造业处于产业链低端,科技含量低,大而不强,阻碍了"汗水型"产业体系向"智慧型"产业体系转变的步伐。

在收入分配体系方面,收入差距仍然存在,收入可持续增长面临挑战。改革开放40多年来,我国城乡居民收入大幅度增加,人民生活水平不断提高,彻底消灭了绝对贫困现象,实现了全面小康。但是,城乡发展的不平衡、区域发展的不平衡、行业发展的不平衡等使收入差距问题仍然没有得到有效解决,户籍制度、社会保障制度等因素成为劳动力自由流动的障碍,在一定程度上也阻碍了收入差距的缩小。在初次分配领域,仍然存在着部分用人单位拖欠克扣劳动者工资、同工不同酬等现象;在再分配领域,仍然存在偷税漏税、社会保障不够公平等现象。

在市场体系方面,竞争有序、规范的市场机制还需完善。改革开放以来,我国在建立和完善社会主义市场经济体制方面不断探索,出台了市场准入负面清单制度、市场监管制度、公平竞争制度等一系列市场运行管理制度,逐步建立起了开放透明、秩序规范的市场机制,但还存在着部分行业垄断、无序竞争、分割市场,部分地区、地方保护主义依然存在等问题,部分企业垄断和恶性竞争、诚信缺失、生产假冒伪劣产品等问题时有发生,在一定程度上阻碍了公平有效的全国统一大市场的形成和营商环境的优化。

在区域发展体系方面,发展不平衡不协调问题仍然突出。实施西部大开发战略,鼓励东部地区率先发展、振兴东北老工业基地、促进中部地区崛起等重大决策,我国初步形成了区域协调发展格局。但长期的二元经济结构导致了城乡的差距,大都市过大、小城镇过多、中等城市发育不充分等区域空间结构不合理,大城市过度发展挤压中小城市发展空间致使一些中小城市发展缓慢,人口、资源、环境等多方面都存在区域差异,城乡、东西部、沿海与内陆等大中小城市发展仍不协调、不平衡。

在开放体系方面,对外开放质量、平衡度、安全性仍需提升。改革开放40多年的发展,"引进来"和"走出去"相结合的战略取得了巨大成就,为我国经济社会发展注入了新的动力和活力,推动了社会主义市场经济体制的建立和完善。但是,我国对外开放一直采取非均衡策略,主要依靠量的扩张和规模扩大的路径,依靠低成本优势和市场规模参与国际竞争,依靠各种政策优惠和招商引资模式,开放的对象以发达国家为主,开放的区域以东部沿海地区为主,开放的领域以制造业为主,开放流向上商品出口显著高于进口、资本"引进来"大部分年份高于"走出去",开放的程度上对外提升幅度大而对内开放有待进一步加强。开放经济发展仍然不平衡不充分,对外开放产业布局不合理、经济安全保障机制有待完善等问题的存在,影响了开放体系高质量发展。

在绿色发展体系方面,人与自然矛盾仍然突出。绿色发展是实现经济可持续发展的必要条件,是构建现代化经济体系的必然要求。我国经济发展取得巨大成就的同时,人民群众对美好生态环境的需要变得愈发紧迫。而一些地方、企业的发展注重数量型增长,以牺牲环境为代价换取一时的发展,污染环境事件时有发生,加之过度消耗资源,致使部分战略资源即将枯竭。生态环境遭到破坏,环境污染加剧,又加剧了经济发展与资源环境的矛盾,不利于经济的可持续发展和人与自然的和谐共生。

三、现代化经济体系是高质量发展的经济体系

在我国经济已从高速增长转向高质量发展阶段,在全面建成小康社会、实现第一个百年奋斗目标之后,乘势而上开启全面建设社会主义现代化国家的新征程。在全面建设社会主义现代化国家的进程中,现代化经济体系是一个建设过程,高质量发展则是建设社会主义现代化强国的目标;高质量发展离不开现代化经济体系的助力和支撑,建设现代化经济体系能有效促进经济高质量发展。

现代化经济体系是高质量发展的动力体系,培育现代化动力体系驱动高质量发展。创新是经济发展、社会进步的基本动力,是一个国家综合国力的核心要素。构建以企业为主体、市场为导向、产学研深度融合为依托、高水平科研团队为支撑的国家创新体系,通过持续不断的创新积累,实现颠覆性创新突破,提高创新质量,为我国经济持续健康发展提供强大的驱动力。而强大的国家创新体系是培育现代化动力体系的基础,只有进一步实现科技创新和经济社会发展的深度融合,以基础性研究为支撑,以应用性研究为引领,以新产业和新商业模式为平台,不断完善科技创新与经济社会发展深度融合机制,才能使创新在实质上推动经济社会的高质量发展。

现代化经济体系是高质量发展的产业支撑体系。传统产业体系是制约我国经济高质量发展的主要因素,打破传统以一二三产业划分产业体系的做法,将产业体系从以往的三产领域拓展到实体经济、科技创新、现代金融与人力资源的"四个协同",实现以实体经济为核心的三次产业充分、协调发展,构建跨越转变发展方式、优化经济结构、转换增长动力的现代化产业体系以防范经济"脱实向虚"、防范系统性金融风险,支撑经济高质量发展。而高质量科技供给又支撑现代化产业体系建设,在源头上进行科技创新,突破以互联网、物联网、云计算、大数据、区块链、虚拟现实、自动驾驶、人工智能、量子计算等为代表的信息技术,增强产业链、供应链自主可控能力,大力发展现代农业和服务业,推动制造业集群化、智能化发展。

现代化经济体系是高质量发展的供给引领体系。建设现代化供给体

系的核心是推动经济发展质量变革、效率变革和动力变革,提高全要素生产率。以提高供给质量为主攻方向,把供给侧结构性改革打造成为经济持续健康发展的新引擎,将显著增强我国的经济质量优势。以公共产品和政策供给的宏观层面供给,决定产业供给的中观层面和要素、产品、企业供给的微观供给的方向和质量,优化公共产品供给体系、完善政策供给体系,可为高质量发展培育条件和创造稳定的环境。建设现代化经济体系,扭转实体经济内部供需结构失衡、金融和实体经济失衡、房地产和实体经济失衡的局面,向更高效率、更好质量、更强竞争力的高水平供给体系发力,提升供给体系对国内需求的适配性,提升经济发展水平。

现代化经济体系是高质量发展的制度保障体系。经济高质量发展的良性运行离不开兼顾效率和公平的收入分配体制改革。建设竞争有序、企业自主经营、消费者自由选择、商品和要素自由流动平等交流的现代市场体系,是推进效率变革的保障;建设促进公平、体现效率、收入分配合理、公共服务均等化的收入分配体系,是共享发展的保障;建设协调联动、区域优势互补、人口资金双向流动、城乡融合发展的城乡区域发展体系,是协调发展的保障;建设资源节约、环境友好、人与自然和谐共生、低碳循环的发展体系,是绿色发展的保障;建设安全高效、多元平衡、经济互补、贸易和投资便利化的全面开放体系,是开放发展的保障。

四、以现代化经济体系为支撑,实现高质量发展

习近平总书记强调,国家强,经济体系必须强。我国建设的现代化经济体系是高质量发展的经济体系,是能解决社会经济发展中的各种矛盾、实现共同富裕的经济体系。

坚持创新发展,建设现代化动力体系,驱动高质量发展。充分认识创新是发展的第一动力,不断提升科技创新、理论创新、制度创新和文化创新能力,培养一大批高水平的科技人才和创新团队,以高质量的创新供给支撑现代化经济体系建设。加强国家创新体系和现代化动力体系建设,使经济发展更多依靠创新驱动、依靠技术进步驱动;增强科技创新支撑引领产业转型升级、产品供给优化、新动能培育的作用,引领高质量发展,提

升国家核心竞争力;推动科技创新和经济社会深度融合发展,使基础性研究和应用性研究的创新成果与产业创新相结合,用科技创新激发新产品、催生新产业、产生新思维、发展新业态和新模式,实现新技术、新产品、新产业与市场的无缝对接,实现全面化、系统性的创新驱动型发展模式,使创新在实质上推动经济社会高质量发展。

坚持协调发展,建设现代化产业体系,为高质量发展奠定基础。建设实体经济、科技创新、现代金融和人力资源四要素协同发展的产业体系是建设现代化经济体系的物质基础。提高实体经济质量,要深化供给侧结构性改革,推动实体经济的生产边界扩张、全要素生产率提升,发展先进制造业,推动互联网、大数据、人工智能同实体经济深度融合;提高科技创新质量,提升科技创新在实体经济发展中的贡献率,以实体经济发展带动科技创新投入,激发和保护创新人才和知识产权;提高现代金融质量,深化金融改革创新,增加优质资产供给,平抑资产价格,引导资金流向实体经济和创新领域,为现代金融等现代服务业持续健康发展提供保障;提高人力资源质量,建设知识型、创新型、技能型劳动者大军,以优质人力资源为支撑提升产品质量、产业质量、管理质量和在全球的竞争力。不断增强发展的协调性,使协调发展成为高质量发展的内生特点,为推动高质量发展建设现代化经济体系奠定良好的基础。

坚持绿色发展,建设现代化绿色发展体系,促进高质量发展。我们要建设的现代化是人与自然和谐共生的现代化,"既要创造更多的物质财富和精神财富以满足人民日益增长的美好生活需要,也要提供更多优质生态产品以满足人民日益增长的优美生态环境需要"①。生态与经济协调发展和生态文明建设已经纳入中国特色社会主义事业总体布局中,绿色发展理念不断深化创新,绿色发展已成为我国高质量发展的普遍形态。加快建设绿色发展体系,必须坚持"绿水青山就是金山银山"、"保护环境就是保护生产力"的理念,尊重自然、顺应自然、保护自然,促进社会主义市场经济绿色可持续发展,推进美丽中国建设;必须以市场为导向、以科

---

① 《习近平谈治国理政》第三卷,外文出版社 2020 年版,第 362 页。

技创新为引领,大力发展节能环保、绿色金融、清洁能源等绿色产业,提高资源利用率,建设绿色循环低碳发展的经济体系;必须建立健全生态环境保护机制,加强对生态环境的监管保护规制力度,打好污染防治攻坚战和蓝天保卫战,不断提升环境质量,升级美丽中国行动。

坚持开放发展,建设全面开放发展体系,推进高质量发展。我国经济的高质量发展是在全球经济一体化格局下进行的,需要全面开放体系和多层次互利共赢的支撑。进入新时代,我国的开放发展也进入高质量发展阶段,高质量开放型经济是经济高质量发展的重要组成部分,更是新时代中国对外开放发展的战略抉择。从依靠低成本比较优势转向依靠创新驱动形成的核心竞争优势参与国际分工,提升发展的质量水平和国际竞争力;从依靠单一加工贸易转向依靠大幅度提升参与全球价值链的分工地位,提升国际贸易的增加值占比;从依靠政策优惠转向依靠公平竞争的发展环境和国际化、法治化营商环境;从一味追求贸易顺差转向能基本实现进出口贸易和国际收支平衡;从单一的招商引资转向基本实现国际投资内外双向协调;从单一的制造业开放发展转向在推动制造业开放的同时加快服务业开放发展的全面开放发展;从投资贸易保护主义甚至单边主义政策选择转向顺应国际投资便利化、贸易自由化趋势,构建新体制、形成新格局、培育新模式;从外贸大国转向外贸强国,积极主动参与全球经济治理体系变革,引领国际规则制定,提高现代化经济体系的国际竞争力,让开放发展成为我国高质量发展的必由之路。

坚持共享发展,建设保障体系,实现高质量发展目的。共享发展是中国特色社会主义的本质要求,坚持共享发展就要让广大人民群众享有更多的幸福感和获得感,提升老百姓生活质量。坚持就业优先战略,努力创造更多就业岗位,鼓励创业带动就业,提高就业质量和居民收入水平,改善消费结构由基本吃穿消费向发展和享受型消费倾斜,不断优化消费环境,提高公共设施覆盖率,提供更加全面的社会服务和更优质的吃穿住行用产品,享受优质的医疗教育服务,不断满足人民对美好生活的需要,不断提升生活水平。加强社会保障体系建设,建设覆盖全民、城乡统筹、权责清晰、保障适度、可持续的多层次社会保障体系,建立社会保障安全网,完善最低生活保障制度和基本养老保险制度,实现全体人民劳有所得、病有所医、老有所养、住有所居,实现我国高质量发展的根本目的。

建设现代化经济体系是一个长期的任务,要坚持新发展理念,坚定不移深化供给侧结构性改革,逐步建立市场机制有效、微观主体有活力、宏观调控有度的社会主义市场经济体制,不断增强我国经济创新力和竞争力,为建设社会主义现代化强国打下坚实的基础。

参考文献

1. 习近平:《习近平谈治国理政》第二卷,人民出版社 2017 年版。

2. 习近平:《习近平谈治国理政》,人民出版社 2014 年版。

3. 习近平:《决胜全面建成小康社会 夺取新时代中国特色社会主义伟大胜利——在中国共产党第十九次全国代表大会上的报告》,人民出版社 2017 年版。

4. 习近平:《摆脱贫困》,福建人民出版社 1992 年版。

5. 中共中央宣传部编:《习近平新时代中国特色社会主义思想学习纲要》,人民出版社 2019 年版。

6. 中共中央宣传部编:《习近平总书记系列重要讲话读本》(2016 年版),学习出版社、人民出版社 2016 年版。

7.《中共中央国务院关于落实发展新理念加快农业现代化实现全面小康目标的若干意见》,人民出版社 2016 年版。

8.《关于全面深化农村改革加快推进农业现代化的若干意见》,人民出版社 2014 年版。

9. 中共中央文献研究室编:《习近平关于科技创新论述摘编》,中央文献出版社 2016 年版。

10. 中共中央文献研究室编:《习近平关于全面建成小康社会论述摘编》,中央文献出版社 2016 年版。

11. 中共中央文献研究室编:《习近平关于全面深化改革论述摘编》,中央文献出版社 2014 年版。

12. 中共中央文献研究室编:《习近平关于社会主义经济建设论述摘编》,中央文献出版社 2017 年版。

13. 中共中央文献研究室编:《习近平总书记重要讲话文章选编》,中央文献出版社、党建读物出版社 2016 年版。

14. 中共中央文献研究室编:《十八大以来重要文献选编》,中央文献出版社

2016 年版。

15.《马克思恩格斯选集》第 1 卷,人民出版社 1995 年版。

16.《马克思恩格斯文集》第 1、2 卷,人民出版社 2009 年、2010 年版。

17.《马克思恩格斯全集》第 3、4 卷,人民出版社 1960 年、1965 年版。

18.《马克思恩格斯文集》第 5、6 卷,人民出版社 2009 年版。

19.《马克思恩格斯全集》第 46 卷上,人民出版社 1979 年版。

20.《马克思恩格斯全集》第 30 卷,人民出版社 1995 年版。

21.《马克思恩格斯全集》第 49 卷,人民出版社 1982 年版。

22. 马克思:《哥达纲领批判》,人民出版社 1992 年版。

23. 马克思:《1844 年经济学哲学手稿》,人民出版社 2000 年版。

24.《马克思恩格斯全集》第 42 卷,人民出版社 1979 年版。

25. 恩格斯:《自然辩证法》,人民出版社 2015 年版。

26.《资本论》第一、二、三卷,人民出版社 2018 年版。

27.《马克思恩格斯全集》第 3 卷,人民出版社 1960 年版。

28. 恩格斯:《社会主义从空想到科学的发展》,人民出版社 1997 年版。

29.《马克思恩格斯论道德》,人民出版社 2011 年版。

30.《列宁选集》第 1 卷,人民出版社 1995 年版。

31.《马克思恩格斯全集》第 30 卷,人民出版社 1995 年版。

32.《毛泽东选集》第 6、7 卷,人民出版社 1999 年版。

33.《毛泽东外交文选》,中央文献出版社 1994 年版。

34.《邓小平年谱(1975—1997)》上卷,中央文献出版社 2004 年版。

35.《邓小平文选》第二卷,人民出版社 1983 年版。

36.《邓小平文选》第三卷,人民出版社 1993 年版。

37.《中国共产党第十四次全国代表大会文件汇编》,人民出版社 1992 年版。

38.《建国以来重要文献选编》第 3 册,中央文献出版社 1992 年版。

39.《建国以来重要文献选编》第 9 册,中央文献出版社 1994 年版。

40.《中共中央文件选集》第 46 册,人民出版社 2013 年版。

41. 中共中央文献研究室编:《十七大以来重要文献选编》上,中央文献出版社 2009 年版。

42.《中共中央关于全面深化改革若干重大问题的决定》,人民出版社 2013 年版。

43. 中共中央文献研究室编:《习近平关于全面深化改革论述摘编》,中央文献出版社 2014 年版。

44. 中共中央文献研究室:《习近平关于协调推进"四个全面"战略布局论述摘编》,中央文献出版社 2015 年版。

45.《十八大以来重要文献选编》(上),中央文献出版社 2014 年版。

46.《中共中央国务院关于实施乡村振兴战略的意见》,《人民日报》2018 年 2 月 4 日。

47.《中共中央关于坚持和完善中国特色社会主义制度　推进国家治理体系和治理能力现代化若干重大问题的决定》,《人民日报》2019 年 11 月 6 日。

48.《中共中央国务院关于新时代推进西部大开发形成新格局的指导意见》,《人民日报》2020 年 5 月 18 日。

49.《中共中央关于制定国民经济和社会发展第十三个五年规划的建议》,《人民日报》2015 年 11 月 4 日。

50.《中共中央国务院关于新时代加快完善社会主义市场经济体制的意见》,《人民日报》2020 年 5 月 19 日。

51. 习近平:《关于〈中共中央关于制定国民经济和社会发展第十三个五年规划的建议〉的说明》,《人民日报》2015 年 11 月 4 日。

52. 习近平:《加快实施创新驱动发展战略　加快推动经济发展方式转变》,《人民日报》2014 年 8 月 19 日。

53. 习近平:《发挥亚太引领作用　应对世界经济挑战——在亚太经合组织工商领导人峰会上的主旨演讲》,《人民日报》2015 年 11 月 19 日。

54. 习近平:《中国发展新起点　全球增长新蓝图——在二十国集团工商峰会开幕式上的主旨演讲》,《人民日报》2016 年 9 月 4 日。

55.《习近平在贵州调研时的讲话》,《人民日报》2015 年 6 月 19 日。

56.《习近平在中共中央政治局第十一次集体学习时强调　推动全党学习和掌握历史唯物主义更好认识规律更加能动地推进工作》,《人民日报》2013 年 12 月 5 日。

57. 习近平:《坚持节约资源和保护环境基本国策　努力走向社会主义生态文明新时代》,《人民日报》2013 年 5 月 25 日。

58. 习近平:《在庆祝改革开放 40 周年大会上的讲话》,《人民日报》2018 年 12 月 19 日。

59. 习近平:《深刻认识建设现代化经济体系重要性　推动我国经济发展焕发新活力迈上新台阶》,《人民日报》2018 年 2 月 1 日。

60.《习近平主持召开中央财经领导小组第十三次会议强调　坚定不移推进供给侧结构性改革　在发展中不断扩大中等收入群体》,《人民日报》2016 年

5 月 17 日。

61.《小康不小康,关键看老乡》,《人民日报》2013 年 12 月 26 日。

62.《全国科技创新大会两院院士大会中国科协第九次全国代表大会在京召开》,《人民日报》2016 年 5 月 31 日。

63.《习近平主持召开中央财经领导小组第十二次会议研究供给侧结构性改革方案、长江经济带发展规划、森林生态安全工作》,《人民日报》2016 年 1 月 27 日。

64. 习近平:《习近平在省部级主要领导干部学习贯彻党的十八届五中全会精神专题研讨班上的讲话》,《人民日报》2016 年 5 月 10 日。

65. 习近平:《毫不动摇坚持我国基本经济制度　推动各种所有制经济健康发展》,《人民日报》2016 年 3 月 9 日。

66.《习近平在青海考察时强调　尊重自然顺应自然保护自然坚决筑牢国家生态安全屏障》,《人民日报》2016 年 8 月 25 日。

67.《习近平在参加上海代表团审议时强调　坚定不移深化改革开放加大创新驱动发展力度》,《人民日报》2013 年 3 月 6 日。

68. 习近平:《谋求持久发展　共筑亚太梦想——在亚太经合组织工商领导人峰会开幕式上的演讲》,《人民日报》(海外版)2014 年 11 月 10 日。

69.《携手谱写亚太合作共赢新篇章——在亚太经合组织第二十五次领导人非正式会议第一阶段会议上的发言》,《人民日报》2017 年 11 月 12 日。

70.《携手努力共谱合作新篇章——在金砖国家领导人巴西利亚会晤公开会议上的讲话》,《人民日报》2019 年 11 月 15 日。

71.《习近平出席华盛顿州当地政府和美国友好团体联合欢迎宴会并发表演讲》,《人民日报》2015 年 9 月 24 日。

72.《习近平主持召开中央财经领导小组第十二次会议研究供给侧结构性改革方案、长江经济带发展规划、森林生态安全工作》,《人民日报》2016 年 1 月 27 日。

73.《开放合作　命运与共——在第二届中国国际进口博览会开幕式上的主旨演讲》,《人民日报》2019 年 11 月 6 日。

74. 习近平:《人民对美好生活的向往就是我们的奋斗目标》,《人民日报》2012 年 11 月 16 日。

75. 习近平:《在深入推动长江经济带发展座谈会上的讲话》,《人民日报》2018 年 6 月 14 日。

76. 习近平:《立足我国国情和我国发展实践　发展当代中国马克思主义政

治经济学》,《人民日报》2015 年 11 月 25 日。

77. 习近平:《坚持节约资源和保护环境基本国策　努力走向社会主义生态文明新时代》,《人民日报》2013 年 5 月 25 日。

78. 习近平:《优势互补互利共赢扎实推进,努力实现京津冀一体化发展》,《人民日报》2014 年 2 月 28 日。

79. 习近平:《真抓实干主动作为形成合力　确保中央重大经济决策落地见效》,《人民日报》2015 年 2 月 11 日。

80. 白暴力、李翠玲、方凤玲等:《新时代中国特色社会主义经济思想研究》,经济科学出版社 2019 年版。

81. 郑有贵:《中华人民共和国经济史(1949—2012)》,当代中国出版社 2017 年版。

82. 白暴力、方凤玲:《新发展理念指引我国强起来》,《人民日报》2018 年 10 月 12 日。

83. 方凤玲、白暴力:《习近平新时代中国特色社会主义经济思想体系探索》(上),《上海经济研究》2018 年第 6 期。

84. 白暴力、方凤玲:《习近平新时代中国特色社会主义经济思想体系探索》(下),《上海经济研究》2018 年第 7 期。

85. 白暴力、方凤玲:《牢固树立和深入贯彻新发展理念》,《人民日报》2017 年 12 月 29 日。

86. 白暴力、方凤玲:《公有制经济是改革发展的中坚力量》,《人民日报》2019 年 2 月 19 日。

87. 方凤玲、白暴力:《习近平经济新常态思想对马克思主义政治经济学的丰富与发展》,《人文杂志》2018 年第 7 期。

88. 白暴力、方凤玲:《人民主体论:中国特色社会主义政治经济学的逻辑起点》,《人文杂志》2017 年第 1 期。

89. 方凤玲、白暴力:《五大发展理念对马克思主义发展观的丰富和发展》,《福建论坛》2017 年第 5 期。

90. 白暴力、方凤玲:《"五大发展理念"对马克思主义生产力理论的丰富和发展》,《经济纵横》2017 年第 7 期。

91. 白暴力、王胜利:《供给侧改革的理论和制度基础与创新》,《中国社会科学院研究生院学报》2017 年第 2 期。

92. 白暴力、董宇坤:《"两手合力"推动经济建设持续健康发展》,《马克思主义与现实》2017 年第 3 期。

93. 高培勇、杜创、刘霞辉、袁富华、汤铎铎:《高质量发展背景下的现代化经济体系建设:一个逻辑框架》,《经济研究》2019 年第 4 期。

94. 杨长湧:《加快建设多元平衡、安全高效的全面开放体系》,《经济日报》2018 年 10 月 18 日。

95. 徐斌:《抓住我国能源转型发展的突破点》,《经济日报》2019 年 3 月 31 日。

96. 方凤玲:《推动制造业与服务业深度融合》,《经济日报》2020 年 11 月 20 日。

97. 王晓光、方凤玲:《中国特色社会主义发展理论的探索及启示》,《西北大学学报(哲学社会科学版)》2020 年第 3 期。

后　记

　　本书的写作是在北京市习近平新时代中国特色社会主义思想研究中心组织领导下进行的,写作前期得到了北京市社科联副主席李翠玲巡视员、北京师范大学白暴力教授、中国政法大学邸丽华教授、中央民族大学孙英教授的指导和帮助;初稿完成后,北京师范大学白暴力教授、中国人民大学张雷声教授、中国社科院张旭教授对书稿进行了认真审读,提出了宝贵的修改意见和建议;人民出版社经济与管理编辑部主任郑海燕老师作为本书的责任编辑,对书稿的最后定稿给予了许多指点和非常具体的建议,在此对各位专家的支持、帮助和付出的心血劳动,表示衷心的感谢!

　　课题研究期间发表了《新发展理念指引我国经济强起来》(《人民日报》2018年10月12日)、《公有制经济是改革发展的中坚力量》(《人民日报》2019年2月19日)、《抓住我国能源转型发展的突破点》(《经济日报》2019年3月31日)、《推动制造业与服务业深度融合》(《经济日报》2020年11月20日)、《新发展理念统领脱贫攻坚》(《上海经济研究》2020年第9期)、《中国特色社会主义发展理论的探索及启示》(《西北大学学报·哲学社会科学版》2020年第3期)、《历史学视野下的中国特色社会主义新时代》(《社会科学家》2020年第4期)、《新时代中国特色社会主义的三重逻辑》(《学术界》2020年第11期)等文章,特别感谢我的导师白暴力教授对我本人论文发表的指导和帮助,也感谢参与论文写作的徐斌副教授、余燕飞副教授、王晓光副教授、李淑梅副教授! 同时也对参与本书写作的博士生孙惠娜、刘宇、曹睿卓表示感谢! 对北京市习近平新时代中国特色社会主义思想研究中心工作人员在写作、出版过程中给予的关心和帮助表示感谢！

方凤玲

二〇二一年七月三十日